21世纪普通高等教育规划教材·会计系列

财务管理及案例分析

朱向萍　主　编
倪向前　张画眉　副主编

上海财经大学出版社

图书在版编目(CIP)数据

财务管理及案例分析/朱向萍主编. —上海:上海财经大学出版社,2019.2

(21世纪普通高等教育规划教材·会计系列)

ISBN 978-7-5642-3190-3/F·3190

Ⅰ.①财… Ⅱ.①朱… Ⅲ.①财务管理-案例 Ⅳ.①F275

中国版本图书馆CIP数据核字(2019)第024879号

□ 责任编辑 柳萍萍
□ 封面设计 晨 宇

财务管理及案例分析

朱向萍 主 编
倪向前 张画眉 副主编

上海财经大学出版社出版发行
(上海市中山北一路369号 邮编200083)
网 址:http://www.sufep.com
电子邮箱:webmaster @ sufep.com
全国新华书店经销
上海崇明裕安印刷厂印刷装订
2019年2月第1版 2019年2月第1次印刷

787mm×1092mm 1/16 18.5印张 474千字
印数:0 001—3 000 定价:49.00元

21世纪普通高等教育规划教材

21 SHI JI PU TONG GAO DENG JIAO YU GUI HUA JIAO CAI

编委会

BIAN WEI HUI

前 言

财务管理学是一门理论性与实践性比较强的学科，我们组织了在云南大学滇池学院从事会计学专业和财务管理专业“财务管理”课程教学的一线教师，编写了这本《财务管理及案例分析》教材。通过教师讲授、学生讨论、教师归纳总结等过程，使学生掌握财务管理的原理和方法，达到学有所用、学以致用的目的。

本书内容主要包括财务管理的基本原理和财务管理实务，一共有11章，具体包括：财务管理总论、风险与报酬、货币的时间价值、债券和股票价值评估、资本成本、财务分析与评价、企业筹资管理、资本结构决策、企业投资管理、营运资金决策和利润分配决策。本书的每一章都有相应的引导性案例。此外，每一章内容结束后都安排一个延伸阅读案例和同步测试，以帮助学生理解本章内容。同时，本书还另有各章配套习题，读者可以直接登录 www.sufep.com，在本书的教学资源中下载。

本书的章节顺序可作为本课程的一般授课顺序，实际教学过程中，也可以根据各院校和学生的实际情况做一定的调整或增删。本课程的学习需要学生在已经学习管理学、经济学、经济法、中级会计实务等一些先修课程的基础上进行，因此，建议将本门课程安排在如上先修课程学完以后开设。本课程建议使用72学时进行教学，具体分配包括：第一章2学时，第二章8学时，第三章8学时，第四章6学时，第五章4学时，第六章8学时，第七章4学时，第八章10学时，第九章10学时，第十章6学时，第十一章6学时，共计72学时。

本书由云南大学滇池学院朱向萍老师担任主编，负责本书的大纲制定、内容修订和定稿工作。具体分工如下：第一章、第八章、第十章、第十一章、附录由朱向萍老师执笔；第二章、第三章、第四章、第五章、第六章由倪向前老师执笔；第七章、第九章由张画眉老师执笔。

在编写过程中，我们参考了大量财务管理方面的相关文献，在此对相关文献的作者表示感谢。同时，我们还得到了云南大学滇池学院会计学院院长张荐华教授的关心和指导，在此一并表示感谢。另外，在本书的出版过程中，对上海财经大学出版社编辑柳萍萍的大力支持表示由衷的感谢。

本书适合于高校财经类专业“财务管理”课程的本科教学，尤其是财务管理专业的“财务管理”课程的教学。也可以作为社会在职人员的学习参考书。

由于作者水平和时间的限制，书中难免有不当之处，敬请专家和同行以及相关读者提出宝贵意见，以期进一步修改和完善。Email：zhuxiangping.student@sina.com。

朱向萍

云南大学滇池学院

2018年11月15日

目　录

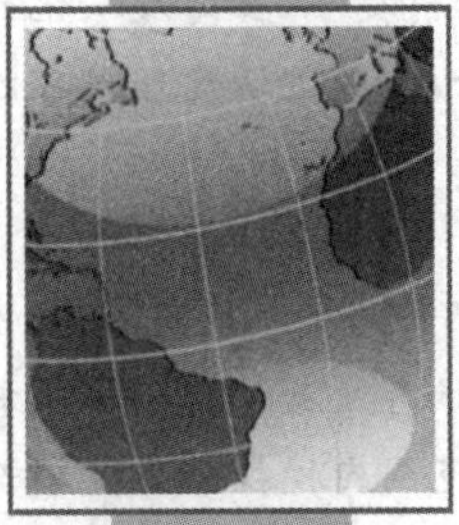

第一章 财务管理总论

学习目标

1. 了解财务管理的概念、内容和环节。
2. 理解财务管理的体制、财务管理的目标，并能掌握不同财务管理目标的区别。
3. 了解利益相关者之间的利益冲突与协调措施。
4. 理解影响财务管理目标实现的技术环境、经济环境、法律环境和金融环境。

案例1—1

广州好莱客部分闲置资金的现金管理

一、委托理财的基本情况

日前，广州好莱客创意家居股份有限公司(以下简称“公司”)与中信银行股份有限公司广州分行签署了《中信银行共赢利率结构21919期人民币结构性存款产品说明书》。全资子公司广州从化好莱客家居有限公司(以下简称“从化好莱客”)与上海浦东发展银行股份有限公司广州天河支行签署了《利多多对公结构性存款产品合同》，本次委托理财不构成关联交易。

二、委托理财合同的主要内容

(一)基本说明

本次进行的委托理财的资金来源为公司及从化好莱客暂时闲置募集资金，未超过公司股东大会审议批准的额度。

1. 中信银行共赢利率结构21919期人民币结构性存款产品理财期限为91天，起止日期为2018年9月17日至2018年12月17日，理财产品预期年化收益率挂钩标的“美元3个月LIBOR利率”小于或等于8.00%，产品年化收益率为4.25%；挂钩标的“美元3个月LIBOR利率”大于8.00%，产品年化收益率为4.75%。

2. 上海浦东发展银行利多多公司18JG1772期人民币对公结构性存款理财期限为91天，起止日期为2018年9月19日至2018年12月19日，理财产品年化收益率为4.20%。以上产品收益率已扣除销售手续费、托管费等相关费用，预计收益(参考年化收益率)高于银行同期存款利率；投资的理财产品不存在履约担保等，属于保本的理财产品投资。

(二)产品说明

1. 公司购买的委托理财产品是“中信银行共赢利率结构21919期人民币结构性存款产品”，为保本浮动收益、封闭式。本理财产品为结构性产品，通过结构性利率掉期等方式进行投资运作。

2. 公司购买的委托理财产品是“上海浦东发展银行利多多公司18JG1772期人民币对公结构性存款”，为保证收益型。适用法律与争议解决：本合同适用中华人民共和国法律法规，并按其解释。因本合同产生的一切争议,双方可协商解决,协商不成的,应向银行住所地的人民法院提起诉讼。

(三)敏感性分析

在符合国家法律法规,确保不影响募集资金投资计划正常进行和募集资金安全的前提下,公司及从化好莱客使用暂时闲置募集资金进行现金管理,不会影响公司募集资金投资项目的正常开展,通过适度理财可以提高募集资金使用效率,获得一定的投资收益,为公司股东谋取更多的投资回报。

(四)风险控制分析

为控制风险,投资产品的发行主体为能够提供保本承诺的金融机构,投资产品的品种为安全性高、流动性好的保本型产品(包括但不限于银行固定收益型或保本浮动收益型的理财产品、结构性存款及证券公司保本型收益凭证等),上述产品的预期投资收益率高于同等期限的银行存款利率。在额度范围内授权公司董事长自股东大会审议通过之日起一年内行使该项投资决策权并签署相关合同文件,具体由财务部负责组织实施。财务部根据公司经营计划及资金使用情况,针对理财产品的安全性、期限和收益情况选择合适的理财产品,由财务负责人进行审核后提交董事长审批。

(五)独立董事意见

独立董事意见详见公司于 2018 年 8 月 21 日在上海证券交易所网站(www. sse. com. cn)披露的《广州好莱客创意家居股份有限公司独立董事就第三届董事会第十四次会议相关事项发表的独立意见》。

三、截至本公告日公司累计进行委托理财的金额

公司及从化好莱客使用暂时闲置募集资金在存续期内进行委托理财的总额为人民币40 000万元。

——资料来源:上海证券交易所网站,2018—9—22。

思考:好莱客公司本次委托理财对公司的财务管理有什么影响?

1.1 财务管理概述

1.1.1 财务管理的概念

1. 财务管理的含义

财务管理是基于企业再生产过程中客观存在的财务活动和财务关系而产生的,以资金及其流转为对象,并处理价值运动中经济关系的一种管理活动。财务管理通常把公司理财作为讨论的重点,因此,在日常生活中,通常也被称为理财。

企业与资金有关的财务活动包括筹资、投资、运营和分配四个方面。筹资是基础,离开企业生产经营所需的资金筹措,企业就不能生存与发展;企业所筹集的资金只有有效地投放出去,才能实现筹资的目标,并不断增值与发展。同时,企业的日常活动还需要对营运资金进行合理的管理和控制,努力提高营运资金的使用效率与效果。收益分配反过来又影响着筹资、投资、营运资本等方面。

2. 财务管理与其他学科的关系

财务管理是一种管理活动,与生产管理、质量管理和营销管理一样,是管理学科的一个分支。区别是财务管理活动是以资金及其流转为研究对象。财务管理的基础是微观经济学理论,尤其是微观经济学中的消费理论、生产理论、市场均衡理论等为财务管理学提供了理论基础。会计学理论为财务管理的研究提供了方法和途径。概率论及数理统计则为财务管理的研究提供了常用的数学工具。可见,财务管理是建立在微观经济学的基础上,利用会计提供的相关信息资料,运用数学工具来研究资金及其流转的一门管理学科。

1.1.2 财务管理的内容

财务管理是企业组织财务活动并据此处理财务关系的一项管理工作，而企业的财务活动基本上可以分为筹资、投资、资金运营和收益分配四个方面，对于生产性企业而言，同时还需要进行与生产成本有关的管理与控制。从财务管理角度看，筹资可以分为长期筹资和短期筹资，投资也可以分为长期投资和短期投资等。因此，本教材把财务管理实质性的内容分为筹资、投资、资金运营、收益分配管理四部分。

企业财务管理的上述四部分内容之间是相互联系、相互制约的。筹资是基础，离开企业生产经营所需的资金筹措，企业就不能生存与发展；企业筹集到位的资金只有进行有效投资，才能实现筹资的目标；而投资决定了企业需要筹资的规模和时间，筹资和投资在一定程度上决定了企业日常经营活动的特点和方式；但企业日常活动还需要对运营资金进行合理的管理和控制，努力提高营运资本的使用效率与效果。收益分配影响着筹资、投资、资金运营等方面，收益分配的来源是企业上述财务活动共同作用的结果。因此，筹资管理、投资管理、资金运营管理、收益分配管理都是企业价值创造的必要环节，是保障企业健康发展、实现可持续增长的重要内容。从整体上讲，财务活动具体包括以下四个方面。

1. 筹资活动

企业的经营活动离不开资金的支持，筹资是企业正常经营的重要保证，从这个角度出发，筹资是企业财务活动的起点。

企业通过筹资活动会形成两种性质不同的资金来源：一是股权资金，企业可以向国家、法人、外商以及个人吸收直接投资，向社会公众发行股票以及利用企业留存收益等方式获取；二是债务资金，企业可以通过向银行借款、发行公司债券以及融资租赁等方式获取。这两种资金之间的比例决定了企业的资本结构。所谓资本结构，是指股权资金和债务资金的比例关系。因此，在筹资过程中企业需要注意资本结构的科学性，以降低筹资成本和风险、提高企业价值。

2. 投资活动

投资活动是企业将前述筹集到的股权资金和债务资金投入使用的行为，企业的投资活动通常包括对内投资和对外投资。对内投资是企业将资金投入本企业用于购置流动资产、固定资产以及无形资产等行为；而对外投资是企业将资金购买其他企业的股票、债券或与其他企业联营或投资于外部项目等行为。投资的结果是企业所拥有资金的流出，因此，企业在投资过程中，一方面要确定投资规模，以确保获取最佳投资收益；另一方面要通过投资方向和投资方式的选择来确定合理的投资结构，以提高投资报酬、降低投资风险。

3. 资金运营活动

资金运营是企业为满足日常经营活动的需要而发生一系列的资金收付活动。在日常经营活动中，企业首先需要采购原材料或商品，以完成生产和销售活动，同时，还要支付工资和其他营业费用，这些变现为资金的流出；企业把产成品或商品对外销售，取得收入，收回资金；倘若企业现有资金不能满足生产经营的需要，可能还会利用商业信用或向金融机构借入短期借款等方式来获取所需资金，这同时变现为资金的流入。上述各方面产生的企业资金收付，就是因企业经营而引起的财务活动，被称为资金运营活动。

4. 收益分配活动

企业通过投资和资金运营活动获得相应的现金流入，并实现资金的价值增值后还需要根据现行的法律法规予以分配。广义的分配是指对企业各种收入进行分配的过程，包括税收缴纳、借款利息的支付、职工薪酬的分配和净利润的分配等;而狭义的分配仅指对净利润的分配。随着分配过程的进行,资金或者退出或者留存企业,都会影响企业的资金运动。这不仅表现在资金运动的规模上,而且表现在资金运动的结构上,如筹资结构。这种因企业收益的分配而引起的财务活动,称为分配活动。

上述财务活动的四个方面不是相互割裂、互不相关的,而是相互联系、相互依存的。正是上述互相联系又有一定区别的四个方面构成了完整的企业财务活动。这四个方面也就是财务管理的基本内容:企业筹资管理、企业投资管理、资金运营管理、收益分配管理。

1.1.3 企业财务关系

企业财务关系是企业在组织财务活动过程中与有关各方所发生的经济关系。在企业资金运动的过程中,处理好利益相关者之间的关系,是企业开展财务活动的基本条件。企业财务关系主要包括以下几个方面。

1. 企业与股东之间的财务关系

企业与股东之间的财务关系是投资活动中产生的,是企业的股东向企业投入资金、企业向其股东支付投资报酬所形成的经济关系。企业的股东主要包括国家、法人和个人。股东按照投资合同、协议、章程的约定履行出资义务,企业利用资本进行运营实现利润后,按照出资比例或合同、章程的规定,向其股东分配利润。企业同其股东之间的财务关系,体现着所有权的性质,反映着经营权和所有权的关系。

2. 企业与债权人之间的财务关系

企业与债权人之间的财务关系是借款活动中产生的,是企业向债权人借入资金,按借款合同或契约的规定支付本息所形成的经济关系。企业除利用股权资金进行经营活动以外,还要借入一定数量的资金,以降低企业资金成本。企业同其债权人的财务关系在性质上属于债务与债权关系。

3. 企业与债务人之间的财务关系

企业与债务人之间的财务关系是经营活动或投资活动中产生的,主要是企业将其资金用以购买债券、提供借款或商业信用等形式出借给其他企业所形成的经济关系。企业将资金借出后,有权要求其债务人按约定的条件支付利息和归还本金。企业同其债务人的财务关系体现的是债权与债务关系。

4. 企业与供货商、客户之间的财务关系

这主要是指企业与供货商、客户之间相互提供产品或劳务所形成的经济利益关系。它体现着社会成员之间的分工协作关系。

5. 企业与职工之间的财务关系

职工是企业生产经营活动的主要参与者,企业与职工之间的财务关系是企业接受职工的劳动并向职工支付劳动报酬过程中所形成的经济关系。它体现着职工与企业之间在劳动成果上的分配关系。企业应该妥善处理与职工之间的财务关系,设计科学合理的激励约束机制,创造适宜的工作环境和条件,以提高劳动效率。

6. 企业与税务机关之间的财务关系

企业与税务机关之间的财务关系是企业按照现行税法的规定依法纳税与国家税务机关之间发生的经济关系。企业及时足额缴纳税款是对国家和社会的贡献,同时也是企业应尽的法律义务。因此,企业与税务机关之间的经济关系反映的是依法纳税与依法征税的财务关系。

1.1.4　财务管理的环节

财务管理的环节是企业财务管理工作的步骤和程序。一般而言，企业财务管理包括以下几个环节。

1. 财务预测

财务预测是根据企业财务活动的历史资料，对企业未来的财务活动做出较为具体预测的过程。财务预测可以测算各种生产经营方案的经济效益，为决策提供可靠的依据；可以预测财务收支的发展变化情况，以确定经营目标；可以测算各项定额和标准，为编制计划、分解计划指标服务。

财务预测环节主要包括明确预测目标、搜集相关资料、建立预测模型、确定财务预测结果等步骤。财务预测的方法包括定性预测法和定量预测法两类。定性预测法，主要是利用直观材料，根据分析者的主观判断和综合分析能力，对事物的未来趋势做出预测的一种方法；而定量预测法，则主要是对变量之间存在的数量关系建立数学模型进行预测的方法。

2. 财务计划

财务计划是根据企业整体战略目标和规划，对财务活动进行规划，并以指标形式落实到每一计划期间的过程。财务计划主要以货币形式反映在一定的计划期内，是企业生产经营活动所需要的资金及其来源、财务收入和支出、财务成果及其分配的情况。

3. 财务预算

财务预算是企业全面预算的一部分，同时也是全面预算体系中的最后环节，可以从价值方面总括地反映特种决策预算与业务预算的结果。财务预算是根据财务战略、财务计划和各种预测信息，确定预算期内各种预算指标的过程。它是财务战略的具体化，是财务计划的分解和落实。

财务预算的编制一般包括以下三个步骤：(1)分析财务环境，确定预算指标；(2)协调财务能力，组织综合平衡；(3)选择预算方法，编制财务预算。

财务预算的编制方法通常包括固定预算与弹性预算、增量预算与零基预算、定期预算与滚动预算等。

4. 财务决策

财务决策是指按照财务战略目标的总体要求，利用专门的方法对各种备选方案进行比较和分析，从中选出最佳方案的过程。财务决策是财务管理的核心，决策的成功与否直接关系到企业的兴衰成败。

一个财务决策系统由决策者、决策对象、信息、决策理论与方法以及决策结果五个要素构成。财务决策环节主要包括确定决策目标、提出备选方案、选择最优方案等步骤。

财务决策的方法主要有两类：一类是经济判断法，是根据决策者的经验来判断选择，常用的方法有淘汰法、排队法、归类法等；另一类是定量分析方法，常用的方法有优选对比法、数学微分法、线性规划法、概率决策法等。

5. 财务控制

财务控制是企业内部控制和风险管理的一个重要方面，是指利用有关信息和特定手段，对企业的财务活动施加影响或调节，以便实现计划所规定的财务目标的过程。

财务控制可以按不同的标准进行分类。按其时序可分为事前控制、事中控制和事后控制；按控制依据可分为预算控制和制度控制。

财务控制一般要经过以下步骤:(1)制定控制标准,分解落实责任;(2)实施追踪控制,及时调整误差;(3)分析执行情况,搞好考核奖惩。

6. 财务分析

财务分析是指根据企业财务报表等信息资料,采用专门方法,系统分析和评价企业财务状况、经营成果以及未来趋势的过程。

通过财务分析,可以掌握各项财务计划的完成情况,评价财务状况,研究和掌握企业财务活动的规律性,改善财务预测、决策、预算和控制,改善企业管理水平,提高企业经济效益。财务分析的方法主要包括比较分析法、比率分析法和因素分析法。

1.1.5 财务管理的目标

1. 财务管理目标的含义

企业的目标就是创造财富(或价值)。一般而言,企业财务管理的目标就是为实现企业创造财富或价值这一目标服务。任何管理活动都是有目的的行为,财务管理活动也不例外。企业财务管理目标,也称为理财目标,是在特定的理财环境中,通过组织财务活动、处理财务关系所要达到的目的或所希望实现的结果。

财务管理目标制约着财务运行的基本特征和发展方向,不同的财务管理目标会产生不同的财务管理运行机制。因此,科学地设置财务管理目标,对优化理财行为、实现财务管理的良性循环具有重要意义。同时,明确财务管理的目标,也是做好财务工作的前提。

2. 财务管理目标理论

根据现代企业财务管理理论和实践,企业财务管理目标有如下几种具有代表性的理论:

(1)利润最大化。利润最大化是西方微观经济学的理论基础,它假定企业财务管理以实现利润最大化为目标,该理论认为,利润代表企业创造的新的财富(或价值),利润越多则企业的财富(或价值)增加得越多,越接近企业的目标。如早期的一些企业,大多会以利润最大化为企业的财务管理目标,其实,这也无可厚非,企业的存在,必然是先生存、再发展。以利润最大化作为财务管理目标,其主要原因有三:一是人类从事生产经营活动的目的是为了创造更多的剩余产品,在市场经济条件下,剩余产品的多少可以用利润这个指标来衡量;二是在自由竞争的资本市场中,资本的使用权最终属于获利最多的企业;三是只有每个企业都最大限度地创造利润,整个社会的财富才可能实现最大化,从而带来社会的进步和发展。

利润最大化目标的主要优点是企业追求利润最大化,必须加强管理、改进技术、降低产品成本。这些措施都有利于企业资源的合理配置,有利于提高企业的整体经济效益。而利润最大化作为财务管理目标的缺陷主要有:

①没有考虑利润的实现时间和资金的时间价值。例如,基期 100 万元的利润和报告期 100 万元的利润,其实际价值是不一样的。1 年间资金会有时间价值的增加。

②未考虑风险问题。通常情况下,高收益伴随高风险,低收益伴随低风险。不同行业面临的经营风险是不一样的,同等利润值在不同行业中的意义也不相同,比如,风险比较高的高科技企业和风险相对较小的制造业企业无法直接比较。

③没有反映创造的利润与投入资本之间的关系。例如,项目一投入1 000万元资本获得 200 万元利润,项目二投入资本 500 万元获利 150 万元,哪一个项目更符合企业的目标?如果不将利润实现的多少与投入资本额结合起来,则很难做出合理的财务决策。

④可能会导致企业短期行为的发生,最终影响企业长远发展。利润最大化目标往往会使

企业财务决策带有短期行为倾向，由于利润指标通常按年计算，因此，企业决策也往往会服务于年度指标的完成或实现。

(2)股东财富最大化。股东财富最大化是指企业财务管理以实现股东财富最大化为目标。在上市公司，股东财富是由其所拥有的股票数量和股票市场价格两方面决定的，在股票数量一定时，股票价格达到最高，股东财富也就达到最大。股东财富最大化是近年来较为流行的一种观点，与利润最大化相比，股东财富最大化的主要优点是：

①考虑了资金时间价值和风险因素。因为通常股价会对风险做出较敏感的反应，股票市价不仅受公司当前经营状况和盈利水平的影响，而且还取决于公司未来获利的能力。

②一定程度上可以避免公司的短期行为。因为不仅目前的利润会影响股票价格，预期未来的利润同样会对股价产生重要影响。因此，股东财富最大化目标能在一定程度上克服公司在追求利润上的短期行为，促使公司关注其长期发展与长期利益。

③对上市公司而言，股东财富最大化目标易于量化，便于考核和奖惩。

然而，股东财富最大化目标也存在着一些缺陷，主要表现为：

①通常只适用于上市公司。由于非上市公司无法像上市公司一样随时准确地获得公司股价，因此，该目标只适用于上市公司，对于非上市公司难以适用。

②更多强调的是股东的利益，忽视了其他利益相关者。财富最大化只强调股东的利益，对公司其他关系人的利益重视不够，有可能导致投资者与其他利益主体之间的矛盾和冲突。

③股价不能准确反映公司价值。股价受众多因素影响，特别是企业外部的因素，有些还可能是非正常因素。股价并不能完全准确地反映企业财务管理状况，如有的上市公司处于破产的边缘，但由于可能存在某些机会，其股票市价可能还在走高。因此，股价的高低有时并不能客观反映公司的实际价值，也就不能表示股东财富的真实水平。

(3)企业价值最大化。企业价值最大化是指企业财务管理行为以实现企业的价值最大化为目标。企业价值可以理解为企业所有者权益和债权人权益的市场价值，或者是企业所创造的预计未来现金流量的现值。与股东财富最大化相比，企业价值最大化目标兼顾了股东和债权人的利益。

从长远发展来看，企业不能只强调某一利益集团的利益而置其他利益集团的利益于不顾，各个利益集团的目标都可以折中为企业长期稳定发展和企业总价值不断增长，各个利益集团都可以借此来实现它们的最终目的。所以，以企业价值最大化作为财务管理的目标，比将股东财富最大化作为财务管理的目标更科学。企业价值最大化目标将企业可持续发展摆在首位，强调在企业价值增长中满足以股东为首的各利益群体的利益。

企业价值最大化目标的优点主要包括：

①考虑了风险与资金的时间价值。

②有效地规避企业的短期行为。由于当前利润会影响企业的价值，而未来的利润对企业价值增加也会产生重大影响。因此，企业价值最大化将企业的长期发展和持续的获利能力放在首位，能在一定程度上克服企业追求利润的短期行为。

企业价值最大化目标的缺点则包括：

①以企业价值最大化作为财务管理目标过于理论化，不易操作。

②对于非上市公司而言，需要对企业进行专门的评估才能确定其价值，而在评估企业的资产时，由于受评估标准和评估方式的影响，很难做到客观和准确。

(4)相关者利益最大化。20 世纪 80 年代兴起的相关者利益理论从“企业是一组契约的联结点"的角度出发，认为企业是所有相关利益者的多边契约。而这些相关利益者不仅包括股东，还包括债权人、企业经营者、客户、供应商、员工、政府等。在确定企业财务管理目标时，不能忽视这些相关利益群体的利益。因此，相关者利益最大化是指企业财务管理行为以实现上述相关者利益最大化为目标。

以相关者利益最大化作为财务管理目标，具有以下优点：

①有利于企业长期稳定发展。这一目标注重企业在发展过程中考虑并满足各利益相关者的利益关系。在追求长期稳定发展的过程中，站在企业的角度上进行投资研究，避免只站在股东的角度进行投资可能导致的一系列问题。

②兼顾了相关各方的利益，体现了合作双赢的价值理念，有利于实现企业经济效益和社会效益的统一。由于兼顾了企业、股东、政府、客户等的利益，企业不仅仅是一个单纯谋利的组织，还承担了一定的社会责任。

相关者利益最大化财务管理目标的缺点是过于理想化且不易操作。

上述利润最大化、股东财富最大化、企业价值最大化以及相关者利益最大化等各种财务管理目标，都是以股东财富最大化为基础的。这是因为，企业是市场经济的主要参与者，企业的创立和发展都必须以股东的投入为基础，离开了股东的投入，企业就不复存在；同时，在企业的日常经营过程中，股东在企业中承担着最大的义务和风险，理应享有最高的报酬，即股东财富最大化，否则就难以为市场经济的持续发展提供动力。

1.1.6 利益冲突的协调

现代企业的一个重要特征是所有权与经营权的分离，由此产生了委托代理关系。代理人受契约的制约，代表委托人的利益，并获取相应的报酬。当委托人与代理人的利益目标发生冲突时，就需要协调相关各方的利益冲突。而在所有的利益冲突协调中，所有者与经营者、所有者与债权人的利益冲突与协调至关重要。

1. 所有者与管理者

在所有权与经营权相分离的公司制企业中，管理者一般不拥有占支配地位的股权，他们只是所有者的代理人。所有者期望管理者代表他们的利益工作，实现所有者财富最大化，而管理者则有其自身的利益考虑，二者的目标经常会不一致。管理者和所有者的主要利益冲突是管理者希望在创造财富的同时，能够获取更多的报酬，并避免各种风险；而所有者则希望支付较少报酬来实现更多的财富积累。

协调这一利益冲突的措施包括：

(1)解聘。这是通过所有者约束经营者的办法。所有者对经营者予以监督，如果经营者绩效不佳，就解聘经营者。以便为实现财务管理目标服务。

(2)接收。这是一种通过市场约束经营者的办法。如果经营者决策失误，经营不力，绩效不佳，该企业就可能被其他企业强行接收或吞并，相应经营者也会被解聘。经营者为了避免这种接收，就必须努力实现财务管理目标。

(3)激励。激励就是将经营者的报酬与其绩效直接挂钩，如对管理者实行股票期权、绩效股以及年薪制等，以使经营者自觉采取能提高所有者财富的措施。

2. 所有者与债权人

所有者与债权人之间产生利益冲突的本质在于二者对企业财产的索取权不同。由此会导致所有者的目标可能与债权人期望实现的目标发生矛盾。首先，债权人希望企业选择风险小的项目，而所有者则更愿意选择能够获取高报酬的高风险项目。其次，所有者可能在未征得现有债权人同意的情况下，要求经营者举借新债，因为偿债风险相应增大，从而致使原有债权的价值降低、所有者与债权人的上述利益冲突等，协调二者之间的利益冲突可以通过以下方式解决：

(1)限制性借债。债权人通过事先规定借债用途限制、借债担保条款和借债信用条件，使所有者不能通过以上两种方式削弱债权人的债权价值。

(2)收回借款或停止借款。当债权人发现企业有侵蚀其债权价值的意图时，采取收回债权或不再给予新的借款的措施，从而保护自身权益。

1.2　财务管理的体制和环境

1.2.1　财务管理的体制

企业财务管理体制是明确企业各财务层级的财务权限、责任和利益的制度，其核心问题是财务管理权限的配置，企业财务管理体制决定着企业财务管理的运行机制和实施模式。企业财务管理体制的类型主要包括以下三种：

1. 集权型财务管理体制

顾名思义，集权型财务管理体制是指企业所有的财务管理权限都进行集中，统一至企业总部财务部门决策，各所属单位没有财务决策权，各所属单位执行企业总部的各项指令即可。

这样的财务管理体制，其优点在于：有利于在整个企业内部优化配置资源，有利于实行内部调拨价格，有利于内部采取避税措施及防范汇率风险等。其缺点主要是：集权过度会使各所属单位缺乏主动性、积极性，丧失活力，也可能因为决策程序相对复杂而失去适应市场的弹性，丧失市场机会。因此，集权型财务管理体制一般适用于规模较小的中小企业或者处于初创期的企业。

2. 分权型财务管理体制

分权型财务管理体制是指企业所有的财务管理权限完全下放到各所属单位，各所属单位只需对一些决策结果报请企业总部备案即可。分权型财务管理体制下企业内部的管理权限分散于各所属单位，各所属单位在人、财、物、供、产、销等方面有决策权。

其优点是：由于各所属单位有权对影响经营成果的因素进行控制，有利于针对本单位存在的问题及时做出有效决策，因地制宜地搞好各项业务，也有利于分散经营风险，促进所属单位管理人员及财务人员的成长。其缺点是：各所属单位大多从本单位利益出发安排财务活动，缺乏全局观念和整体意识，从而可能导致资金管理分散、资本成本增加、费用失控、利润分配无序。因此，分权型财务管理体制一般适用于规模大的企业，尤其适用于跨国集团等企业。

3. 集权与分权相结合型财务管理体制

实际上，在企业的财务管理实务中，完全意义上的集权型财务管理体制和分权型财务管理体制并不多见，而常用的是集权与分权相结合型财务管理体制。集权与分权相结合型财务管理体制吸收了集权型和分权型财务管理体制各自的优点，避免了二者各自的缺点，从而具有较大的适用性。集权与分权相结合型财务管理体制，其实质是集权下的分权，企业对各所属单位在所有重大问题的决策与处理上实行高度集权，各所属单位则对日常经营活动具有较大的自主权。在集权与分权相结合型财务管理体制下，一般应对企业影响较大的权限进行集中管理：

(1)财务制度制定权。企业的财务管理制度,在全企业范围内统一施行。各所属单位只有制度执行权,而无制度制定和解释权。但各所属单位可以根据自身需要制定实施细则和补充规定。

(2)筹资、融资权。资金筹集是企业资金运动的起点,为了使企业内部筹资风险最小,筹资成本最低,应由企业总部统一筹集资金,各所属单位有偿使用。

(3)投资权。企业对外投资必须遵守的主要原则包括效益性、分散风险性、安全性等。无论企业总部还是各所属单位的对外投资,都必须经过立项、可行性研究、论证、决策的过程,其间除专业人员外,必须有财务人员参加。

(4)用资、担保权。企业总部应加强资金使用安全性的管理,对大额资金拨付要严格监督,建立审批手续,并严格执行。各所属单位用于经营项目的资金,要按照经营规划范围使用,用于资本项目上的资金支付,应履行企业规定的报批手续。

(5)固定资产购置权。各所属单位需要购置固定资产必须说明理由,提出申请报企业总部审批,经批准后方可购置。各所属单位资金不得自行用于资本性支出。

(6)财务机构设置权。各所属单位财务机构设置必须报企业总部批准,财务人员由企业总部统一招聘,财务负责人或财务主管人员由企业总部统一委派。

(7)收益分配权。企业内部应统一收益分配制度,各所属单位应客观、真实、及时地反映其财务状况及经营成果。各所属单位收益的分配,属于法律、法规明确规定的按规定分配,剩余部分由企业总部本着长远利益与现实利益相结合的原则,确定分留比例。

而对财务权限可以进行分散管理的则包括:

(1)经营自主权。各所属单位负责人主持本单位的生产经营管理工作,组织实施年度经营计划,决定生产和销售,研究和考虑市场周围的环境。

(2)人员管理权。各所属单位负责人有权任免下属管理人员,有权决定员工的聘用与辞退,企业总部原则上不应干预,但其财务主管人员的任免应报经企业总部批准或由企业总部统一委派。

(3)业务定价权。各所属单位所经营的业务均不相同,因此,业务的定价应由所属单位经营部门自行拟订,但必须遵守加速资金流转、保证经营质量、提高经济效益的原则。

(4)费用开支审批权。各所属单位在经营中必然发生各种费用,企业总部没必要进行集中管理,各所属单位在遵守财务制度的原则下,由其负责人批准各种合理的用于企业经营管理的费用开支。

1.2.2 财务管理的环境

财务管理环境是指对企业财务活动和财务管理产生影响作用的企业内外各种因素的统称,主要包括技术环境、经济环境、金融环境、法律环境等。

1. 技术环境

财务管理的技术环境,是指财务管理得以实现的技术手段和条件,它决定着财务管理的效率和效果。目前,我国进行财务管理所依据的会计信息是通过会计系统所提供的,占企业经济信息总量的60%~70%。在企业内部,会计信息主要是提供给管理层决策使用,而在企业外部,会计信息则主要是为企业的投资者、债权人等提供服务。

2. 经济环境

财务管理的经济环境是影响企业财务管理的一系列经济因素。其内容十分广泛,包括经济周期、经济体制、经济发展水平、宏观经济政策等。

(1)经济周期。在市场经济条件下,经济发展与运行带有一定的波动性。大体上都会经历复苏、繁荣、衰退和萧条几个阶段,这种循环叫作经济周期。经济学家认为,经济通常是在波动中前进的,这种波动大体上经历繁荣、衰退、萧条和复苏等阶段,然后又进入下一个循环。经济周期的波动对企业理财有极大影响。在经济繁荣时期,经济增长快,市场需求增大,企业的产品销售增加,企业投资机会增多,推动企业扩大生产规模,增加产品供应,从而使企业对资金的需求相应地提高,融资活动也必然增加;反之,如果经济增长速度减慢,特别是在经济萧条时期,企业的产品销售减少,投资获利机会减少,企业往往会缩小生产经营规模,筹资活动也会趋于减少。企业财务人员应当对经济周期性波动进行预测和分析,适时调整财务政策。在经济周期的不同阶段,企业应采用不同的财务管理战略。西方财务学者探讨了经济周期中不同阶段的财务管理战略,归纳如表1—1所示。

表1—1　　经济周期中不同阶段的财务管理战略

	复苏	繁荣	衰退	萧条
1	增加厂房设备	扩充厂房设备	停止扩张	建立投资标准
2	实行长期租赁	继续建立存货	出售多余设备	保持市场份额
3	建立存货储备	提高产品价格	停产不利产品	压缩管理费用
4	开发新产品	开展营销规划	停止长期采购	放弃次要利益
5	增加劳动力	增加劳动力	削减存货	削减存货

(2)经济体制。现行经济体制下,企业成为"自主经营、自负盈亏"的经济实体,有独立的经营权,同时也有独立的理财权。企业可以从其自身需要出发,合理确定资本需要量,然后到市场上筹集资本,再把筹集到的资本投放到高效益的项目上获取更大的收益,最后将收益根据需要和可能进行分配,保证企业财务活动自始至终根据自身条件和外部环境做出各种财务管理决策并组织实施。经济体制深刻地影响着我国的经济生活,也深刻地影响着我国企业的发展和财务活动的运行。例如,金融政策中货币的发行量、信贷规模都会影响企业投资的资金来源和投资的预期收益;财税政策会影响企业的资金结构和投资项目的选择等;价格政策会影响资金的投向和投资的回收期及预期收益等。可见,经济政策对企业财务的影响是非常大的。这就要求企业财务人员必须了解和把握经济体制,更好地为企业的经营理财活动服务。

(3)经济发展水平。社会的经济发展水平也会影响一个企业财务管理目标的实现与否。经济发展水平越高,财务管理水平也越高。改革开放以来,我国经济增长比较快,尽管受2008年全球金融危机的冲击,但仍保持着较高的增长速度。这种外部环境,给企业扩大规模、调整结构、拓宽财务活动领域带来严峻的挑战。财务管理水平的提高,将推动企业降低成本,改进效率,提高效益,从而促进经济发展水平的提高;而经济发展水平的提高,将改变企业的财务战略、财务理念、财务管理模式和财务管理的方法手段,从而促进企业财务管理水平的提高。

(4)宏观经济政策。政府具有调控宏观经济的职能,对企业的宏观调控主要是通过一系列经济政策作导向来实现的。宏观经济政策主要包括财税政策、金融政策、外汇政策、外贸政策、价格政策、投资政策等。不同的宏观经济政策,对企业财务管理目标的实现的影响也不同。金融政策中的货币发行量、信贷规模会影响企业投资的资金来源和投资的预期收益;财税政策会影响企业的资金结构和投资项目的选择等;价格政策会影响资金的投向和投资的回收期及预期收益，会计制度的改革会影响会计要素的确认和计量，进而对企业财务活动的事前预测、决策及事后的评价产生影响等。

3. 金融环境

金融环境是指为企业资金融通提供场所的金融市场、参与交易的金融结构、作为交易手段的金融工具以及金融市场起调控作用的利率所组成的金融体系。金融环境的主要因素包括：

(1)金融机构。金融机构是在金融市场上连接资金供求双方的中介，主要是指银行机构和非银行金融机构。银行是指经营存款、放款、汇兑、储蓄等金融业务，承担信用中介的金融机构，包括各种商业银行和政策性银行。我国目前的金融机构主要分为以下两类：①银行金融机构。银行金融机构具体又包括中央银行、商业银行和政策性银行。在我国，中央银行指的是中国人民银行；而商业银行又可进一步划分为国有控股商业银行和股份制商业银行。我国目前国有控股商业银行包括中国工商银行、中国农业银行、中国银行、中国建设银行等。股份制商业银行有兴业银行、招商银行等；我国的政策性银行包括国家开发银行、中国农业发展银行以及中国进出口银行等。②非银行金融机构。非银行金融机构主要包括保险公司、信托投资公司、证券公司、财务公司、金融资产管理公司、金融租赁公司等机构。

(2)金融工具。金融工具是指资金融通双方在金融市场上进行资金交易和转让的工具。金融市场上的金融工具多种多样，主要包括各种商业票据、可转让定期存单、股票、债券、期货合约、期权合约等。金融工具分为基本金融工具和衍生金融工具两大类。常见的基本金融工具包括票据、债券、股票等；衍生金融工具又称派生金融工具，是在基本金融工具的基础上通过特定技术设计形成的新的融资工具，如各种远期合约、互换、掉期、资产支持证券等。衍生金融工具的种类非常复杂、繁多，具有高风险、高杠杆效应的特点。金融工具作为合法的信用凭证，使交易双方的债权债务关系或者产权关系更加清晰，并能得到法律的保护。

金融工具能够证明金融交易的金额、期限、价格等。有了金融工具，资金交易双方的融通资金活动就更加方便和快捷。一般认为，金融工具具有流动性、风险性和收益性的特征。

(3)金融市场。金融市场是资金供求双方通过一定的金融工具进行交易进而融通资金的场所。金融市场的构成要素包括资金供应者和资金需求者、金融工具、交易价格、组织方式等。金融市场可以按照不同的标准进行分类。

①按交易期限，可将金融市场分为货币市场和资本市场。货币市场又称短期金融市场，是指以期限在 1 年以内的金融工具为媒介，进行短期资金融通的市场，包括票据市场、大额定期存单市场和短期债券市场。货币市场的主要特点有：第一，交易期限短；第二，交易的目的是解决短期资金周转的需要；第三，所交易的金融工具具有较强的货币性。资本市场又称长期金融市场，是指以期限在 1 年以上的金融工具为媒介，进行长期资金交易活动的市场，包括股票市场、债券市场和融资租赁市场等。资本市场的主要特点有：第一，交易的主要目的是解决长期投资性资金的供应需要；第二，收益较高而流动性较差；第三，资金交易量大；第四，价格变动幅度大。

②按交易功能，可将金融市场分为发行市场和流通市场。发行市场又称为一级市场，它主要处理金融工具的发行与最初购买者之间的交易；流通市场又称为二级市场，它主要处理现有金融工具转让和变现的交易。

③按具体的交易对象，可将金融市场分为资本市场、外汇市场和黄金市场等。资本市场以货币和资本为交易对象；外汇市场以各种外汇金融工具为交易对象；而黄金市场则是集中进行黄金买卖和金币兑换的交易市场。

④按所交易金融工具的属性可分为基础性金融市场和金融衍生品市场。基础性金融市场是指以基础性金融产品为交易对象的金融市场，如商业票据、企业债券、企业股票的交易市场；金融衍生品交易市场是指以金融衍生品为交易对象的金融市场，如远期、期货、掉期（互换）、期权的交易市场，以及具有远期、期货、掉期（互换）、期权中一种或多种特征的结构化金融工具的交易市场。

4. 法律环境

财务管理的法律环境是指影响企业财务活动的各种法律法规和规章。主要包括公司法、证券法、金融法、证券交易法、经济合同法、税法、企业财务通则、内部控制基本规范等。市场经济是法制经济，企业的一些经济活动总是在一定法律规范内进行的。法律既约束企业的非法经济行为，也为企业从事各种合法经济活动提供保护。

(1)企业组织法规。在我国，有关企业的组织法规包括《公司法》《合伙企业法》《外资企业法》等。例如在《公司法》中规定，企业可以采用独资、合伙、公司制等企业组织形式。企业组织形式不同，业主（股东）权利责任、企业投融资、收益分配、纳税、信息披露等不同，公司治理结构也不同。

(2)会计法规。会计法规主要包括《企业会计通则》《企业会计准则》等法规。《企业会计通则》是各类企业进行财务活动、实施财务管理的基本规范。我国第一个《企业会计通则》于1994年7月1日起施行，随着经济环境的不断变化，后期修订多次。新通则围绕企业财务管理的环节，明确了资金筹集、资金运营、成本控制、收益分配、信息管理、财务监督六大财务管理要素，对财务管理方法和政策要求做出了规范。而《企业会计准则》是对所有企业制定的会计核算规则，包括一个基本准则和多个具体准则。

(3)税法。税法是国家法律的重要组成部分，是保障国家和纳税人合法权益的法律规范。企业在生产经营的过程中，有依法纳税的法律义务，而税负作为企业的一项支出，必然希望能够通过纳税筹划来减少税负，为企业的财务管理目标服务。

延伸阅读材料

日本企业的财务管理

资本是企业进行生产经营的前提条件，股东的投资是企业的最初投资。作为企业支柱和经营源泉的资本进入企业以后，经过循环周转，促使资本不断增值，以保护企业得以存在和发展。

1. 财务管理

日本企业的财务活动具体表现为资本的筹集和运用，资本筹集和运用的计划和控制即是财务管理。记录和核算作为财务对象的资本变动情况时，所使用的方法和手段是财务会计，而在进行财务管理时则主要使用管理会计。

2. 资本的筹集和运用

日本企业资本筹集的来源有外部金融和内部金融之分。其形式如下：①外部金融主要有商业信用、信贷金融、证券金融等；②内部金融主要有发行股票、保留利润、计提折旧费及财产处理等。

日本企业资本运用的具体表现形式主要有：①货币储备；②赊销投资；③库存投资；④有形资产投资；⑤无形资产投资；⑥公司对外投资；⑦创业投资；⑧科研开发投资；⑨资本筹集投资。

3. 财务部门的职能

(1)筹集和运用资金。这是日本企业财务部门的第一个职能。企业进行生产经营需要一定量的资金，而这些资金的筹集和运用是以财务部门为中心实现的。

(2)承担财务会计工作。这是日本企业财务部门的第二个职能。财务会计通过记录、收集、处理资本变动情况,提出企业经营活动的有关情况,客观真实地反映企业财务状况及经营成果,保护企业财产。

(3)承担管理会计工作。日本企业的会计工作,除了财务会计,还有管理会计。根据日本商法有关规定,财务会计具有强制性,而管理会计没有法定强制性,其是否设置由企业自行决定。

如前所述,财务会计是为研究企业以往的经营状况提供情报。管理会计则不同,它是为研究企业未来如何发展提供情报。管理会计的重要任务,就是为企业进行合理决策提供切实可靠的情报。

4. 财务管理的范围

财务管理是企业管理的重要组成部分,其范围主要包括以下三个方面:

(1)财务政策。它是企业组织和进行资本筹集与运用业务工作的指南。

(2)财务计划。它是企业财务政策的具体化,把企业在计划期内财务活动的内容、程序和目标、数据具体变现出来。

(3)财务控制。它是在财务计划实施过程中对财务活动所进行的指导、限制和调整。

5. 企业财务管理组织机构

日本企业财务管理机构的组织形式取决于企业内部管理的模式及其规模的大小和经营内容的复杂程度。日本大部分企业实行统一核算、统一管理的高度集中型模式。这一模式的管理组织形式是实行统一指挥,垂直领导,权力高度集中于最高领导层。

企业内部各个职能部门之间,实行高度专业化的分工,分别担任生产、销售和财务等专门职能,并自成独立系统,层层传达,执行企业最高管理者的命令,最高管理者通过这些职能部门实现其对企业的管理。

同步测试

一、单项选择题

1. 某企业集团经过多年的发展,已初步形成从原料供应、生产制造到物流服务上下游密切关联的产业集群,当前集团总部管理层的素质较高,集团内部信息化管理的基础较好。据此判断,该集团最适宜的财务管理体制类型是(　　)。

A. 集权型　　B. 分权型　　C. 自主型　　D. 集权与分权相结合型

2. 下列各项中,符合企业相关者利益最大化财务管理目标要求的是(　　)。

A. 强调股东的首要地位　　B. 强调债权人的首要地位

C. 强调员工的首要地位　　D. 强调经营者的首要地位

3. 某公司董事会召开公司战略发展讨论会,拟将企业价值最大化作为财务管理目标,下列理由中,难以成立的是(　　)。

A. 有利于规避企业的短期行为　　B. 有利于量化考核

C. 有利于持续提升企业获利能力　　D. 有利于均衡风险与报酬的关系

4. 某上市公司针对经常出现中小股东质询管理层的情况,拟采取措施协调所有者与经营者的矛盾,下列各项中,不能实现上述目的的是(　　)。

A. 强化内部人控制　　B. 解聘总经理

C. 加强对经营者的监督　　D. 将经营者的报酬与绩效挂钩

5. 下列各项企业财务管理目标中,能够同时考虑资金时间价值和投资风险因素的是(　　)。

A. 产值最大化　　B. 利润最大化

C. 每股收益最大化　　D. 企业价值最大化

二、多项选择题

1. 在某公司财务目标研讨会上,张经理主张“贯彻合作共赢的价值理念,做大企业的财富蛋糕”;李经理认为“既然企业的绩效按年度考核，财务目标就应当集中体现当年利润指标”；王经理提出“应将企业长期稳定的发展放在首位，以便创造更多的价值”。上述观点涉及的财务管理目标有(　　)。

A. 利润最大化　　B. 企业规模最大化

C. 企业价值最大化　　D. 相关者利益最大化

2. 某企业集团选择集权与分权相结合的财务管理体制，下列各项中，通常应当集权的有(　　)。

A. 收益分配权　　B. 财务机构设置权

C. 对外担保权　　D. 子公司业务定价权

3. 某公司有A、B两个子公司，采用集权与分权相结合的财务管理体制，根据我国企业的实践，公司总部一般应该集权的有(　　)。

A. 融资权　　B. 担保权　　C. 收益分配权　　D. 经营权

三、判断题

1. 就上市公司而言，将股东财富最大化作为财务管理目标的缺点之一是不容易被量化。(　　)

2. 集权与分权相结合型的财务管理体制下，通常企业总部应做到制度统一、资金集中，因此在人员管理权、费用开支的审批权等方面应实行集中。(　　)

3. 财务管理的技术环境，是指财务管理得以实现的技术手段和技术条件，它决定着财务管理的效率和效果。(　　)

4. 影响财务管理的经济环境因素主要包括经济周期、经济发展水平、机构及政策和金融市场状况。(　　)

5. 相关者利益最大化目标强调股东的首要地位，并强调企业与股东之间的协调关系。(　　)

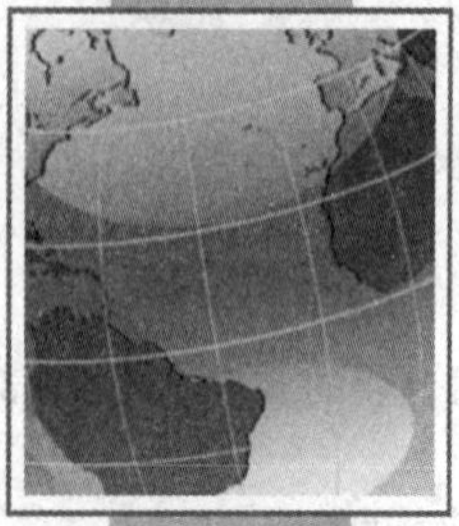

第二章 风险与报酬

学习目标

1. 掌握资产报酬的含义,理解各种报酬率之间的关系。
2. 掌握风险的含义,区分系统风险与非系统风险,以及财务风险与经营风险。
3. 掌握单项资产的预期报酬率的计算机风险衡量方法。
4. 掌握资产组合预期报酬率的计算,以及影响资产组合的因素和计算方式。
5. 掌握市场组合的定义,掌握并理解β系数的含义以及计算方式。
6. 熟练资本资产定价模型,并会运用计算系统风险与报酬。

案例 2—1

你的投资选择是什么?

2011 年,家得宝公司、金宝汤公司以及汽车租赁公司安飞士与其他公司一起宣布了公司的盈利情况。家得宝公司宣布第四季度利润相比上一年增长了 72%。公司的每股收益是 36 美分,轻松地击败了市场分析师之前预计的 31 美分。金宝汤公司的每股收益为 71 美分,基本吻合了当初市场分析人士的数据。而对于安飞士公司来说,市场分析人士预估每股收益将会是 7 美分,但事实上该公司的每股亏损达到了 36 美分。那么作为一个财务人员,如何看待这三家公司的信息,是分别代表好消息、无消息还是坏消息?或许这所谓的好坏的区分是对的。但是市场不这样认为,三家公司的股票价格都有变化,家得宝的股价下跌了超过 1%,金汤宝的股价下跌了 3.9%,安飞士的股价反而上涨了接近 1%。

一般来说,股票价格的反映似乎与这些公司的消息和你期盼的结果并不匹配。那么究竟什么时候好消息才真的是好消息?为什么市场的反映和各公司公布的各项投资指标有如此大的出入?这就是本章要学习和研究的内容。

2.1 风险与报酬概述

2.1.1 风险

1. 风险的概念

"风险"一词几乎存在于各行各业,甚至人们生活的各个方面,在某种程度上,它代表的是一种不确定性,然而又不局限于不确定性,尤其在财务活动中,二者的区别更大。

由于风险广泛存在于各项财务活动中,而且对企业理财目标的实现具有很重要的影响,因此国内外学术界对其存在的认识毋庸置疑;然而,业界对于风险的定义却没有形成统一的认识。简单而言,其区别即风险存在的概率在一定程度上可以估计,虽然这种数据上的衡量有不完善和一定的主观性,但是不确定性却很少有标准进行度量。

进一步讨论，当风险这一概念运用在财务决策中，用它来衡量人们在投资中所承担意外的可能性和伴随的报酬时，我们就可以定义风险为“发生财务损失的可能性”。如果将投资者的心理报酬预期与实际得到的报酬进行比较，也可以将风险定义为“企业在各项财务活动过程中，由于各种难以预料或者无法控制的因素的作用，使得投资者所得到的实际报酬与预计报酬发生偏离，从而蒙受损失的可能性”。如此，存在的风险越大，蒙受损失的可能性就越大，实际报酬就会与预计报酬相差越大。随着社会的发展，人们在对风险进一步研究之后发现，风险不仅可以带来超出预期的损失，也可能带来超出预期的收益。因此，较为完整意义的风险的定义是：风险是预期结果的不确定性，不仅包括负面效应的不确定性，也包括正面效应的不确定性。

2. 风险的特点与分类

(1)风险的特点

风险的特点包括四个方面：客观性、普遍性、可测定性和可变性。

①客观性。风险是一种不以人的意志为转移，独立于人的意识之外的客观存在。因为无论是自然界的物质运动还是社会发展的规律，都是由事物的内部因素所决定，由超过人们主观意识所存在的客观规律所决定。人们只能在一定的时间和空间内改变风险存在和发生的条件，降低风险发生的频率和损失程度，但是，从总体上说，风险是不可能彻底消除的。正是风险的客观存在，决定了保险活动或保险制度存在的必要条件。

②普遍性。人类历史就是与各种风险相伴的历史。自从人类出现后，就面临着各种各样的风险，如自然灾害、疾病、伤残、死亡、战争等。随着科学技术的发展、生产力的提高、社会的进步、人类的进化，又产生了新的风险，且风险事故造成的损失也越来越大。在当今社会，个人面临着生、老、病、残、死、意外伤害等风险，企业面临着自然风险、市场风险、技术风险、政治风险等，甚至国家和政府机关也面临着各种风险。风险无处不在，无时不有。正是由于这些普遍存在的对人类社会生产和人们的生活构成威胁的风险，才有了保险存在的必要和发展的可能。

③可测定性。个别风险的发生是偶然的、不可预知的，但通过对大量风险的观察可以发现，风险往往呈现出明显的规律性。根据以往的大量资料，利用概率论和数理统计的方法可测算风险事故发生的概率及其损失程度，并且可构造出损失分布的模型，成为风险估测的基础。例如，在人寿保险中，根据精算原理，利用对各年龄段人群的长期观察得到的大量死亡记录，就可以测算各个年龄段的死亡率，进而以死亡率计算人寿保险的保险费率。

④可变性。又称为可转换性，即环境的改变对事物发展的改变是巨大的，有可能是负面的，也有可能是正面的；而环境的改变随机性很大，人为控制的可能性很小，所谓“此一时彼一时”，因此环境的改变引起风险的变换，进一步影响事情发展的结果。

(2)风险的种类

根据不同的标准，风险有不同的分类，常见的有：

①依据风险产生的原因不同，风险分为自然风险、社会风险、政治风险、经济风险与技术风险。

ⅰ. 自然风险。由于自然现象、物理现象和其他物质现象所形成的风险。如地震、水灾、火灾、风灾、雹灾、冻灾、旱灾、虫灾以及各种瘟疫等。在各类风险中，自然风险是保险人承保最多的风险。自然风险的成因不可控，但有一定的规律和周期，发生后的影响范围较广。

ⅱ. 社会风险。社会风险是指由于个人或团体的行为(包括过失行为、不当行为及故意行为)或不行为使社会生产及人们生活遭受损失的风险。如盗窃、抢劫、玩忽职守及故意破坏等行为将可能对他人财产造成损失或人身造成伤害。

ⅲ.政治风险。政治风险(又称为"国家风险")是指在对外投资和贸易过程中,因政治原因或订约双方所不能控制的原因,使债权人可能遭受损失的风险。如因进口国发生战争、内乱而中止货物进口;因进口国实施进口或外汇管制,对输入货物加以限制或禁止输入;因本国变更外贸法令,使出口货物无法送达进口国,造成合同无法履行;等等。

ⅳ.经济风险。经济风险是指在生产和销售等经营活动中由于受各种市场供求关系、经济贸易条件等因素变化的影响或经营者决策失误,对前景预期出现偏差等导致经营失败的风险。如企业生产规模的增减、价格的涨落和经营的盈亏等。

ⅴ.技术风险。技术风险是指伴随着科学技术的发展、生产方式的改变而产生的威胁人们生产与生活的风险。如核辐射、空气污染和噪音等。

②根据风险标的不同,风险可分为财产风险、人身风险、责任风险与信用风险。

ⅰ.财产风险。财产风险是指一切导致有形财产的损毁、灭失或贬值的风险以及经济的或金钱上损失的风险。厂房、机器设备、原材料、成品、家具等会遭受火灾、地震、爆炸等风险;船舶在航行中,可能遭受沉没、碰撞、搁浅等风险。财产损失通常包括财产的直接损失和间接损失两个部分。

ⅱ.人身风险。人身风险是指导致人的伤残、死亡、丧失劳动能力以及增加医疗费用支出的风险。如人会因生、老、病、死等生理规律和自然、政治、军事、社会等原因而早逝、伤残、工作能力丧失或年老无依靠等。人身风险所致的损失一般有两种:一种是收入能力损失;另一种是额外费用损失。

ⅲ.责任风险。责任风险是指由于个人或团体的疏忽或过失行为,造成他人财产损失或人身伤亡,依照法律、契约或道义应承担的民事法律责任的风险。日常生活中所说的"责任"包括刑事责任、民事责任和行政责任,但保险人所承保的责任风险仅限于民事损害赔偿责任。例如,对由于产品设计或制造上的缺陷所致消费者(或用户)的财产损失或人身伤害,产品的设计者、制造者、销售者依法要承担经济赔偿责任;合同一方违约使另一方遭受损失,违约一方依合同要承担经济赔偿责任。

ⅳ.信用风险。信用风险是指在经济交往中,权利人与义务人之间,由于一方违约或违法致使对方遭受经济损失的风险。如进出口贸易中,出口方(或进口方)会因进口方(或出口方)不履约而遭受经济损失。

③依据风险的后果不同,风险可分为纯粹风险与投机风险。

ⅰ.纯粹风险。纯粹风险是指只有损失机会而无获利可能的风险。比如房屋所有者面临的火灾风险、汽车主人面临的碰撞风险等,当火灾或碰撞事故发生时,他们便会遭受经济利益上的损失。

ⅱ.投机风险。投机风险是相对于纯粹风险而言的,是指既有损失机会又有获利可能的风险。投机风险的后果一般有三种:一是"没有损失";二是"有损失";三是"盈利"。比如在股票市场上买卖股票,就存在赚钱、赔钱和不赔不赚三种后果,因而属于投机风险。

④依据产生风险的行为不同,风险可以分为基本风险与特定风险。

ⅰ.基本风险。基本风险是指非个人行为引起的风险。它对整个团体乃至整个社会产生影响,而且是个人无法预防的风险。如地震、洪水、海啸、经济衰退等均属此类风险。

ⅱ.特定风险。特定风险是指个人行为引起的风险。它只与特定的个人或部门相关,而不影响整个团体和社会。如火灾、爆炸、盗窃以及对他人财产损失或人身伤害所负的法律责任等均属此类风险。特定风险一般较易为人们所控制和防范。

⑤依据投资者和风险的来源不同，风险可分为系统风险和非系统风险。

ⅰ．系统风险，又称为市场风险或者不可分散风险，指的是影响所有企业的风险。它由企业的外部因素引起，企业无法控制、无法分散，涉及所有的投资对象，又称系统风险或不可分散风险，如战争、自然灾害、利率的变化、经济周期的变化等。

ⅱ．非系统风险，也称为企业的特有风险。企业特有风险是指个别企业的特有事件造成的风险。它是随机发生的，只与个别企业和个别投资项目有关，不涉及所有企业和所有项目，可以分散，又称非系统风险和可分散风险，如产品开发失败、销售份额减少、工人罢工等。非系统风险根据风险形成的原因不同，又可分为经营风险和财务风险。

经营风险是指由于企业生产经营条件的变化对企业收益带来的不确定性，又称商业风险。这些生产经营条件的变化可能来自企业内部的原因，也可能来自企业外部的原因，如顾客购买力发生变化、竞争对手增加、政策变化、产品生产方向不对路、生产组织不合理等。这些内外因素，使企业的生产经营产生不确定性，最终引起收益变化。

财务风险是指由于企业举债而给财务成果带来的不确定性，又称筹资风险。企业借款，虽可以解决企业资金短缺的困难、提高自有资金的盈利能力，但也改变了企业的资金结构和自有资金利润率，还须还本付息，并且借入资金所获得的利润是否大于支付的利息额，具有不确定性，因此借款就有风险。在全部资金来源中，借入资金所占的比重大，企业的负担就重，风险程度也就增加；借入资金所占的比重小，企业的负担就轻，风险程度也就减轻。因此，必须确定合理的资金结构，既提高资金盈利能力，又防止财务风险加大。

2.1.2　报酬

如上所述，企业的财务活动和经营管理活动总是在有风险的状态下进行的，只不过风险有大有小。投资者冒着风险投资，是为了获得更多的报酬，冒的风险越大，要求的报酬就越高。风险和报酬之间存在密切的对应关系，高风险的项目必然有高报酬，低风险的项目必然报酬低，因此，风险报酬是投资报酬的组成部分。

1. 报酬的定义

一般而言，报酬或薪酬泛指雇员做出有偿劳动而获得的回报，包括工资及其他项目（例如津贴、保险、退休金），以及非现金的各种员工福利，如有薪假期、医疗保险等。在财务方面的报酬，进一步而言，财务管理方面的报酬理解为付出某一项资产期望得到的在原来本金之外的资产在量上的增加或者在价值上的提高。

这里专指资产的报酬，也称为收益，是指一定时期内投资者投资于某项资产的回报，也就是指资产的价值在一定时期的增值。

2. 报酬的计算

一般情况下，将资产报酬的方式分为两种来衡量：一种是以绝对数表示的资产价值的增值量；另一种是以相对数表示的资产价值的增值率。前者称为报酬额或者收益额，而后者称为报酬率或者收益率。

(1)报酬额。资产价值的增值量即报酬额来源于两部分：一是一定时期内资产的现金收入，如利息、股利收入；二是期末资产的价值（或者市场价格）相对于期初价值（或者市场价格）的升值，称为资本利得。

(2)报酬率。资产报酬率是资产的报酬额与期初资产价值（或者价格）的比值，通常以百分比表示，反映资产价值在一定时期的增值率。

【例2—1】 某投资者在2016年年初以每股50元的价格购入A公司股票4 000股，年度内每股支付2元的现金股利，年末该投资者将所持有的股票以每股55元全部卖出。计算该投资者股利收入、资本利得以及总报酬额。

初始总投资额＝50×4 000＝200 000(元)

股利收入＝2×4 000＝8 000(元)

出售股票的现金收入＝55×4 000＝220 000(元)

资本利得＝4 000×(55－50)

＝220 000－200 000＝20 000(元)

总报酬额＝股利收入＋资本利得收入＝8 000＋20 000＝28 000(元)

需要说明的是，股票在持有的期间价格有可能下跌，甚至低于当初的购入价，此时即使股利收入使得投资者得到一定的报酬，但是由于资本利得产生的负的报酬额，总的报酬额有可能是负的，即该投资者所做的投资为亏损。

同样可以用报酬率来衡量该投资者的这项股票投资。

股利收益率＝8 000÷200 000＝4%

资本利得报酬率＝(55－50)÷50＝10%

总报酬率＝4%＋10%＝14%

或者　　＝2÷50＋(55－50)÷50＝4%＋10%＝14%

由此也可得出单期报酬率的计算方法：

$$单期资产报酬率=\frac{资本报酬额}{期初资产价值(价格)}=\frac{股利(利息)收益+资本利得}{期初资产价值(价格)}$$

$$=\frac{股利(利息)收益}{期初资产价值(价格)}+\frac{资本利得}{期初资产价值(价格)}$$

$$=股利(利息)报酬率+资本利得报酬率$$

比较投资报酬的两种衡量方式可以发现，以绝对数表示的报酬额与期初资产的价值相关，不利于不同规模资产之间报酬的比较，而以百分比表示的报酬率则是一个相对指标，便于不同规模下资产报酬的比较和分析。通常情况下，实际工作中用报酬率的方式来表示资产报酬的大小使用得更为普遍。

另外要强调的是，由于报酬率是相对于特定期限的，因而它的大小要受到计算期限的影响，但是，计算期限通常不一定是一年，为了方便比较和使用，对于计算期限不是一年的(有可能长于一年或者短于一年)资产，在计算报酬率的时候一般将不同期限的报酬率转化为年报酬率。

2.1.3 风险与报酬

实际的投资中，每一项投资都有可能有收益，也存在亏损的可能性，即存在风险，那么对于风险引起的亏损或者报酬该如何衡量？又或者什么是风险报酬呢？它是指投资者冒着风险进行投资而获得的超过货币时间价值的那部分额外收益，是对人们所遇到的风险的一种价值补偿，也称风险价值。它的表现形式可以是风险报酬额或风险报酬率。在实务中一般以风险报酬率来表示。

如果不考虑通货膨胀，投资者冒着风险进行投资所希望得到的投资报酬率是无风险报酬率与风险报酬率之和。即:投资报酬率=无风险报酬率+风险报酬率。

无风险报酬率就是资金的时间价值,是在没有风险状态下的投资报酬率,是投资者投资某一项目能够肯定得到的报酬,具有预期报酬的确定性,并且与投资时间的长短有关,可用政府债券利率或存款利率表示。风险报酬率是风险价值,是超过资金时间价值的额外报酬,具有预期报酬的不确定性,与风险程度和风险报酬斜率的大小有关,并呈正比关系。风险报酬斜率可根据历史资料,用高低点法、直线回归法或由企业管理人员会同专家根据经验确定,风险程度用期望值、标准差来确定。风险报酬率=风险报酬斜率×风险程度。

【例2—2】 资金的时间价值为5%,某项投资的风险报酬率为10%。要求:在不考虑通货膨胀时,计算投资报酬率。

投资报酬率=无风险报酬率+风险报酬率=5%+10%=15%。

2.2　单项资产的风险与报酬

由于风险具有普遍性和广泛性,那么正确地衡量风险就十分重要。既然风险是可能值对期望值的偏离,因此利用概率分布、期望值和标准差来计算与衡量风险的大小,是一种最常用的方法。

2.2.1　概率分布

1. 概率

在完全相同的条件下,某一事件可能发生也可能不发生,可能出现这种结果也可能出现另外一种结果,这类事件称为随机事件。概率就是用来反映随机事件发生的可能性大小的数值,一般用 X 表示随机事件,X_i 表示随机事件的第 i 种结果,P_i 表示第 i 种结果出现的概率。一般随机事件的概率在0与1之间,即 $0 \leqslant P_i \leqslant 1$,$P_i$ 越大,表示该事件发生的可能性越大;反之,P_i 越小,表示该事件发生的可能性越小。所有可能的结果出现的概率之和一定为1,即 $\sum P_i = 1$。肯定发生的事件概率为1,肯定不发生的事件概率为0。

因此,一个事件的概率是指这一事件的某种结果发生的可能性大小。如果把某一事件所有可能的结果都列示出来,对每个结果给予一定的概率,就构成概率分布。

以 P_i 表示概率,以 n 表示可能出现的所有情况,概率必须符合以下两个要求:

(1)所有的概率 P_i 都在0和1之间,即:$0 \leqslant P_i \leqslant 1$。

(2)所有可能结果的概率之和等于1,即:

$$\sum_{i=1}^{n} P_i = 1$$

【例2—3】 某企业拟投资1 000万元开发新产品,有A、B两个方案可供选择。根据市场预测,估计投资后的经营状况可能出现"良好""一般""较差"三种情况。如果把所有可能的事件或者结果列示出来,且每一事件都给予一种概率,把它们列示在一起便构成了概率的分布。A、B方案投资后可能获得的年净收益及其概率资料如表2—1所示。

表 2—1　　A、B 方案经营状况及概率分布表

经营状况	A 方案年收益 X_i（万元）	B 方案年收益 X_i（万元）	概率 P_i
良好	200	350	0.2
一般	100	100	0.5
较差	50	—50	0.3
合计			1

2. 概率分布

概率分布指的是一项活动可能出现的所有结果的概率集合。

【例 2—4】 如果上述企业用1 000万元只投资生产了一种新产品，在不同市场情况下，各种可能收益及概率如表 2—2 所示。

表 2—2

市场情况	年收益 X_i（万元）	概率 X_i
繁荣	200	0.3
正常	100	0.5
疲软	50	0.2

从表 2—2 中可见，所有的 P_i 均在 0 和 1 之间，且 $P_1+P_2+P_3=0.3+0.5+0.2=1$。

如果我们将该企业年收益的各种可能结果及相应的各种结果出现的概率按一定规则排列出来，构成分布图，则称为概率分布。概率分布一般用坐标图来反映，横坐标表示某一事件的结果，纵坐标表示每一结果相应的概率。概率分布有两种类型：一是离散型概率分布，其特点是各种可能结果只有有限个值，概率分布在各个特定点上，是不连续图像；二是连续型概率分布，其特点是各种可能结果有无数个值，概率分布在连续图像上的两点之间的区间上。

2.2.2 期望值

期望值又称预期收益，是指对于某一投资方案未来收益的各种可能结果，以概率权数计算的加权平均数。它是衡量风险大小的基础，但它本身不能表明风险的高低，其基本计算公式是：

$$\overline{R}=\sum_{i=1}^{n}P_iR_i$$

其中，$\overline{R}$ 表示期望值；P_i 表示第 i 种结果出现的概率；n 表示所有可能结果的个数；R_i 表示第 i 种结果出现后的收益。

【例 2—5】 利用【例 2—3】中的资料进行下列计算。

要求：根据表 2—3，计算预期年收益的期望值。

表 2—3　　A、B 方案经营状况及概率分布表

经营状况	A 方案年收益 X_i	B 方案年收益 X_i	概率 P_i
良好	0.2	0.35	0.2
一般	0.1	0.1	0.5

续表

经营状况	A方案年收益 X_i	B方案年收益 X_i	概率 P_i
较差	0.05	−0.05	0.3
合计			1

$\overline{R}_A=0.2\times0.2+0.1\times0.5+0.05\times0.3=0.105$

$\overline{R}_B=0.35\times0.2+0.1\times0.5+(-0.05)\times0.3=0.105$

通过计算发现两种方案期望值相同，哪种投资方案的风险程度小些呢？在投资额相同的情况下，期望值越大，说明预期收益越好。在期望值相同的情况下，概率分布越集中，实际可能的结果就越接近期望值，实际收益偏离预期收益的可能性就越小，投资的风险程度也就越小；反之，投资的风险程度就越大。这种情况下，需要用进一步的统计学指标离散程度来衡量防范风险的大小。

2.2.3　离散程度

为了准确度量风险的大小，财务上引入了一系列统计学上的指标借以衡量概率分布的离散程度。离散程度是反映资产报酬率的各种可能结果与预期报酬率的偏离程度的指标。离散程度越大，风险越大；离散程度越小，风险越小。这一系列指标主要有方差、标准差和标准离差率等。

1. 方差

方差用来计算每一个变量（观察值）与总体均数之间的差异。为避免出现离均差总和为零，离均差平方和受样本含量的影响，统计学采用平均离均差平方和来描述变量的变异程度。其计算公式如下：

$$\sigma^2=\sum_{i=1}^{n}(R_i-\overline{R})^2\cdot P_i$$

其中，σ^2 表示方差。

一般情况下，方差越大，说明偏离标准值越远，对于投资而言，风险就越大。

【例 2−6】　根据【例 2−3】的资料，计算 A、B 方案预计年收益与期望年收益的方差。

$\sigma_A^2=(0.2-0.105)^2\times0.2+(0.1-0.105)^2\times0.5+(0.05-0.105)^2\times0.3=0.002\,725$

$\sigma_B^2=(0.35-0.105)^2\times0.2+(0.1-0.105)^2\times0.5+(-0.05-0.105)^2\times0.3=0.019\,225$

通过计算方差，可以得出 B 方案偏离标准值远一些，投资风险会大一些。但由于在计算过程中使用平方和导致结果可能有误差，需要进一步衡量。

2. 标准差

标准差用来反映决策方案的风险，是一个绝对数。在 n 个方案的情况下，若期望值相同，则标准差越大，表明各种可能值偏离期望值的幅度越大，结果的不确定性越大，风险也越大；反之，标准差越小，表明各种可能值偏离期望值的幅度越小，结果的不确定越小，则风险也越小。

标准差，也叫标准离差，是指概率分布中各种可能结果对于期望值的离散程度。

标准差通常用符号 σ 表示，其计算公式为：

$$\sigma_A=\sqrt{\sum_{i=1}^{n}(R_i-\overline{R})^2\cdot P_i}$$

【例 2−7】　根据【例 2−3】的资料，计算 A、B 方案预计年收益与期望年收益的标准差。

标准离差以绝对数衡量风险的高低，只适用于期望值相同的决策方案风险程度的比较。

$$\sigma_A=\sqrt{(0.2-0.105)^2\times0.2+(0.1-0.105)^2\times0.5+(0.05-0.105)^2\times0.3}$$
$$=\sqrt{0.002\ 725}=0.522\ 0$$
$$\sigma_B=\sqrt{(0.35-0.105)^2\times0.2+(0.1-0.105)^2\times0.5+(-0.05-0.105)^2\times0.3}$$
$$=\sqrt{0.019\ 225}=1.386\ 5$$

通过计算结果可以看出，A 方案的标准差是0.522 0，B 方案的标准差为0.138 65，在期望值均为 0.105 的情况下，A 方案的标准差较小，意味着风险也更小，B 方案的标准离差较大，则风险较大。在期望值相同的情况下，标准离差越大，说明各种可能情况与期望值的偏差越大，风险越高；反之，标准离差越小，说明各种可能情况越接近于期望值，意味着风险越低。但是，这里的 A 和 B 两个方案的期望值是相同的，如果方案的期望值不同，那么用标准差衡量会出现很大的差错，因此需要引用另外一个离散程度的指标——标准离差率。

3. 标准离差率

标准差作为反映可能值与期望值偏离程度的一个指标，可用来衡量风险，但它只适用于在期望值相同条件下风险程度的比较，对于期望值不同的决策方案，则不适用，于是，我们引入标准离差率这个概念。

标准离差率是指标准差与期望值的比值，也称离散系数，用 V 表示，计算公式如下：

$$V=\frac{\sigma}{R}$$

【例 2－8】 根据【例 2－3】的资料，计算 A、B 方案预计年收益与期望年收益的标准差率。

$$V_A=\frac{\sigma}{R}=\frac{0.522\ 0}{0.105}=4.971\ 4$$

$$V_B=\frac{\sigma}{R}=\frac{1.386\ 5}{0.105}=13.204\ 7$$

由计算结果可知，B 方案的风险更大，而 A 方案的风险较小。

标准离差率是一个相对数，在期望值不同时，标准离差率越大，表明可能值与期望值偏离程度越大，结果的不确定性越大，风险也越大；反之，标准离差率越小，表明可能值与期望值偏离程度越小，结果的不确定性越小，风险也越小。

有了期望值和标准离差率，我们可利用这两个指标来确定方案风险的大小，选择决策方案。对单个方案，可将标准差（系数）与设定的可接受的此项指标最高限值比较，对于多个方案，选择标准差低、期望值高的方案，具体情况还要具体分析。

标准离差率是一个相对指标，它以相对数反映方案的风险程度。结论：在期望值不同的情况下，标准离差率越大，风险越高；反之，标准离差率越小，风险越低。

【例 2－9】 H 公司有甲、乙两个投资项目，计划投资额均为1 000万元，可能的收益率及概率分布如表 2－4 所示。要求：计算甲、乙项目收益率的期望值和标准差。

表 2－4　　项目概率分布表

市场状况	概率	甲项目收益率	乙项目收益率
好	0.3	20%	30%
一般	0.5	10%	10%
差	0.2	5%	－10%

甲、乙项目收益率的期望值分别为：

$\overline{R}_{甲}=20\%\times0.3+10\%\times0.5+5\%\times0.2=12\%$

$\overline{R}_{乙}=30\%\times0.3+10\%\times0.5+(-10\%)\times0.2=12\%$

甲、乙项目收益率的标准离差分别为：

$$\sigma_{甲}=\sqrt{(20\%-12\%)^2\times0.3+(10\%-12\%)^2\times0.5+(5\%-12\%)^2\times0.2}=5.57\%$$

$$\sigma_{乙}=\sqrt{(30\%-12\%)^2\times0.3+(10\%-12\%)^2\times0.5+(-10\%-12\%)^2\times0.2}=14\%$$

结论：由于甲、乙两个项目投资额相同，收益率的期望值亦相同，而甲项目标准离差小于乙项目，故可以判断甲项目风险相对较低。

对于多方案择优的情况，其决策准则应是选择低风险高收益的方案，即选择标准离差最低、期望收益最高的方案。

通常高收益高风险，低收益低风险，除了权衡期望收益与风险，而且要视决策者对风险的态度而定。厌恶风险的决策者可能会选择期望收益较低同时风险也较低的方案，偏好风险的决策者则可能选择风险虽高但同时预期收益也高的方案。

2.2.4　单个证券风险与收益关系

讨论完衡量收益率的标准，需要进一步讨论的是风险和收益之间的关系。如果用 R_M 表示市场的平均收益率，用 R_f 表示市场上的无风险收益率，那么就可以用 R_M-R_f 表示市场风险溢价，即额外承受市场风险需要得到的报酬。财务上一般把个别证券的系统风险用该证券的 β 系数度量。

个别证券的 β 系数是反映个别证券收益率与市场平均收益率之间变动关系的一个量化指标，它表示个别证券收益率的变动受市场平均收益率变动的影响程度。也就是相对于市场组合的平均风险而言，个别证券系统风险的大小。一般认为，市场组合的 β 系数为 1。

当个别证券的 $\beta<1$ 时，说明该证券收益率的变动幅度小于市场组合收益率的变动幅度，因此，其所含的系统风险小于市场组合的风险。

当个别证券的 $\beta=1$ 时，说明该证券的收益率与市场平均收益率呈同方向、同比例的变化，即如果市场平均收益率增加(或减少)1%，那么该证券的收益率也相应地增加(或减少)1%，也就是说，该证券所含的系统风险与市场组合的风险一致。

当个别证券的 $\beta>1$ 时，说明该证券收益率的变动幅度大于市场组合收益率的变动幅度，因此，其所含的系统风险大于市场组合的风险。

绝大多数证券的 β 系数是大于零的。如果 β 系数是负数，表明这类证券与市场平均收益率的变化方向相反。

在财务管理中，证券的风险与收益之间的关系可以表示为证券市场线(SML)。

图 2－1 中，纵轴表示投资者要求的收益率，横轴用系数表示系统风险的度量；无风险证券的 $\beta=0$，所以 R_f 为证券市场线在纵轴的截距。

证券市场线的斜率反映了证券市场总体风险的厌恶程度。一般来说，投资者对风险的厌恶程度越强，证券市场线的斜率越大，对证券所要求的风险补偿越大，证券要求的收益率越高。

投资者要求的收益率不仅仅取决于市场风险，而且取决于无风险收益率(证券市场线的截

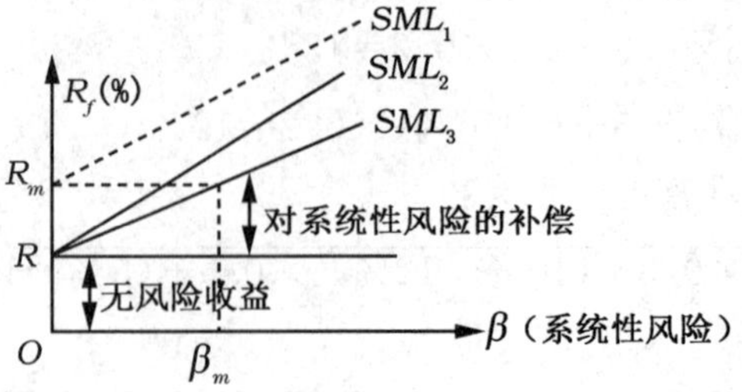

图 2—1

距）和市场风险补偿程度（证券市场线的斜率）。

预计通货膨胀提高时，无风险收益率随之提高，进而导致证券市场线向上平移。

风险厌恶感的加强，会提高证券市场线的斜率。

【例 2—10】 已知市场上所有股票的平均收益率为 10%，无风险收益率为 5%。如果 A、B、C 三家公司股票的 β 系数分别为 2.0、1.0 和 0.5，根据资本资产定价模型，各公司股票的收益率最低达到多少时投资者才会购买？

A 公司股票的收益率为：

$R_A = 5\% + 2.0 \times (10\% - 5\%) = 15\%$

即当 A 公司股票的系数为 2.0，该公司股票的收益率应达到或超过 15%时，投资者才会购买。

B 公司股票的收益率为：

$R_B = 5\% + 1.0 \times (10\% - 5\%) = 10\%$

即当 B 公司股票的系数为 1.0 时，其投资者所要求的收益率与市场平均收益率相同，都是 10%。

C 公司股票的收益率为：

$R_C = 5\% + 0.5 \times (10\% - 5\%) = 7.5\%$

即当 C 公司股票的系数为 0.5 时，其投资者所要求的收益率低于市场平均收益率是 10%。

单个证券的市场风险可用 β 系数来表示，β 系数不同，就有不同的风险收益率。系数越高，要求的风险收益率就越高，在无风险收益率不变的情况下，投资者要求的收益率也就越高。

2.3 投资组合的风险与报酬

投资者在进行投资时，一般并不将所有资金投资于单一的一种证券，而是同时持有多种证券。这种同时投资于多种证券的方式，称为证券的投资组合，又称为证券组合或者投资组合。有多种证券构成的投资组合，会减少风险，报酬率高的证券会抵消报酬率低的证券带来的负面影响。因此，绝大多数法人投资者如工商企业、信托投资公司、投资基金公司等都同时投资于多种证券，即使是个人投资，一般也是持有证券的投资组合而不是只投资于某一个公司的股票和证券。因此，了解证券组合的风险和报酬对于公司财务而言，重要性不言而喻。

证券投资组合的 β 系数是个别证券系数的 β 的加权平均数，权数为各种证券在投资组合中所占的比例。因此，一般情况下，证券组合的报酬为：

$$\overline{R}=w_1\overline{R}_1+w_2\overline{R}_2+\cdots+w_n\overline{R}_n=\sum_{i=1}^{n}w_i\overline{R}_i$$

式中：$\overline{R}$ 表示投资组合的期望报酬率；$\overline{R}_i$ 表示单只证券的期望报酬率；证券组合中有 n 种证券，w_i 表示第 i 只证券所占的比重。

2.3.1　资产组合的预期报酬率

资产组合的预期报酬率，是资产组合中各种资产的预期报酬率的加权平均数，其权数为各种资产的投资额占资产组合总投资额的比重。

资产组合的计算公式为：

$$R_P=\sum_{j=1}^{m}w_j\overline{R}_j$$

其中，R_P 表示资产组合的预期报酬率；$\overline{R}_j$ 表示第 j 项资产的预期报酬率；w_j 表示投资于第 j 项资产的资本占总投资额的百分比；m 表示投资组合中共有 m 项单个资产。

【例 2－11】　已知甲、乙两种证券的预期报酬率分别为 6%、8%。某投资者将 100 万元分别投资于甲证券 40 万元、乙证券 60 万元。计算该投资者的预期报酬率。

证券组合的预期收益率＝40÷100×6%＋60÷100×8%＝7.2%

资产组合的预期报酬率取决于两个因素：一是单项资产的预期报酬率；二是投资结构，即总投资额中各单项资产所占的比重。因此，选择不同的投资对象，或者改变投资结构，均可以改变投资组合的预期报酬率。在真实的投资中，为达到预期的投资报酬率，或者在期间改变最终的报酬率，可以选择二者之一进行，然而具体如何选择则需要谨慎考虑。

2.3.2　资产组合的风险计量

单项证券投资有可能带来收益，但也存在风险，同样的，作为若干证券联合起来的投资组合，获得收益的同时也存在风险。需要注意的是证券组合的风险并非简单的套用单项投资的衡量标准进行计算。即证券组合的标准差不是各个证券标准差的加权平均数，由于单个证券组合中各个证券不是简单的累加，彼此之间具有一定的内在联系，因此证券组合的风险不仅取决于组合内各证券的风险（即各证券的标准差），还取决于各个证券之间的关系（即相关系数 r）。在一般的计算中，衡量投资组合的风险标准主要有投资组合的标准差、协方差等。

1. 协方差

两种资产报酬率的协方差用来衡量它们之间的共同变动程度。

一般用 $\sigma_{j,k}$ 或者 $\mathrm{Cov}(R_j,R_k)$ 表示 j 资产与 k 资产报酬率的协方差。其计算公式为：

$$\sigma_{j,k}=\sum_{i=1}^{n}(R_{ji}-\overline{R}_j)(R_{ki}-\overline{R}_k)P_i$$

其中，R_{ji} 表示第 i 种结果出现时 j 资产的报酬率；R_{ki} 表示第 i 种结果出现时 k 资产的报酬率；$\overline{R}_j$ 表示 j 资产的预期报酬率；$\overline{R}_k$ 表示 k 资产的预期报酬率；P_i 表示第 i 种结果出现的概率；n 表示可能出现的结果个数（即每种资产均有 n 种可能的报酬率）。$(R_{ji}-\overline{R}_j)$ 和 $(R_{ki}-\overline{R}_k)$ 分别表示当第 i 种结果出现时，j 资产的报酬率和 k 资产的报酬率对其各自预期报酬率的离差。

为方便理解协方差，可以对比方差的公式。

对于单项资产（比如单项的 j 资产），其方差为：

$$\sigma_j^2=\sum_{i=1}^{n}(R_{ji}-\overline{R}_j)^2P_i=\sum_{i=1}^{n}(R_{ji}-\overline{R}_j)(R_{ji}-\overline{R}_j)P_i$$

方差度量单项资产报酬的变动程度，而协方差度量两种资产报酬之间的变动关系。

【例 2—12】 X 股票和 Y 股票的报酬率的概率分布如表 2—5 所示。

表 2—5

经济状况	概率	X 股票	Y 股票
1	0.10	6%	25%
2	0.20	8%	17%
3	0.30	10%	13%
4	0.25	12%	10%
5	0.15	14%	4%

经计算，X 股票和 Y 股票的预期报酬率分别为 10.30%和 12.90%，标准差分别为 2.39%和 5.66%。

X、Y 股票报酬率的协方差为：

$\sigma_{X,Y}=(6\%-10.3\%)\times(25\%-12.9\%)\times0.10+(8\%-10.3\%)\times(17\%-12.9\%)\times0.20+(10\%-10.3\%)\times(13\%-12.9\%)\times0.30+(12\%-10.3\%)\times(10\%-12.9\%)\times0.25+(14\%-10.3\%)\times(4\%-12.9\%)\times0.15=-0.00133$

对协方差的理解，应注意以下几点：

A. 当协方差大于零时，表示两种资产的报酬率呈同方向变动。当协方差小于零时，表示两种资产的报酬率呈反方向变动。

当两种资产的报酬率变化趋势相同时，无论出现何种结果，两种资产报酬率（即离差）即$(R_{ji}-\overline{R}_j)$和$(R_{ki}-\overline{R}_k)$同时为正或者同时为负，协方差为正值；反之，当两种资产报酬率变化趋势相反时，两种资产报酬率的离差一个为正，另外一个为负，协方差为负值。

B. 协方差的绝对值越大，表示这两种资产报酬率的相关程度越高；协方差的绝对值越小，表示这两种资产报酬率的相关程度越低。

当 j 资产的报酬率有较大幅度变化时，k 资产报酬率也发生较大幅度的变化（不管同向还是反向变化），两者离差的绝对值增大，从而使协方差的绝对值增大；反之，当 j 资产报酬率有较大幅度变动时，k 资产报酬率只有较小幅度变化，$(R_{ji}-\overline{R}_j)$较大，而$(R_{ki}-\overline{R}_k)$较小，因此，协方差的绝对值较低。

2. 相关系数

相关系数是反映两个变量之间线性相关程度的指标。在资产组合中，相关系数反映资产报酬率之间变动关系的线性相关程度。

相关系数等于两种资产报酬率的协方差除以两种资产报酬率的标准差的乘积。计算公式为：

$$r_{j,k}=\frac{\sigma_{j,k}}{\sigma_j\sigma_k}$$

其中，$r_{j,k}$表示两种资产报酬率的相关系数；σ_j 表示 j 资产报酬率的标准差；σ_k 表示 k 资产报酬率的标准差。

由于标准差总是正值，所以相关系数与协方差的正负符号相同。就绝对值而言，两者呈同方向变动。

相关系数总是介于－1到1之间，即$-1 \leqslant r_{j,k} \leqslant 1$。

当$r_{j,k}=1$时，表示两种资产的报酬率完全正相关。即一种资产报酬率的增长与另外一种资产报酬率的增长成正比。

当$r_{j,k}=-1$时，表示两种资产的报酬率完全负相关。即一种资产报酬率的增长与另外一种资产报酬率的减少成正比。

当$r_{j,k}=0$时，表示两种资产的报酬率缺乏相关性，或者说不相关。即一种资产的报酬率相对于另外一种资产的报酬率独立变动。例如，无风险资产的报酬率与风险资产的报酬率不相关。

当$0<r_{j,k}<1$时，表示两种资产的报酬率正相关。即两种资产的报酬率同方向变动，但不成比例。

当$-1<r_{j,k}<0$时，表示两种资产的报酬率负相关。即两种资产的报酬率反方向变动，但不成比例。

大多数情况下，两种资产报酬率的相关系数为小于1的正值。

关于相关系数和协方差，还需要注意以下两点：第一，对相关系数和协方差来说，两种资产报酬率的次序并不重要；第二，任何一种资产与自身的相关系数为1。与协方差相比，相关系数更好地反映两种资产报酬率的相关性。

当$j=k$时，协方差就成为方差。

3. 投资组合的标准差计量

资产组合的风险仍可以用方差或者标准差来计量，其标准差仍然是方差的平方根。因为比较复杂，暂不做讲解。

2.4　资本资产定价模型

在可以按无风险利率自有借贷和共同预期的假设下，所有投资者都愿意选择的最优风险资产组合是市场组合，它是所有资产以各自的市场价值占市场总价值的比重为权数的加权平均组合。在股票市场上，通常以综合股价指数代表股票的市场组合。

2.4.1　系统风险的衡量——β系数

资产的总风险包括系统风险和非系统风险，非系统风险可以通过资产组合予以分散，一个充分的组合几乎不存在非系统风险。显而易见，市场组合中的非系统风险已经被消除，只剩下系统风险。

资产的总风险用标准差来计量，那么，如何计量系统风险呢？

由于市场组合只包括系统风险，所以衡量某一资产（尤其是以特定资产组合）的系统风险时，可以把市场组合作为基准，将该资产与市场组合对比来衡量其系统风险的大小。资本资产定价模型的研究对象，是充分组合情况下的风险与要求收益率之间的均衡关系。这种计量系统风险的指标被称为贝塔系数（β系数）。

通常情况下，单项资产的贝塔系数计算比较复杂。在实际工作中，对于单项资产，度量其系统风险的指标是贝塔系数β（前文有所陈述），贝塔系数被定义为某项资产的收益率与市场组合之间的相关性。公式如下：

$$\beta_j=\frac{\sigma_{j,m}}{\sigma_m^2}=\frac{r_{j,m}\sigma_j\sigma_m}{\sigma_m^2}=\frac{r_{j,m}\sigma_j}{\sigma_m}$$

其中，β_j 表示资产 j 的 β 系数；$\sigma_{j,m}$ 表示资产 j 与资产 m 的协方差；σ_m^2 表示市场组合 m 的方差；σ_m 表示市场组合 m 的标准差；$r_{j,m}$ 表示资产 j 和市场组合 m 的相关系数；σ_j 表示资产 j 的标准差。

上式可以理解为：β 系数是指某项资产的系统风险是市场组合平均风险的倍数。而 β 系数的意义在于告诉我们相对于市场的平均风险而言特定资产的系统风险是多少。

市场组合的 β 系数为 1，无风险资产的 β 系数是 0；如果某项资产的 β 系数为 0.5（$\beta=0.5$），表明该资产的系统风险是市场组合系统风险的 0.5 倍，其报酬率的变动幅度只有一般市场变动性的 1/2；如果一项资产的 $\beta=2$，说明该资产报酬率的变动幅度为一般市场变动性的 2 倍。总之，某项资产的 β 值的大小反映了这种资产报酬率的变动与整个市场报酬率变动影响的相关性及其程度。

2.4.2 资产组合的贝塔系数

由于系统风险是不能分散的，因此，资产组合的 β 系数等于各单项资产的 β 系数的加权平均数。即：

$$\beta_P=\sum_{j=1}^{m}W_j\beta_j$$

其中，β_P 表示资产组合的 β 系数；W_j 表示投资于第 j 种资产的资本占总投资额的百分比；m 表示投资组合中共有 m 项资产。

由上述公式可以看出，影响资产组合 β 系数的因素：一是单项资产的 β 系数；二是各种资产在资产组合中所占的比重。

由于不同资产的系统风险不同，通过替换资产组合中的资产或者改变不同资产在组合中的价值比例可以改变资产组合的系统风险特性。

【例 2－13】 某公司持有由甲、乙、丙三种股票构成的证券组合，三种股票的 β 系数分别是 2.0、1.3 和 0.7，该公司投资额分别是 60 万元、30 万元和 10 万元。则该公司证券组合的 β 系数为？

2.0×60％＋1.3×30％＋0.7×10％＝1.66

从公司层面考虑，期望组合有更低的风险，因此为了降低风险，应该采取的措施为：出售部分甲股票的份额，买进丙股票的持有份额，使得甲、乙和丙三种股票在证券组合中的投资额分别为 10 万元、30 万元和 60 万元。该证券组合的 β 系数降为？

2.0×10％＋1.3×30％＋0.7×60％＝1.01

2.4.3 资本资产定价模型

按照资本资产定价模型理论，单一证券的系统风险可由 β 系数来衡量，而其风险和收益之间的关系可以由证券市场线来描述。

1. 公式

$$K_i=R_f+\beta(K_m-R_f)$$

其中，K_i 表示第 i 个股票的要求收益率；R_f 表示无风险收益率；K_m 表示平均股票的要求收益率；(K_m-R_f)表示投资者为补偿承担超过无风险收益的平均风险而要求的额外收益，即风险价格。

注意：

(1)一般来说，投资者对风险的厌恶感越强，证券市场线的斜率越大，对风险资产所要求的风险补偿越大，对风险资产的要求收益率越高。

(2)β值越大，要求的收益率越高。

(3)从证券市场线可以看出，投资者要求的收益率不仅仅取决于市场风险，还取决于无风险利率和市场风险补偿程度。

(4)预计通货膨胀时，无风险利率会随之提高，进而导致证券市场线向上平移；风险厌恶程度的加强，会提高证券市场线的斜率。

(5)证券市场线适用于单个证券，也适用于证券组合，而且不论是否有效地分散了风险。它测度的是证券每单位系统风险β的超额收益。证券市场线比资本市场线的前提宽松，应用也广泛。

2. 资本资产定价模型的假设

(1)所有投资者均追求单期财富的期望效用最大化，并以各备选组合的期望收益和标准差为基础进行组合选择；

(2)所有投资者均可以无风险利率、无限制地借入或贷出资金；

(3)所有投资者拥有同样预期，即对所有资产收益的均值、方差和协方差等，投资者均有完全相同的主观估计；

(4)所有的资产均可被完全细分，拥有充分的流动性且没有交易成本；

(5)没有税金；

(6)所有投资者均为价格的接受者，即任何一个投资者的买卖行为都不会对股票价格产生影响；

(7)所有资产的数量是给定的、固定不变的。

【例2－14】　某投资者持有由甲、乙、丙三种股票构成的投资组合，它们的β系数分别为2.0、1.0和0.5，它们在证券投资组合中所占的比例分别为50%、30%和20%，股票市场的收益率为14%，无风险收益率为8%。

要求：(1)确定该证券投资组合的风险收益率；(2)如果该投资者为了降低风险，出售部分甲股票，买进部分丙股票，使三种股票在证券投资组合中所占的比例变为20%、30%和50%，计算此时的风险收益率。

证券投资组合的β系数为：

$\beta_P=50\%\times2.0+30\%\times1.0+20\%\times0.5=1.4$

该证券投资组合的风险收益率为：

$R_P=\beta_P\times(R_m-R_f)=1.4\times(14\%-8\%)=8.4\%$

改变投资比例之后，证券投资组合的β系数为：

$\beta_P=20\%\times2.0+30\%\times1.0+50\%\times0.5=0.95$

该证券投资组合的风险收益率为：

$R_P=\beta_P\times(R_m-R_f)=0.95\times(14\%-8\%)=5.7\%$

投资组合的β系数受到不同证券投资的比重和个别证券β系数的影响。若在证券组合中加入系数值较高的股票，由此得到的投资组合的系数值也较高，从而其风险将增大。与此相反，如果新加入的股票的系数值较低，则投资组合的风险也将降低。

延伸阅读材料

阿里巴巴的市值

原始股是公司上市之前发行的股票。在中国证券市场上，"原始股"一向是盈利和发财的代名词。在中国股市初期，在股票一级市场上以发行价向社会公开发行的企业股票，投资者若购得数百股，日后上市，涨至数十元，可发一笔小财，若购得数千股，可发一笔大财，若是资金实力雄厚，购得数万股、数十万股，日后上市，利润便是数以百万计了。这便是中国股市的第一桶金。

购买原始股要先知道什么是原始股，看它的发行，也就是看收购股份有限公司的设立，由于发起人认购的股份自公司成立之日起一年内不得转让，社会上出售的所谓"原始股"通常是指股份有限公司设立时向社会公开募集的股份。通过上市获取几倍甚至百倍的高额回报，很多成功人士就是从中得到第一桶金的。通过分红取得比银行利息高得多的回报。

那么是否一定如此？

阿里巴巴 IPO 定价每股 68 美元，到峰值是 93 美元，如果是 32 美元的原始股，差不多增值 2.9 倍，作为电商界的巨无霸阿里巴巴一定是盈利的，可是其股价该如何理解？

据美国《洛杉矶时报》报道，美国百岁老太格蕾丝·格罗纳在离开人世后，将 700 万美元的遗产捐赠给了母校。格蕾丝终生未婚，并且她退休前只当过 43 年的普通秘书，她究竟如何存下这笔巨款，引发了大家巨大的好奇心。格蕾丝的好友日前披露，700 万美元巨款竟然全都是来源于她在 1935 年购买的 180 美元股票！是否原始股一定能升值？

在 2015 年 5 月 23 日，中石油原始股每股 16.5 元，开盘涨到 48 元，后跌到 7 元，在几天之后到 15 元又下跌，股民开始考虑如何解套原始股。

京东股价在 2018 年 1 月 29 日触及 50.68 美元的历史新高后，股价便开始掉头回落，至今跌幅高达 42%。与总市值 700 多亿美元的最高峰相比，京东市值已经缩水了 200 多亿美元。

同步测试

一、单项选择题

1. 投资组合能分散(　　)。

A. 所有风险　　B. 系统性风险　　C. 非系统风险　　D. 市场风险

2. 当投资必要收益率等于无风险收益率时，风险系数应(　　)。

A. 大于 1　　B. 等于 1　　C. 小于 1　　D. 等于 0

3. 假定某项投资风险系数为 1，无风险收益率为 10%，市场平均收益率为 20%，其必要收益率为(　　)。

A. 15%　　B. 25%　　C. 30%　　D. 20%

4. 当两种证券完全正相关时，由此所形成的证券组合(　　)。

A. 能适当地分散风险　　B. 不能分散风险

C. 风险等于单项证券风险的加权平均　　D. 可分散掉全部风险

5. 在证券投资中，因通货膨胀带来的风险是(　　)。

A. 违约风险　　B. 利息率风险　　C. 购买力风险　　D. 经营风险

二、多项选择题

1. 非系统性风险又可称为(　　)。

A. 可分散风险　　B. 不可分散风险　　C. 公司特有风险　　D. 市场风险

2. 证券投资的风险主要有(　　)。

A. 违约风险　　B. 利息率风险　　C. 购买力风险　　D. 经营风险

3. 证券投资组合的策略主要有(　　)。

A. 保守型策略　　B. 冒险型策略　　C. 适中型策略　　D. 稳健型策略

三、判断题

1. 证券投资的流动性与风险性成正比。(　　)

2. 当 β 系数等于零时,表明投资无风险,必要收益率等于市场平均收益率。(　　)

3. 当股票种类足够多时,几乎可以把所有的系统风险分散掉。(　　)

4. β 系数反映的是公司特有风险,β 系数越大,则公司特有风险越大。(　　)

5. 证券组合投资风险的大小,等于组合中各个证券风险的加权平均数。(　　)

四、计算题

无风险证券的收益率为 6%,市场平均收益率为 12%。

要求:

(1)市场风险收益率为多少?

(2)如果某一投资计划的 β 系数为 0.6,其预期投资收益率为 10%,是否应该投资?

(3)如果某证券的必要收益率为 15%,则其 β 系数为多少?

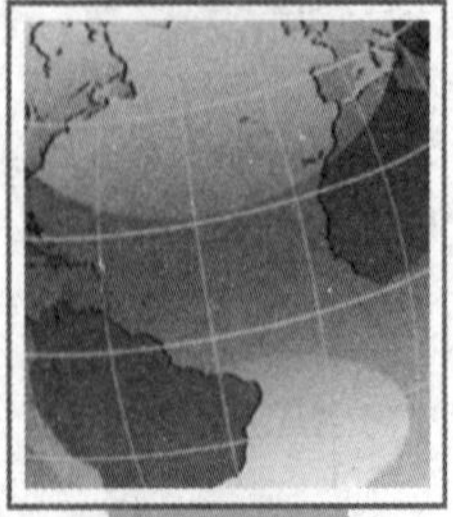

第三章 货币的时间价值

学习目标

1. 掌握复利现值、复利终值的含义和计算方法。
2. 掌握年金现值、年金终值的含义和计算方法。
3. 掌握名义利率和实际利率的转换。
4. 掌握并熟练运用内插法计算复利计息方式下的利息率(折现率)的推算。

案例 3—1

该选择何种理财方案?

陈女士年收入 2.4 万元,丈夫年收入 20 万元,有 10 万元定期储蓄,10 万元国债,除自住房外,另有投资房一处,暂时空置,每月还贷5 000元。孩子读小学一年级,陈女士希望准备 50 万元教育基金。

作为专业的理财人员,不同的理财师给出不同的选择。

工商银行三八支行理财师分析:陈女士家庭的基本年收入是 22.4 万元,每年还房贷款 6 万元,子女教育及家庭日常生活开支以每月5 000元计,一年支出 6 万元,所以家庭纯年收入 10.4 万元。其建议:

1. 拿 10 万元投资股票基金,预计年收益率 10%。

2. 10 万元定期存款到期后,取出 5 万元购买股票基金,年收益率为 10%。

3. 剩下的 5 万元购买货币基金,年收益率为 2%。

进一步分析,陈女士每年人民币理财产品收益为:国债 3 000 元/年+股票基金 15 000 元/年+货币基金 1 000 元/年=1.9 万元,则陈女士一家的实际年纯收入为 10.4 万元+1.9 万元=12.3 万元。陈女士要给孩子准备 50 万元的教育基金,三四年就可以实现。

上海浦东发展银行武汉分行理财师分析:先生没有保险保障,要在保障上有准备。陈女士的闲置资金应争取收益率高过贷款利率 5.508。所以建议:

1. 为丈夫购买以保障为主的保险,月缴 500 余元,包括 25 种重大疾病;

2. 闲置资金的 30%投到货币市场基金,年收益率 2%;

3. 可将约占闲置资金的 40%投到股票型基金上,预期年收益率 8%左右;

4. 将 30%的资金投入到保险市场,为孩子或自己购买一份万能险,以强制储蓄的方式积累,目前其年收益率在 3%左右。

中信银行武汉分行理财师分析:投资结构过于简单,但资金月积淀能力较强。因此建议:

1. 调整投资结构。定期储蓄及国债到期后按照 1∶2∶1 的比例,投资银行短期(一年期以内)理财产品、保本型基金和债券型基金等风险较低、有一定成长能力的保本增值型产品。

2. 建立现金储备。建议将 3~6 个月的日常开支存入中信理财宝(保留一定的活期资金,其他按理财套餐计算定期收益),其他资金可投资货币基金。

3. 可选择每半年一次提前还款,还款额 5 万~6 万元。

4. 将闲置房出租,为先生购买一份人身保险,年缴 8 000~10 000 元。

那么到底该如何选择？或者是听谁的理财建议更合适？这需要知道投资者本人对货币的时间价值有什么程度的了解。

3.1　资金时间价值的概念

资金时间价值是现代财务管理的基础概念之一，因其非常重要并且涉及所有的理财活动，所以又称之为理财的"第一原则"。

3.1.1　资金时间价值的含义

资金时间价值是指一定量资金在不同时点上价值量的差额，也称为货币的时间价值。资金在周转过程中会随着时间的推移而发生增值，使资金在投入、收回的不同时点上价值不同，形成价值差额。或者说，资金时间价值，也称为货币时间价值，是指资金经历一定时间的投资和再投资所增加的价值，是资金在周转使用中由于时间因素而形成的差额价值。

日常生活中，经常会遇到这样一种现象，一定量的资金在不同时点上具有不同价值，现在的一元钱比将来的一元钱更值钱。例如我们现在有 1 000 元，存入银行，银行的年利率为 5%，1 年后可得到 1 050 元，于是现在 1 000 元与 1 年后的 1 050 元相等。因为这 1 000 元经过 1 年的时间增值了 50 元，这增值的 50 元就是资金经过 1 年时间的价值。同样，企业的资金投到生产经营中，经过生产过程的不断运行，资金的不断运动，随着时间的推移，会创造新的价值，使资金得以增值。因此，一定量的资金投入生产经营或存入银行，会取得一定利润和利息，从而产生资金的时间价值；或者由于时间的存在，使得闲置不用的资金的价值减少了，或者称为"不值钱了"。由此可见，资金时间价值是一个增量的概念，这种增量的大小可以有绝对数和相对数两种表现形式，这种增量可正可负。

如何表示资金的这种增值或者是贬值？有绝对数和相对数两种表示方法。上面说的起初的1 000元原始投入资金和一年后本金和利息合计1 050元之间的差额是 50 元，这是用绝对数表示的时间价值，称为时间价值额；同时，投资者可以说原始的投资额增值了 5%，这是用相对数表示的时间价值，称为时间价值率。二者表示方法虽有差异，而且在实际中后者使用的相对而言更频繁，但没有严格意义的区分。

货币闲置不用是不能增值的，甚至会降低其实际价值，货币只有作为资金投入生产和流通才能实现增值，因此，时间价值是在生产经营中产生的。资金时间价值的大小与时间长短密切相关，时间越长，资金在生产经营中循环周转的次数越多，实现的增值就越大。

3.1.2　资金时间价值产生的条件

资金时间价值产生的前提条件，是由于商品经济的高度发展和借贷关系的普遍存在，出现了资金使用权与所有权的分离，资金的所有者把资金使用权转让给使用者，使用者必须把资金增值的一部分支付给资金的所有者作为报酬，资金占用的金额越大，使用的时间越长，所有者所要求的报酬就越高。而资金在周转过程中的价值增值是资金时间价值产生的根本源泉。另一方面，从理论上讲，资金时间价值相当于在没有风险、没有通货膨胀条件下的社会平均资金利润率，这是利润平均化规律作用的结果。在实务中，如果没有通货膨胀或通货膨胀率很低，可用政府债券（如国库券）的利率来代表时间价值。简言之，资金时间价值是在没有风险、没有通货膨胀条件下随时间推移而应当实现的最低报酬率。

3.1.3 资金时间价值的表示

资金时间价值可用绝对数(利息)和相对数(利息率)两种形式表示,通常用相对数表示。如上所述,资金时间价值的实际内容是没有风险和没有通货膨胀条件下的社会平均资金利润率,是企业资金利润率的最低限度,也是使用资金的最低成本率。

由于资金在不同时点上具有不同的价值,不同时点上的资金就不能直接比较,必须换算到相同的时点上,才能比较。因此掌握资金时间价值的计算就很重要。资金时间价值的计算包括一次性收付款项和非一次性收付款项(年金)的终值、现值。

但要注意的是,资金时间价值常常与利率混为一谈。理财活动或多或少总是存在风险,通货膨胀也是市场经济中客观存在的经济现象,作为金融市场上资金交易价格的利率,不仅包括时间价值,也包括风险报酬率和通货膨胀补偿率。所以资金时间价值与利率具有本质上的差别。但需注意的是,时间价值的计算方法与有关利息、利率的计算方法相同,本节主要讨论时间价值的计算问题,因此,在以下的内容中用利息、利率代替时间价值的概念。

3.2 终值和现值

3.2.1 一次性收付款项的终值和现值

一次性收付款项是指在某一特定时点上一次性支出或收入,经过一段时间后再一次性收回或支出的款项。如银行存款中的整存整取,这种性质的款项在日常生活中十分常见。一次性收付款项的特点是:收和付各只有一次,而且,后面时点的收(或付)是由前面时点的付(或收)所引起的。一次性收付款项有两种类型:一是先付后收;二是先收后付。例如,现在将一笔10 000元的现金存入银行,5年后一次性取出本利和。

资金时间价值的计算,涉及两个重要的概念:现值和终值。现值又称本金,是指未来某一时点上的一定量现金折算到现在的价值。终值又称将来值或本利和,是指现在一定量的现金在将来某一时点上的价值。由于终值与现值的计算与利息的计算方法有关,而利息的计算有复利和单利两种,因此终值与现值的计算也有复利和单利之分。在财务管理中,一般按复利来计算。

3.2.2 单利的现值和终值

单利是指只对本金计算利息,利息部分不再计息,通常用 P 表示现值,F 表示终值,i 表示利率(贴现率、折现率),n 表示计算利息的期数,I 表示利息。

1. 单利的利息

$$I=P\times i\times n$$

2. 单利的终值

$$F=P\times(1+i\times n)$$

3. 单利的现值

$$P=F/(1+i\times n)$$

【例3—1】 某人将一笔5 000元的现金存入银行,银行一年期定期利率为5%。

要求:计算第一年和第二年的终值、利息。

$I_1=P\times i\times n=5\ 000\times 5\%\times 1=250$(元)

$I_2=P\times i\times n=5\ 000\times5\%\times2=500$(元)

$F_1=P\times(1+i\times n)=5\ 000\times(1+5\%\times1)=5\ 250$(元)

$F_2=P\times(1+i\times n)=5\ 000\times(1+5\%\times2)=5\ 500$(元)

从上面计算中,显而易见,第一年的利息在第二年不再计息,只有本金在第二年计息。此外,无特殊说明,给出的利率均为年利率。

【例3—2】 某人希望5年后获得10 000元本利和,银行利率为5%。

要求:计算某人现在需存入银行多少资金?

$P=F/(1+i\times n)$

$=10\ 000/(1+5\%\times5)=8\ 000$(元)

上面求现值的计算,也可称贴现值的计算,贴现使用的利率称贴现率。一般情况下,由终值计算现值的过程称为折现(或贴现),折现过程中使用的利率称为折现率(或贴现率)。折现率反映了投资人要求的必要报酬率,折现的意义在于从未来的现金流量中扣除投资人要求的报酬额。

3.2.3　复利的终值

在复利方式下,不仅要对初始本金计算利息,而且要对以前各期的利息计算利息,计息的基础是上期末的本利和。按照这种方法,每经过一个计息期,要将所生利息加入本金再计利息,逐期滚算,俗称利滚利。当利率不变时,利息逐期递增。

复利的终值是指一定量的本金按复利计算的若干年后的本利和。如前所述,在复利方式下,每期计息的基础是上期末的本利和。根据上述单利计算公式,可得:

期数	期初本金	本期利息	期末本利和
1	P	$P\times i$	$P(1+i)$
2	$P(1+i)$	$P(1+i)\times i$	$P(1+i)+P(1+i)\times i=P(1+i)^2$
3	$P(1+i)^2$	$P(1+i)^2\times i$	$P(1+i)^2+P(1+i)^2\times i=P(1+i)^3$

依次类推,第 n 期末的本利和为:

$$F=P\times(1+i)^n$$

上式是计算复利终值的一般公式,其中 $(1+i)^n$ 被称为复利终值系数或1元的复利终值,用符号 $(F/P,i,n)$ 表示。

例如,利率为12%、6期的复利终值系数 $(F/P,12\%,6)=(1+12\%)6=1.973\ 8$,表示现在的1元钱,按12%的利率计算,6年后本利和为1.973 8元。为了便于计算,可编制"复利终值系数表"(见本教材附表1)备用。该表的第一行是利率 i,第一列是计息期数 n,相应的复利终值系数值在其纵横相交处。该表的作用不仅在于已知 i 和 n 时查找1元的复利终值,而且可在已知1元复利终值和 n 时查找 i,或已知1元复利终值和 i 时查找 n。

根据复利终值系数可以把现值换成终值。即:

$$F=P\times(1+i)^n$$

$$F=P\times(F/P,i,n)$$

【例3—3】 某人现在将5 000元存入银行,银行利率为5%。

要求:计算第一年和第二年的本利和。

第一年的 $F=P\times(1+i)^1$

$=5\ 000\times(F/P,5\%,1)$

$=5\ 000\times1.05=5\ 250$(元)

第二年的 $F=P\times(1+i)^2$

$=5\ 000\times(F/P,5\%,2)$

$=5\ 000\times1.102\ 5=5\ 512.5$(元)

式中的$(F/P,5\%,2)$表示利率为5%，期限为2年的复利终值系数，在复利终值表上，我们可以从横行中找到利息5%，纵列中找到期数2年，纵横相交处，可查到$(F/P,5\%,2)=1.102\ 5$。该系数表明，在年利率为5%的条件下，现在的1元与2年后的1.102 5元相等。

将单利终值与复利终值比较，发现在第一年，单利终值和复利终值是相等的，在第二年，单利终值和复利终值不相等，两者相差5 512.5−5 500=12.5(元)，这是因为第一年本金所生的利息在第二年也要计算利息，即250×5%=12.5(元)。因此，从第二年开始，单利终值和复利终值是不相等的。

3.2.4 复利的现值

复利现值是指在将来某一特定时间取得或支出一定数额的资金，按复利折算到现在的价值。

复利现值与复利终值互为逆运算。由复利终值计算公式可得：

$$P=F/(1+i)^n=F\times(1+i)^{-n}$$

式中的$(1+i)^{-n}$是把终值折算为现值的系数，称为复利现值系数，或称为1元的复利现值，用符号$(P/F,i,n)$来表示。

例如，利率为12%、6期的复利现值系数$(P/F,12\%,6)=(1+12\%)^{-6}=0.506\ 6$，表示6年以后的1元钱，按12%的折旧率折算，相当于现在的0.506 6元。

为了便于计算，可编制“复利现值系数表”(见本教材附表2)。该表的使用方法与“复利终值系数表”相同。

【例3—4】 某人希望5年后获得10 000元本利，银行利率为5%。

要求：计算某人现在应存入银行多少资金？

$P=F\times(1+i)^{-n}$

$=F\times(P/F,5\%,5)$

$=10\ 000\times0.783\ 5$

$=7\ 835$(元)

$(P/F,5\%,5)$表示利率为5%，期限为5年的复利现值系数。同样，我们在复利现值表上，从横行中找到利率5%，纵列中找到期限5年，两者相交处，可查到$(P/F,5\%,5)=0.783\ 5$。该系数表明，在年利率为5%的条件下，5年后的1元与现在的0.783 5元相等。

3.2.5 复利利息的计算

【例3—5】 根据【例3—4】资料，计算5年的利息。

$I=F-P=10\ 000-7\ 835=2\ 165$(元)

复利中所指的计息期，也称计息周期，是指每次计算利息的期限，也就是相邻两次计息的时间间隔，如年、月、日等。除非特别指明，计息期为1年。

从实现理财目标的角度来看，不仅投资人投入的初始本金有增值要求，资金的增值部分如果作为追加资金留在企业中继续使用也有增值要求，因此，现代财务管理中一般按复利方式计算终值和现值。

为简化起见，本节所用到的有关符号的含义如下：F 表示终值；P 表示现值；i 表示每个计息期的利率（通常指年利率）；n 表示计算利息的期数（通常以年为单位）。i 与 n 的时间口径应当一致，如 i 为年利率，则 n 为年数；如 i 为月利率，则 n 为月数。

【例 3－6】 某人打算每年年初存一笔款，连续存 5 年，第一年年初存入1 000元，以后每年在上年基础上递增 500 元，存款利率为 10%，计算第 5 年年末的本利和。

$$F=1\,000\times(1+10\%)^5+1\,500\times(1+10\%)^4+2\,000\times(1+10\%)^3+2\,500\times(1+10\%)^2+3\,000\times(1+10\%)^1=14\,068.78\text{(元)}$$

或 $$=1\,000\times(F/P,10\%,5)+1\,500\times(F/P,10\%,4)+2\,000\times(F/P,10\%,3)+2\,500\times(F/P,10\%,2)+3\,000\times(F/P,10\%,1)=14\,068.75\text{(元)}$$

【例 3－7】 某人打算在今后若干年内从银行取出下列款项，第一年年末取出1 000元，第二年年末取出3 000元，第四年年末取出5 000元，第六年年末取出2 000元，如果存款利率为10%，问现在应一次存入多少钱？

$$P=1\,000\times(1+10\%)^{-1}+3\,000\times(1+10\%)^{-2}+5\,000\times(1+10\%)^{-4}+2\,000\times(1+10\%)^{-6}=7\,923.45\text{(元)}$$

或 $$=1\,000\times(P/F,10\%,1)+3\,000\times(P/F,10\%,2)+5\,000\times(P/F,10\%,4)+2\,000\times(P/F,10\%,6)=7\,923.3\text{(元)}$$

3.3 年金的终值与现值

3.3.1 年金的概述

年金是指一定时期内，每隔相同的时间，收入或支出相同金额的系列款项。例如折旧、租金、等额分期付款、养老金、保险费、零存整取等都属于年金问题。年金具有连续性和等额性特点，即年金是每隔相同的时间就发生一次收（或付）业务，形成一系列同性质业务活动，且各期发生的款项在数额上必须相等。年金发生的间隔期可以是 1 年，也可以是 1 个月、1 个季度等。连续性要求在一定时间内，间隔相等时间就要发生一次收支业务，中间不得中断，必须形成系列。等额性要求每期收、付款项的金额必须相等。年金根据每次收付发生的时点不同，可分为普通年金、预付年金、递延年金和永续年金四种。对于任何一种年金，年金终值都是指该项年金在其最后一期期末的价值，年金现值也都是指该项年金在其第一期期初的价值。设 A 表示年金（每期相等的金额）。

要注意的是，在财务管理中，讲到年金，一般是指普通年金。

3.3.2 普通年金

普通年金是指在每期的期末，间隔相等时间，收入或支出相等金额的系列款项。每一间隔期，有期初和期末两个时点，由于普通年金是在期末这个时点上发生收付，故又称后付年金。

1. 普通年金的终值

普通年金的终值是指每期期末收入或支出的相等款项，按复利计算，在最后一期所得的本利和。每期期末收入或支出的款项用 A 表示，利率用 i 表示，期数用 n 表示，那么每期期末收入或支出的款项，折算到第 n 年的终值如图 3－1 所示。

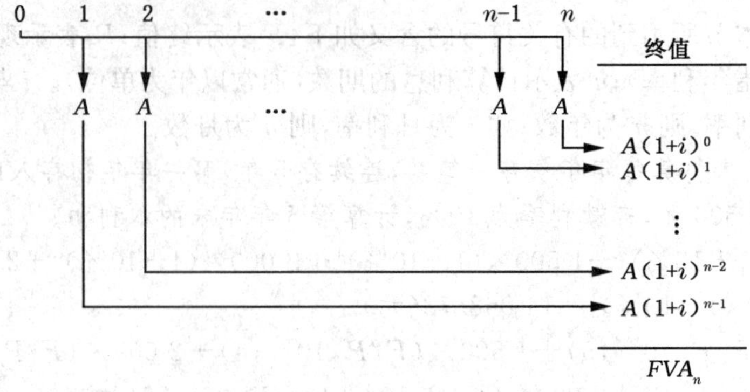

图 3—1　普通年金终值计算图示

第 n 年支付或收入的款项 A 折算到最后一期(第 n 年),其终值为 $A\times(1+i)^0$。

第 $n-1$ 年支付或收入的款项 A 折算到最后一期(第 n 年),其终值为 $A\times(1+i)^1$。

第 3 年支付或收入的款项 A 折算到最后一期(第 n 年),其终值为 $A\times(1+i)^{n-3}$。

第 2 年支付或收入的款项 A 折算到最后一期(第 n 年),其终值为 $A\times(1+i)^{n-2}$。

第 1 年支付或收入的款项 A 折算到最后一期(第 n 年),其终值为 $A\times(1+i)^{n-1}$。

那么,n 年的年金终值和 $FA=A\times(1+i)^0+A\times(1+i)^1+\cdots+A\times(1+i)^{n-3}+A\times(1+i)^{n-2}+A\times(1+i)^{n-1}$。

$(1+i)^{n-1}$称为"年金终值系数"或"1 元年金终值系数",记为$(F/A,i,n)$,表示年金为 1 元、利率为 i、经过 n 期的年金终值是多少,可直接查 1 元年金终值表。

【例 3—8】 某人连续 5 年每年年末存入银行 10 000 元,利率为 5%。

要求:计算第 5 年年末的本利和。

$$\begin{aligned}FA&=A\times(F/A,5\%,5)\\&=10\ 000\times5.525\ 6\\&=55\ 256(\text{元})\end{aligned}$$

计算表明,每年年末存 10 000 元,连续存 5 年,到第 5 年年末可得 55 256 元。

【例 3—9】 张先生自 20×1 年 8 月底开始,每年都向一位失学儿童捐款,以帮助这位失学儿童完成小学和初中的全部学业。张先生向这位失学儿童每年捐款1 000元,假设每年定期存款利率都是 2%,则张先生九年的捐款在 20×9 年 8 月底相当于多少钱?

$$F=1\ 000\times(F/A,2\%,9)=1\ 000\times9.754\ 6=9\ 754.6(\text{元})$$

或 $$=1\ 000\times\frac{(1+2\%)^9-1}{2\%}=9\ 754.6(\text{元})$$

偿债基金是指为了在约定的未来某一点清偿某笔债务或积聚一定数额的资金而必须分次等额形成的存款准备金,也就是为使年金终值达到既定金额每年年末应支付的年金数额。计算年金终值,一般是已知年金,然后求终值。有时我们会碰到已知年金终值,反过来求每年支付的年金数额,这是年金终值的逆运算,我们把它称作年偿债基金的计算,计算公式如下:

$$A=F\frac{i}{(1+i)^n-1}$$

称作"偿债基金系数",记为$(A/F,i,n)$,可查偿债基金系数表,也可根据年金终值系数的倒数来得到。即:$(A/F,i,n)=1/(F/A,i,n)$。利用偿债基金系数可把年金终值折算为每年需要支付的年金数额。其中，$\frac{i}{(1+i)^n-1}$是普通年金终值系数的倒数，也称为偿债基金系数，代表1元终值的年金，记作$(A/F,i,n)$。偿债基金系数可以制成表格备查，亦可根据普通年金终值系数求倒数确定。例如：

$$(A/F,10\%,5)=\frac{10\%}{(1+10\%)^5-1}=\frac{1}{(F/A,10\%,5)}=\frac{1}{6.1051}=0.1638$$

它表示为了偿还5年后的1元钱，按10%的利率计算，在5年内每年年末需存入0.163 8元。

偿债基金系数可以把普通年金终值折算为每年需要支付的金额。即：

$$A=F\times(A/F,i,n)=F\div(F/A,i,n)$$

【例3—10】 甲公司计划5年后购买一条生产线，预计购价5 000万元，如果利率为10%，则甲公司每年年末应提存多少准备金？

$$A=5\,000\times\frac{10\%}{(1+10\%)^5-1}=818.9874\text{（万元）}$$

或 $\quad=5\,000\times(A/F,10\%,5)=5\,000\times0.1638=819$（万元）

因此，在银行利率为10%时，每年存入819万元，5年后可得5 000万元用来购买生产线。

【例3—11】 某人在5年后要偿还一笔50 000元的债务，银行利率为5%。

要求：为归还这笔债务，每年年末应存入银行多少元？

$$\begin{aligned}A&=FA\times(A/F,i,n)\\&=50\,000\times(A/F,5\%,5)\\&=50\,000\times[1/(F/A,5\%,5)]\\&=50\,000\times1/5.5256\\&=9\,048.79\text{（元）}\end{aligned}$$

在银行利率为5%时，每年年末存入银行9 048.79元，5年后才能还清债务50 000元。

2. 普通年金的现值

普通年金的现值是指一定时期内每期期末等额收支款项的复利现值之和。实际上就是指为了在每期期末取得或支出相等金额的款项，现在需要一次投入或借入多少金额，年金现值用P表示，其计算如图3—2所示。

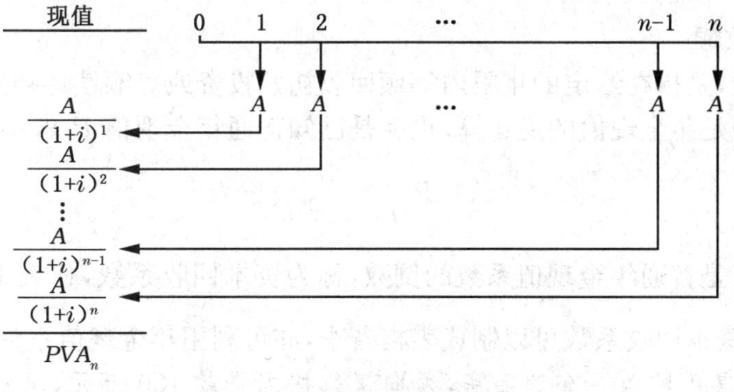

图3—2　普通年金现值计算图示

要将每期期末的收支款项全部折算到时点0，则：

第 1 年年末的年金 A 折算到时点 0 的现值为 $A\times(1+i)^{-1}$。

第 2 年年末的年金 A 折算到时点 0 的现值为 $A\times(1+i)^{-2}$。

第 3 年年末的年金 A 折算到时点 0 的现值为 $A\times(1+i)^{-3}$。

第$(n-1)$年年末的年金 A 折算到时点 0 的现值为 $A\times(1+i)^{-(n-1)}$。

第 n 年年末的年金 A 折算到时点 0 的现值为 $A\times(1+i)^{-n}$。

那么,n 年的年金现值之和

$$P=A(1+i)^{-1}+A(1+i)^{-2}+\cdots+A(1+i)^{-n}$$
$$=A[(1+i)^{-1}+(1+i)^{-2}+\cdots+(1+i)^{-n}]$$

式中的$\frac{1-(1+i)^{-n}}{i}$称为普通年金现值系数(简称年金现值系数),代表 1 元普通年金现值,用符号$(P/A,i,n)$来表示。为简化计算,可事先编制"年金现值系数表"(见本教材附表四)以供查阅。

例如:利率为 10%、五期年金现值的系数$(P/A,10\%,5)=\frac{1-(1+10\%)^{-5}}{10\%}=3.7908$,表示在未来 5 年内,每年年末存入 1 元,按 10%的利率折算,相当于现在的 3.790 8 元。可以直接根据年金现值系数计算年金现值。即:

$$P=A\times(P/A,i,n)$$

【例 3—12】 某人希望每年年末取得 10 000 元,连续取 5 年,银行利率为 5%。

要求:第一年年初应一次存入多少元?

$$PA=A\times(P/A,i,n)$$
$$=10\,000\times(P/A,5\%,5)$$
$$=10\,000\times4.3295$$
$$=43\,295(\text{元})$$

为了每年年末取得 10 000 元,第一年年初应一次存入 43 295 元。

【例 3—13】 某人现要出国,出国期限为 3 年。在出国期间,委托你每年年末代交3 000元的房屋物业管理费等费用,已知银行利率为 2%,问他应在银行存入多少钱?

$$P=3\,000\times(P/A,2\%,3)=3\,000\times2.8839=8\,651.7(\text{元})$$

或 $$=3\,000\times\frac{1-(1+2\%)^{-3}}{2\%}=8\,651.65(\text{元})$$

3. 年资本回收额

年资本回收额,是指在给定的年限内等额回收初始投资或等额偿还初始债务的年金数额。

年资本回收额是年金现值的逆运算,也就是已知普通年金现值 P 求年金 A。即:

$$A=P\,\frac{i}{1-(1+i)^{-n}}$$

其中,$\frac{i}{1-(1+i)^{-n}}$是普通年金现值系数的倒数,称为资本回收系数,代表 1 元现值的年金,记作$(A/P,i,n)$。资本回收系数可以制成表格备查,亦可利用年金现值系数的倒数来求得。

【例 3—14】 某人购入一套商品房,须向银行按揭贷款 100 万元,准备 20 年内于每年年末等额偿还,银行贷款利率为 5%。

要求:每年应归还多少元?

解:$A=PA\times(A/P,i,n)$

$=100\times(A/P,5\%,20)$
$=100\times[1/(P/A,5\%,20)]$
$=100\times1/12.4622$
$=8.0243$(万元)

【例 3—15】 假设以 6%的利率借款 1 000 万元，投资于某个寿命为 8 年的新项目，每年至少要收回多少现金才是有利的？

$$A=1\,000\times\frac{6\%}{1-(1+6\%)^{-8}}=161.04(\text{万元})$$

或 $=1\,000\times(A/P,6\%,8)=1\,000\times\frac{1}{6.209\,8}=1\,000\times0.161\,04=161.04(\text{万元})$

因此，每年至少要收回 161.04 万元，才能还清贷款本利。

3.3.3 预付年金

预付年金是指每期收入或支出相等金额的款项是发生在每期的期初，而不是期末，也称先付年金或即付年金。

预付年金与普通年金的区别在于收付款的时点不同，普通年金在每期的期末收付款项，预付年金在每期的期初收付款项，收付时间如图 3—3 所示。

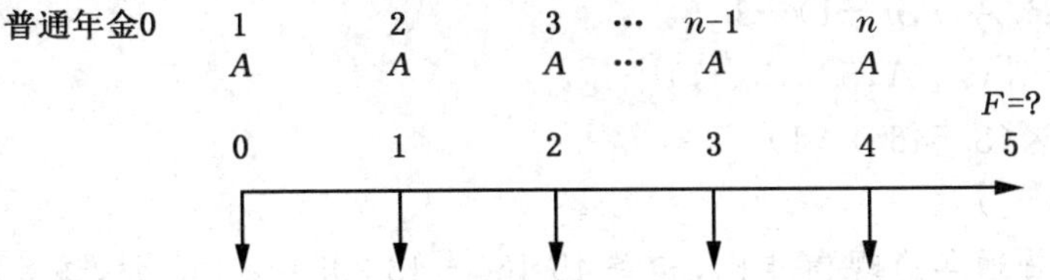

图 3—3

从图 3—3 可见，n 期的预付年金与 n 期的普通年金，其收付款次数是一样的，只是收付款时点不一样。如果计算年金终值，预付年金要比普通年金多计一年的利息；如计算年金现值，则预付年金要比普通年金少折现一年，因此，在普通年金的现值、终值的基础上，乘以$(1+i)$便可计算出预付年金的终值与现值。

1. 预付年金的终值

预付年金系数记作$[(F/A,i,n+1)-1]$，可利用普通年金终值表查得$(n+1)$期的终值，然后减去 1，就可得到 1 元预付年金终值，如图 3—4 所示。

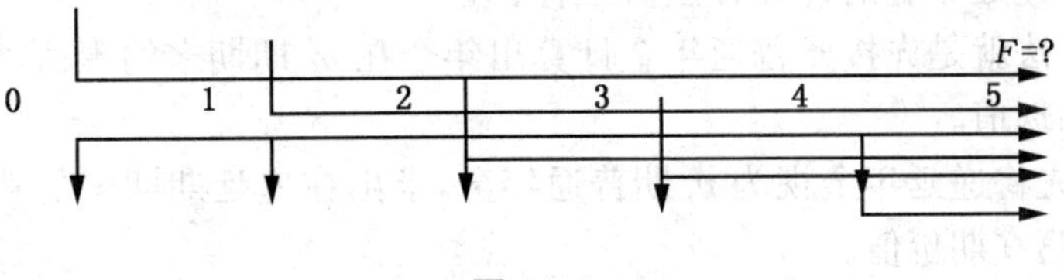

图 3—4

【例 3—16】 将【例 3—7】中收付款的时间改为每年年初，其余条件不变。

要求：第五年年末的本利和。

$FA=A\times[(F/A,i,n+1)^{-1}]$

$=10\ 000\times[(F/A,5\%,5+1)^{-1}]$

$=10\ 000\times(6.8019-1)$

$=58\ 019$(元)

与【例 3—7】的普通年金终值相比，相差(58 019—55 256)＝ 2 763 元，该差额实际上就是预付年金比普通年金多计一年利息而造成，即 55 256×5%＝2 762.80 元。

2. 预付年金的现值

预付年金现值系数记作$[(P/A,i,n-1)+1]$，可利用普通年金现值表查得$(n-1)$期的现值，然后加上 1，就可得到 1 元预付年金现值，如图 3—5 所示。

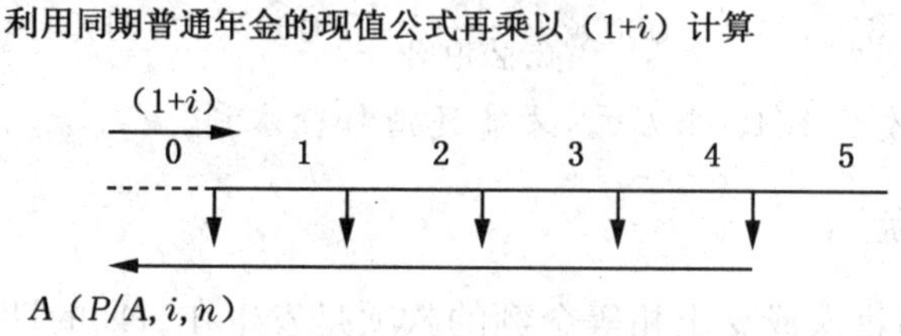

图 3—5

【例 3—17】 将【例 3—9】中收付款的时间改在每年年初，其余条件不变。

要求：第一年年初应一次存入多少钱？

$PA=A\times[(P/A,i,n-1)+1]$

$=10\ 000\times[(P/A,5\%,5-1)+1]$

$=10\ 000\times(3.546\ 0+1)$

$=45\ 460$(元)

与【例 3—11】普通年金现值相比，相差 45 460—43 295＝2 165 元，该差额实际上是由于预付年金现值比普通年金现值少折现一期造成的，即 43 295×5%＝2 164.75 元。

3.3.4 递延年金

1. 递延年金的现值

假设最初有 m 期没有收付款项，后面 n 期有等额的收付款项，则延期年金的现值即为后 n 期年金贴现至 m 期第一期期初的现值。递延年金现值还可以用另外一种方法计算，先求出 $m+n$ 期后付年金现值，减去没有付款的前 m 期后付年金现值，二者之差便是延期 m 期的 n 期后付年金现值。或者说，递延年金现值是指间隔一定时期后每期期末或期初收付的系列等额款项，按照复利计息方式折算的现时价值，即间隔一定时期后每期期末或期初等额收付资金的复利现值之和。递延年金的计算方法有三种：

第一种计算方法就是先按照普通年金计算出年金在 m 期期末的现值，然后再复利折现 m 期就是递延年金的现值。

计算方法一：先将递延年金视为 n 期普通年金，求出在递延期期末的普通年金现值，然后再折算到现在，即第 0 期价值。

$$P=A\times(P/A,i,n)\times(P/F,i,m)$$

其中，m 表示递延期，n 表示连续收支期数，即年金期。

第二种计算方法就是假设前 m 期也有年金发生，那么就构成了一个普通年金，按照 $m+n$ 期计算出年金现值后再减去假设存在的 m 期的年金现值，就是递延年金的现值。

计算方法二：先计算 $m+n$ 期年金现值，再减去 m 期年金现值。

$$PA=A\times[(P/A,i,m+n)-(P/A,i,m)]$$

第三种计算方法的含义就是先按照普通年金终值的计算方法计算出递延年金的终值，然后再复利折现到 0 时点计算出递延年金的现值。

计算方法三：先求递延年金终值再折现为现值。

$$PA=A\times(F/A,i,n)\times(P/F,i,m+n)$$

例：某企业向银行借入一笔款项，银行贷款的年利息率为 8%，银行规定前 10 年不用还本付息，但从第 11 年至第 20 年每年年末偿还本息1 000元，问这笔款项的现值应为多少？

提示：把递延期以后的年金套用普通年金公式求现值，这时求出来的现值是第一个等额收付前一期的数值，再往前推递延期期数就得出了递延年金的现值。

2. 递延年金的终值

递延年金的终值计算与普通年金的终值计算一样，计算公式如下：

$$FA=A\times(F/A,i,n)$$

注意式中"n"表示的是 A 的个数，与递延期无关。先不看递延期，年金一共支付了 n 期。只要将这 n 期年金折算到期末，即可得到递延年金终值。所以，递延年金终值的大小，与递延期无关，只与年金共支付了多少期有关，它的计算方法与普通年金相同。

【例 3－18】　某企业于年初投资一项目，估计从第五年开始至第十年，每年年末可得收益 10 万元，假定年利率为 5%。

要求：计算投资项目年收益的终值。

$$\begin{aligned}FA&=A\times(F/A,i,n)\\&=10\times(F/A,5\%,6)\\&=10\times6.8019\\&=68.019(\text{万元})\end{aligned}$$

【例 3－19】　某企业年初投资一项目，希望从第五年开始每年年末取得 10 万元收益，投资期限为 10 年，假定年利率 5%。

要求：该企业年初最多投资多少元才有利？

$$\begin{aligned}(1)PA&=A\times(P/A,i,n)\times(P/F,i,m)\\&=10\times(P/A,5\%,6)\times(P/F,5\%,4)\\&=10\times5.075\,7\times0.822\,7\\&=41.76(\text{万元})\end{aligned}$$

$$\begin{aligned}(2)PA&=A\times[(P/A,i,m+n)-(P/A,i,m)]\\&=10\times[(P/A,5\%,10)-(P/A,5\%,4)]\\&=10\times(7.721\,7-3.546\,0)\\&=41.76(\text{万元})\end{aligned}$$

$$\begin{aligned}(3)PA&=A\times(F/A,i,n)\times(P/F,i,m+n)\\&=10\times(F/A,5\%,6)\times(P/F,5\%,10)\\&=10\times6.801\,9\times0.613\,9\\&=41.76(\text{万元})\end{aligned}$$

从计算中可知，该企业年初的投资额不超过 41.76 万元才合算。

3.3.5 永续年金

永续年金是指无限期地收入或支出相等金额的年金，也称永久年金。它也是普通年金的一种特殊形式，由于永续年金的期限趋于无限，没有终止时间，因而也没有终值，只有现值。永续年金一般有如下的特点：每次支付金额相同且皆为 A，支付周期（每次支付的时间间隔）相同（如：年、季、月等），每段支付间隔的利率相同且皆为 i（根据周期不同，可以为年利率、月利率等）；则永续年金的现值 PV(present value)计算公式为：

(1)如果每个期间的期末支付，$PV=A/i$；

(2)如果每个期间的期初支付，$PV=(1+i)\times A/i$。

【例 3—20】 某企业要建立一项永久性帮困基金，计划每年拿出 5 万元帮助失学儿童，年利率为 5%。

要求：现应筹集多少资金？

$PA= A/i=5/5\%=100$(万元)

现应筹集到 100 万元资金，就可每年拿出 5 万元帮助失学的儿童。

【例 3—21】 归国华侨吴先生想要支持家乡建设，特地在祖籍所在地设立奖学金。奖学金每年发放一次，奖励每年高考的文理科状元各10 000元。奖学金的基金保存在中国银行该县支行。银行一年的定期存款利率为 2%。问吴先生要投资多少钱作为奖励基金？

由于每年都要拿出20 000元，因此奖学金的性质是一项永续年金，其现值应为：

$PA=20\ 000/2\%=1\ 000\ 000$(元)

也就是说，吴先生要存入 1 000 000 元作为基金，才能保证这一奖学金的成功运行。

3.4 利率的相关计算

3.4.1 利率的分类

1. 利率概念

利率又称利息率。表示一定时期内利息量与本金的比率，通常用百分比表示，按年计算则称为年利率。其计算公式是：利息率=利息量/本金。

利息率的高低，决定着一定数量的借贷资本在一定时期内获得利息的多少。影响利息率的因素，主要有资本的边际生产力或资本的供求关系。此外还有承诺交付货币的时间长度以及所承担风险的程度。利息率政策是西方宏观货币政策的主要措施，政府为了干预经济，可通过变动利息率的办法来间接调节通货。在萧条时期，降低利息率，扩大货币供应，刺激经济发展。在膨胀时期，提高利息率，减少货币供应，抑制经济的恶性发展。

2. 利率种类

各种利率是按不同的划分法和角度来分类的，以此更清楚地表明不同种类利率的特征。

按计算利率的期限单位可划分为年利率、月利率与日利率；按利率的决定方式可划分为官方利率、公定利率与市场利率；按借贷期内利率是否浮动可划分为固定利率与浮动利率；按利率的地位可划分为基准利率与一般利率；按信用行为的期限长短可划分为长期利率和短期利率；按利率的真实水平可划分为名义利率与实际利率；按借贷主体不同可划分为中央银行利率（包括再贴现、再贷款利率等）、商业银行利率（包括存款利率、贷款利率、贴现率等）、非银行利率(包括债券利率、企业利率、金融利率等);按是否具备优惠性质可划分为一般利率和优惠利率。

利率的各种分类之间是相互交叉的。例如,3 年期的居民储蓄存款利率为 4.95%。这一利率既是年利率,又是固定利率、差别利率、长期利率与名义利率。

各种利率之间以及内部都有相应的联系,彼此间保持相对结构,共同构成一个有机整体,从而形成一国的利率体系。

3.4.2 名义利率和实际利率

在前面的复利计算中,所涉及的利率均假设为年利率,并且每年复利一次。但在实际业务中,复利的计算期不一定是 1 年,可以是半年、一季、一月或一天复利一次。当利息在一年内要复利几次时,给出的年利率称名义利率,用 r 表示,根据名义利率计算出的每年复利一次的年利率称实际利率,用 i 表示。实际利率和名义利率之间的关系如下:

$$i=(1+r/m)^m-1$$

其中,m 表示每年复利的次数。

【例 3-22】 某人现存入银行 10 000 元,年利率 5%,每季度复利一次。

要求:2 年后能取得多少本利和?

(1)先根据名义利率与实际利率的关系,将名义利率折算成实际利率。

$$\begin{aligned} i &=(1+r/m)^m-1 \\ &=(1+5\%/4)^4-1 \\ &=5.09\% \end{aligned}$$

再按实际利率计算资金的时间价值。

$$\begin{aligned} F &=P\times(1+i)^n \\ &=10\ 000\times(1+5.09\%)^2 \\ &=11\ 043.91(\text{元}) \end{aligned}$$

(2)将已知的年利率 r 折算成期利率 r/m,期数变为 $m\times n$。

$$\begin{aligned} F &=P\times(1+r/m)^{m\times n} \\ &=10\ 000\times(1+5\%/4)^{2\times 4} \\ &=10\ 000\times(1+0.012\ 5)^8 \\ &=11\ 044.86(\text{元}) \end{aligned}$$

3.4.3 贴现率的推算

对于一次性收付款项,根据其复利终值(或现值)的计算公式可得贴现率的计算公式为:

$$i=\left(\frac{F}{P}\right)^{\frac{1}{n}}-1$$

因此,若已知 F、P、n 的情况下,不用查表便可计算出一次性收付款项的贴现率(利率)i。永续年金贴现率(利率)i 的计算也更加方便。若已知 P、A,则根据公式 $P=A/i$,即得 i 的计算公式为:

$$i=A/P$$

普通年金贴现率(利息率)的推算比较复杂,无法直接套用公式,而必须利用有关的系数表,有时还会牵扯到内插法的应用。

根据普通年金终值 F、年金现值 P 的计算公式可推算出年金终值系数$(F/A,i,n)$和年金现值系数$(P/A,i,n)$的公式：

$$(F/A,i,n)=F/A$$

$$(P/A,i,n)=P/A$$

根据已知的 F、A 和 n，可求出 F/A 的值。通过查年金终值系数表，有可能在表中找到等于 F/A 的系数值，只要读出该系数所在列的 i 值，即为所求的 i。

同理，根据已知的 P、A 和 n，可求出 P/A 的值。通过查年金现值系数表，有可能在表中找到等于 P/A 的系数值，只要读出该系数所在列的 i 值，即为所求的 i。

现在详细介绍利用年金现值系数表计算 i 的步骤：

(1)计算出 P/A 的值，设其为 $P/A=\alpha$。

(2)查普通年金现值系数表。沿着已知 n 所在的行横向查找，若恰好能找到某一系数值等于 α，则该系数值所在的行相对应的利率便为所求的 i 值。

(3)若无法找到恰好等于 α 的系数值，就应在表中 n 行中找与 α 最接近的两个左右临界系数值，设为 β_1、β_2($\beta_1>\alpha>\beta_2$，或 $\beta_1<\alpha<\beta_2$)。读出 β_1、β_2 所对应的临界利率 i_1、i_2，然后进一步运用内插法。

(4)在内插法下，假定利率 i 同相关的系数在较小范围内线性相关，因而可根据临界系数 β_1、β_2 和临界利率 i_1、i_2 计算出 i，其公式为：

$$i=i_1+\frac{\beta_1-\alpha}{\beta_1-\beta_2}(i_2-i_1)$$

【例 3－23】 某公司年初获得一笔金额为 100 万元的贷款，银行要求在取得贷款的 5 年内，每年年底偿还 26 万元，计算该笔贷款的年利率。

因为：$100=26\times(P/A,r,5)$

所以：$(P/A,r,5)=3.846\,2$

如图 3－6 所示，查年金现值表，可得：

$(P/A,9\%,5)=3.889\,7$，$(P/A,10\%,5)=3.790\,8$

用插值法计算该笔贷款的利率为：

$$\frac{r-9\%}{10\%-9\%}=\frac{3.846\,2-3.889\,7}{3.790\,8-3.889\,7}$$

$r=9.44\%$

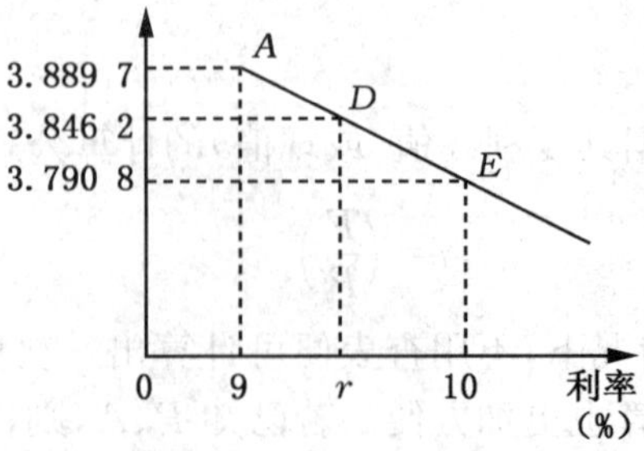

图 3－6 插值法原理

【例 3－24】 某公司第一年初借款80 000元，每年年末还本付息额均为16 000元，连续 9

年还清。问借款利率是多少？

符合普通年金现值公式：

80 000＝16 000×$(P/A,i,9)$

$(P/A,i,9)=5$

查表并用内插法求解。查表找出期数为 9，年金现值系数比 5 大一点和小一点，最接近 5 的两个数值。

$(P/A,12\%,9)=5.328\,2$

$(P/A,14\%,9)=4.946\,4$

可以列出下列等式(列等式时，要注意具有对应关系的数字在等号左右两边的位置必须相同)：

$(i-12\%)/(14\%-12\%)=(5-5.328\,2)/(4.946\,4-5.328\,2)$

或：$(14\%-i)/(14\%-12\%)=(4.946\,4-5)/(4.946\,4-5.328\,2)$

3.4.4　期间的推算

在 P、A 和 i 已知情况下，推算期间 n 的基本步骤。

(1)计算出 P/A 的值，设其为 α。

(2)查普通年金现值系数表。沿着已知 i 所在的列纵向查找，若能找到恰好等于 α 的系数值，则该系数所在行的 n 值即为所求的期间值。

(3)若找不到恰好为 α 的系数值，则在该列查找最为接近 α 值的上、下临界系数 β_1、β_2 以及对应的临界期间 n_1、n_2，然后应用内插法求 n，公式为：

$$n=n_1+\frac{\beta_1-\alpha}{\beta_1-\beta_2}(n_2-n_1)$$

【例 3－25】 某企业准备购买一台新设备更换以前的旧设备。新设备的价格较旧设备提高了2 000元，但每年可节约成本 500 元。若利率为 10%，求新设备应至少使用多少年对企业而言是有利的？

根据题意：已知 $P=2\,000$，$A=500$，$i=10\%$，则

$(P/A,10\%,n)=P/A=4$

查询普通年金现值系数表，在 10%的列上纵向查找，无法找到恰好为 $\alpha(\alpha=4)$ 的系数值，于是查找到大于 4 与小于 4 的临界系数值：$\beta=4.355\,3$ 和 $\beta=3.790\,8$，居于 4 的两侧，对应的期间分别为 $n=6$ 和 $n=5$，则：

$$n=n_1+\frac{\beta_1-\alpha}{\beta_1-\beta_2}(n_2-n_1)$$

$$=6+(4.355\,3-4)\div(4.355\,3-3.790\,8)\times(5-6)$$

$$=5.4(\text{年})$$

延伸阅读材料

你理解的时间价值是什么？

通过前文的学习，我们已经大概知晓了什么是时间价值。

简而言之，今年存100元，明年得到101元，我们称之为利息。比较抽象的看，今年交出100元、明年得到101元是一次跨时间的交易，你付出了一种资产(今年的100元)得到了另一种资产(明年的101元)。而利息，就是这两种资产的价格之比。鉴于今年的100元=明年的101元，所以今年的钱比较贵(你可以类比人民币6.03元=美元1元，是美元更贵)，而明年的钱比较便宜。货币的时间价值，就是今年的钱比明年的钱更值钱(更贵)。为什么会是这样？站在交易供给方的角度，是因为有投资收益。交易供给方是今年收到100元、明年还出101元的那一方，付了利息，所以我们称之为供给方。供给方把100元拿去投资、挣到了更多的钱，所以明年能还出多的利息来。如果没有这个投资收益，它就交不出更多的利息，这个跨时间的交易根本不会存在，货币的时间价值也就没有了。

那么问题也随之而诞生了，存钱得到的利息一定能够弥补由于时间的延续导致的货币的价值的降低？如果是，那么在什么程度上得到补偿？作为投资者，希望补偿越高越好，于是就有可能选择高于固定利息之外的投资，那么是否可以理解为投资得到的补偿会更高？如何计算不同的计息方式下，或者是收益率的方式下得到的收益？我们在银行存款和贷款的利率差别在哪里？而银行的利息是如何取得的？

同步测试

一、单项选择题

1. 表示资金时间价值的利息率是(　　)。

A. 银行同期贷款利率　　B. 银行同期存款利率
C. 社会资金平均利润率　　D. 加权资本成本率

2. 若复利终值经过6年后变为本金的2倍，每半年计息一次，则年实际利率应为(　　)。

A. 16.5%　　B. 14.25%　　C. 12.25%　　D. 11.90%

3. 某人从第四年开始每年末存入2 000元，连续存入7年后，于第十年末取出，若利率为10%，相当于现在存入(　　)元。

A. 6 649.69　　B. 7 315　　C. 12 290　　D. 9 736

4. A方案在三年中每年年初付款100元，B方案在三年中每年年末付款100元，若年利率为10%，则二者之间在第三年末时的终值之差为(　　)元。

A. 31.3　　B. 131.3　　C. 133.1　　D. 33.1

5. 某企业年初借得50 000元贷款，10年期，年利率12%，每年年末等额偿还。已知年金现值系数$(P/A,12\%,10)=5.650\ 2$，则每年应付金额为(　　)元。

A. 8 849　　B. 5 000　　C. 6 000　　D. 28 251

二、多项选择题

1. 递延年金具有下列特点(　　)。

A. 第一期没有收支额　　B. 其终值大小与递延期长短有关
C. 其现值大小与递延期长短有关　　D. 计算现值的方法与普通年金相同

2. 在(　　)情况下，实际利率等于名义利率。

A. 单利　　B. 复利
C. 每年复利计息次数为一次　　D. 每年复利计息次数大于一次

3. 下列各项中，互为逆运算的是(　　)。

A. 年金终值与年金现值　　B. 年金终值与年偿债基金
C. 年金现值与年等额资本回收额　　D. 复利终值与复利现值

三、判断题

1. 普通年金与先付年金的区别仅在于年金个数的不同。　　(　　)

2. 资金时间价值是指在没有风险和没有通货膨胀条件下的社会平均资金利润率。（　　）
3. 在一年内计息几次时，实际利率要高于名义利率。（　　）
4. 凡一定时期内每期都有收款或付款的现金流量，均属于年金问题。（　　）
5. 在利率同为10%的情况下，第10年末的1元复利终值系数小于第11年初的1元复利终值系数。（　　）

四、计算分析题

某人在5年后需用现金50 000元，如果每年年末存款一次，在利率为10%的情况下，此人每年年末存现金多少元？若在每年年初存入的话应存入多少？

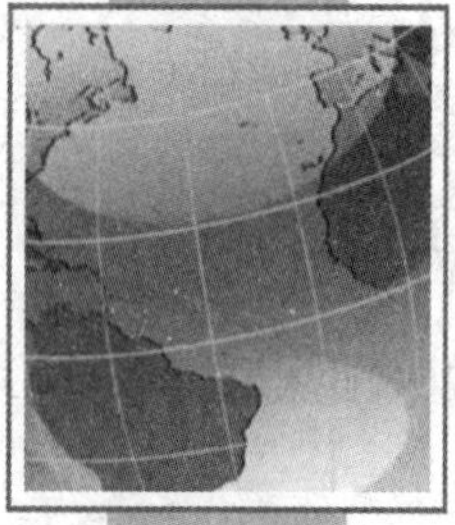

第四章
债券和股票价值评估

学习目标

1. 了解债券的概念，以及债券的构成要素。

2. 掌握财务估计的基本原理，熟练进行债券价值和债券收益率的计算，理解必要报酬率对债券价值的影响，了解付息频率、到期时间和债券价值的关系。

3. 了解股票的含义，以及股票的作用。

4. 掌握股票估价的基本原理，掌握并熟练运用股票估价的零增长模型、固定增长模型和两阶段增长模型，掌握股票投资收益率的详细计算。

案例 4—1

投资的选择

贵州茅台酒厂集团由中国贵州茅台酒厂有限责任公司及其全资子公司、控股公司、参股公司等近 20 家企业构成，集团所涉足的产业领域包括白酒、啤酒、葡萄酒、红酒、证券、银行、保险、物业、科研等。

中国贵州茅台酒厂有限责任公司的前身是中国贵州茅台酒厂，1997 年成功改制为有限责任公司（以下简称集团公司），1999 年，由有限责任公司联合中国食品发酵研究所发起的贵州茅台酒股份有限公司正式成立，2001 年 8 月，贵州茅台股票在上交所挂牌上市。

2017 年 10 月 19 日，贵州茅台的股票再度上涨 3.90%，报收 582.60 元，股价续写历史新高，其总市值也达到7 318.61亿元，位于沪深两市所有 A 股第五位。

2017 年 11 月，高盛将贵州茅台 12 个月目标价上调 18%至 881 元人民币，对应的潜在上涨空间 30%，维持买入评级。

2018 年 6 月 6 日中午收盘，贵州茅台股价上涨 1.04%，报 796.23 元/股，市值达到10 002.22亿元，突破万亿元大关。

股价的飙升并非无源之水、无本之木。

2016 年 3 月，贵州茅台酒公布年报，现金分红总额超过 10 亿元。2017 年 2 月 21 日，贵州茅台预计 2017 年第一季度营业总收入 128.52 亿元，同比增长 25.38%；净利润为 56.68 亿元，同比增长 15.92%。

2017 年 4 月，贵州茅台发布财报，1～3 月，贵州茅台集团公司白酒产量 2.25 万吨，同比增长 15.6%；白酒销量 2.34 万吨，同比增长 27.34%；实现含税收入 159.66 亿元（不含税收入 137.29 亿元），同比增长 24.25%；实现利润总额 69.99 亿元，同比增长 13.08%；实现利税 107.71 亿元，同比增长 13.05%，主要经济指标呈现两位数增长。

2017 年 7 月 27 日，贵州茅台披露半年报，公司 2017 年上半年营收为 214.9 亿元，同比增长 33%；净利为 112.51 亿元，同比增长 28%。

2017 年 10 月 25 日，贵州茅台发布的 2017 年前三季度业绩报告显示，在报告期内，公司实现营业收入 424.5 亿元，同比增长 59.4%；实现归属于上市公司股东的净利润为 199.83 亿元，同比增长 60.31%；基本每股收益为 15.91 元，同比增长 60.31%。

2017年10月26日，受贵州茅台三季报净利增长60.3%的利好消息影响，贵州茅台大幅高开近7%，突破600元大关，截至收盘，贵州茅台上涨6.97%，每股收益605.09元，创历史新高，市值超过中国石化，达7 601亿元，在沪深两市市值排名第八。

2018年1月15日，贵州茅台股价再次创出历史新高，股价逼近800元，总市值首次突破1万亿元大关。

2018年4月28日，贵州茅台发布2018年首份季报。数据显示，2018年1～3月，贵州茅台实现营收总额174.66亿元(人民币，下同)，同比增长31.24%；归属于上市公司股东的净利润85.07亿元，同比增长38.93%；每股收益6.77元。

那么问题就会值得人们思考和讨论，在交易所的股票所显示的股价是如何得来的，是否是这只股票的真实价值？值不值得购买？同样作为证券一个类比的债券，也有利息和债券价格，在选择投资的时候该如何判断？甚至于如果有估计证券的发行者有可能陷入财务危机的时候，该如何做出合理的投资决策。

另一方面，当投资人在持有一段时间某证券之后，如何来确定该证券的收益水平。

在之前的章节学习复利与年金，以及利率换算的基础上，本章主要掌握债券和股票现值估价和收益估价的原理，了解债券到期收益率与股票收益率的计算等。

4.1　债券价值原理

本节讨论的主要问题是根据债券的市场机会报酬率和债券利息及本金现金流量计算债券的现时价值，更一般的问题是如何计算一项资产的现时价值。现时价值计算使用的方法是现金流量贴现法，即把该项资产全部未来预期现金流量按照该项资产的市场平均报酬率贴现后的现值。

4.1.1　财务股价的基本原理

证券估价就是对证券的内在价值进行合理的评定，在不同应用场合使用的价值概念有如下几种：

(1)清算价值与持续经营价值。清算价值是指一项或一组资产从正在运营的组织中分离出来单独出售所能获得的货币价值。这种价值与企业持续经营价值相对应。持续经营价值是指企业作为一个正在经营的组织整体出售时所能获得的货币价值。通常情况下这两个价值是不相等的。

(2)账面价值与市场价值。资产的账面价值是指资产的入账价值，在现行会计模式下，资产通常按历史成本入账。实际上，资产的账面价值就是企业资产负债表上按历史成本列示的各项资产的数值。对于固定资产而言，资产的账面价值等于资产的历史成本减去累计折旧。资产的市场价值是指该项资产或类似资产在公开市场上交易时的市场价格或交易价格，这通常是市场上买卖双方进行竞价后产生的双方均能接受的价格。

(3)市场价值与内在价值。资产或证券的内在价值是在对所有影响价值的因素，如收益、现金流量、预期等都正确估价之后，该资产或证券应得的价值。如果证券市场是有效的，信息是完全披露的，证券的内在价值和它的市场价值应该相等。如果二者不相等，投资者的套利行为将会促使其市场价值向其内在价值回归。根据资产或者证券的内在价值与市场价值的关系，投资者可以判断某种资产或者证券的价值究竟是被高估(内在价值低于市场价值)还是被低估(内在价值高于市场价值)了，以此为基础做出投资或者筹资的决策。

本章讨论的证券估价指的是其内在价值。严格说来，财务估价是指对一项资产价值的估计。这里的“资产”可以是股票、债券等金融资产，也可以是一条生产线等实物资产，甚至可以是一个企业。这里的“价值”是指资产的内在价值,或者称为经济价值,是指用适当的折现率计算的资产预期未来现金流量的现值。在财务管理中,财务估价的基本方法是折现现金流量法。

4.1.2 证券估价的过程

资产或者证券的内在价值是投资者获得的未来预期现金流量按投资者要求的必要报酬率在一定的期间内贴现的现值。因此,资产或证券的价值受到以下三个因素影响:一是未来各期间预期现金流量数值;二是未来预期现金流量的持续时间;三是投资者进行投资所要求的必要报酬率,该收益率必须能够补偿投资者认为获取该项资产未来预期现金流量的风险。

资产或者证券估价的基本模型可以用公式表示如下:

$$V=\frac{C_1}{1+k}+\frac{C_2}{(1+k)^2}+\cdots+\frac{C_n}{(1+k)^n}$$

或者:

$$V=\sum_{t=1}^{n}\frac{C_t}{(1+k)^t}$$

其中,C_t 表示 t 时间发生的现金流量;V 表示资产在 $1-n$ 年内产生的全部预期现金流 C_t 的价值,即内在价值;k 表示投资者要求的必要报酬率;n 表示预期现金流量的持续期间。

基于上述现金流量贴现模型,对资产或证券进行预估价需要事先预期该项资产或证券能产生的未来现金流量的水平、持续时间,预期投资所要求的必要报酬率,然后用投资者要求的报酬率把未来预期现金流量贴现为现值即可。

上述资产或者证券的估价公式是整个估价过程的基础,下面介绍的债券和股票的估价公式都是它的变形。

4.2 债券估价

4.2.1 债券概述

债券是发行者为筹集资金而向债权人发行的,在约定时间支付一定比例的利息,并在到期时偿还本金的一种有价证券。影响债券价值的因素一般有债券面值、票面利率、债券期限、到期时间和所采取的贴现率等。各种因素下不同程度和方面影响债券的价格。

债券估计是对某种债券进行分析以后对其内在价值的估计。债券估价在投融资决策中具有重要的实践意义。从发行企业的角度看,企业发行债券从资本市场上筹集资金,必须要对它进行合理定价。定价偏低会导致发行方筹资数量减少,相对筹资成本增加;而定价偏高则可能会使筹资失败。同样,投资者进行债券投资,首先必须分析债券本身所具有的价值,其次将债券价值与当前该债券的价格进行对比,以确定是否购买。

4.2.2 债券的基本要素

1. 债券的定义

债券是债务人依照法定程序发行,承诺按照约定的利率和日期支付利息,并在特定日期偿还本金的债务凭证。

2. 债券的基本要素

一般而言,债券的基本要素包括以下几个部分:债券面值、债券票面利率、债券到期日和债券付息频率。

(1)债券面值。债券面值是设定的票面金额，一般以标准化的金额如 100 元、1 000元来表示。无论债券面值与发行价格是否一致，债券面值是计算利息的基础，是发行人承诺于未来某一特定日期偿付给债券持有人的金额。

(2)债券票面利率。债券票面利率，也称为息票利率，是在债券上表明的利率，是债券发行者预计一年内向投资者支付的利息占票面金额的比率。票面利率通常为年利率，而且大多为固定利率。债券面值与票面利率的乘积为年利息额。

(3)债券到期日。债券到期日指偿还本金的日期。债券从发行日至到期日的时间称为债券的期限。

(4)债券付息频率。付息频率是指多长时间支付一次利息，如半年一次、一年一次或到期日一次总付等。受付息频率的影响，实际利率可能不等于票面利率。

4.2.3 证券估价的一般原理

资产的价值等于该项资产全部预期未来现金流量按照投资者的必要报酬率进行贴现的现值。在应用这个概念对债券进行估价时，要了解三个要素：其一是债券现金流量的信息，包括利息支付的时间与数量，本金或者面值支付的时间与数量；其二是债券到期时间；其三是债券投资者要求的报酬率。

典型的债券是固定利率，每年计息并支付利息，到期归还本金，按照这种模式，债券价值估计的基本模型可以表示为：

$$V=\frac{I_1}{(1+k_d)^1}+\frac{I_2}{(1+k_d)^2}+\cdots+\frac{I_n}{(1+k_d)^n}+\frac{M}{(1+k_d)^n}$$

其中，V 表示债券价值；I_n表示 t 时间收到的利息；k_d表示贴现率，一般采用当时的市场利率或者投资者要求的报酬率；M 表示到期的本金；n 表示债券到期前的年数。

债券的价值由两部分组成，每期应获得利息和债券持有至出售时的售价，而不同的付息方式估计出来的债券的价值也有很大的差别。

1. 分期付息债券的价值

分期付息债券，是指在债券的期限内每隔相同的时间就支付一次利息的债券。支付的频率可能是一年一次、半年一次或者一季度一次等。典型的分期付息债券是每年年末计算并支付当年的利息。分期付息债券的估价模型为：

$$V=\frac{I_1}{(1+k_d)^1}+\frac{I_2}{(1+k_d)^2}+\cdots+\frac{I_n}{(1+k_d)^n}+\frac{M}{(1+k_d)^n}$$

如果各期利息相等，则上述公式可以简化为：

$$P=I\times(P/A,K,n)+(P/F,K,n)$$

要注意的一点是，上述两个公式中，n 表示的是从估计日到到期日支付利息的次数。在分期付息债券的估价中，计算利息的票面利率和作为折现率的必要报酬率应当遵守相同的计息规则，主要包括两个方面：第一，计息方式相同，都采用单利计息或者都采用复利计息，通常采用复利计息的方式；第二，利息的性质相同，都是指名义利率(名义折现率)或者都是指实际利率(实际折现率)，按照惯例，所给定的票面利率与必要报酬率均为名义利率，即报价利率。

在一年付息一次的情况下，名义利率与实际利率相同。

【例 4—1】 A 公司与某年 8 月 1 日发行面值为 1 000 元、票面利率为 8%，每年 7 月 31 日支付一次利息、5年后到期的债券，同等风险投资的必要报酬率为10%，则该债券在发行日的价值为多少？

$P = 1\,000 \times 8\% \times (P/A, 10\%, 5) + (P/F, 10\%, 5)$

$= 80 \times 3.790\,8 + 1\,000 \times 0.620\,9 = 303.26 + 620.9 = 924.16$（元）

在一年多次付息的情况下，应该按周期利率和总的付息次数计算债券的价值。

如在上述例子中，如果每年7月31日和1月31日各支付利息一次，计算该债券在发行日的价值。

由于债券在一年内复利两次，给出的票面8%是以一年为计息期的名义利率，实际利息是以半年为计息期的周期利率4%（也就是8%÷2）。同样，由于债券在一年内复利两次，给出的票面利率10%也是名义利率（折现率），实际上的周期折现率为10%的一半5%，该债券的价值为：

$P = 1\,000 \times (8\% \div 2) \times [P/A, (10\%/2), 5 \times 2] + [P/F, (10\% \div 2), 5]$

$= 40 \times 7.721\,7 + 1\,000 \times 0.613\,9 = 308.87 + 613.90 = 922.77$（元）

【例4—2】 凯利公司债券面值为1 000元，票面利率为6%，期限为3年，某企业要对这种债券进行投资，当前的市场利率为8%，问债券价格为多少时才能进行投资？

$V = 1\,000 \times 6\% \times (P/A, 8\%, 3) + 1\,000 \times (P/F, 8\%, 3)$

$= 60 \times 2.577\,1 + 1\,000 \times 0.793\,8$

$= 948.43$（元）

该债券的价格必须低于948.43元时才能进行投资。

2. 一次还本付息的单利债券价值模型

我国很多债券属于一次还本付息、单利计算的存单式债券，其价值模型为：

$$V = F(1 + i \cdot n) / (1 + K)^n$$
$$= F(1 + i \cdot n) \cdot (P/F, K, n)$$

公式中符号含义同前式。

【例4—3】 凯利公司拟购买另一家公司的企业债券作为投资，该债券面值1 000元，期限3年，票面利率5%，单利计息，当前市场利率为6%，该债券发行价格为多少时才能购买？

$V = 1\,000 \times (1 + 5\% \times 3) \times (P/F, 6\%, 3)$

$= 1\,000 \times 1.15 \times 0.839\,6$

$= 965.54$（元）

该债券的价格必须低于965.54元时才适宜购买。

3. 零息债券的价值模型

零息债券的价值模型是指到期只能按面值收回，期内不计息债券的估价模型。

$$P = F/(1 + K)^n = F \times (P/F, K, n)$$

公式中的符号含义同前式。

【例4—4】 某债券面值1 000元，期限3年，期内不计息，到期按面值偿还，市场利率6%，价格为多少时，企业才能购买？

$V = 1\,000 \times (P/F, 6\%, 3) = 1\,000 \times 0.839\,6 = 839.6$（元）

该债券的价格只有低于839.6元时，企业才能购买。

4. 永久债券

永久债券是一种没有到期日，永续定期支付利息的债券。这种永久债券的现金流量实际上是一种永续年金，这种债券的一个典型例子就是英国的统一公债，它最早是英国在拿破仑战争后为偿债发行的，英国政府必须无限期地向债券持有者支付固定利息。

根据债券估价的基本模型可得到永久债券价值的计算公式。即在基本模型中每期的利息一样，而债券面值由于时间的延续而可以忽略不计，所以其公式如下：

$$V=\frac{I}{k_d}$$

其中，V 表示永久债券的价值，I 表示每期固定支付的利息额，k_d 表示投资者要求的报酬率。

【例 4－5】 面值为 1 000 元的永久债券，票面利率是 6%，假设投资者要求的报酬率为 8%，则该债券的价值是多少？

根据上述永久债券的价值计算公式得：

$$V=\frac{I}{k_d}=\frac{60}{8\%}=750（元）$$

4.2.4　债券的收益率

1. 短期债券收益率的计算

短期债券由于期限较短，一般不用考虑货币时间价值因素，只需考虑债券价差及利息，将其与投资额相比，即可求出短期债券收益率。其基本计算公式为：

$$K=\frac{S_1-S_0+I}{S_0}$$

其中，S_0 表示债券购买价格；S_1 表示债券出售价格；I 表示债券利息；K 表示债券投资收益率。

【例 4－6】 某企业于 2016 年 5 月 8 日以 920 元购进一张面值 1 000 元，票面利率 5%，每年付息一次的债券，并于 2017 年 5 月 8 日以 970 元的市价出售，问该债券的投资收益率是多少？

$K=(970-920+50)/920\times100\%=10.87\%$

该债券的投资收益率为 10.87%。

2. 长期债券收益率的计算

对于长期债券，由于涉及时间较长，需要考虑货币时间价值，其投资收益率一般是指购进债券后一直持有至到期日可获得的收益率，它是使债券利息的年金现值和债券到期收回本金的复利现值之和等于债券购买价格时的贴现率。

(1)一般债券收益率的计算

一般债券的价值模型为

$$V=I\cdot(P/A,K,n)+F\cdot(P/F,K,n) \tag{4-8}$$

其中，V 表示债券的购买价格；I 表示每年获得的固定利息；F 表示债券到期收回的本金或中途出售收回的资金；K 表示债券的投资收益率；n 表示投资期限。

由于无法直接计算收益率，必须采用逐步测试法及内插法来计算，即：先设定一个贴现率代入上式，如计算出的 V 正好等于债券买价，该贴现率即为收益率；如计算出的 V 与债券买价不等，则须继续测试，再用内插法求出收益率。

【例 4－7】 某公司 2013 年 1 月 1 日用平价购买一张面值为 1 000 元的债券，其票面利率为 8%，每年 1 月 1 日计算并支付一次利息，该债券于 2018 年 1 月 1 日到期，按面值收回本金，计算其到期收益率。

(1)如该公司购买该债券的价格为1 100元,即高于面值,则该债券收益率应为多少?

$I=1\ 000\times 8\%=80$ 元,$F=1000$ 元;

设收益率 $i=8\%$,则 $V=80\times(P/A,8\%,5)+1\ 000\times(P/F,8\%,5)=1\ 000$(元)。

用8%计算出来的债券价值正好等于债券买价,所以该债券的收益率为8%。可见,平价发行的每年复利计息一次的债券,其到期收益率等于票面利率。

(2)要求出收益率,必须使下式成立:$1\ 100=80\times(P/A,i,5)+1\ 000\times(P/F,i,5)$

通过前面计算已知,$i=8\%$ 时,上式等式右边为1 000元。由于利率与现值呈反向变化,即现值越大,利率越小。而债券买价为1 100元,收益率一定低于8%,降低贴现率进一步试算。

用 $i_1=6\%$ 试算:

$$\begin{aligned} V_1&=80\times(P/A,6\%,5)+1\ 000\times(P/F,6\%,5)\\ &=80\times 4.212\ 4+1\ 000\times 0.747\ 3\\ &=1\ 084.29(\text{元}) \end{aligned}$$

由于贴现结果仍小于1 100元,还应进一步降低贴现率试算。

用 $i_2=5\%$ 试算:

$$\begin{aligned} V_2&=80\times(P/A,5\%,5)+1\ 000\times(P/F,5\%,5)\\ &=80\times 4.329\ 5+1\ 000\times 0.783\ 5\\ &=1\ 129.86(\text{元}) \end{aligned}$$

用内插法计算:

$$i=5\%+\frac{1\ 129.86-1\ 100}{1\ 129.86-1\ 084.29}\times(6\%-5\%)=5.66\%$$

因此,如果债券的购买价格为1 100元时,债券的收益率为5.66%。

(2)一次还本付息的单利债券收益率的计算

【例4—8】 某公司2018年1月1日以1 020元购买一张面值为1 000元,票面利率为10%,单利计息的债券,该债券期限5年,到期一次还本付息,计算其到期收益率。

一次还本付息的单利债券价值模型为:

$V=F(1+i\cdot n)\cdot(P/F,K,n)$

$1\ 020=1\ 000\times(1+5\times 10\%)\times(P/F,K,5)$

$(P/F,K,5)=1\ 020\div 1\ 500=0.68$

查复利现值表,5年期的复利现值系数等于0.68时,$K=8\%$。

如此时查表无法直接求得收益率,则可用内插法计算。

债券的收益率是进行债券投资时选购债券的重要标准,它可以反映债券投资按复利计算的实际收益率。如果债券的收益率高于投资人要求的必要报酬率,则可购进债券;否则就应放弃此项投资。

4.2.5 债券投资的优缺点

1. 债券投资的优点

(1)投资收益稳定。进行债券投资一般可按时获得固定的利息收入,收益稳定。

(2)投资风险较低。相对于股票投资而言,债券投资风险较低。政府债券有国家财力作后盾，通常被视为无风险证券。而企业破产时企业债券的持有人对企业的剩余财产有优先求偿权，因而风险较低。

(3)流动性强。大企业及政府债券很容易在金融市场上迅速出售，流动性较强。

2. 债券投资的缺点

(1)无经营管理权。债券投资者只能定期取得利息，无权影响或控制被投资企业。

(2)购买力风险较大。由于债券面值和利率是固定的，如投资期间通货膨胀率较高，债券面值和利息的实际购买力就会降低。

4.3　股票价值估计

4.3.1　股票简述

股票是一种有价证券，是股份公司在筹集资本时向出资人发行的股份凭证，代表着其持有者(即股东)对股份公司的所有权，购买股票也是购买企业生意的一部分，即可和企业共同成长发展。这种所有权为一种综合权利，如参加股东大会、投票表决、参与公司的重大决策、收取股息或分享红利差价等，但也要共同承担公司运作错误所带来的风险。获取经常性收入是投资者购买股票的重要原因之一，分红派息是股票投资者经常性收入的主要来源。

股票分类：

(1)普通股。普通股是指在公司的经营管理和盈利及财产的分配上享有普通权利的股份，代表满足所有债权偿付要求及优先股东的收益权与求偿权要求后对企业盈利和剩余财产的索取权。普通股构成公司资本的基础，是股票的一种基本形式。现上海和深圳证券交易所上进行交易的股票都是普通股。普通股股东按其所持有股份比例享有以下基本权利：

①公司决策参与权。普通股股东有权参与股东大会，并有建议权、表决权和选举权，也可以委托他人代表其行使其股东权利。

②利润分配权。普通股股东有权从公司利润分配中得到股息。普通股的股息是不固定的，由公司赢利状况及其分配政策决定。普通股股东必须在优先股股东取得固定股息之后才有权享受股息分配权。

③优先认股权。如果公司需要扩张而增发普通股股票时，现有普通股股东有权按其持股比例，以低于市价的某一特定价格优先购买一定数量的新发行股票，从而保持其对企业所有权的原有比例。

④剩余资产分配权。当公司破产或清算时，若公司的资产在偿还欠债后还有剩余，其剩余部分按先优先股股东、后普通股股东的顺序进行分配。

(2)优先股。相对于普通股，优先股在利润分红及剩余财产分配的权利方面优先于普通股。

①优先分配权。在公司分配利润时，拥有优先股票的股东比持有普通股票的股东，分配在先，但是享受固定金额的股利，即优先股的股利是相对固定的。

②优先求偿权。若公司清算，分配剩余财产时，优先股在普通股之前分配。注：当公司决定连续几年不分配股利时，优先股股东可以进入股东大会来表达他们的意见，保护他们自己的权利。

4.3.2 股票价值估计一般模型

同对债券估价的分析一样,对股票进行估价时,同样要了解三个要素:①股票现金流量的数量规模与时间分布特征;②持续期间;③投资者要求的报酬率。股票带给持有者的现金流入包括两部分:股利收入现金流量和利得收益现金流量,通常为出售价格。股票的内在价值由一系列的股利和将来出售股票时的现值构成。

如果股东永远持有股票,则他将只获得股利。此时,股票的价值是一个永续的股利现金流量的现值,这个现金流量的现值就是股票的价值,其估价的基本定义模型如下。

$$V=\frac{D_1}{(1+k)^1}+\frac{D_2}{(1+k)^2}+\frac{D_3}{(1+k)^3}+\cdots+\frac{D_t}{(1+k)^t}=\sum_{t=1}^{\infty}\frac{D_t}{(1+k)^t}$$

其中,D_t 表示 t 时段的股息;k 表示贴现率,即投资者要求的报酬率,通常用 k_p 来表示优先股的贴现率,用 k_e 表示普通股的贴现率;t 表示年份。

如果投资者不打算永久地持有该股票,而是在一段时间后售出,这是股票带给投资者的未来现金流入,表示包括现金股利收入和将来股票出售时的售价两部分,于是股票价值计算的公式表示为:

$$\begin{aligned}V&=\frac{D_1}{(1+k)^1}+\frac{D_2}{(1+k)^2}+\cdots+\frac{D_T}{(1+k)^T}+\frac{P_T}{(1+k)^T}\\&=\sum_{t=1}^{T}\frac{D_t}{(1+k)^t}+\frac{P_T}{(1+k)^T}\end{aligned}$$

其中,P_T 表示第 T 期末的股票售价;T 表示买进后预备持有的期限。

上式表明,若投资者在第 T 期出售股票,则股票的价值就等于第 1 期至第 T 期的每年股利的现值加上第 T 期股票售价的现值之和。

实际上,当第一个投资者将股票出售以后,买入这只股票的接替投资者所能得到的未来现金流量就是其持有股票期间所得到的公司派发的现金股利和再次出售时得到的售价。对于第三、第四个等后续投资者来说,他们所能得到的未来现金流量仍然是其持有期间所得到的公司派发的现金股利和再次出售时所得到的售价。如果将一个个投资者串联起来,连续地考虑股票的买入卖出过程,可以发现股票出售时的售价是股票投资者之间的一种现金收付,并不是股票发行公司给股东提供的回报,这些现金收付是相互抵消的。

普通股是代表公司最终所有权(和风险)的有价证券。普通股真正能够给投资者提供的回报,就是发行公司向股东派发的现金股利。基于这一点,普通股票的价值可以表示为:

$$V_0=\frac{D_1}{(1+k)^1}+\frac{D_2}{(1+k)^2}+\frac{D_3}{(1+k)^3}+\cdots+\frac{D_t}{(1+k)^t}=\sum_{t=1}^{\infty}\frac{D_t}{(1+k)^t}$$

上式是评价股票价值的一种模型,它通过股利贴现来计算股票价值,因而这种股票估价方法被称为股利还原法,该式被称为股利贴现模型(dividend discount model,DDM)。又因它是由美国投资学家 Williams 于 1938 年最先提出的,故又被称为 Williams 模型(Williams model)。

1. 优先股价值估计

先来看一种对股利贴现模型简单的应用:优先股估价。

优先股是介于债券和普通股之间的一种混合证券。优先股的价值是其未来股利按投资者要求的报酬贴现的现值。大部分优先股在各期间支付固定的股利,这一特点又使其具有债券固定利息的特征;大多数优先股是永续的,这一特点又使其具有普通股永续的特征。因此,同永久债券一样，优先股可视为一种永续年金。计算优先股只需简化为：

$$V=\frac{D}{k_P}$$

【例 4－9】 面值为 100 元，票面股率为 6%的优先股，投资者要求的预期报酬率为 8%，则优先股的价值是多少？

根据优先股的计算公式，得：

$$V=\frac{D}{k_P}=\frac{100\times 6\%}{8\%}=75(\text{元})$$

2. 普通股现值评估

在股票估价中主要讨论的问题是根据股票的市场机会报酬率和股利现金流量计算股票的现时价值，将现金流量贴现法应用到股票的估价上，即可得到股票估价的基本模型，即通常所说的"股利贴现模型"。在应用该模型对普通股进行估价时，由于永续的、不规则的预期股利现金流量无法使用年金现金流量来进行计算，通常对股利的增长模式进行一定的假设，以简化预期股利的估计程序，即"零增长"模型、"固定增长"模型和"分阶段性增长"模型三种模型。

应用股票的一般模型对普通股进行估价时，面临的问题是如何预计未来每年的股利。股利的多少，取决于每股盈利和股利支付率两个因素，对其评估的方法是历史资料的统计分析，例如回归分析、时间序列的趋势分析等。股票估价的基本模型要求无期限地预计未来的股利(D_t)，这显然不可能做到，因此我们通常利用一些特定的模型来简化未来股利的发放模式，使股利贴现模型具有实际计算意义。通常这些模型可以依据"股利是否增长"以及"股利的增长形态"两个标准划分为"固定增长""零增长"和"阶段性增长"三种股利增长模式。我们用 g 来表示股利增长率。

(1)固定增长模型。固定增长股票，也称为固定成长股票，其特点是股票年增长率固定不变。如果假设 g 表示股利年固定增长率，由于股利固定增长，只要能预测出第一年的预期股利和股利的年增长率，就可以预测未来无限期的股利。或者理解为在固定增长模型下，假设股利按常数增长，及 $g_{t+1}=g_t=g$，由股票估价的基本模型可得股票价值的计算公式为：

$$V_0=\sum_{t=1}^{\infty}\frac{D_0(1+g)^t}{(1+k_e)^t}=\frac{D_0(1+g)}{k_e-g}=\frac{D_1}{k_e-g}\qquad(k_e>g)$$

式中所示的模型是由著名的学者 Myron J. Gordon 于 1962 年在威廉姆斯模型基础上发展起来的，因此，又名戈登模型(Gordon model)。

【例 4－10】 某股票的股利预期增长率为 8%，每股股票刚收到 1.2 元的股利($T=0$ 时的股息，按年付息)。假设股票的预期报酬率为 10%，则该普通股的价值是多少？

根据固定增长模型下普通股价值的计算公式，得：

$$D_1=1.2\times(1+0.08)=1.296(\text{元})$$

$$V_0=\frac{D_1}{k_e-g}=\frac{1.296}{0.10-0.08}=64.8(\text{元})$$

(2)零增长模型。零成长股票，也称为零增长股票，其特点是股利的增长率为零，如果用 D 表示每年固定不变的股利，则其价值相对容易计算。或者一般认为在零增长模型下，预期股利增长率 g 为 0，其支付过程是一个永续年金。故其价值公式可简化为：

$$V=\frac{D}{k_e}$$

【例 4－11】 某股票的股利预期增长率为 0，每股股票刚收到 1.2 元的股利(按年付息)，假设股票的预期报酬率为10%，则该普通股的价值是多少？

根据零增长模型下普通股价值的计算公式，得：

$$V=\frac{D}{k_e}=\frac{1.2}{10\%}=12(\text{元})$$

(3)分阶段性增长模型。在现实环境中，任何公司的普通股股利都不可能是固定不变的。在前面的分析中，我们假设公司普通股的股利固定不变或固定增长，但那时处于非常理想的状况，在现实生活中，大多数公司的股利既不是长期固定不变的，也不是长期固定增长的，而是会随着企业增长模式的特征呈现出一定的阶段性。由于在不同的时期有不同的增长率，只有采用分阶段性的增长模型才能确定股票的价值。

由于普通股的股利现金流量具有永续和不稳定的特征，无法直接利用普通股股利的基本定价模型计算其价值，要利用这一基本定义性模型实现价值计算，变通的做法只能是将无规则的永续股利现金流量假设为固定增长(股利零增长可以视为股利固定增长的一种特例)。股利固定增长可以分为第一年开始连续固定增长和从某个年度起连续固定增长两种类型，前者即是一般意义上的股利固定增长模型，而后者则是分阶段的股利定价模型。其实，分阶段的股利定价模型一方面近似地反映了股利增长模型的变化，另一方面也是解决无法实现永续的无规则现金流量的现值计算问题。只要在有限的期限内(一个或两个有限期均可，即称为两阶段或三阶段股利定价模型)如实计算股利现金流量有限值，最后的永续股利现金流量阶段即使是固定增长并非符合真实股利现金流量的规律，这部分现金流量的价值对总体限制的影响也是比较小的。

综上所述，股利定价有三种模型：固定增长模型、零增长模型、分阶段性增长模型。就其计算过程本质而言，可以视为一种模型，即固定增长模型，因为零增长模型是固定增长模型的特例，分阶段增长模型除在前阶段的有限期内外是延迟的固定增长模型。

对于分阶段性的增长模型，最常采用的是两阶段增长模型。两阶段增长模型即股利在经历一个有限期间后进入永续的固定增长阶段。

股票估价的一般模型为：

$$V=\sum_{t=1}^{\infty}\frac{D_t}{(1+k)^t}$$

股利增长变化的时间点第 n 年为分界点，分解为两个阶段，即可得到两阶段增长模型的基本形式：

$$V=\sum_{t=1}^{n}\frac{D_t}{(1+k_e)^t}+\frac{1}{(1+k_e)^t}\sum_{t=n+1}^{\infty}\frac{D_t}{(1+k_e)^t}$$

这个模型假设从第 $n+1$ 年开始，在第二阶段股票股利以固定增长率 g_c 增长，故上式又可以写为：

$$V=\sum_{t=1}^{n}\frac{D_t}{(1+k_e)^t}+\frac{1}{(1+k_e)^t}\left[\frac{D_n+1}{(k_e-g_c)}\right]$$

对于二阶段增长模型，具体估价步骤如下。

步骤1：区分出股票股利在有限期间内的变化特征与固定增长期间内的增长率。

步骤2：计算在有限期间内预期股利现金流量贴现值。

步骤3：计算在固定增长期间的价值，并将其转化为现值。

步骤4：将步骤2、步骤3所得的股利现值加总，即可得两阶段增长情形下股票的价值。

【例4-12】 某股票在前三年的股利增长率分别是10%、16%、12%，从第四年开始为

6%，每股股票刚收到1.2元的股利(按年付息)。假设该投资者要求的报酬率为10%。则该股票的价值是多少?

步骤1：根据题意可知，该股票的有限期间为前三年，其中 $g_1=10\%$，$g_2=16\%$，$g_3=12\%$。

步骤2：

$$
\begin{aligned}
P_1&=P(D_1)+P(D_2)+P(D_3)\\
&=D_1(P/F,10\%,1)+D_2(P/F,10\%,2)+D_3(P/F,10\%,3)\\
&=D_0(1+g_1)(P/F,10\%,1)+D_0(1+g_1)(1+g_2)(P/F,10\%,2)+D_0(1+g_1)(1+g_2)(1+g_3)(P/F,10\%,3)\\
&=1.2\times1.10\times0.9091+1.2\times1.10\times1.16\times0.8264+1.2\times1.10\times1.16\times1.12\times0.7513\\
&=3.76
\end{aligned}
$$

步骤3：

$$
\begin{aligned}
P_2&=\frac{V_3}{(1+k_e)^3}=\frac{1}{(1+k_e)^3}\left[\frac{D_3(1+g_c)}{(k_e-g_c)}\right]\\
&=\frac{D_0(1+g_2)(1+g_3)(1+g_c)}{(k_e-g_c)}(P/F,10\%,3)\\
&=\frac{1.20\times(1+10\%)\times(1+16\%)\times(1+12\%)\times(1+6\%)}{(10\%-6\%)}\times0.7513\\
&=45.45\times0.7513\\
&=34.15(\text{元})
\end{aligned}
$$

步骤4：$V=P_1+P_2=3.76+34.15=37.91$(元)

类似的可以推到三阶段增长模式，我们可以根据股利的增长情况等多阶段增长模式进一步计算多种股利增长模型的股票价值。

由于在有限期间的未来各期股利常常有很大的变化，因此各期增长率常需要分别估计。在估计出各期的增长率之后，既可以利用本期股利分别计算出各期的预期股利现金流量，并将其贴现值加总。

在使用该模型时必须注意以下两个问题。①如何确定有限期间增长阶段的长度，及公式中的 n 的确定问题。虽然从理论上讲有限期间增长阶段持续时间可以和产品生命周期以及存在的项目机会联系在一起，但这些因素具有较大的主观性，因而很难准确量化。②该模型假设有两阶段形成，我们须注意由有限期间增长阶段到平稳阶段的过渡不是一蹴而就的，而在我们的公式中是无法体现过渡过程的，因此选择合理的 $D_t(t=n+1)$ 值是要谨慎的。

4.3.3　股票投资的收益率

1. 短期股票收益率的计算

如果企业购买的股票在一年内出售，其投资收益主要包括股票投资价差及股利两部分，不考虑货币时间价值，其收益率计算公式如下：

$$
\begin{aligned}
K&=(S_1-S_0+d)/S_0\times100\%\\
&=(S_1-S_0)/S_0+d/S_0\\
&=\text{预期资本利得收益率}+\text{股利收益率}
\end{aligned}
$$

其中，K 表示短期股票收益率；S_1表示股票出售价格；S_0表示股票购买价格；d 表示股利。

【例 4－13】 2017 年 3 月 10 日，凯利公司购买某公司每股市价为 20 元的股票，2003 年 1 月，凯利公司每股获现金股利 1 元。2018 年 3 月 10 日，凯利公司将该股票以每股 22 元的价格出售，问投资收益率应为多少？

$K=(22-20+1)/20\times100\%=15\%$

该股票的收益率为 15％。

2. 股票长期持有，股利固定增长的收益率的计算

由固定增长股利价值模型，我们知道：$V=d_1/(K-g)$，将公式移项整理，求 K，可得到股利固定增长收益率的计算模型：

$$K=d_1/V+g$$

【例 4－14】 有一只股票的价格为 40 元，预计下一期的股利是 2 元，该股利将以大约 10％的速度持续增长，该股票的预期收益率为多少？

$K=2/40+10\%=15\%$

该股票的收益率为 15％。

3. 一般情况下股票投资收益率的计算

一般情况下，企业进行股票投资可以取得股利，股票出售时也可收回一定的资金，只是股利不同于债券利息，股利是经常变动的，股票投资的收益率是使各期股利及股票售价的复利现值等于股票买价时的贴现率。即：

$$V=\sum_{t=1}^{n}\frac{d_t}{(1+K)^t}+\frac{V_n}{(1+K)^n}$$

其中，V 表示股票的买价；d_t表示第 t 期的股利；K 表示投资收益率；V_n表示股票出售价格；n 表示持有股票的期数。

【例 4－15】 凯利公司于 2015 年 6 月 1 日投资 600 万元购买某种股票 100 万股，在 2016 年、2017 年和 2018 年的 5 月 30 日分得每股现金股利分别为 0.6 元、0.8 元和 0.9 元，并于 2018 年 5 月 30 日以每股 8 元的价格将股票全部出售，试计算该项投资的收益率。

用逐步测试法计算，先用 20％的收益率进行测算：

$V=60/(1+20\%)+80/(1+20\%)^2+890/(1+20\%)^3$

$\quad=60\times0.8333+80\times0.6944+890\times0.5787$

$\quad=620.59$(万元)

由于 620.59 万元比 600 万元大，再用 24％测试：

$V=60/(1+24\%)+80/(1+24\%)^2+890/(1+24\%)^3$

$\quad=60\times0.8065+80\times0.6504+890\times0.5245$

$\quad=567.23$(万元)

然后用内插法计算如下：

$K=20\%+(620.59-600)/(620.59-567.23)\times4\%$

$\quad=21.54\%$

4.3.4 股票投资的优缺点

1. 股票投资的优点

(1)投资收益高。股票投资风险大，收益也高，只要选择得当，就能取得优厚的投资收益。

(2)购买力风险低。与固定收益的债券相比,普通股能有效地降低购买力风险。因为通货膨胀率较高时,物价普遍上涨,股份公司盈利增加,股利也会随之增加。

(3)拥有经营控制权。普通股股票的投资者是被投资企业的股东,拥有一定的经营控制权。

2. 股票投资的缺点

(1)收入不稳定。普通股股利的有无、多少,须视被投资企业经营状况而定,很不稳定。

(2)价格不稳定。股票价格受众多因素影响,极不稳定。

(3)求偿权居后。企业破产时,普通股投资者对被投资企业的资产求偿权居于最后,其投资有可能得不到全额补偿。

延伸阅读材料

股票价格的差异

在案例4—1中我们讨论了茅台集团的股价和相关的内容,然而,作为中国酒类行业的另外一位巨头,五粮液集团有限公司是以五粮液及其系列酒的生产经营为主,五粮液集团有限公司的"五粮液酒"是浓香型白酒的杰出代表。

2005年度,公司共销售五粮液系列酒14.09万吨,实现主营业务收入64.19亿元、主营业务利润24.14亿元、净利润7.91亿元,分别比上年同期增长10.51%、1.92%、−2.11%、−4.42%。其中,高价位酒主营业务收入为31.31亿元,毛利率为65.45%,中低价位酒主营业务收入为29.97亿元,毛利率为38.61%[其中:高价位酒指公司销售价格在70元(含70元)以上的产品]。2006年,实现销售收入200.5亿元。2008年五粮液集团全年实现销售收入300亿元,利税60亿元,成为省内最大的工业企业之一,五粮液2010年上半年一级基酒净利润22.61亿元,同比大涨44.65%,高价位酒(含税销售价在120元以上的品种)录得55.6亿元收入,毛利率达85.40%。

在业绩方面,2016年10月27日,五粮液发布了三季度业绩报告,实现营业总收入176.99亿元,同比增长16.97%;实现归属于母公司股东的净利润51.01亿元,同比增长10.82%。

2017年8月27日,五粮液发布了上半年度报告,公司上半年营收为156亿元,同比增长18%;净利为49.71亿元,同比增长28%。

2017年10月26日,五粮液披露三季度业绩报告,前三季度净利69.65亿元,同比去年增长36.53%。营业收入219.78亿元,同比去年增长24.17%。

可是对比二者的股价,发现相差近十倍!作为市场的投资者,在购买股票时该如何选择?考虑到二者的股票价格和估计的价值,又该做出什么样的选择?如果对两只股票的价值按照我们学过的估值方法进行估计,发现股价的确很大程度上反映公司的价值,那么为什么它们的股票价格会有如此大的差距?是什么原因导致的这种差距,我们该如何理解?选择高价的茅台或者相对低价的五粮液?

同步测试

一、单项选择题

1. 甲公司在2008年1月1日发行5年期债券,面值1 000元,票面年利率6%,于每年6月30日和12月31日付息,到期时一次还本。ABC公司欲在2011年7月1日购买甲公司债券100张,假设市场利率为4%,则债券的价值为(　　)元。

A. 1 000　　B. 1 058.82　　C. 1 028.82　　D. 1 147.11

2. 一个投资人持有ABC公司的股票，他的投资必要报酬率为15%。预计ABC公司未来3年股利分别为0.5元、0.7元、1元。在此以后转为正常增长，增长率为8%。则该公司股票的内在价值为(　　)元。

A. 12.08　　B. 11.77　　C. 10.08　　D. 12.20

3. 某企业于2011年6月1日以10万元购得面值为1 000元的新发行债券100张，票面利率为8%，2年期，每年支付一次利息，则2011年6月1日该债券到期收益率为(　　)。

A. 16%　　B. 8%　　C. 10%　　D. 12%

4. 某企业长期持有A股票，目前每股现金股利2元，每股市价20元，在保持目前的经营效率和财务政策不变，且不从外部进行股权融资的情况下，其预计收入增长率为10%，则该股票的股利收益率和期望报酬率分别为(　　)。

A. 11%和21%　　B. 10%和20%　　C. 14%和21%　　D. 12%和20%

5. 下列有关债券的说法中，正确的是(　　)。

A. 当必要报酬率高于票面利率时，债券价值高于债券面值

B. 在必要报酬率保持不变的情况下，对于连续支付利息的债券而言，随着到期日的临近，债券价值表现为一条直线，最终等于债券面值

C. 当必要报酬率等于票面利率时，随着到期时间的缩短，债券价值一直等于债券面值

D. 溢价出售的债券，利息支付频率越快，价值越低

二、多项选择题

1. 已知目前无风险资产收益率为5%，市场组合的平均收益率为10%，市场组合平均收益率的标准差为12%。如果甲公司股票收益率与市场组合平均收益率之间的协方差为2.88%，则下列说法中不正确的有(　　)。

A. 甲公司股票的β系数为2

B. 甲公司股票的要求收益率为16%

C. 如果该股票为零增长股票，股利固定为2，则股票价值为30

D. 如果市场是完全有效的，则甲公司股票的预期收益率为10%

2. 股利的估计方法包括(　　)。

A. 回归分析　　B. 时间序列的趋势分析

C. 内插法　　D. 测试法

3. 甲企业现在发行到期日一次还本付息的债券，该债券的面值为1 000元，期限为5年，票面利率为10%，单利计息，复利折现，当前市场上无风险收益率为6%，市场平均风险收益率为2%，则下列价格中适合购买的有(　　)。

A. 1 020元　　B. 1 000元　　C. 2 204元　　D. 1 071元

三、计算题

甲公司欲投资购买债券，打算持有至到期日，要求的必要收益率为6%(复利、按年计息)，目前有三种债券可供挑选：

(1)A债券面值为1 000元，5年期，票面利率为8%，每年付息一次，到期还本，A债券是半年前发行的，现在的市场价格为1 050元，计算A公司债券目前的价值为多少？是否值得购买？

(2)B债券面值为1 000元，5年期，票面利率为8%，单利计息，利随本清，目前的市场价格为1 050元，已经发行两年，计算B公司债券目前的价值为多少？是否值得购买？

(3)C债券面值为1 000元，5年期，四年后到期，目前市价为600元，期内不付息，到期还本，计算C债券的到期收益率为多少？是否值得购买？

(4)若甲公司持有B公司债券2年后，将其以1 200元的价格出售，则投资报酬率为多少？

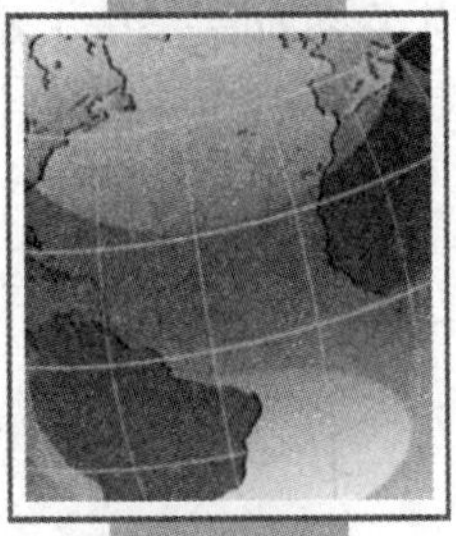

第五章
资本成本

学习目标

1. 理解资本成本在财务管理中的含义、作用和影响因素。
2. 掌握债务方式筹集资金的个别资本成本，包括借款、债券的计算。
3. 掌握权益方式筹集资金的个别资本成本，包括股票和留存收益资本成本的计算。
4. 掌握加权平均资本成本——综合资本成本和边际资本成本的计算。

案例 5－1

恒大集团的成本

恒大集团是在中国香港上市，以民生住宅产业为主，集商业、酒店、体育及文化产业为一体的特大型企业集团。恒大集团总资产2 745.9亿元，员工 4 万多人，在全国的 4 个直辖市、29 个省会及重要城市设立分公司(地区公司)，在全国 140 个主要城市拥有大型项目 262 个，为了提升公司价值，公司发起了新的计划，即降低其成本为前提的收益计划。作为房地产界的代表性企业，恒大拥有系统的项目开发成本控制体系，从土地购买、产品设计、招标采购等多方面入手，着力降低成本、增强竞争优势。该计划非常全面地涵盖了公司内所有的职能，并且鼓励所有的员工挑战“极限成本模式”的工作方式。该计划的主要财务部分是公司期望赚的收益是加权平均资本成本(WACC)加上一个溢价。那么什么叫作 WACC，用它来做什么？

WACC 是企业为了满足其所有投资者(包括股东、债权人和优先股股东)所需要获得的最低报酬率。例如，2014 年恒大的加权平均资本成本固定在 9%，在扣除资本成本之后，共获得了接近百亿的创纪录收益。2015 年，这一指标是 11%。那么相应的我们可以想到，WACC 代表什么含义？在财务管理中起到什么样作用？

5.1　资本成本构成和用途

资本成本这一概念涉及两个方面。一方面是从企业管理者筹集资金的角度来看资本成本，它是企业为筹集和使用资金而付出的代价。在市场经济的环境下，资本成为一种特殊的商品，企业通过各种方式(长期借款、发行债券或股票等)筹集的资本往往都是有偿的，需要付出一定的代价。二是从投资者的角度理解，资本成本是资金提供者(债权人或股东)要求得到的投资报酬率。债权人或股东作为资本的拥有者，其向企业提供资金实质上是一种投资行为。企业必须满足投资者对投资回报的要求。而投资人要求的报酬率与资本市场有关，如果市场上其他投资机会的报酬率升高，投资人要求的回报也会上升。因此，可以将资本成本与“投资者要求的报酬率”(required rate of return)或“必要报酬率”看作同一问题的两个方面。考虑企业的筹资决策时，强调资本成本；考虑投资者的投资决策时，强调投资者收益率。筹资者的资金来源于投资者的投资，若企业(项目)的收益率达不到投资者要求的报酬率，投资者将不会对企业(项目)进行投资，筹资者也就筹集不到所需的资金。因此，资本成本的高低实质上是由投资者的必要报酬率决定的。对于不同的筹资方式，它们之间存在的对应关系如表5－1所示。

表5－1 **资本成本与要求的报酬率**

企业的角度(筹资)——资本成本	投资者的角度(投资)——要求的报酬率
债务资本成本(税前)	债券投资者要求的收益率
优先股资本成本	优先股股东要求的收益率
普通股资本成本	普通股股东要求的收益率

那么，是否可以简单地将资本成本完全等同于投资者要求的报酬率呢？答案是否定的。两者之间的主要区别有两点。一方面，在债务融资中，公司的资本成本和投资者要求的收益率之间存在债务利息抵税的差异。例如，某公司的长期负债利息是10%，企业所得税率25%。由于公司法规定利息费用可在税前扣除，那么该企业每支付1元的利息，就可以少支付0.25元的所得税。因此，该企业的实际债务成本为7.5%。另一方面，企业在筹资过程中会发生筹资费用。如因借入长期借款而向银行支付的借款手续费，因发行股票、债券等而支付的发行费用等。由于筹资费用的存在，会使得企业的资本成本相应地提高。

综上所述，资本成本是企业为筹集和使用资金而付出的代价，也是企业(项目)必须获得满足投资者要求的回报率。

企业资本成本的高低，取决于如下三个因素：①无风险报酬率，即无风险投资所需要的报酬率；②经营风险溢价，指由于公司未来前景的不确定性导致的投资者要求报酬率增加的部分；③财务风险溢价，指高财务杠杆产生的风险。由于公司所经营的业务不同(经营风险不同)、资本结构不同(财务风险不同)，因此各公司的资本成本也不同。

站在筹资者的角度，企业的筹资管理，不仅要合理选择筹资方式，而且还要科学安排资本结构。资本结构优化是企业筹资管理的基本目标，也会对企业的生产经营安排产生制约性的影响。资本成本是资本结构优化的标准，不同性质的资本所具有的资本成本特性，带来了杠杆效应。

5.1.1 资本成本

资本成本是衡量资本结构优化程度的标准，也是对投资获得经济效益的最低要求。企业筹得的资本付诸使用以后，只有投资报酬率高于资本成本，才能表明所筹集的资本取得了较好的经济效益。

1. 资本成本的含义

资本成本是指企业为筹集和使用资本而付出的代价，包括筹资费用和占用费用。资本成本是资本所有权与资本使用权分离的结果。对出资者而言，由于让渡了资本使用权，必须要求取得一定的补偿，资本成本表现为让渡资本使用权所带来的投资报酬。对筹资者而言，由于取得了资本使用权，必须支付一定的代价，资本成本表现为取得资本使用权所付出的代价。

(1) 筹资费。是指企业在资本筹措过程中为获得资本而付出的代价，如向银行支付的借款手续费，因发行股票、公司债券而支付的发行费等。筹资费用通常在资本筹集时一次性发生，在资本使用过程中不再发生，因此，视为筹资数额的一项扣除。

(2)占用费。是指企业在资本使用过程中因占用资本而付出的代价，如向银行等债权人支付的利息，向股东支付的股利等。占用费用是因为占用了他人资金而必须支付的，是资本成本的主要内容。

2. 资本成本的作用

(1)资本成本是比较筹资方式、选择筹资方案的依据

各种资本的资本成本率，是比较、评价各种筹资方式的依据。在评价各种筹资方式时，一般会考虑的因素包括对企业控制权的影响、对投资者吸引力的大小、融资的难易和风险、资本成本的高低等，而资本成本是其中的重要因素。在其他条件相同时，企业筹资应选择资本成本最低的方式。

(2)平均资本成本是衡量资本结构是否合理的依据

企业财务管理目标是企业价值最大化，企业价值是企业资产带来的未来经济利益的现值。计算现值时采用的贴现率通常会选择企业的平均资本成本，当平均资本成本率最小时，企业价值最大，此时的资本结构是企业理想的最佳资本结构。

(3)资本成本是评价投资项目可行性的主要标准

资本成本通常用相对数表示，它是企业对投入资本所要求的报酬率(或收益率)，即最低必要报酬率。任何投资项目，如果它预期的投资报酬率超过该项目使用资金的资本成本率，则该项目在经济上就是可行的。因此，资本成本率是企业用以确定项目要求达到的投资报酬率的最低标准。

(4)资本成本是评价企业整体业绩的重要依据

一定时期企业资本成本的高低，不仅反映企业筹资管理的水平，还可作为评价企业整体经营业绩的标准。企业的生产经营活动，实际上就是所筹集资本经过投放后形成的资产营运，企业的总资产报酬率应高于其平均资本成本率，才能带来剩余收益。

5.1.2 影响资本成本的因素

1. 总体经济环境

总体经济环境和状态决定企业所处的国民经济发展状况和水平，以及预期的通货膨胀。总体经济环境变化的影响，反映在无风险报酬率上，如果国民经济保持健康、稳定、持续增长，整个社会经济的资金供给和需求相对均衡且通货膨胀水平低，资金所有者投资的风险小，预期报酬率低，筹资的资本成本相应就比较低。相反，如果国民经济不景气或者经济过热，通货膨胀持续居高不下，投资者投资风险大，预期报酬率高，筹资的资本成本就高。

2. 资本市场条件

资本市场效率表现为资本市场上的资本商品的市场流动性。资本商品的流动性高，表现为容易变现且变现时价格波动较小。如果资本市场缺乏效率，证券的市场流动性低，投资者投资风险大，要求的预期报酬率高，那么通过资本市场筹集的资本其资本成本就比较高。

3. 企业经营状况和融资状况

企业内部经营风险是企业投资决策的结果，表现为资产报酬率的不确定性；企业融资状况导致的财务风险是企业筹资决策的结果，表现为股东权益资本报酬率的不确定性。两者共同构成企业总体风险，如果企业经营风险高，财务风险大，则企业总体风险水平高，投资者要求的预期报酬率高，企业筹资的资本成本相应就大。

4. 企业对筹资规模和时限的需求

在一定时期内,国民经济体系中资金供给总量是一定的,资本是一种稀缺资源。因此企业一次性需要筹集的资金规模越大、占用资金时限越长,资本成本就越高。当然,融资规模、时限与资本成本的正向相关性并非线性关系,一般来说,融资规模在一定限度内,并不引起资本成本的明显变化,当融资规模突破一定限度时,才引起资本成本的明显变化。

5.2 个别资本成本

个别资本成本是指单一融资方式的资本成本,包括银行借款资本成本、公司债券资本成本、融资租赁资本成本、普通股资本成本和留存收益成本等,其中前三类是债务资本成本,后两类是权益资本成本。个别资本成本率可用于比较和评价各种筹资方式。

5.2.1 借款资本成本

相对于股东,债务资金提供者承担的风险显著较低,债务资本成本低于权益资本成本。债务资本包括各种银行贷款和企业发行的债券,因此债务资本成本具体可分为银行借款成本和债券资本成本。

银行借款的税后成本包括税后借款利息费用和筹资费用。计算银行借款资本成本的方法一般有两种。

1. 不考虑货币时间价值

此时,银行借款资本成本是税后利息费用与借款获得的可使用资金总量的比率,即税后实际利率。

$$K_L=\frac{I_L\times(1-T)}{L\times(1-F_L)} \tag{5-1}$$

其中,K_L表示银行借款税后资本成本;I_L表示银行借款年利息;T 表示所得税税率;L 表示银行借款总额;F_L表示银行借款筹资费用率。

2. 考虑货币时间价值

货币时间价值是指货币经过一定时间的投资和再投资所增加的价值。当不考虑时间价值时,借款每年应付的利息价值相同,因此只需简单地将利息费用比上借款总额即可得到银行借款的资本成本。而实际上,由于货币具有时间价值,借款总额应等于未来每年利息及期末偿付的本金贴现的价值,该贴现率便是银行借款的资本成本。计算公式如下:

$$L\times(1-F_L)=\sum_{i=1}^{n}\frac{I_i\times(1-T)}{(1+K_L)^i}+\frac{P}{(1+K_L)^n} \tag{5-2}$$

其中,P 为借款本金,其他符号的含义同式(5−1)。K_L 可利用插值法求出。

【例 5−1】 A 企业借入一笔期限为 3 年的长期借款 100 万元,年利率为 10%,每年计息一次,到期一次还本,筹资费用率为 2%。假设企业所得税率为 25%。分别用公式(5−1)、(5−2)计算该笔长期借款的资本成本。

$$K_L=\frac{I_L\times(1-T)}{L\times(1-F_L)}=\frac{100\times10\%\times(1-25\%)}{100\times(1-2\%)}=7.65\%$$

$$L\times(1-F_L)=\sum_{i=1}^{n}\frac{I_i\times(1-T)}{(1+K_L)^i}+\frac{P}{(1+K_L)^n}$$

$$100\times(1-2\%)=\sum_{i=1}^{3}\frac{100\times(1-25\%)}{(1+K_L)^i}+\frac{100}{(1+K_L)^3}$$

利用插值法可得：

$K_L=8.28\%$

如果不考虑筹资费率，或者筹资费率在一定程度上比较低时，则公式(5－1)中的 F_L 可以忽略不计，而银行借款的本金和还款的本金相同，因此公式简化为：

$$K_L=I_L\times(1-T)$$

例如上述例题，可以简化为：

$K_L=I_L\times(1-T)=10\%\times(1-25\%)=7.50\%$

5.2.2　债券资本成本

企业发行债券，其利息费用亦在税前支付，因此也可为企业带来抵税利益。同时，债券发行的筹资费用一般较高，主要包括申请费、注册费、印刷费、上市费和推销费等。此外，债券发行的价格并不一定等于其面值，有溢价和折价发行的情况。类似银行借款成本，债券资本成本的计算方法也可分为不考虑货币时间价值和考虑货币时间价值两种。

1. 不考虑货币时间价值

与银行借款成本相同，此时债券资本成本等于税后债券利息与债券筹集可用资金总额的比率，即税后实际债券利率。

$$K_b=\frac{I_b\times(1-T)}{B\times(1-F_b)}\tag{5-3}$$

其中，K_b 表示债权资本成本；I_b 表示债券年利息费用；T 表示所得税税率；B 表示债券筹资额，按发行价格确定(并不一定等于面值)；F_b 表示债券筹资费用率。

考虑债券发行有折价、平价和溢价的不同，在计算中也有所差别。

【例 5－2】 ABC 公司拟平价发行面值为 1 000 元、票面利率为 8%、期限为 6 年、每年付息一次的债券，发行费用为发行价格的 4%。公司所得税税率为 25%，则该债券的资本成本为：

$$K_b=\frac{I_b\times(1-T)}{B\times(1-F_b)}=\frac{1\,000\times8\%\times(1-25\%)}{1\,000\times(1-4\%)}=6.25\%$$

如果 ABC 公司溢价发行该债券，发行价格为 1 080 元，则其资本成本为：

$$K_b=\frac{I_b\times(1-T)}{B\times(1-F_b)}=\frac{1\,000\times8\%\times(1-25\%)}{1\,080\times(1-4\%)}=5.79\%$$

如果 ABC 公司折价发行该债券，发行价格为 950 元，则其资本成本为：

$$K_b=\frac{I_b\times(1-T)}{B\times(1-F_b)}=\frac{1\,000\times8\%\times(1-25\%)}{950\times(1-4\%)}=6.58\%$$

2. 考虑货币时间价值

考虑货币时间价值时，根据债券估价模型可计算出债券资本成本。企业发行债券筹得的可用资金总额，应等于未来每年债券利息额及债券到期本金贴现的价值。对于发行债券的企业，该贴现率即是债券的资本成本。

$$B\times(1-F_b)=\sum_{i=1}^{n}\frac{I_i}{(1+K)^i}+\frac{P}{(1+K)^n}\tag{5-4}$$

其中，I_i 表示第 i 期支付的债券利息；P 表示到期偿还的本金。

需要注意的是该式中没有包括所得税率 T，即没有考虑债券利息抵税带来的收益。因此计算出的 K 仅是税前债券资本成本。将 K 进行利息支付抵税方面的调整，用 K_b 表示税后债券资本成本，通过下式求解：

$$K_b=K\times(1-T)$$

接上例题，当 ABC 公司溢价发行债券时，其资本成本计算如下：

年税后利息＝1 000×8%×(1－25%)＝60(元)

该债券的资本成本应使下式成立：

$$1\,080\times(1-4\%)=\sum_{i=1}^{6}\frac{80\times(1-25\%)}{(1+K)^i}+\frac{1\,000}{(1+K)^6}$$

或者 $1\,036.8=60\times(P/A,K,6)+1\,000\times(P/F,K,6)$

采用逐次测试法，设折现率为 6%，则：

$60\times(P/A,6\%,6)+1\,000\times(P/F,6\%,6)=1\,000.04<1\,036.8$

设折现率为 5%，则：

$60\times(P/A,5\%,6)+1\,000\times(P/F,5\%,6)=1\,050.74>1\,036.8$

用内插法：

$$\frac{K-5\%}{6\%-5\%}=\frac{1\,050.74-1\,036.8}{1\,050.74-1\,000.04}$$

解得：$K=5.27\%$。

【例 5—3】 A 企业将按面值发行一笔长期债券。期限为 5 年，债券面值总额1 000万元，票面利率为 10%，每年付息一次。发行费用为债券面值的 3%，企业所得税率为 25%。用式(5—3)和(5—4)计算长期债券资本成本。

$$K_b=\frac{I_b\times(1-T)}{B\times(1-F_b)}=\frac{1\,000\times10\%\times(1-25\%)}{1\,000\times(1-3\%)}=7.73\%$$

先由插值法计算出税前债券资本成本：

$$1\,000\times(1-3\%)=\sum_{i=1}^{5}\frac{1\,000\times10\%}{(1+K)^i}+\frac{1\,000}{(1+K)^5}$$

$K\approx10.81\%$

税后债券资本成本为：

$K_b=K\times(1-T)=10.81\%\times(1-25\%)=8.11\%$

应当注意，这仅是考虑所得税影响的简便算法，是不精确的。因为可以抵税的是债券的利息额，而不是贴现率。贴现率的大小还受筹资费用、折溢价发行的影响，但这与利息抵税无关。只有在平价发行、无手续费的情况下，才用以上方法求解出较准确的税后债券资本成本。更为精确的计算公式如下：

$$B\times(1-F_b)=\sum_{i=1}^{n}\frac{I_i\times(1-T)}{(1+K_b)^i}+\frac{P}{(1+K_b)^n}\qquad(5-5)$$

用插值法求出 K_b 即为企业发行债券的税后资本成本。

【例 5—4】 续【例 5—2】，计算债券的税后资本成本。

$$1\,000\times(1-3\%)=\sum_{i=1}^{5}\frac{1\,000\times10\%\times(1-25\%)}{(1+K_b)^5}+\frac{1\,000}{(1+K_b)^5}$$

利用插值法可求得：$K_b=8.26\%$。

学习了如何计算债券资本成本后，还应对其有更深层次的理解。首先，计算税后债券资本中的隐含条件是企业有应税收入。若企业不用纳税，则享受不到利息费用的抵税效应。其次，上面介绍的都是一些计算债券资本成本的基本模型，但实际上要估算债券资本成本是十分困难的。债券的形式多种多样，如可转换债券、附带认股权的债券、浮动利率债券以及利息和本金偿还时间不固定的债券等，这些债券成本的估算都比较复杂。最后，计算出的税后资本成本代表的是新增负债的边际成本，而不是已取得的债务的资本成本。在评价投资决策或估算企业价值时所使用的贴现率，也只能是未来新增负债的资本成本，而不是债务的历史成本。

以上计算的债务资本成本均为债务的承诺收益率(合同规定的收益)，是债权人所得报酬率的上限，并不一定等于债权人的真实收益。当筹资公司因特有风险而经营失败，债权人可能无法得到承诺的本金和利息。所以，债权人的期望收益低于承诺收益。

5.2.3 股票(权益)资本成本

1. 优先股资本成本

作为公司股票的一种，持有优先股的股东享有股利支付上的优先权。虽然优先股股利不属于企业的合同义务，而是由企业的董事会决定支付与否，但一般来说，绝大多数发行优先股的公司都是有充分准备支付设定股利的。因此，优先股股利大多定期支付。除了股利外，发行优先股也需要支付筹资费用。与债券利息不同的是，股利是在税后支付，因此不存在抵税收益。一般来说，可将优先股股利看作永续年金现金流量。于是，根据优先股股利定价模型，优先股资本成本即是每期股利与优先股股价之比：

$$K_p=\frac{P_D}{P_0\times(1-F_p)} \tag{5—6}$$

其中，K_p 表示优先股资本成本；P_D 表示优先股每年股利；P_0 表示优先股现行市价；F_p 表示优先股筹资费用率。

【例 5—5】 A 企业按面值发行了 100 万元的优先股，筹资费用率为 4%，每年固定的优先股股利为 12%，请用式(5—6)计算优先股成本。

根据式(5—6)：$K_p=\frac{P_D}{P_0\times(1-F_p)}=\frac{100\times12\%}{100\times(1-4\%)}\times100\%=12.5\%$。

【例 5—6】 某公司计划发行 3 000 万元的优先股，每股发行价格为 30 元，发行费率为 5%，每股每年计划支付股利 2.5 元。则该优先股的资本成本为：

$$K_p=\frac{P_D}{P_0\times(1-F_p)}=\frac{2.5}{30\times(1-5\%)}\times100\%=8.77\%$$

企业普通股权益资金的来源主要有两个方面：一是通过留存收益内部筹集；二是通过发行普通股外部筹集。表面上看，留存收益来自企业的税后利润，取得留存收益不用支付筹资费用，使用留存收益也不需要付出利息、股利等成本。但实际上，对于股东来说，留存于企业的利润是其放弃获得的现金股利。股东愿意放弃享受现金股利的权利，而将其留用于企业，就相当于对企业进行追加投资。股东对这部分资金也要求获得与普通股等同的报酬，以弥补其承受的机会成本。因此，留存收益的资本成本和普通股一样，都是股东要求的必要报酬率。两者之间的差别在于，计算留存收益资本成本时不用考虑筹资费用。

一般来说，计算普通股权益资本成本的方法有三种：①股利贴现模型法；②资本资产定价模型法；③风险溢价法。首先来看留存收益资本成本的计算。

2. 留存收益资本成本

(1)股利贴现模型法。股利贴现模型的基本形式是：

$$P_0=\sum_{t=1}^{\infty}\frac{D_t}{(1+K_s)^t} \tag{5-7}$$

其中，P_0 表示初始时刻的每股市价；D_t 表示预期 t 期期末的每股股利；K_s 表示适当的贴现率。

该模型假设股东将永远持有股票，其获得的股利是一个永续的现金流入。式中适当的贴现率 K_s 是使投资者期望的未来每股股利现值的总额等于每股现行市价的贴现率，对于企业来说即是权益资本成本。

该模型的应用难点在于需要无限期地预计每年的股利。因此，实际中通常将模型简化，即假设每年股利相同或以固定比率增长。于是，根据固定增长模型来计算权益资本成本：

$$K_e=\frac{D_1}{P_0}+g \tag{5-8}$$

其中，D_1 表示预期第 1 年的每股股利；P_0 表示初始时刻的每股市价；g 表示现金股利固定年增长率（若每年股利相同，则 $g=0$）。

【例 5—7】 A 企业本年发放股利 1 元，当前的普通股市价为每股 20 元。预计股利年增长率为 12%，请计算留存收益资本成本。

根据式(5—8)得：$K_e=\frac{D_1}{P_0}+g=\frac{1\times(1+12\%)}{20}+12\%=17.6\%$。

如果企业股利的增长并不是固定的，则上述计算权益资本成本的公式不再成立。但我们可以根据分阶段的股利贴现模型的基本形式来确定预期报酬率。例如，假设未来 n 年的股利增长率为 g_1（高速增长期），随后的 m 年股利将以 g_2 的增长率增长（过渡期），最后从$n+m+1$年起的永续增长率是 g_3，则有：

$$P_0=\sum_{t=1}^{n}\frac{D_0\times(1+g_1)^t}{(1+K_s)^t}+\sum_{t=n+1}^{n+m}\frac{D_n\times(1+g_2)^{t-n}}{(1+K_s)^t}+\sum_{t=n+m+1}^{\infty}\frac{D_{n+m}\times(1+g_3)^{t-(n+m)}}{(1+K_s)^t}$$

通过插值法求出 K_s，即可得到权益资本成本。

(2)资本资产定价模型法。企业的资本成本和投资者要求的报酬率在一定程度上是等价的。因此，权益资本成本也可以通过估计企业普通股的必要报酬率来直接求解。根据资本资产定价模型(CAPM)，普通的必要报酬率计算公式为：

$$K_e=K_f+\beta\times(K_m-K_f) \tag{5-9}$$

其中，K_t 表示无风险收益率；K_m 表示市场证券组合的期望收益率；β 表示股票的系统风险。

【例 5—8】 A 企业的 β 系数为 1.5，市场无风险收益率为 6%，平均风险股票必要报酬率为 13%，请计算留存收益资本成本。

根据式(5—9)得：$K_e=K_f+\beta\times(K_m-K_f)=6\%+1.5\times(13\%-6\%)=16.5\%$。

(3)风险溢价法。所谓风险溢价法，是指在债券投资报酬率的基础上，追加一定的股票投资风险溢价。这种方法的理论依据是风险与收益相匹配。一般而言，股票投资者承担的风险高于债券投资者，因此，企业的普通股必须提供比本公司债券更高的期望收益。其计算公式为：

$$K_t=K_d+RP_c \tag{5-10}$$

其中，K_d 表示税前债务资本成本；RP_c 表示股东比债权人承担更大的风险而要求追加的收益率。

K_d 的计算方法前面已经有所介绍，因此采用风险溢价法估算资本成本的关键在于估计风险溢价 RP_c。RP_c 没有直接的计算方法，但资本市场的经验表明，企业普通股的风险溢价对其自身发行的债券来说，绝大部分在3%～5%。

【例5－9】 A企业税前债券资本成本为10%，凭经验估计，A企业认为普通股风险溢价相对其发行的债券大约为4%，请计算留存收益资本成本。

$K_t=K_d+RP_c=10\%+4\%=14\%$

3. 普通股资本成本

企业新发行普通股资本成本的计算方法和留存收益基本相同。所不同的是，在利用上述三种方法计算普通股资本成本时，需要考虑企业发行新股的筹资费用。例如，根据固定增长股利贴现模型，考虑筹资费用，新发普通股资本成本计算公式为：

$$K_m=\frac{D_1}{P_0(1-F)}+g \tag{5-11}$$

其中，F表示普通股筹资费用率。

【例5－10】 A企业普通股每股发行价格为20元，融资费用率为5%。预计下一年度的股利为2元，以后每年的股利增长率为3%，请计算A企业的普通股资本成本。

$$K_m=\frac{D_1}{P_0(1-F)}+g=\frac{2}{20\times(1-5\%)}+3\%=13.53\%$$

以上介绍了三种计算普通股权益资本成本的方法。三种方法各有其优缺点，具体比较如表5－2所示。

表5－2　　普通股权益资本成本三种计算方法比较

普通股权益资本成本计算方法	优　点	缺　点
股利贴现模型法	原理简单，只需要知道当前股利、股票价格及未来股利增长率	实用性较差，实践中较难准确估计未来现金股利的增长率； 准确性不足，分析人员常常采用税后利润来衡量预期收益，替代模型中的现金股利D，没有严格遵守股利贴现模型的要求； 计算较复杂，如果未来股利不以固定增长率增长，则需根据分阶段的股利贴现模型，利用插值法求解K_s
资本资产定价模型法	理论性强，资本资产定价模型自提出以来，经受住了大量的经验上的证明，其逻辑严密且合理； 适用范围广，该模型不需要对现金股利增长率做假设，即使企业没有分派红利也可应用此模型	β系数难以确定，一般投资者很难有条件做出估算，即使可以从投资咨询公司获得相关信息，但也仅限于上市公司或规模较大的公司
风险溢价法	计算简便，只需估算债务资本成本便可求得K_s	准确性较差，要求的风险溢价是基于所有公司的一个平均值，不如CAPM模型对单个公司风险溢价进行估计的方法精确； 理论基础较弱，估计风险溢价时带有一定的主观色彩

5.3 综合资本成本的估计

5.3.1 加权平均资本

由资本成本的概念可以知道，所有资本都有一个共同点，即提供这些资金的投资者都希望能从其投资中得到回报。如果一家企业唯一的投资者是普通股股东，那么在进行投资和融资决策时所采用的资本成本就是普通股股东要求的必要报酬率。然而，实际上大多数企业都采用了不同种类的资本融资方式，并且由于风险不同，各类投资者有着不同的必要报酬率，因而各类资本有着不同的资本成本。将企业看作一个整体，为满足所有投资者对投资收益的要求，在分析投融资决策时所使用的贴现率就应该是企业融集的各种不同资本的资本成本加权平均值。该加权平均值就是企业的加权平均资本成本。

以各种资本占全部资本的比重为权重计算 WACC，公式如下：

$$K_{WACC}=\sum_{i=1}^{n}W_iK_i \tag{5—12}$$

其中，K_{WACC}表示加权平均资本成本；K_i 表示第 i 种资本的个别资本成本；W_i 表示第 i 种资本占总资本的比重。

一般来说，负债、优先股和普通股是大多数企业融资的主要类型，因此，通常计算 *WACC* 的公式为：

$$K_{WACC}=\frac{D}{V}\times K_d\times(1-T)+\frac{D}{V}\times K_p+\frac{E}{V}\times K_e \tag{5—13}$$

其中，K_d、K_p、K_e 表示税前债务资本成本、优先股资本成本、普通股资本成本；D、P、E 表示债务资本、优先股资本、普通股权益资本；V 表示企业资本总额。

【例 5—11】 A、B 企业的资本总额均为2 000万元，普通股股价均为 1 元/股，所得税税率均为 25%，其他资料如表 5—3 所示，请计算 A、B 企业的加权平均资本成本。

表 5—3　　计算加权平均资本成本

资本构成	企业 A		企业 B		单项资本成本
	融资金额	占总资本权重	融资金额	占总资本权重	
债务资本	0	0	800 万元	40%	8%
优先股	0	0	200 万元	10%	10%
普通股	2 000 万元	100%	1 000 万元	50%	15%

利用表 5—3 列示数据，可计算出 A、B 企业的加权平均资本成本如下：

$$K_{WACC}^{A}=\frac{D}{V}\times K_d\times(1-T)+\frac{D}{V}\times K_p+\frac{E}{V}\times K_e=\frac{2\ 000}{2\ 000}\times 15\%=15\%$$

$$K_{WACC}^{A}=\frac{D}{V}\times K_d\times(1-T)+\frac{D}{V}\times K_p+\frac{E}{V}\times K_e$$

$$=\frac{800}{2\ 000}\times 8\%\times(1-25\%)+\frac{200}{2\ 000}\times 10\%+\frac{10\ 000}{2\ 000}\times 15\%$$

$$=10.9\%$$

在计算加权资本成本的时候，要考虑到以下几个相关问题。

平均资本成本的计算，存在着权数价值的选择问题，即各项个别资本按什么权数来确定资本比重。通常，可供选择的价值形式有账面价值、市场价值、目标价值等。

(1)账面价值权数。即以各项个别资本的会计报表账面价值为基础来计算资本权数，确定各类资本占总资本的比重。其优点是资料容易取得，可以直接从资产负债表中得到，而且计算结果比较稳定。其缺点是，当债券和股票的市价与账面价值差距较大时，导致按账面价值计算出来的资本成本，不能反映目前从资本市场上筹集资本的现时机会成本，不适合评价现时的资本结构。

(2)市场价值权数。即以各项个别资本的现行市价为基础来计算资本权数，确定各类资本占总资本的比重。其优点是能够反映现时的资本成本水平，有利于进行资本结构决策。但现行市价处于经常变动之中，不容易取得，而且现行市价反映的只是现时的资本结构，不适用未来的筹资决策。

(3)目标价值权数。即以各项个别资本预计的未来价值为基础来确定资本权数，确定各类资本占总资本的比重。目标价值是目标资本结构要求下的产物，是公司筹措和使用资金对资本结构的一种要求。对于公司筹措新资金，需要反映期望的资本结构来说，目标价值是有益的，适用于未来的筹资决策，但目标价值的确定难免具有主观性。

以目标价值为基础计算资本权重，能体现决策的相关性。目标价值权数的确定，可以选择未来的市场价值，也可以选择未来的账面价值。选择未来的市场价值，与资本市场现状联系比较紧密，能够与现时的资本市场环境状况结合起来，目标价值权数的确定一般以现时市场价值为依据。但市场价值波动频繁，可行方案是选用市场价值的历史平均值，如 30 日、60 日、120 日均价等。总之，目标价值权数是主观愿望和预期的表现，依赖于财务经理的价值判断和职业经验。

在考虑债务资本时，并没有具体区分短期债务和长期债务。虽然企业借入短期银行借款、发行短期融资券也需要支付利息，存在资本成本，但是由于短期债务的临时性，且这些短期负债一般可以与企业持有的短期投资大致相互抵消，其对企业加权平均资本成本大小的影响基本可忽略。通常情况下，计算加权平均资本成本时只考虑长期银行贷款或企业债券等长期债务资本。但是，我国的现实情况是，大多数企业都持有数量较多的短期借款，而且通过不断“借新债还旧债”的资本运作，短期借款已经成为企业长期性资本的重要来源。在这种情况下，计算我国企业的加权平均资本成本时，需要深入分析企业的资本使用状况，根据实际情况考虑短期借款的资本成本。

【例 5—12】　四川长虹(600839)是我国上市公司短期借款长期化的典型例子，其资本构成如表 5—4 所示。

表 5—4　　**四川长虹的资本构成**　　单位：百万元

项　目	2008 年	2009 年	2010 年	2011 年
短期借款	5 224.73	6 136.31	8 925.05	8 866.94
长期负债①	954.20	4 455.20	5 676.11	7 588.68
权益资本②	6 112.24	12 452.27	10 535.07	9 878.75

续表

项　目	2008 年	2009 年	2010 年	2011 年
短期负债比重	42.51%	26.63%	35.51%	33.67%
长期负债比重	7.76%	19.33%	22.58%	28.82%
权益资本比重	49.73%	54.04%	41.91%	37.51%
取得借款收到的现金	9 639.20	14 163.29	17 311.59	16 814.21
偿还债务支付的现金	8 922.42	11 919.68	13 101.81	16 668.88

注：①长期负债＝长期借款＋一年内到期的长期借款＋应付债券；②权益资本＝年末总股数×年末收盘价。

资料来源：根据四川长虹(600839)2008～2011 年年报整理。

由表 5—4 可知，四川长虹的短期借款占总资本的比重较大，有的年度甚至超过 40%。而且，四川长虹不断通过借款和偿还，维持短期借款的存量。短期借款已经构成四川长虹的一种长期性资本来源。因此，计算四川长虹的加权平均资本成本时，必须考虑短期借款的资本成本。

根据市场信息，计算出各单项资本成本，再根据式(5—12)，可得出 WACC，如表 5—5 所示。

表 5—5　　四川长虹加权平均资本成本

项　目	2008 年	2009 年	2010 年	2011 年
短期负债资本成本(税前)①	7.17%	5.31%	5.36%	6.34%
长期负债资本成本(税前)	7.47%	5.76%	5.80%	6.70%
无风险报酬率②	3.92%	2.25%	2.30%	3.29%
风险溢价③	8.19%	8.19%	8.19%	8.19%
β 系数④	0.96	0.86	0.96	0.96
权益资本成本	11.78%	9.45%	10.16%	11.15%
WACC⑤	8.58%	7.05%	6.67%	7.23%

注：①短期负债资本根据一年期贷款基准利率确定，长期负债资本成本根据五年期贷款基准利率确定。一年内贷款利率发生调整的，根据计息日进行加权。

②在美国资本市场中，通常选择国库券作为无风险资产，以短期国债的利率作为无风险收益。由于我国国债在发行规模上存在明显不足，在投资者需要无风险资产时，只能通过银行存款获得稳定的收益。因而，在我国资本市场上，通常以一年期银行定期存款作为无风险资产，其利率作为无风险利率。此处，选用一年期整存整取作为无风险资产，依据 CSMAR 教据库中提取的日度化无风险收益率，先计算平均日度化无风险收益率，再依据复利得到年度无风险收益率。

③在美国等成熟资本市场中，通常直接以市场收益率的历史数据与国库券收益率的差额作为市场风险溢价。廖理、汪毅慧(2003) 认为我国早年股市波动剧烈，投机操纵成分较大，1997 年以来，投资者理性大大增强。因此，此处使用 1997 年至 2010 年共计 14 年的综合市场收益与一年期整存整取利率计算得到市场风险溢价为 8.19%。

④β系数估计使用线性回归法，即将证券投资回报率与市场指数回报率回归估计得到资产的贝塔系数值。按照资本资产定价模型，市场投资组合应包含资本市场上全部可供投资者选择的风险资产。但由于市场投资组合的更新频繁，收益率统计比较麻烦，在实际计算中，通常选用市场指数收益率作为替代。而回归时间间隔一般采用月收益率或日收益率。因此，此处β系数根据CSMAR数据库四川长虹"考虑现金红利再投资的日个股回报率"与"考虑现金红利再投资的综合日市场回报率"计算。

⑤2008～2011年的WACC按照25%的企业所得税率计算。

资料来源：根据四川长虹(600839)2008～2011年年报及CSMAR数据库数据整理。

某一种资本在资本总额中的权重可以根据公司财务报表提供的历史数据计算而得，这样求得的是按资本的账面价值计算的权重。由于权益资本的账面价值往往与其市场价值差别较大。因此按这种方法计算的加权平均资本成本会失去现时客观性，不利于制定筹资、投资管理决策。那么，是否应该按照企业各类资本的市场价值来计算权重呢？按市场价值确定权重是指债券、股票等以现行资本市场价格为基础确定其资本比例，虽然这种方法能反映公司现时的资本结构和当前实际资本成本，但证券市场价格的频繁波动性会影响资本结构的相对稳定。不同的资本结构不但会影响个别资本在总资本中的权重，还会影响个别资本成本的大小。因此，在计算企业加权平均资本成本时，通常会假定企业管理层设定了一个适当的资本结构作为目标资本结构，并尽力保持该目标资本结构的稳定。正确的权重应基于目标资本结构，企业根据这个结构进行筹资，能使资本成本最低而企业价值最大。

5.3.2　边际资本成本

介绍资本成本概念时曾说过，在市场经济环境下，资本已成为一种特殊的商品。那么，资本的供给曲线应与其他普通商品的供给曲线一样，都是一条由左下方向右上方倾斜的曲线，即随着对资本需求的增加，资本的价格(对筹资者而言，资本的价格便是资本成本)也会上升。因此，想要扩大融资规模的企业，通常要为新筹集的资本支付更高的价格(成本)，企业加权平均资本成本将随筹资规模的扩大而上升。下面举例说明筹资规模对WACC的影响。

【例5－13】　假设公司的目标资本结构设定为长期借款：公司债券：普通股＝20%：30%：50%，有关资本成本如表5－6所示。

表5－6　　**筹资规模与资本成本**

资本来源	筹集资金范围	资本成本(%)
长期银行借款	30万元以下	5(税后)
	30万元及以上	7(税后)
公司债券	90万元以下	6(税后)
	90万元及以上	8(税后)
普通股	200万元以下	10
	200万元及以上	12

所谓筹资临界点，是指在某些筹资点上，资本成本会随着筹资额的增加而上升。如表5－6，通过发行公司债券筹集资金，发行额在90万元以下时，债券资本成本为6%，发行额大于或等于90万元时，债券资本成本为8%，90万元就是利用公司债券筹资的临界点。同理，长期借款的临界点为30万元，发行普通股的临界点为200万元。根据目标资本结构，可以计算

出总筹资额的临界点，计算公式为：

$$总筹资额的临界点=\frac{某类资本的筹资临界点}{该类资本占总资本的比例} \quad (5-14)$$

将各类资本的筹资临界点转化为总筹资额的临界点如下：

长期借款：300 000÷20%=1 500 000(元)

公司债券：900 000÷30%=3 000 000(元)

普通股：2 000 000÷50%=4 000 000(元)

150 万元、300 万元及 400 万元即是总筹资额的临界点。由此可得到四组筹资范围：①小于 150 万元；②150 万～300 万元；③300 万～400 万元；④大于或等于 400 万元。这意味着，如果总筹资额在 150 万元以下，根据目标资本结构的要求，长期借款的总额可保持在 30 万元以下，此时长期借款税后资本成本为 5%。如果总筹资额超过 150 万元，则按照资本结构的要求，长期借款的数量将超过 30 万元，从而导致其税后资本成本上升为 7%。对于其他三组筹资范围，也可做类似的解释。

列表求解相应筹资规模的加权平均资本成本，如表 5—7 所示。

表 5—7　各类筹资范围的加权平均资本成本

筹资规模(万元)	资金类别	目标资本结构(%)	资本成本(%)	加权平均资本成本(%)
¥<150	长期借款	20	5	K_{WACC}=20%×5%+30%×6%+50%×10%=7.8%
	公司债券	30	6	
	普通股	50	10	
150≤¥<300	长期借款	20	7	K_{WACC}=20%×7%+30%×6%+50%×10%=8.2%
	公司债券	30	6	
	普通股	50	10	
300≤¥<400	长期借款	20	7	K_{WACC}=20%×7%+30%×8%+50%×10%=8.8%
	公司债券	30	8	
	普通股	50	10	
¥≥400	长期借款	20	7	K_{WACC}=20%×7%+30%×8%+50%×12%=9.8%
	公司债券	30	8	
	普通股	50	12	

如表 5—7 所示，当企业总筹资额在 150 万元以下时，其加权平均资本成本为 7.8%；当总筹资额超过 150 万元但小于 300 万元时，其加权平均资本成本将变为 8.2%，以此类推。

由以上分析可知，企业加权平均资本成本随筹资规模的增加存在递增的效应，这种新增加一单位资本所发生的加权平均资本成本称为边际资本成本(marginal cost of capital，MCC)。

延伸阅读材料

碧桂园的成本管理模式

碧桂园控股有限公司，是一家以房地产为主营业务，涵盖建筑、装修、物业管理、酒店开发及管理、教育等行业的国内著名综合性企业集团，中国房地产十强企业。下辖国家一级资质建筑公司、国家一级资质物业管理公司、甲级资质设计院等专业公司；涉及酒店、教育等多个行业。作为一家在中国影响力极大的公司，其管理的模式，尤其成本管理的模式是值得借鉴还是该引起警惕？

碧桂园的核心竞争力中的重要一条是：建立成本管理体系及成本考核标准。所谓成本管理体系是指在成本方面指挥和控制组织的管理体系。成本管理体系是所有管理体系中的一个体系，管理体系是建立方针和目标并实现这些目标的体系。所以成本管理体系就是在成本方面指挥和控制，组织建立方针和目标并实现这些目标的体系。成本管理体系作用在成本方面，其基本职能是指挥和控制，也就是指挥和控制成本。而成本考核(cost assess)是指定期考查审核成本目标实现情况和成本计划指标的完成结果，全面评价成本管理工作的成绩。成本考核的作用是，评价各责任中心特别是成本中心业绩，促使各责任中心对所控制的成本承担责任，并借以控制和降低各种产品的生产成本。

然而由此引起的问题也在一定程度上影响碧桂园的不少房地产项目，包括2013年7月以来，烟台碧桂园项目宣传中打出“青岛最美原生海湾”“约45分钟达青岛市区”等口号，实际楼盘位于烟台海阳西南角的一个乡镇，距青岛市区车程近两小时，让看盘者大呼上当。是虚假宣传广告的有意识模糊人们对距离的理解，还是集团本身为了降低成本的营销策略？本质来说都是为了降低成本，效果如何？

尤其在现在的形势下，取得土地的成本逐渐上升，各种人工成本的不断攀升，建筑材料成本居高不下，作为房地产行业有影响力的企业，该何去何从？用何种方式取得收益，继续降低成本还是调高收入和增加利润空间，这是需要认真思考的问题。

同步测试

一、单项选择题

1. 下列各项费用中，(　　)属于用资费用。

A. 向股东支付的股利　　B. 借款手续费
C. 股票的发行费　　D. 债券的发行费

2. 成本按其习性可划分为(　　)。

A. 约束成本和酌量成本　　B. 固定成本、变动成本和混合成本
C. 相关成本和无关成本　　D. 付现成本和非付现成本

3. 某企业取得5年长期借款300万元，年利率为10%，每年付息一次，到期一次还本，筹资费用率为0.5%，企业所得税率为40%，则该项长期借款的资金成本为(　　)。

A. 6.03%　　B. 6%　　C. 10%　　D. 6.12%

4. 大得公司按面值发行150万元的优先股，筹资费率为5%，每年支付10%的股利，若该公司的所得税率为30%，则优先股的成本为(　　)。

A. 7.37%　　B. 10%　　C. 10.53%　　D. 15%

5. 德华公司发行了总面值为2 000万元的债券，票面利率为10%，偿还期限为3年，发行费率为4%，若该公司的所得税率为30%，该债券的发行价为1 800万元，则债券资金成本为(　　)。

A. 7.78%　　B. 8.1%　　C. 7.29%　　D. 8.5%

二、多项选择题

1. 影响优先股成本的主要因素有(　　)。

A. 优先股股利　　B. 优先股总额

C. 优先股筹资费率　　D. 企业所得税税率

2. 企业使用资金要付出代价,下列选项中,(　　)属于筹资费用。

A. 向股东支付股息　　B. 向银行支付的借款手续费

C. 发行费　　D. 向债权人支付利息

3. 留存收益是归属于股东的税后未分派给股东的股利,可将其看作股东对企业的再投资,其资金成本的特性有(　　)。

A. 是一种机会成本　　B. 不必考虑筹资费用

C. 通常高于普通股资金成本　　D. 通常不必考虑其成本

E. 相当于股东进行股票投资所要求的报酬率

三、判断题

1. 在计算普通股成本时,可不必考虑筹资费用和所得税的影响。(　　)

2. 资本成本一般用资金成本率表示,它是筹资费用与用资费用之和与筹资总额的百分比。(　　)

3. 资本成本与资金时间价值是既有联系又有区别的。(　　)

4. 留存收益是企业经营中的内部积累,这种资金不是向外界筹措的,因而它不存在资本成本。(　　)

5. 在个别资本成本一定的情况下,企业综合资本成本的高低取决于资金总额。(　　)

四、计算题

某企业发行面值为500元,票面利率10%,偿还期5年的长期债券。该债券的筹资费率为2%,所得税率为30%。

要求:计算此债券的资本成本率。

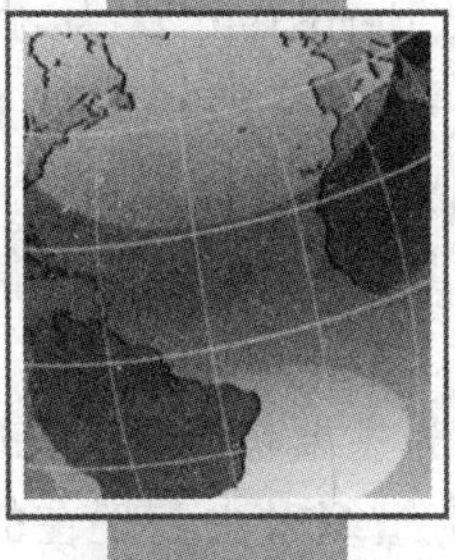

第六章 财务分析与评价

学习目标

1. 了解财务报表分析的含义和内容，熟悉财务报表分析的方法。

2. 熟练计算各种基础财务比率，理解各种财务比率的经济意义，能正确运用财务比率评价企业财务状况的某个方面。

3. 掌握杜邦财务分析体系的基本原理及其运用。

4. 熟悉企业综合绩效评价的原理和方法。

案例 1—1

你的信用怎么样?

一位银行资深人士曾经这样阐述一件事情：有一家经济发展公司在向银行的首次贷款申请中，提出一次性贷款4 200万元人民币的请求。银行信贷人员在对该公司进行信贷调查分析时发现，公司当年上半年财务会计报表显示：公司注册资金4 950万元，总资产51 300万元，其中对外债权投资总额近25 000万元(占总资产的比例大约为 48.73%)，应收及预付款项近20 000万元(占总资产的比例约为 38.99%)，其余为固定资产和存货(约占总资产的 12.28%)。而其当时的负债总额中，长期与短期借款总额约为 24 500 万元，与公司同期的对外债权投资总额相差无几。由此银行信贷人员初步产生了一种猜测，怀疑该公司几乎没有自己的主要经营项目，而存在挪用银行贷款，以更高的利率水平向其他企业转贷以获取利差收益的可能性行为。

基于财务报表分析上的这一猜测，信贷人员开始有针对性地对该公司的资金外来基期主要业务活动进行细致的调查，并最终证实了自己的猜测。于是，在向银行负责人员如实汇报了分析和调研的结果之后，银行基于信贷风险和资金安全的考虑，果断拒绝了该公司的贷款请求。

一年多之后，该公司由于受其债务链上某些企业经营不善的影响，导致资金链中断，资金无法如期收回，步入清算的边缘。而这家银行由于分析得当，避免了一大笔不良贷款的产生。

虚假信息或者存在财务隐患的企业对投资者的不利影响是无须多言的，给信息使用者或者相关投资者造成的损失也往往是非常惊人的。这固然有信息披露监管不尽完善、企业出于各种利益追求或不良企图而违规操作、会计人员自身素质或者水平低下等种种客观因素的影响，但如果财务信息的使用者都能够正确理解和分析企业财务报告及其他资料所传递的信息，具有明辨信息真伪、剖析企业财务状况的基本技能，相信虚假信息也就不会那么泛滥，存在财务困境的企业对人们的不利影响程度会大幅度减少。

6.1 财务分析与评价概述

6.1.1 财务分析的意义和内容

财务分析是一种技术，也是一门学科，更是企业管理中必不可少的方法和手段。有关财务管理的概念，不同的学者有不同的理解和定义。

美国南加州大学教授 Water B. Meigs 认为，财务分析的本质在于搜集与决策有关的各种财务信息，并加以分析与解释的一种技术。美国纽约市立大学 Leopold A. Bernstein 认为，财务分析是一种判断的过程，旨在评估企业现在或过去的财务状况及经营成果，其主要目的在于对企业未来的状况及经营业绩进行最佳预测。中国台湾政治大学教授洪国赐认为，财务分析以审慎选择财务信息为起点，作为探讨的根据；以分析信息为重心，以揭示其相关性；以研究信息的相关性为手段，以评核其结果。

在我们国内，财务分析是以会计核算和报表资料及其他相关财务资料为主要依据，参考市场信息等其他相关资料，采用一系列专门的分析技术和方法，对企业等经济组织过去和现在的财务状况、经营成果以及未来发展趋势或者前景进行系统分析和评价，从而得出与公司或者企业相关的财务结论，即财务分析报告。

在财务分析过程中，基本资料来源于企业过去的财务报告及其他相关财务数据，财务工作者使用专业的方法，对企业的财务状况和经营成果进行评价和剖析，反映企业在运营过程中的利弊得失，总结经验和教训，寻找经营者的规律和发展趋势，从而为改进企业财务管理工作和优化经济决策提供重要的财务信息。

1. 财务分析的意义

财务分析是一门综合性、边缘性学科，它是在企业经济分析、财务管理和会计基础上发展形成的。经过过去长时间的发展，财务分析已经有完整的理论体系，从财务分析的内涵、财务分析的目的、财务分析的作用、财务分析的内容，到财务分析的原则、财务分析的形式、财务分析的组织等，都日趋成熟。

财务分析有专门的技术方法，如水平分析法、垂直分析法、趋势分析法、比率分析法等都是财务分析的专门和有效的分析方法。财务分析对不同的信息使用者具有不同的意义。具体来说，财务分析的意义主要体现在如下方面：

（1）可以判断企业的财务实力。通过对资产负债表和利润表等有关资料进行分析，计算相关指标，可以了解企业的资产结构和负债水平是否合理，从而判断企业的偿债能力、营运能力及获利能力等财务实力，揭示企业在财务状况方面可能存在的问题。

（2）可以评价和考核企业的经营业绩，揭示财务活动存在的问题。通过指标的计算、分析和比较，能够评价和考核企业的盈利能力和资金周转状况，揭示其经营管理的各个方面和各个环节问题，找出差距，得出分析结论。

（3）可以挖掘企业潜力，寻求提高企业经营管理水平和经济效益的途径。企业进行财务分析的目的不仅仅是发现问题，更重要的是分析问题和解决问题。通过财务分析，应保持和进一步发挥生产经营管理中成功的经验，对存在的问题应提出解决的策略和措施，以达到扬长避短、提高经营管理水平和经济效益的目的。

（4）可以评价企业的发展趋势。通过各种财务分析，可以判断企业的发展趋势，预测其生产经营的前景及偿债能力，从而为企业领导层进行生产经营决策、投资者进行投资决策和债权人进行信贷决策提供重要的依据，避免因决策错误给其带来重大的损失。

2. 财务分析的内容

财务分析信息的需求者即经济利益相关者，他们主要包括企业所有者、企业债权人、企业经营决策者和政府等。不同主体出于自身不同的利益考虑，对财务分析信息在详简程度和侧重方面有着各自不同的要求。

(1)企业所有者作为投资人，在资金投出之后，一般情况下不会要求偿还本金，也不会强行要求分配股利或者红利，因此投资者关心其资本的保值可能性大小和增值程度的状况，因此较为重视企业获利能力指标，主要进行企业盈利能力分析。

权益投资人进行财务分析，是为了回答以下几方面的问题：

①公司当前和长期的收益水平高低，以及公司收益是否容易受重大变动的影响；

②财务状况如何，公司资本结构决定的风险和报酬如何；

③与其他竞争者相比，公司处于何种地位。

例如，投资者投资初期投入100万元人民币，期望在此次投资中获得12%的报酬，而这样比例的报酬需要被投资者用净利润进行分配，而分配的前提是有足够的利润或者是一定比例的销售收入和成本，因此获利能力的高低关系由企业获取的利润高低决定；当然在具体分配中需要考虑到企业自身使用资金的需求和其筹资中的成本。

(2)债权人是指借款给企业并得到企业还款承诺的人。债权人关心企业是否具有偿还债务的能力。债权人可以分为短期债权人和长期债权人。债权人的主要决策是决定是否给企业提供信用，以及是否需要提前收回债权。他们进行财务报表分析是为了回答以下几方面问题：

①公司为什么需要额外筹集资金；

②公司还本付息所需资金的可能来源是什么；

③公司对于以前的短期和长期借款是否按期偿还；

④公司将来在哪些方面还需要借款。

例如，银行在贷款协议中规定的年利率是6%，分期付息到期还本。那么在第一年的资产负债表日，银行要通过资产负债表中的相关项目进行资金安全性分析和贷款风险分析，以降低产生不良贷款的可能性；如果银行的信贷人员经过分析发现企业有足够的流动资金存在，而且企业本年度的盈利能力很理想，那么就能确定银行的资金本利都能够收回。

(3)企业经营决策者需要对资金的安全性、使用的合理性、投资的收益性等各方面进行保证和加强，因此他们必须对企业经营理财的各个方面，包括运营能力、偿债能力、获利能力及发展能力的全部信息予以详尽的了解和掌握，以做到数据在心中，指标做鉴定，所以他们主要进行各方面综合分析，并关注企业财务风险和经营风险。

作为企业资金的使用决策者，企业的管理者最终决定资金的去向和比例。例如上一会计年度的利润是1 000万元，按股东大会的决议需要分配股利，而下一个会计年度的项目资金需求也需要这部分利润提供；那么该分配多少、留存多少、如何平衡分配和留存的矛盾是企业的决策者需要考虑的问题。另一方面在考虑偿还债务或者即将到期债务的问题时也需要资金来解决，因此企业决策者需要考虑各方面。

(4)政府兼具多重身份，既是宏观经济管理者，又是国有企业的所有者和重要的市场参与者，因此政府对企业财务分析的关注点因所具身份不同而异；实际中，政府机构也是公司财务报表的使用人，包括税务部门、国有企业的管理部门、证券管理机构、会计监管机构和社会保障部门等。他们使用财务报表是为了履行自己的监督管理职责。

作为利益的分配者之一，政府(比如税务机构)关注企业的获利能力和盈利能力，如此企业的收入能够得到保障；另一方面资金的使用是否合乎法律法规的要求和规定，是作为整个国家宏观经济管理者的各项规定实行和监督的目标，因此他们又需要关注财务信息的分析基础，即财务会计报告是否真实可靠。

尽管不同企业的经营状况、经营规模、经营特点不同，作为运用价值形式进行的财务分析，归纳起来其分析的内容不外乎偿债能力分析、营运能力分析、获利能力分析、发展能力分析和综合能力分析五个方面。

6.1.2 财务分析的方法

财务分析的方法有很多种，主要包括比较分析法、比率分析法和因素分析法。

1. 比较分析法

比较分析法，是将相关财务数据或者财务指标数值与所确定的标准进行分析对比，计算其存在的数量差异，并进一步分析差异的原因或以此推测指标变动趋势的一种分析方法。

俗话说“有比较才会有鉴别”。比较分析法通过将公司实际状况与管理标准、考核标准或者投资者要求的先进水平进行比较，便于信息使用者在了解公司生产经营活动状况、资本的获利性、投资的安全性等情况的同时，分析并揭示其存在的不足和薄弱环节，了解其行业竞争能力，为相应的投资和财务决策提供依据。

采用比较分析法，如何选择确定比较标准是至关重要的。标准选择的失误，极有可能导致分析判断结果与事实相脱节或者与期望相背离。实践中，一般选用的比较多的有：

(1)本公司历史上曾达到的最佳指标。以目标公司历史上曾达到的最佳指标作为比较标准，便于公司了解自身财务与经营状况及其成果的发展变化与变动趋势。此外，由于公司历史指标代表着公司曾经达到的最好水平，因此更为切合公司的实际情况，避免了一厢情愿、好高骛远的情况。

(2)当期计划或者预算指标。选择计划或者预算指标作为标准，有助于公司加强预算管理，将日常生产经营活动纳入计划，有序进行。同时，通过计算，分析计划或者预算的完成情况及其存在差异的原因，便于公司进行业绩评价，同时也有利于查找问题的关键，有的放矢，不断健全和提高管理水平与决策水平。

(3)同行业平均水平。通过与同行业平均水平进行比较，有助于公司正确认识自己在行业中所处的地位或者水平，明确自身优势与劣势，扬长避短，合理规划公司经营策略，确保公司投资与资产运营决策的合理有效。

(4)国内外同行业先进指标。以该类指标作为比较标准，便于公司发现自身的不足之处，明确自己的赶超目标，促使公司取长补短，认清存在的缺陷，分析借鉴先进公司的经营管理经验，从而鞭策自己不断完善，努力赶超。

简言之，比较分析法是通过对比两期或连续数期财务报告中的相同指标，确定其增减变动的方向、数额和幅度，来说明企业财务状况或经营成果变动趋势的一种方法。采用这种方法，可以分析引起变化的主要原因、变动的性质，并预测企业未来的发展趋势。

比较分析法的具体运用主要有重要财务指标的比较、会计报表的比较和会计报表项目构成的比较三种方式。

(1)重要财务指标的比较

这种方法是指将不同时期财务报告中的相同指标或比率进行纵向比较，直接观察其增减变动情况及变动幅度，考察其发展趋势，预测其发展前景。不同时期财务指标的比较主要有以下两种方法：

①定基动态比率，是以某一时期的数额为固定的基期数额而计算出来的动态比率。其计算公式为：

$$定基动态比率=\frac{分析期数额}{估值基期数额}\times100\%$$

【例 6—1】 某公司 2014 年资产总额为1 500万元，2015 年资产总额为1 800万元，2016 年资产总额为2 000万元，如果分析 2015 年、2016 年较 2014 年的资产增长比例，其计算为：

2015 年资产增长率＝分析期数额/估值基期数额×100%

＝1 800/1 500＝120%

2016 年资产增长率＝分析期数额/估值基期数额×100%

＝2 000/1 500＝133.33%

②环比动态比率，是以每一分析期的数据与上期数据相比较计算出来的动态比率。其计算公式为：

$$环比动态比率=\frac{分析期数据}{前期数据}\times100\%$$

【例 6—2】 某公司 2014 年资产总额为1 500万元，2015 年资产总额为1 800万元，2016 年资产总额为2 000万元，如果分析 2015 年与 2016 年两年的资产增长比例，其计算为：

2015 年资产增长率＝分析期数据/前期数据×100%

＝1 800/1 500×100%＝120%

2016 年资产增长率＝分析期数据/前期数据×100%＝2 000/1 800×100%＝111.11%

(2)会计报表的比较

这是指将连续数期的会计报表的金额并列起来，比较各指标不同期间的增减变动金额和幅度，据以判断企业财务状况和经营成果发展变化的一种方法。具体包括资产负债表比较、利润表比较和现金流量表比较等。

例如四川长虹电器股份有限公司的相关数据如表 6—1 所示：

表 6—1　　四川长虹电器股份有限公司前三年资产负债表结构分析(简化)

项　目	1999 年	2000 年	2001 年
货币资金	11.49%	9.18%	9.33%
短期投资净值	0.00%	6.84%	6.09%
应收账款及其他应收款净额	29.26%	15.58%	24.67%
存货净额	37.21%	38.89%	33.69%
流动资产合计	83.59%	76.58%	80.77%
长期投资净额	1.09%	0.00%	0.00%
固定资产合计	14.05%	19.08%	15.67%
无形资产及其他资产合计	1.28%	3.47%	2.69%
资产总计	100.00%	100.00%	100.00%
短期借款	1.44%	1.72%	0.48%
流动负债合计	21.59%	21.11%	27.55%
长期借款	0.04%	0.04%	0.00%
长期负债合计	0.04%	0.53%	0.00%

续表

项　目	1999 年	2000 年	2001 年
负债合计	21.70%	20.64%	27.70%
股东权益合计	78.30%	79.34%	72.24%
负债及股东权益总计	100.00%	100.00%	100.00%

(3)会计报表项目构成的比较

这种方法是在会计报表比较的基础上发展而来的，是以会计报表中的某个总体指标作为100%，再计算出各组成项目占该总体指标的百分比，从而比较各个项目百分比的增减变动，以此来判断有关财务活动的变化趋势，如表6－2所示。

表6－2　　四川长虹前三年利润表基比趋势分析(简化)

项　目	1999 年	2000 年	2001 年
主营业务收入净额	100.00%	6.06%	－5.75%
主营业务成本	100.00%	7.49%	－1.79%
主营业务税金及附加	100.00%	1.15%	14.21%
主营业务利润	100.00%	－1.50%	－27.74%
其他业务利润	100.00%	－39.10	－40.49%
营业费用(销售费用)	100.00%	16.00%	6.36%
管理费用	100.00%	1.66%	31.14%
财务费用	100.00%	－363.04%	－492.93%
进货费用			
营业利润	100.00%	－51.53%	－96.59%
投资收益	100.00%	－202.02%	－846.47%
补贴收入	100.00%	5 093.84%	35 164.10%
营业外收入	100.00%	44.39%	62.14%
利润总额	100.00%	－47.34%	－82.03%
所得税	100.00%	－28.81%	－77.33%
净利润	100.00%	－47.80%	－83.15%

采用比较分析法时，应当注意以下问题：①用于对比的各个时期的指标，其计算口径必须保持一致；②应剔除偶发性项目的影响，使分析所利用的数据能反映正常的生产经营状况；③应运用例外原则对某项有显著变动的指标作重点分析，研究其产生的原因，以便采取对策，趋利避害。

2. 比率分析法

比率分析法是通过计算各种比率指标来确定财务活动变动程度的方法。比率指标的类型主要有构成比率、效率比率和相关比率三类。

(1)构成比率

构成比率又称结构比率，是某项财务指标的各组成部分数值占总体数值的百分比，反映部分与总体的关系。利用构成比率，可以考察总体中某个部分的形成和安排是否合理，以便协调各项财务活动。其计算公式为：

构成比率＝某个组成部分的数值/总体数值×100％

比如表 6－3 中，不同企业资产中流动资产、长期资产占资产总额的百分比（资产构成比率），企业负债中流动负债和长期负债占负债总额的百分比（负债构成比率）等。利用构成比率，可以考察总体中某个部分的形成和安排是否合理，以便协调各项财务活动。

表 6－3　　各公司构成比率计算表

项　目	东风汽车（母公司）	成都天兴仪表（母公司）	江西昌河汽车股份*ST
流动资产	43.6	1.3	7.5
长期资产	28.98	0.96	9.7
总资产	72.5	2.26	17.2
流动负债	23.84	1.32（借款 0.78）	11.7（4.2）
长期负债	0.02	0	0
所有者权益	48.6	0.95	5.5
负债与所有者权益	72.4	2.26	17.2
收入（净利）	51.8（3.3）	2.9（0.02）	12（－5.9）

（2）效率比率

效率比率，是某项财务活动中所费与所得的比率，反映投入与产出的关系。利用效率比率指标，可以进行得失比较，考察经营成果，评价经济效益。

如表 6－4 所示，将利润项目与主营业务成本、主营业务收入、营业利润等项目加以对比，可以计算出成本利润率、销售利润率和资本金利润率指标，从不同角度观察比较企业获利能力的高低及其增减变化情况。

表 6－4　　四川长虹电器股份有限公司前三年利润表结构分析（简化）

项　目	1999 年	2000 年	2001 年
主营业务收入	100.00％	100.00％	100.00％
主营业务收入净额	100.00％	100.00％	100.00％
主营业务成本	83.93％	85.06％	87.46％
主营业务利润	15.57％	14.46％	11.94％
营业费用（销售费用）	9.63％	10.53％	10.86％
管理费用	1.85％	1.78％	2.58％
财务费用	0.20％	－0.49％	－0.82％
营业利润	6.30％	2.88％	0.23％
投资收益	－0.16％	0.15％	1.26％

续表

项　目	1999 年	2000 年	2001 年
利润总额	6.15%	3.05%	1.17%
所得税	0.95%	0.64%	0.23%
净利润	5.20%	2.56%	0.93%

(3)相关比率

相关比率，是以某个项目和与其有关但又不同的项目加以对比所得的比率，反映有关经济活动的相互关系。利用相关比率指标，可以考察企业相互关联的业务安排得是否合理，以保障经营活动顺畅进行。

比如，将流动资产与流动负债进行对比，计算出流动比率，可以判断企业的短期偿债能力，将负债总额与资产总额进行对比，可以判断企业长期偿债能力。

沿用表 6—5 三个公司的数据，可以计算出流动资产与流动负债的比率：

表 6—5　　各公司流动比率计算表

项　目	东风汽车(母公司)	成都天兴仪表(母公司)	江西昌河汽车股份*ST
流动资产	43.6	1.3	7.5
长期资产	28.98	0.96	9.7
总资产	72.5	2.26	17.2
流动负债	23.84	1.32(借款 0.78)	11.7(4.2)
长期负债	0.02	0	0
所有者权益	48.6	0.95	5.5
负债与所有者权益	72.4	2.26	17.2
流动比率	1.83	0.95	0.64

采用比率分析法时，应当注意以下几点：①对比项目的相关性；②对比口径的一致性；③衡量标准的科学性。

3. 因素分析法

因素分析法是依据分析指标与其影响因素的关系，从数量上确定各因素对分析指标影响方向和影响程度的一种方法。

因素分析法具体有两种：连环替代法和差额分析法。

(1)连环替代法

连环替代法，是将分析指标分解为各个可以计量的因素，并根据各个因素之间的依存关系，顺次用各因素的比较值(通常为实际值)替代基准值(通常为标准值或计划值)，据以测定各因素对分析指标的影响。

【例 6—3】 某企业 20×9 年 10 月某种原材料费用的实际数是 4 620 元，而其计划数是 4 000元。实际比计划增加 620 元。由于原材料费用是由产品产量、单位产品材料消耗量和材料单价三个因素的乘积组成，因此就可以把材料费用这一总指标分解为三个因素，然后逐个来分析它们对材料费用总额的影响程度。现假设这三个因素的数值如表 6—6 所示。

表 6—6　　　因素分析资料表

项　目	单　位	计划数	实际数
产品产量	件	100	110
单位产品材料消耗量	千克	8	7
材料单价	元	5	6
材料费用总额	元	4 000	4 620

根据表 6—5 中的资料，材料费用总额实际数较计划数增加 620 元。运用连环替代法，可以计算各因素变动对材料费用总额的影响。

计划指标：　100×8×5＝4 000(元)　　①

第一次替代：110×8×5＝4 400(元)　　②

第二次替代：110×7×5＝3 850(元)　　③

第三次替代：110×7×6＝4 620(元)　　④

实际指标：

②－①＝4 400－4 000＝400(元)　　产量增加的影响

③－②＝3 850－4 400＝－550(元)　　材料节约的影响

④－③＝4 620－3 850＝770(元)　　价格提高的影响

400－550＋770＝620(元)　　全部因素的影响

(2)差额分析法

差额分析法是连环替代法的一种简化形式，是利用各个因素的比较值与基准值之间的差额，来计算各因素对分析指标的影响。

【例 6—4】 仍用表 6—6 中的资料。可采用差额分析法计算，确定各因素变动对材料费用的影响。

(1)由于产量增加对财务费用的影响为：(110－100)×8×5＝400(元)

(2)由于材料节约对材料费用的影响为：(7－8)×110×5＝－550(元)

(3)由于价格提高对材料费用的影响为：(6－5)×110×7＝770(元)

采用因素分析法时，必须注意以下问题：(1) 因素分解的关联性。构成经济指标的因素，必须是客观上存在因果关系，要能够反映形成该项指标差异的内在构成原因，否则就失去了应用价值。(2) 因素替代的顺序性。确定替代因素时，必须根据各因素的依存关系，遵循一定的顺序并依次替代，不可随意加以颠倒，否则就会得出不同的计算结果。(3) 顺序替代的顺序性。因素分析法在计算每一因素变动的影响时，都是在前一次计算的基础上进行，并采用连环比较的方法确定因素变化的影响结果。(4) 计算结果的假定性。由于因素分析法计算的各因素变动的影响数，会因替代顺序不同而有差别，因而计算结果不免带有假定性，即它不可能使每个因素计算的结果都达到绝对的准确。为此，分析时应力求使这种假定合乎逻辑，具有实际经济意义。这样，计算结果的假定性，才不至于妨碍分析的有效性。

6.1.3 财务分析的局限性

财务分析对于了解企业的财务状况和经营成绩，评价企业的偿债能力和经营能力，帮助制定经济决策，有着显著的作用。但由于种种因素的影响，财务分析也存在一定的局限性。在分析中，应注意这些局限性的影响，以保证分析结果的正确性。

1. 资料来源的局限性

(1)报表数据的时效性问题

财务报表中的数据，均是企业过去经济活动的结果和总结，用于预测未来发展趋势，只有参考价值，并非绝对合理。

(2)报表数据的真实性问题

在企业形成其财务报表之前，信息提供者往往对信息使用者所关注的财务状况以及对信息的偏好进行仔细分析与研究，并尽力满足信息使用者对企业财务状况和经营成果信息的期望。其结果极有可能使信息使用者所看到的报表信息与企业实际状况相距甚远，从而误导信息使用者的决策。

(3)报表数据的可靠性问题

财务报表虽然是按照会计准则编制的，但不一定能准确地反映企业的客观实际。例如：报表数据未按通货膨胀进行调整；某些资产以成本计价，并不代表其现在的真实价值；许多支出在记账时存在灵活性，既可以作为当期费用，也可以作为资本项目在以后年度摊销；很多资产以估计值入账，但未必正确；偶然事件可能歪曲本期的损益，不能反映盈利的正常水平。

(4)报表数据的可比性问题

根据会计准则的规定，不同的企业或同一个企业的不同时期都可以根据情况采用不同的会计政策和会计处理方法，使得报表上的数据在企业不同时期和不同企业之间的对比在很多时候失去意义。

(5)报表数据的完整性问题

由于报表本身的原因，其提供的数据是有限的。对报表使用者来说，可能有不少需要的信息在报表或附注中根本找不到。

2. 财务分析方法的局限性

对于比较分析法来说，在实际操作时，比较的双方必须具备可比性才有意义。对于比率分析法来说，比率分析是针对单个指标进行分析，综合程度较低，在某些情况下无法得出令人满意的结论；比率指标的计算一般都是建立在以历史数据为基础的财务报表之上的，这使比率指标提供的信息与决策之间的相关性大打折扣。对于因素分析法来说，在计算各因素对综合经济指标的影响额时，主观假定各因素的变化顺序，而且规定每次只有一个因素发生变化，这些假定往往与事实不符。并且，无论何种分析法均是对过去经济事项的反映。随着环境的变化，这些比较标准也会发生变化。而在分析时，分析者往往只注重数据的比较，而忽略经营环境的变化，这样得出的分析结论也是不全面的。

3. 财务分析指标的局限性

(1)财务指标体系不严密

每一个财务指标只能反映企业的财务状况或经营状况的某一方面，每一类指标都过分强调本身所反映的方面，导致整个指标体系不严密。

(2)财务指标所反映的情况具有相对性

在判断某个具体财务指标是好还是坏，或根据一系列指标形成对企业的综合判断时，必须注意财务指标本身所反映情况的相对性。因此，在利用财务指标进行分析时，必须掌握好对财务指标的"信任度"。

(3)财务指标的评价标准不统一

比如，对流动比率，人们一般认为指标值为2比较合理，速动比率则认为1比较合适，但许多成功企业的流动比率都低于2，不同行业的速动比率也有很大差别，如采用大量现金销售的企业，几乎没有应收账款，速动比率大大低于1是很正常的。相反，一些应收账款较多的企业，速动比率可能要大于1。因此，在不同企业之间用财务指标进行评价时没有一个统一标准，不便于不同行业间的对比。

（4）财务指标的计算口径不一致

比如，对于反映企业营运能力指标，分母的计算可用年末数，也可用平均数，而平均数的计算又有不同的方法，这些都会导致计算结果不一样，不利于评价比较。

6.1.4　财务评价

财务评价，是对企业财务状况和经营情况进行的总结、考核和评价。它以企业的财务报表和其他财务分析资料为依据，注重对企业财务分析指标的综合考核。

财务综合评价的方法有很多，包括杜邦分析法、沃尔评分法等。目前我国企业经营绩效评价主要使用的是功效系数法。功效系数法又叫功效函数法，它根据多目标规划原理，对每一项评价指标确定一个满意值和不允许值，以满意值为上限，以不允许值为下限，计算各指标实现满意值的程度，并以此确定各指标的分数，再经过加权平均进行综合，从而评价被研究对象的综合状况。

运用功效系数法进行经营业绩综合评价的一般步骤包括：选择业绩评价指标，确定各项业绩评价指标的标准值，确定各项业绩评价指标的权数，计算各类业绩评价指标得分，计算经营业绩综合评价分数，得出经营业绩综合评价分级。在这一过程中，正确选择评价指标特别重要。一般来说，指标选择要根据评价目的和要求，考虑分析评价的全面性、综合性。2002年财政部等五部委联合发布了《企业绩效评价操作细则（修订）》。我国企业多数执行或参照执行该操作细则。需要指出的是，《企业绩效评价操作细则（修订）》中提到的效绩评价体系，既包括财务评价指标，又包括非财务指标，避免了单纯从财务方面评价绩效的片面性。

运用科学的财务绩效评价手段，实施财务绩效综合评价，不仅可以真实地反映企业经营绩效状况、判断企业的财务管理水平，而且有利于适时揭示财务风险，引导企业持续、快速、健康地发展。

6.2　上市公司基本财务分析

6.2.1　基本财务分析的内容

财务报表中有大量的数据，可以组成许多有意义的财务比率。这些比率涉及企业经营管理的各个方面。这些财务比率大体上可以分为五类：短期偿债能力比率、长期偿债能力比率、资产管理比率、盈利能力比率和现金流量比率。

为了便于说明财务比率的计算和分析方法，本章将使用ABC股份有限公司（以下简称“ABC公司”）的财务报表数据作为举例。该公司的资产负债表、利润表、现金流量表和股东权益变动表如表6－7、表6－8、表6－9和表6－10所示。为计算简便，这些数据是假设的。

表 6—7　　资产负债表

编制单位：ABC 公司　　20×9 年 12 月 31 日　　单位：万元

资　产	年末余额	年初余额	负债及股东权益	年末余额	年初余额
流动资产：			流动负债：		
货币资金	50	25	短期借款	60	45
交易性金融资产	6	12	交易性金融负债		
应收票据	8	11	应付票据	5	4
应收账款	398	199	应付账款	100	109
预付账款	22	4	预收账款	10	4
应收股利	0	0	应付职工薪酬	2	
应收利息	0	0	应交税费	5	4
其他应收款	12	22	应付利息	12	16
存货	119	326	应付股利	28	10
一年内到期的非流动资产	45	4	其他应付款	14	13
其他流动资产	40	7	预提费用	9	5
			预计负债	2	4
流动资产合计	700	610	一年内到期的非流动负债	50	0
			其他流动负债	3	5
			流动负债合计	300	220
非流动资产：			非流动负债：		
可供出售金融资产	0	45	长期借款	450	245
持有至到期投资			应付债券	240	260
长期股权投资	30	0	长期应付款	50	60
长期应收款			专项应付款	0	0
固定资产	1 238	955	递延所得税负债	0	0
在建工程	18	35	其他非流动负债	0	15
固定资产清理		12	非流动负债合计	750	580
无形资产	6	8	负债合计	1 040	800
开发支出			股东权益：		
商誉			股本	100	100
长期待摊费用	5	15	资本公积	10	10
递延所得税资产	0	0	盈余公积	100	40
其他非流动资产	3	0	未分配利润	750	730
非流动资产合计	1 300	1 070	股东权益合计	960	880
资产总计	2 000	1 680	负债及股东权益总计	2 000	1 680

表 6—8 **利润表**

编制单位:ABC 公司 20×9 年度 单位:万元

项 目	本年金额	上年金额
一、营业收入	3 000	2 850
减:营业成本	2 644	2 503
营业税金及附加	28	28
销售费用	22	20
管理费用	46	40
财务费用	110	96
资产减值损失	0	0
加:公允价值变动收益	0	0
投资收益	6	0
二、营业利润	156	163
加:营业外收入	45	72
减:营业外支出	1	0
三、利润总额	200	235
减:所得税费用	64	75
四、净利润	136	160

表 6—9 **现金流量表**

编制单位:ABC 公司 20×9 年度 单位:万元

项 目	金 额
一、经营活动产生的现金流量:	
销售商品、提供劳务收到的现金	2 810
收到的税费返还	
收到其他与经营活动有关的现金	10
经营活动现金流入小计	2 820
购买商品、接受劳务支付的现金	2 363
支付给职工以及为职工支付的现金	29
支付的各项税费	91
支付其他与经营活动有关的现金支出	14
经营活动现金流出小计	2 497
经营活动产生的现金流量净额	323
二、投资活动产生的现金流量:	
收回投资收到的现金	4

续表

项　目	金　额
取得投资收益收到的现金	6
处置固定资产、无形资产和其他长期资产收回的现金净额	12
处置子公司及其他营业单位收到的现金净额	
收到其他与投资活动有关的现金	
投资活动现金流入小计	22
购置固定资产、无形资产和其他长期资产支付的现金	369
投资支付的现金	30
支付其他与投资活动有关的现金	
投资活动现金流出小计	399
投资活动产生的现金流量净额	−377
三、筹资活动产生的现金流量：	
吸收投资收到的现金	
取得借款收到的现金	270
收到其他与筹资活动收到的现金	
筹资活动现金流入小计	270
偿还债务支付的现金	20
分配股利、利润或偿付利息支付的现金	152
支付其他与筹资活动有关的现金	25
筹资活动现金流出小计	197
筹资活动产生的现金流量净额	73
四、汇率变动对现金及现金等价物的影响	
五、现金及现金等价物净增加额	19
加：期初现金及现金等价物余额	37
六、期末现金及现金等价物余额	56
补充资料	
1. 将净利润调节为经营活动现金流量：	
净利润	136
加：资产减值准备	
固定资产折旧、油气资产折耗、生产性生物资产折旧	100
无形资产摊销	2
长期待摊费用摊销	11
处置固定资产、无形资产和其他长期资产的损失（收益以“—”号填列）	

续表

项　目	金　额
固定资产报废损失(收益以"—"号填列)	
公允价值变动损失(收益以"—"号填列)	
财务费用(收益以"—"号填列)	110
投资损失(收益以"—"号填列)	—6
递延所得税资产减少(增加以"—"号填列)	
递延所得税负债增加(减少以"—"号填列)	
存货的减少(增加以"—"号填列)	207
经营性应收项目的减少(增加以"—"号填列)	—212
经营性应付项目的增加(减少以"—"号填列)	—25
其他	
经营活动产生的现金流量净额	323
2. 不涉及现金收支的投资和筹资活动:	
债务转为资本	
一年内到期的可转换公司债券	
融资租入固定资产	
3. 现金及现金等价物净增加情况:	
现金的期末余额	56
减:现金的期初余额	37
加:现金等价物的期末余额	
减:现金等价物的期初余额	
现金及现金等价物净增加额	19

表 6—10　　**股东权益变动表**

编制单位:ABC 公司　　20×9 年度　　单位:万元

项　目	本年金额						上年金额
	股本	资本公积	减:库存股	盈余公积	未分配利润	股东权益合计	(略)
一、上年年末余额	100	10		40	730	880	
加:会计政策变更							
前期差错更正							
二、本年年初余额	100	10		40	730	880	
三、本年增减变动金额							
(一)净利润					136	136	
(二)直接计入股东权益的利得和损失							

续表

项　　目	本年金额						上年金额
	股本	资本公积	减：库存股	盈余公积	未分配利润	股东权益合计	（略）
1. 可供出售金融资产公允价值变动净额							
2. 权益法下被投资单位其他股东权益变动的影响							
3. 与计入股东权益项目相关的所得税影响							
4. 其他							
上述(一)和(二)小计					136	136	
(三)所有者投入和减少资本							
1. 所有者投入资本							
2. 股份支付计入股东权益的金额							
3. 其他							
(四)利润分配							
1. 提取盈余公积				60	−60	0	
2. 对股东的分配					−56	−56	
3. 其他							
(五)股东权益的内部结转							
1. 资本公积转增股本							
2. 盈余公积转增股本							
3. 盈余公积弥补亏损							
4. 其他							
四、本年年末余额	100	10	0	100	750	960	

6.2.2　短期偿债能力比率

由于债务按到期时间分为短期债务和长期债务，所以偿债能力分析也分为短期偿债能力和长期偿债能力分析两部分。

偿债能力的衡量方法有两种：一种是比较债务与可供偿债资产的存量，资产存量超过债务存量较多，则认为偿债能力强；另一种是比较偿债所需现金和经营活动产生的现金流量，如果产生的现金超过需要的现金较多，则认为偿债能力强。

企业保持适当的偿债能力，具有重要意义。对股东来说，不能及时偿债可能导致企业破产，但是提高流动性必然降低盈利性，因此他们希望企业权衡收益和风险。保持适当的偿债能力。对于债权人来说，企业偿债能力不足可能导致他们无法及时、足额收回债权本息，因此他们希望企业具有尽可能强的偿债能力。在偿债能力问题上，股东和债权人的利益并不一致。股东更愿意拿债权人的钱去冒险，如果冒险成功，超额报酬全部归股东，债权人只能得到固定的利息而不能分享冒险成功的额外收益。如果冒险失败，债权人有可能无法收回本金，要承担冒险失败的部分损失。对管理当局来说，为了股东的利益他们必须权衡企业的收益和风险，保持适当的偿债能力。为了能够取得贷款，他们必须考虑债权人对偿债能力的要求。从他们自身的利益考虑，更倾向于维持较高的偿债能力。如果企业破产，股东失掉的只是金钱，而经理人不仅会丢掉职位，而且他们作为经理人的“无形资产”也会大打折扣。对企业的供应商和消费者来说，企业短期偿债能力不足意味着企业履行合同的能力较差。企业如果无力履行合同，供应商和消费者的利益将受到损害。

1. 短期债务与可偿债资产的存量比较

企业短期债务的存量，是资产负债表中列示的各项流动负债年末余额。可以用来偿还这些债务的资产，是资产负债表中列示的流动资产年末余额。流动负债需要在一年内用现金偿还，流动资产将在一年内变成现金，因此两者的比较可以反映短期偿债能力。

流动资产与流动负债的存量比较有两种方法：一种是差额比较，两者相减的差额为营运资本；另一种是比率比较，两者相除的比率成为短期债务存量比率。

(1)营运资本

营运资本是指流动资产超过流动负债的部分，其计算公式如下：

营运资本＝流动资产－流动负债

根据 ABC 财务报表数据：

本年营运资本＝700－300＝400(万元)

上年营运资本＝610－220＝390(万元)

计算营运资本使用的“流动资产”和“流动负债”，通常可以直接取自资产负债表。实际上资产负债表的基本结构，是按债权人的要求设计的。正是为了便于计算营运资本和分析流动性，资产负债表项目才区分流动项目和非流动项目，并且按流动性强弱排序。

如果流动资产与流动负债相等，并不足以保证偿债，因为债务的到期与流动资产的现金生成，不可能同步同量。企业必须保持流动资产大于流动负债，即保有一定数额的营运资本作为缓冲，以防止流动负债“穿透”流动资产。ABC 公司现存 300 万元流动负债的具体到期时间不易判断，现存 700 万元的流动资产生成现金的数额和时间也不好预测。营运资本 400 万元是流动负债“穿透”流动资产的“缓冲垫”。因此，营运资本越多，流动负债的偿还越有保障，短期偿债能力越强。

营运资本之所以能够成为流动负债的“缓冲垫”，是因为它是长期资本用于流动资产的部分，不需要在一年内偿还。

营运资本＝流动资产－流动负债

＝(总资产－非流动资产)－(总资产－股东权益－非流动负债)

＝(股东权益＋非流动负债)－非流动资产

＝长期资本－长期资产

根据 ABC 公司的财务报表数据：

本年营运资本＝(960＋740)－1 300＝1 700－1 300＝400(万元)

上年营运资本＝(880＋580)－1 070＝1 460－1 070＝390(万元)

当流动资产大于流动负债时，营运资本为正数，表明长期资本的数额大于长期资产，超出部分被用于流动资产。营运资本的数额越大，财务状况越稳定。简而言之，全部流动资产都由营运资本提供资金来源，则企业没有任何偿债压力。

当流动资产小于流动负债时，营运资本为负数，表明长期资本小于长期资产，有部分长期资产由流动负债提供资金来源。由于流动负债在1年内需要偿还，而长期资产在1年内不能变现，偿债所需现金不足，必须设法另外筹资，则财务状况不稳定。

营运资本的比较分析，主要是与本企业上年数据的比较，通常称之为变动分析。ABC公司本年和上年营运资本的比较数据，如表6－11所示。

表6－11 单位：万元

项目	本年		上年		增长		
	金额	结构(%)	金额	结构(%)	金额	增长(%)	结构(%)
流动资产	700	100	610	100	90	15	100
流动负债	300	43	220	36	80	36	89
营运资本	400	57	390	64	10	2.6	11
长期资产	1 300		1 070		1 230		
长期资本	1 700		1 460		240		

从表6－11的数据可以看出：

①上年流动资产610万元，流动负债220万元，营运资本为390万元。从相对数看，营运资本的配置比率为64%(营运资本/流动资产)，流动负债提供流动资产所需资金的36%，即1元流动资产需要偿还0.36元的债务。

②本年流动资产700万元，流动负债300万元，营运资本400万元。从相对数来看，营运资本的配置比率为57%，1元流动资产需要偿还0.43元的债务，偿债能力比上年降低了。

③本年与上年相比，流动资产增加90万元(增长15%)，流动负债增加80万元(增长36%)，营运资本增加10万元(增长2.6%)。营运资本的绝对数增加，似乎“缓冲垫”增厚了，但由于流动负债的增加超过流动资产，使得债务的“穿透力”增加了，即偿债能力降低了。新增流动资产90万元没有保持上年配置64%营运资本的比例，只配置了11%，其余的89%都靠增加流动负债解决。可见，由于营运资本政策改变使本年的短期偿债能力降低了。

营运资本是绝对数，不便于不同企业之间比较。例如，A公司的营运资本为200万元(流动资产300万元，流动负债100万元)，B公司的营运资本与A公司相同，也是200万元(流动资产1 200万元，流动负债1 000万元)。但是，它们的偿债能力显然不同。因此，在实务中很少直接使用营运资本作为偿债能力的指标。营运资本的合理性主要通过流动性存量比率来评价。

(2)短期债务的存量比率

短期债务的存量比率包括流动比率、速动比率和现金比率。

①流动比率。流动比率是全部流动资产与流动负债的比值。其计算公式如下：

流动比率＝流动资产÷流动负债

根据ABC公司的财务报表数据：

本年流动比率＝700÷300＝2.33

上年流动比率＝610÷220＝2.77

流动比率假设全部流动资产都可以用于偿还短期债务，表明每1元流动负债有多少流动资产作为偿债的保障。ABC公司的流动比率降低了0.44(2.77－2.33)，即每1元流动负债提供的流动资产保障减少了0.44元。

流动比率和营运资本配置比率所反映的偿债能力是相同的，它们可以互相换算：

流动比率＝1÷（1－营运资本/流动资产）

根据ABC公司的财务报表数据：

本年流动比率＝1÷（1－57％）＝2.33

流动比率是相对数，排除了企业规模不同的影响，更适合同业比较以及本企业不同历史时期的比较。流动比率的计算简单，得到广泛应用。

不存在统一的、标准的流动比率数值。不同行业的流动比率，通常有明显差别。营业周期越短的行业，合理的流动比率越低。过去很长时期，人们认为生产型企业合理的最低流动比率是2。这是因为流动资产中变现能力最差的存货金额约占流动资产总额的一半，剩下的流动性较好的流动资产至少要等于流动负债，才能保证企业最低的短期偿债能力。这种认识一直未能从理论上证明。最近几十年，企业的经营方式和金融环境发生了很大变化，流动比率有降低的趋势，许多成功企业的流动比率都低于2。

如果流动比率比上年发生较大变动，或与行业平均值出现重大偏离，就应对构成流动比率的流动资产和流动负债各项目逐一进行分析，寻找形成差异的原因。为了考察流动资产的变现能力，有时还需要分析其周转率。

流动比率有某些局限性，在使用时应注意：流动比率假设全部流动资产都可以变为现金并用于偿债，全部流动负债都需要还清。实际上，有些流动资产的账面金额与变现金额有较大差异，如产成品等；经营性流动资产是企业持续经营所必需的，不能全部用于偿债；经营性应付项目可以滚动存续，无须动用现金全部结清。因此，流动比率是对短期偿债能力的粗略估计。

运用流动比率进行分析时，要注意以下几个问题：

流动比率高，一般认为偿债保证程度较强，但并不一定有足够的现金或银行存款偿债，因为流动资产除了货币资金以外，还有存货、应收账款、待摊费用等项目，有可能出现虽说流动比率高，但真正用来偿债的现金和存款却严重短缺的现象，所以分析流动比率时，还需进一步分析流动资产的构成项目。

计算出来的流动比率，只有和同行业平均流动比率、本企业历史流动比率进行比较，才能知道这个比率是高还是低。这种比较通常并不能说明流动比率为什么这么高或低，要找出过高或过低的原因还必须分析流动资产和流动负债所包括的内容以及经营上的因素。一般情况下，营业周期、流动资产中的应收账款和存货的周转速度是影响流动比率的主要因素。

②速动比率。构成流动资产的各个项目的流动性有很大差别。其中的货币资金、交易性金融资产和各种应收、预付款项等，可以在较短时间内变现，称之为速动资产。另外的流动资产，包括存货、待摊费用、一年内到期的非流动资产及其他流动资产等，称为非速动资产。

非速动资产的变现时间和数量具有较大的不确定性：①存货的变现速度比应收款项要慢得多；部分存货可能已损失报废还没做处理，或者已抵押给某债权人，不能用于偿债；存货估价有多种方法，可能与变现金额相差悬殊。②待摊费用不能出售变现。③一年内到期的非流动资产和其他流动资产的数额有偶然性，不代表正常的变现能力。因此，将可偿债资产定义为速动资产，计算出来的短期债务存量比率更令人可信。

速动资产与流动负债的比值，称为速动比率，其计算公式为：

速动比率＝速动资产÷流动负债

由于剔除了存货等变现能力较差的资产，速动比率比流动比率能更准确、可靠地评价企业资产的流动性及偿还短期债务的能力。一般认为速动比率为1较合适，速动比率过低，企业面临偿债风险；但速动比率过高，会因占用现金及应收账款过多而增加企业的机会成本。

根据ABC公司的财务报表数据：

本年速动比率＝(50＋6＋8＋398＋22＋12)÷300＝1.65

上年速动比率＝(25＋12＋11＋199＋4＋22)÷220＝1.24

速动比率假设速动资产是可以用于偿债的资产，表明每1元流动负债有多少速动资产作为偿还保障。ABC公司的速动比率比上年提高了0.41，说明为每1元流动负债提供的速动资产保障增加了0.41元。

如同流动比率一样，不同行业的速动比率有很大差别。例如，采用大量现金销售的商店，几乎没有应收账款，速动比率大大低于1是很正常的。相反，一些应收账款较多的企业，速动比率可能要大于1。

影响速动比率可信性的重要因素是应收账款的变现能力。账面上的应收账款不一定都能变成现金，实际坏账可能比计提的准备要多；季节性的变化，可能使报表上的应收账款数额不能反映平均水平。这些情况，外部分析人不易了解，而内部人员却有可能做出估计。

③现金比率。速动资产中，流动性最强、可直接用于偿债的资产称为现金资产。现金资产包括货币资金、交易性金融资产等。它们与其他速动资产有区别，其本身就是可以直接偿债的资产，而非速动资产需要等待不确定的时间，才能转换为不确定数额的现金。

现金资产与流动负债的比值称为现金比率，其计算公式如下：

现金比率＝(货币资金＋交易性金融资产)÷流动负债

根据ABC公司的财务报表数据：

本年现金比率＝(50＋6)÷300＝0.19

上年现金比率＝(25＋12)÷220＝0.17

现金比率假设现金资产是可偿债资产，表明1元流动负债有多少现金资产作为偿还保障。ABC公司的现金比率比上年增加0.02，说明企业为每1元流动负债提供的现金资产保障增加了0.02元。

现金比率一般认为20%以上为好。但这一比率过高，就意味着企业流动负债未能得到合理运用，而现金类资产获利能力低，这类资产金额太高会导致企业机会成本增加。

2. 短期债务与现金流量的比较

短期债务的数额是偿债需要的现金流量，经营活动产生的现金流量是可以偿债的现金流量，两者相除称为现金流量比率。其计算公式为：

现金流量比率＝经营现金流量÷流动负债

根据ABC公司的财务报表数据：

现金流量比率(平均负债)＝323÷[(300＋220)/2]＝1.24

现金流量比率(期末负债)＝323÷300＝1.08

公式中的“经营现金流量”，通常使用现金流量表中的“经营活动产生的现金流量净额”。它代表了企业产生现金的能力，已经扣除了经营活动自身所需的现金流出，是可以用来偿债的现金流量。

公式中的“流动负债”，通常使用资产负债表中的“流动负债”的年初与年末的平均数。为了简便,也可以使用期末数①。

现金流量比率表明每1元流动负债的经营现金流量保障程度。比率越高,偿债越有保障。

3. 影响短期偿债能力的其他因素

上述短期偿债能力比率,都是根据财务报表中的资料计算的。还有一些表外因素也会影响企业的短期偿债能力,甚至影响相当大。财务报表的使用人应尽可能了解这方面的信息,有利于做出正确的判断。

(1)增强短期偿债能力的因素

增强短期偿债能力的表外因素主要有:

①可动用的银行贷款指标:银行已同意、企业未办理贷款手续的银行贷款限额,可以随时增加企业的现金,提高支付能力。这一数据不反映在财务报表中,但会在董事会决议中披露。

②准备很快变现的非流动资产:企业可能有一些长期资产可以随时出售变现,而不出现在"一年内到期的非流动资产"项目中。例如,储备的土地、未开采的采矿权、目前出租的房产等,在企业发生周转困难时,将其出售并不影响企业的持续经营。

③偿债能力的声誉:如果企业的信用很好,在短期偿债方面出现暂时困难比较容易筹集到短缺的现金。

(2)降低短期偿债能力的因素

降低短期偿债能力的表外因素有:

①与担保有关的或有负债,如果它的数额较大并且可能发生,就应在评价偿债能力时给予关注;

②经营租赁合同中承诺的付款,很可能是需要偿付的义务;

③建造合同、长期资产购置合同中的分阶段付款,也是一种承诺,应视同需要偿还的债务。

6.2.3 长期偿债能力比率

衡量长期偿债能力的财务比率,也分为存量比率和流量比率两类。常用比率包括:资产负债率、产权比率、权益乘数、长期资本负债率和利息保障倍数。其分析指标主要有三项:资产负债率、产权比率和利息保障倍数。

1. 总债务存量比率

从长期来看,所有的债务都要偿还。因此,反映长期偿债能力的存量比率是总债务、总资产和股东权益之间的比例关系。

(1)资产负债率

资产负债率是负债总额占资产总额的百分比,其计算公式如下:

$$资产负债率=(负债÷资产)\times 100\%$$

根据ABC公司的财务报表数据:

本年资产负债率=(1 040÷2 000)×100%=52%

上年资产负债率=(800÷1 680)×100%=48%

① 有些财务比率的分子和分母,一个是资产负债表的存量数据,另一个是利润表或现金流量表的流量数据。其中,资产负债表的数据的使用有三种选择:一是直接使用期末数,好处是简单,缺点是一个时点数据缺乏代表性;二是使用年末和年初的平均数,两个时点数据平均后代表性增强,但也增加了工作量;三是使用各月的平均数,好处是代表性明显增强,缺点是工作量更大并且外部分析人不一定能得到各月的数据。为了简便,本章后面遇到类似情况,举例时将使用资产负债表的期末数,它不如平均数合理。

资产负债率反映总资产中有多大比例是通过负债取得的。它可以衡量企业在清算时保护债权人利益的程度。资产负债率越低,企业偿债越有保证,贷款越安全。资产负债率还代表企业的举债能力。一个企业的资产负债率越低,举债越容易。如果资产负债率高到一定程度,没有人愿意提供贷款了,则表明企业的举债能力已经用尽。

通常,资产在破产拍卖时的售价不到账面价值的50%,因此资产负债率高于50%则债权人的利益就缺乏保障。这一比率越低(50%以下),表明企业的偿债能力越强。

事实上,对这一比率的分析,还要看站在谁的立场上。从债权人的立场看,债务比率越低越好,企业偿债有保证,贷款不会有太大风险;从股东的立场看,在全部资本利润率高于借款利息率时,负债比率越大越好,因为股东所得到的利润就会加大。从财务管理的角度看,在进行借入资本决策时,企业应当审时度势,全面考虑,充分估计预期的利润和增加的风险,权衡利害得失,做出正确的分析和决策。

但是,并非企业所有的资产都可以作为偿债的物质保证。待摊费用、递延资产等不仅在清算状态下难以作为偿债的保证,即便在持续经营期间,上述资产的摊销价值也需要依靠存货等资产的价值才能得以补偿和收回,其本身并无直接的变现能力,相反,还会削弱其他资产的变现能力,无形资产能否用于偿债,也存在极大的不确定性。有形资产负债率相对于资产负债率而言更稳健。

$$有形资产负债率=负债总额\div有形资产总额\times100\%$$

其中:有形资产总额=资产总额-(无形资产及递延资产+待摊费用)。

根据ABC公司的财务报表数据,

本年有形资产负债率=1 040÷(2 000-6-5)×100%=52%

上年有形资产负债率=800÷(1 680-8-15)×100%=48%

相对于资产负债率来说,有形资产负债率指标将企业偿债安全性的分析建立在更加切实可靠的物质保障基础之上。

(2)产权比率和权益乘数

产权比率和权益乘数是资产负债率的另外两种表现形式,它和资产负债率的性质一样,其计算公式如下:

$$产权比率=负债总额\div股东权益$$

$$权益乘数=总资产\div[股东权益\times(1+产权比率)]=\frac{1}{1-资产负债率}$$

产权比率表明1元股东权益借入的债务数额。产权比率不仅反映了由债务人提供的资本与所有者提供的资本的相对关系,而且反映了企业自有资金偿还全部债务的能力,因此它又是衡量企业负债经营是否安全有利的重要指标。一般来说,这一比率越低,表明企业长期偿债能力越强,债权人权益保障程度越高,承担的风险越小,一般认为这一比率为1∶1,即100%以下时,应该是有偿债能力的,但还应该结合企业的具体情况加以分析。当企业的资产收益率大于负债成本率时,负债经营有利于提高资金收益率,获得额外的利润,这时的产权比率可适当高些。产权比率高,是高风险、高报酬的财务结构;产权比率低,是低风险、低报酬的财务结构。

根据ABC公司的财务报表数据,

年初产权比率=800÷880×100%=90.91%

年末产权比率=1 040÷960×100%=108.33%

ABC公司年初的产权比率不是很高,而年末的产权比率偏高,表明年末该公司举债经营程度偏高，财务结构不很稳定。

产权比率与资产负债率对评价偿债能力的作用基本一致，只是资产负债率侧重于分析债务偿付安全性的物质保障程度，产权比率则侧重于揭示财务结构的稳健程度以及自有资金对偿债风险的承受能力。

与设置有形资产负债率指标的原因相同，对产权比率也可适当调整成为有形净值负债率，其计算公式为：

有形净值负债率＝负债总额÷有形净值总额×100％

其中：有形净值总额＝有形资产总额－负债总额。

根据 ABC 公司的财务报表数据得：

年初有形净值负债率＝800÷(880－8－15)×100％＝93.35％

年末有形净值负债率＝1 040÷(960－6－5)×100％＝109.59％

有形净值负债率指标实质上是产权比率指标的延伸，能更为谨慎、保守地反映在企业清算时债权人投入的资本对所有者权益的保障程度。

权益乘数表明 1 元股东权益拥有的总资产，1 元股东权益可控的资源。

产权比率和权益乘数是两种常用的财务杠杆计量，可以反映特定情况下资产利润率和权益利润率之间的倍数关系。财务杠杆表明债务的多少，与偿债能力有关，并且可以表明权益净利率的风险，也与盈利能力有关。

(3)长期资本负债率

长期资本负债率是指非流动负债占长期资本的百分比，其计算公式如下：

长期资本负债率＝[非流动负债÷(非流动负债＋股东权益)]×100％

根据 ABC 公司的财务报表数据：

本年长期资本负债率＝740÷(740＋960)×100％＝44％

上年长期资本负债率＝580÷(580＋880)×100％＝40％

长期资本负债率反映企业长期资本的结构。由于流动负债的数额经常变化，资本结构管理大多使用长期资本结构。

2. 总债务流量比率

(1)利息保障倍数

利息保障倍数是指息税前利润为利息费用的倍数。又称已获利息倍数，用以衡量偿付借款利息的能力。其计算公式如下：

利息保障倍数＝息税前利润÷利息费用

＝(净利润＋利息费用＋所得税费用)÷利息费用

公式中的分子“息税前利润”是指利润表中未扣除利息费用和所得税前的利润。公式中的分母“利息费用”是指本期发生的全部应付利息，不仅包括财务费用中的利息费用，还应包括计入固定资产成本的资本化利息。资本化利息虽然不在利润表中扣除，但仍然是要偿还的。通常，可以用财务费用的数额作为利息费用，也可以根据报表附注资料确定更准确的利息费用数额。

利息保障倍数的重点是衡量企业支付利息的能力，没有足够大的息税前利润，利息的支付就会发生困难。

根据 ABC 公司的财务报表数据：

本年利息保障倍数＝(136＋110＋64)÷110＝2.82

上年利息保障倍数＝(160＋96＋75)÷96＝3.45

长期债务不需要每年还本，却需要每年付息。利息保障倍数表明1元债务利息有多少倍的息税前收益作保障，它可以反映债务政策的风险大小。如果企业一直保持按时付息的信誉，则长期负债可以延续，举借新债也比较容易。利息保障倍数越大，利息支付越有保障。如果利息支付尚且缺乏保障，归还本金就很难指望。因此，利息保障倍数可以反映长期偿债能力。

要维持正常偿债能力，利息保障倍数至少应大于1，且比值越高，企业长期偿债能力越强。如果利息保障倍数小于1，表明自身产生的经营收益不能支持现有的债务规模。利息保障倍数等于1也是很危险的，因为息税前利润受经营风险的影响，是不稳定的，而利息的支付却是固定数额。利息保障倍数越大，公司拥有的偿还利息的缓冲资金越多。

(2)现金流量利息保障倍数

现金流量基础的利息保障倍数，是指经营现金流量为利息费用的倍数。其计算公式如下：

现金流量利息保障倍数＝经营现金流量÷利息费用

根据ABC公司的财务报表数据：

本年现金流量利息保障倍数＝323÷110＝2.94

现金基础的利息保障倍数表明，1元的利息费用有多少倍的经营现金流量作保障。它比收益基础的利息保障倍数更可靠，因为实际用以支付利息的是现金，而不是收益。

(3)现金流量与债务比

现金流量与债务比，是指经营活动所产生的现金净流量与债务总额的比率。其计算公式如下：

经营现金流量与债务比＝(经营现金流量÷债务总额)×100%

根据ABC公司的财务报表数据：

本年经营现金流量与期末债务比＝(323÷1 040)×100%＝31%

公式中的"债务总额"，一般情况下使用年末和年初的加权平均数，为了简便，也可以使用期末数。

该比率表明企业用经营现金流量偿付全部债务的能力。比率越高，承担债务总额的能力越强。

3. 影响长期偿债能力的其他因素

上述衡量长期偿债能力的财务比率是根据财务报表数据计算的，还有一些表外因素影响企业的长期偿债能力，必须引起足够的重视。

(1)长期租赁

当企业急需某种设备或厂房而又缺乏足够的资金时，可以通过租赁的方式解决。财产租赁的形式包括融资租赁和经营租赁。融资租赁形成的负债大多会反映于资产负债表，而经营租赁则没有反映于资产负债表。当企业的经营租赁量比较大、期限比较长或具有经常性时，就形成了一种长期性筹资，这种长期性筹资，到期时必须支付租金，会对企业的偿债能力产生影响。因此，如果企业经常发生经营租赁业务，应考虑租赁费用对偿债能力的影响。

(2)债务担保

担保项目的时间长短不一，有的涉及企业的长期负债，有的涉及企业的流动负债。在分析企业长期偿债能力时，应根据有关资料判断担保责任带来的潜在长期负债问题。

(3)未决诉讼

未决诉讼一旦判决败诉，便会影响企业的偿债能力，因此在评价企业长期偿债能力时要考虑其潜在影响。

6.2.4　资产管理比率

企业的经营活动离不开各项资产的运用，对企业营运能力的分析，实质上就是对各项资产的周转使用情况进行分析。一般而言，资金周转速度越快，说明企业的资金管理水平越高，资金利用效率越高。资产管理比率是衡量公司资产管理效率的财务比率。常用的有：应收账款周转率、存货周转率、流动资产周转率、固定资产周转率和总资产周转率等。

1. 应收账款周转率

应收账款在流动资产中有着举足轻重的地位，及时收回应收账款，不仅增强了企业的短期偿债能力，也反映出企业管理应收账款的效率。

应收账款周转率是应收账款与销售收入的比率。它有三种表示形式：应收账款周转次数、应收账款周转天数和应收账款与收入比。其计算公式如下：

应收账款周转次数＝销售收入÷应收账款

应收账款周转天数＝计算期天数÷(销售收入/应收账款)

应收账款与收入比＝应收账款÷销售收入

公式中的应收账款包括会计报表中"应收账款"和"应收票据"等全部赊销账款在内，且其金额不应为扣除坏账后的金额。计算期天数可按 365 天或 360 天计算，本章后面举例统一按 365 天。

根据 ABC 公司的财务报表数据：

本年应收账款周转天数＝365÷(3 000/398＋8)＝49.4(天)

上年应收账款周转天数＝365÷(2 850/199＋11)＝26.9(天)

应收账款周转次数，表明应收账款一年中周转的次数，或者说明 1 元应收账款投资支持的销售收入。应收账款周转天数，也称为应收账款的收现期，表明从销售开始到回收现金平均需要的天数。应收账款与收入比，可以表明 1 元销售收入需要的应收账款投资。

应收账款周转率反映了企业应收账款周转速度的快慢及企业对应收账款管理效率的高低。在一定时期内周转次数多、周转天数少表明：

企业收账迅速，信用销售管理严格。

应收账款流动性强，从而增强企业的短期偿债能力。

可以减少收账费用和坏账损失，相对增加企业流动资产的投资收益。

通过比较应收账款周转天数及企业信用期限，可评价客户的信用程度，调整企业信用政策。

在计算和使用应收账款周转率时应注意以下问题：

(1)销售收入的赊销比例问题。从理论上说应收账款是赊销引起的，其对应的流量是赊销额，而非全部销售收入。因此，计算时应使用赊销额取代销售收入。但是，外部分析人无法取得赊销的数据，只好直接使用销售收入计算。实际上相当于假设现金销售是收现时间等于零的应收账款。只要现金销售与赊销的比例是稳定的，不妨碍与上期数据的可比性，只是一贯高估了周转次数。问题是与其他企业比较时，不知道可比企业的赊销比例，也就无从知道应收账款是否可比。

(2)应收账款年末余额的可靠性问题。应收账款是特定时点的存量，容易受季节性、偶然性和人为因素影响。在应收账款周转率用于业绩评价时，最好使用多个时点的平均数，以减少这些因素的影响。

(3)应收账款的减值准备问题。统一财务报表上列示的应收账款是已经提取减值准备后的净额,而销售收入并没有相应减少。其结果是,提取的减值准备越多,应收账款周转天数越少。这种周转天数的减少不是好的业绩,反而说明应收账款管理欠佳。如果减值准备的数额较大,就应进行调整,使用未提取坏账准备的应收账款计算周转天数。报表附注中应披露应收账款减值的信息,可作为调整的依据。

(4)应收票据是否计入应收账款周转率。大部分应收票据是销售形成的,只不过是应收账款的另一种形式,应将其纳入应收账款周转天数的计算,准确称为"应收账款及应收票据周转天数"。

(5)应收账款周转天数是否越少越好。应收账款是赊销引起的,如果赊销有可能比现金销售更有利,周转天数就不会越少越好。收现时间的长短与企业的信用政策有关。例如,甲企业的应收账款周转天数是18天,信用期是20天;乙企业的应收账款周转天数是15天,信用期是10天。前者的收款业绩优于后者,尽管其周转天数较多。改变信用政策,通常会引起企业应收账款周转天数的变化。信用政策的评价涉及多种因素,不能仅仅考虑周转天数的缩短。

(6)应收账款分析应与销售额分析、现金分析联系起来。应收账款的起点是销售,终点是现金。正常的情况是销售增加引起应收账款增加,现金的存量和经营现金流量也会随之增加。如果一个企业应收账款日益增加,而销售和现金日益减少,则可能是销售出了比较严重的问题,促使放宽信用政策,甚至随意发货,而现金收不回来。

总之,应当深入到应收账款的内部,并且要注意应收账款与其他问题的联系,才能正确评价应收账款周转率。

2. 存货周转率

在流动资产中,存货所占比重较大,存货的流动性将直接影响企业的流动比率。因此,必须特别重视对存货的分析。存货流动性的分析一般通过存货周转率来进行。

存货周转率(次数)是指一定时期内企业销售成本与存货平均资金占用额的比率,是衡量和评价企业购入存货、投入生产、销售收回等各环节管理效率的综合性指标。存货周转率也有三种计量方式,其计算公式如下:

$$存货周转次数=销售成本(收入)\div 存货$$
$$存货周转天数=365\div(销售成本或收入\div 存货)$$
$$存货与收入比=存货\div 销售成本(收入)$$

根据ABC公司的财务报表数据:

本年存货周转天数=365÷(3 000/119)=14.5(天)

上年存货周转天数=365÷(2 850/326)=41.8(天)

在计算和使用存货周转率时,应注意以下问题:

(1)计算存货周转率时,使用"销售收入"还是"销售成本"作为周转额,要看分析的目的。在短期偿债能力分析中,为了评估资产的变现能力需要计量存货转换为现金的数量和时间,应采用"销售收入"。在分解总资产周转率时,为系统分析各项资产的周转情况并识别主要的影响因素,应统一使用"销售收入"计算周转率。如果是为了评估存货管理的业绩,应当使用"销售成本"计算存货周转率,使其分子和分母保持口径一致。实际上,两种周转率的差额是毛利引起的,用哪一个计算都能达到分析目的。

依ABC公司的数据,两种计算方法可以转换如下:

本年存货(成本)周转次数＝销售成本÷存货＝2 644÷119＝22.22(次)

本年存货(收入)周转次数×成本率＝25.21×88.13%＝22.22(次)

(2)存货周转天数不是越低越好。存货过多会浪费资金，存货过少不能满足流转需要，在特定的生产经营条件下存在一个最佳的存货水平，所以存货不是越少越好。

(3)应注意应付款项、存货和应收账款(或销售)之间的关系。一般来说，销售增加会拉动应收账款、存货、应付账款增加，不会引起周转率的明显变化。但是，当企业接受一个大的订单时，先要增加采购，然后依次推动存货和应收账款增加，最后才引起收入上升。因此，在该订单没有实现销售以前，先表现为存货等周转天数增加。这种周转天数增加，没有什么不好。与此相反，预见销售会萎缩时，先行减少采购，依次引起存货周转天数等下降。这种周转天数下降不是什么好事，并非资产管理的改善。因此，任何财务分析都以认识经营活动的本来面目为目的，不可根据数据的高低作简单结论。

(4)应关注构成存货的产成品、自制半成品、原材料、在产品和低值易耗品之间的比例关系。各类存货的明细资料以及存货重大变动的解释，在报表附注中应有披露。正常的情况下，它们之间存在某种比例关系。如果产成品大量增加，其他项目减少，很可能是销售不畅，放慢了生产节奏。此时，总的存货金额可能并没有显著变动，甚至尚未引起存货周转率的显著变化。因此，在分析时既要重点关注变化大的项目，也不能完全忽视变化不大的项目，其内部可能隐藏着重要问题。

3. 流动资产周转率

流动资产周转率是反映企业流动资产周转速度的指标。流动资产周转率是销售收入与流动资产的比值，也有三种计量方式，其计算公式为：

流动资产周转次数＝销售收入÷流动资产

流动资产周转天数＝365÷(销售收入÷流动资产)

＝365÷流动资产周转次数

流动资产与收入比＝流动资产÷销售收入

根据ABC公司的财务报表数据：

本年流动资产周转天数＝365÷(3 000/700)＝85.2(天)

上年流动资产周转天数＝365÷(2 850/610)＝78.1(天)

流动资产周转次数，表明流动资产一年中周转的次数，或者说是1元流动资产所支持的销售收入。流动资产周转天数表明流动资产周转一次所需要的时间，也就是期末流动资产转换成现金平均所需要的时间。流动资产与收入比，表明1元收入所需要的流动资产投资。

通常，流动资产中应收账款和存货占绝大部分，因此它们的周转状况对流动资产周转具有决定性影响。

4. 非流动资产周转率

非流动资产周转率是销售收入与非流动资产的比值，也有三种计量方式，其计算公式为：

非流动资产周转次数＝销售收入÷非流动资产

非流动资产周转天数＝365÷(销售收入÷非流动资产)

＝365÷非流动资产周转次数

非流动资产与收入比＝非流动资产÷销售收入

根据ABC公司的财务报表数据：

本年非流动资产周转天数＝365÷(3 000/1 300)＝158.2(天)

上年非流动资产周转天数＝365÷(2 850/1 070)＝137(天)

非流动资产周转率反映非流动资产的管理效率。分析时主要是针对投资预算和项目管理,分析投资与其竞争战略是否一致,收购和剥离政策是否合理等。

5. 固定资产周转率

固定资产周转率是指企业年销售收入净额与固定资产平均净额的比率。它是反映企业固定资产周转情况,从而衡量固定资产利用效率的一项指标。其计算公式为:

固定资产周转率＝销售收入净额÷固定资产平均净值

式中:

固定资产平均净值＝(期初固定资产净值＋期末固定资产净值)÷2

固定资产周转率高,说明企业固定资产投资得当、结构合理、利用效率高;反之,如果固定资产周转率不高,则表明固定资产利用效率不高、提供的生产成果不多、企业的营运能力不强。

6. 总资产周转率

总资产周转率是销售收入与总资产之间的比率。它有三种表示方式:总资产周转次数、总资产周转天数、总资产与收入比。

(1)总资产周转率及其计算

总资产周转次数表示总资产在一年中周转的次数。其计算公式为:

总资产周转次数＝销售收入÷总资产

例如:ABC 公司本年资产周转次数＝3 000/2 000＝1.5(次)

在销售利润率不变的条件下,周转的次数越多,形成的利润越多,所以它可以反映盈利能力。它也可以理解为 1 元资产投资所产生的销售额。产生的销售额越多,说明资产的使用和管理效率越高。习惯上,总资产周转次数又称为总资产周转率。

以时间长度表示的总资产周转率,称为总资产周转天数。其计算公式为:

总资产周转天数＝365÷(销售收入/总资产)＝365÷总资产周转次数

总资产周转天数表示总资产周转一次所需要的时间。时间越短,总资产的使用效率越高,盈利性越好。

总资产周转次数的倒数,称为"总资产与收入比":

总资产与收入比＝总资产÷销售收入＝1/总资产周转次数

总资产与收入比表示 1 元收入需要的总资产投资。收入相同时,需要的投资越少,说明总资产的盈利性越好或者说总资产的使用效率越高。

(2)总资产周转率的驱动因素

总资产是由各项资产组成的,在销售收入既定的条件下,总资产周转率的驱动因素是各项资产。通过驱动因素的分析,可以了解总资产周转率变动是由哪些资产项目引起的,以及影响较大的因素,为进一步分析指出方向。

表 6－12 列示了 ABC 公司总资产周转率变动,以及影响其变动的各项资产的周转率变动。

表 6－12　　ABC 公司各项资产的周转率

资产	金额		资产与收入比			资产周转天数		
	本年	上年	本年	上年	变动	本年	上年	变动
货币资金	50	25	0.017	0.009	0.008	6.1	3.2	2.9

续表

资产	金额		资产与收入比			资产周转天数		
	本年	上年	本年	上年	变动	本年	上年	变动
交易性金融资产	6	12	0.002	0.004	−0.002	0.7	1.5	−0.8
应收票据	8	1	0.003	0.004	−0.001	1.0	1.4	−0.4
应收账款	398	199	0.133	0.070	0.063	48.4	25.5	22.9
预付账款	22	4	0.007	0.001	0.006	2.7	0.5	2.2
其他应收款	12	22	0.004	0.008	−0.004	1.5	2.8	−14
存货	119	326	0.040	0.114	−0.074	14.5	41.8	−27.3
一年内到期的非流动资产	45	4	0.015	0.001	0.014	5.5	0.5	5.0
其他流动资产	40	7	0.013	0.002	0.011	4.9	0.9	4.0
流动资产合计	700	610	0.233	0.214	0.019	85.2	78.1	7.0
可供出售金融资产	0	45	0.000	0.016	−0.016	0.0	5.8	−5.8
持有至到期投资	0	0	0.000	0.000	0.000	0.0	0.0	0.0
长期股权投资	30	0	0.010	0.000	0.010	3.7	0.0	3.7
长期应收款	0	0	0.000	0.000	0.000	0.0	0.0	0.0
固定资产	1 238	955	0.413	0.335	0.078	150.6	122.3	28.3
在建工程	18	35	0.006	0.012	−0.006	2.2	4.5	−2.3
固定资产清理	0	12	0.000	0.004	−0.004	0.0	1.5	−1.5
无形资产	6	8	0.002	0.003	−0.001	0.7	1.0	−0.3
长期待摊费用	5	15	0.001	0.005	−0.004	0.6	1.9	−1.3
其他非流动资产	3	0	0.001	0.000	0.001	0.4	0.0	0.4
非流动资产合计	1 300	1 070	0.433	0.375	0.058	158.2	137.0	21.1
资产总计	2 000	1 680	0.667	0.589	0.078	243.3	215.2	28.2

资产周转率的驱动因素分析，通常可以使用“资产周转天数”或“资产与收入比”指标，不使用“资产周转次数”。因为各项资产周转次数之和不等于总资产周转次数，不便于分析各项目变动对总资产周转率的影响。

根据周转天数分析：本年的总资产的周转天数是 243.3 天，比上年增加 28.2 天。各项目对总资产周转天数变动的影响，可以从表 6－12 中看出来。影响比较大的是：应收账款增加 22.9 天、存货减少 27.3 天、固定资产增加 28.3 天。

根据资产与收入比分析：本年每 1 元收入占有资产 0.667 元，比上年增加 0.078 元。增加的原因，可以从表 6－12 各项目变动中看出来。其中，影响比较大的项目是应收账款增加 0.063 元，存货减少 0.074 元，固定资产增加 0.078 元。

6.2.5 盈利能力比率

不论是投资人、债权人还是经理人员，都会非常重视和关心企业的盈利能力。盈利能力就是企业获取利润、资金不断增值的能力。反映企业盈利能力的指标主要有销售毛利率、销售净利率、资产利润率、总资产报酬率、权益净利率。

1. 销售毛利率

销售毛利率是销售毛利与销售收入之比，其计算公式如下：

销售毛利率＝销售毛利÷销售收入×100％

其中：销售毛利＝主营业务收入(销售收入)－主营业务成本(销售成本)

根据ABC公司的财务报表数据：

本年销售毛利率＝(3 000－2 644)÷3 000×100％＝11.87％

上年销售毛利率＝(2 850－2 603)÷2 850×100％＝8.667％

2. 销售利润率

(1)销售利润率及其计算

销售利润率是指净利润与销售收入的比率，通常用百分数表示，其计算公式为：

销售利润率＝(净利润÷销售收入)×100％

根据ABC公司的财务报表数据：

本年销售利润率＝(136÷3 000)×100％＝4.533 3％

上年销售利润率＝(160÷2 850)×100％＝5.614 0％

变动＝4.533 33％－5.614 0％＝－1.080 7％

“销售收入”是利润表的第一行数字，“净利润”是利润表的最后一行数字，两者相除可以概括企业的全部经营成果。它表明1元销售收入与其成本费用之间可以“挤”出来的净利润。该比率越大则企业的盈利能力越强。

销售利润率又被称为“销售净利率”或简称为“利润率”。通常，在“利润”前面没有加任何定语，就是指“净利润”；某个利润率，如果前面没有指明计算比率使用的分母，则是指以销售收入为分母。

(2)销售利润率的驱动因素

销售利润率的变动是由利润表的各个项目金额变动引起的。表6－13列示了ABC公司利润表各项目的金额变动和结构变动数据。其中“本年结构”和“上年结构”是各项目除以销售收入得出的百分比，“百分比变动”是指“本年结构”百分比与“上年结构”百分比的差额。该表称为利润表的同型报表。它排除了规模差异的影响，提高了数据的可比性。

表6－13 **利润表结构百分比变动** 单位：万元

项　目	本年金额	上年金额	变动金额	本年结构(％)	上年结构(％)	百分比变动(％)
一、营业收入	3 000	2 850	150	100.00	100.00	0.00
减：营业成本	2 644	2 503	141	88.13	87.82	0.31
营业税金及附加	28	28	0	0.93	0.98	－0.05
销售费用	22	20	2	0.73	0.70	0.03
管理费用	46	40	6	1.53	1.40	0.13
财务费用	110	96	14	3.67	3.37	0.30

续表

项 目	本年金额	上年金额	变动金额	本年结构(%)	上年结构(%)	百分比变动(%)
资产减值损失	0	0	0	0.00	0.00	0.00
加:公允价值变动收益	0	0	0	0.00	0.00	0.00
投资收益	6	0	6	0.20	0.00	0.20
二、营业利润	156	163	−7	5.20	5.72	−0.52
加:营业外收入	45	72	−27	1.50	2.53	−1.03
减:营业外支出	1	0	1	0.03	0.00	0.03
三、利润总额	200	235	−35	6.67	8.25	−1.58
减:所得税费用	64	75	−11	2.13	2.63	0.50
四、净利润	136	160	−24	4.53	5.61	−1.08

①金额变动分析:本年净利润减少 24 万元。影响较大的不利因素是:销售成本增加 141 万元和营业外收入减少 27 万元。影响较大的有利因素是销售收入增加 150 万元。

②结构比率分析:销售利润率减少了 1.08%。影响较大的不利因素是:销售成本率上升 0.31%,以及营业外收入比率减少 1.03%。

进一步的分析应重点关注金额变动和结构百分比变动较大的项目,如 ABC 公司的销售成本和营业外收入。

(3)利润表各项目分析

确定分析的重点项目之后,需要深入到各项目的内部进一步分析。此时。需要依靠财务报表附注提供的资料,以及其他可以收集到的资料。

毛利率的变动原因可以分部门、分产品、分顾客群、分销售区域或分推销员进行分析,视分析的目的以及可以取得的资料而定。

ABC 公司的报表附注显示的分产品的毛利资料,如表 6—14 所示。

表 6—14 单位:万元

产品类别	营业收入		营业成本		营业毛利		毛利率(%)	
	本期数	上期数	本期数	上期数	本期数	上期数	本期数	上期数
音响类产品	1 589	1 881	1 882	1 964	−293	−83	−18.44	−4.41
软件类产品	508	475	312	295	196	180	38.58	37.89
数码类产品	903	494	450	244	453	250	50.17	50.61
合计	3 000	2 850	2 644	2 503	356	347	11.87	12.18

通过表 6—14 和其他背景资料可知:音响类产品是该公司的传统产品,目前仍占销售收入的大部分,其毛利率是负值,已失去继续产销的经济价值。软件类产品毛利率基本持平,销售额略有增长,其毛利约占公司的一半。数码类产品销售迅速增长,毛利率很高,其毛利占公司

的大部分。应结合市场竞争和公司资源的情况，分析是否可以扩大数码产品和软件产品的产销规模，以及音响产品能否更新换代。如果均无可能，音响类产品的亏损可能继续增加，而数码产品的高毛利可能引来竞争者，预期盈利能力还可能进一步下降。

通常，销售费用和管理费用的公开披露信息十分有限，外部分析人很难将其深入下去。财务费用、资产公允价值变动损益、资产减值损失、投资收益和营业外收入的明细资料，在报表附注中均有较详细的披露，为进一步分析提供了信息。

3. 资产利润率

(1)资产利润率及其计算

资产利润率是指净利润与总资产的比率，它反映公司从1元受托资产(不管资金来源)中得到的净利润。其计算公式为：

$$资产利润率=(净利润\div 总资产)\times 100\%$$

根据ABC公司的财务报表数据：

本年资产利润率=(136÷2 000)×100%=6.8%

上年资产利润率=(160÷1 680)×100%=9.523 8%

变动=6.8%−9.523 8%=−2.723 8%

资产利润率是企业盈利能力的关键。虽然股东的报酬由资产利润率和财务杠杆共同决定，但提高财务杠杆会同时增加企业风险，往往并不增加企业价值。此外，财务杠杆的提高有诸多限制，企业经常处于财务杠杆不可能再提高的临界状态。因此，驱动权益净利率的基本动力是资产利润率。

公式中的"总资产"的计量有三种选择：①使用年末总资产。其缺点是年内变化大时不具有代表性；②使用年末与年初平均数，季节性企业的期末数较低，代表性也不理想；③使用12个月末的平均数，外部分析人的数据来源有问题，也比较麻烦。凡是财务比率的分子和分母，一个是期间流量数据，另一个是期末存量数据，在确定存量数据时都会遇到类似问题。本书举例时使用期末数据只是为了简便，它不如平均数合理。

(2)资产利润率的驱动因素

影响资产利润率的驱动因素是销售利润率和资产周转率。

$$\begin{aligned}资产利润率&=\frac{净利润}{总资产}=\frac{净利润}{销售收入}\times\frac{销售收入}{总资产}\\&=销售利润率\times 总资产周转次数\end{aligned}$$

总资产周转次数是1元资产创造的销售收入，销售利润率是1元销售收入创造的利润，两者共同决定了资产利润率即1元资产创造的利润。

有关资产利润率因素分解的数据准备，如表6−15所示。

表6−15　　资产利润率的分解　　单位：万元

	本　年	上　年	变　动
销售收入	3 000	2 850	150
净利润	136	160	−24
总资产	2 000	1 680	320
资产利润率(%)	6.800 0	9.523 8	−2.723 8

续表

	本　年	上　年	变　动
销售利润率(%)	4.533 3	5.614 0	−1.080 7
总资产周转次数(次)	1.500 0	1.696 4	0.196 4

ABC 公司的资产利润率比上年降低 2.723 8%。其原因是销售净利率和资产周转率都降低了。哪一个原因更重要呢？可以使用连环替代法进行定量分析。

销售利润率变动影响＝销售利润率变动×上年资产周转次数

＝−1.080 7%×1.696 4

＝−1.833 3%

资产周转次数变动影响＝本年销售利润率×资产周转次数变动

＝4.533 3%×(−0.196 4)

＝−0.890 3%

合计＝−1.833 3%−0.890 3%＝−2.723 6%

由于销售净利率降低，使资产利润率下降 1.833%；由于资产周转率下降，使资产利润率下降 0.890 3%。两者共同作用使资产利润率下降 2.723 6%，其中销售利润率下降是主要影响因素。

4. 总资产报酬率

总资产报酬率是企业息税前利润与企业资产平均总额的比率。由于资产总额等于债权人权益和所有者权益的总额，所以该比率既可以衡量企业资产综合利用的效果，又可以反映企业利用债权人及所有者提供资本的盈利能力和增值能力。总资产报酬率是企业筹资决策的依据。其计算公式为：

$$总资产报酬率=\frac{息税前利润}{资产平均总额}=\frac{净利润+所得税+利息费用}{(期初资产+期末资产)\div 2}$$

该指标越高，表明资产利用效率越高，说明企业在增加收入、节约资金使用等方面取得了良好的效果；该指标越低，说明企业资产利用率低，应分析差异原因，提高销售利润率，加速资金周转，提高企业经营管理水平。

根据 ABC 公司的财务报表数据：

本年总资产报酬率＝(136＋110＋64)÷2 000×100%＝15.5%

上年总资产报酬率＝(160＋96＋75)÷1 680×100%＝19.70%

5. 权益净利率

权益净利率又叫净资产收益率、自有资金利润率或权益报酬率。权益净利率是净利润与股东权益的比率，它反映 1 元股东资本赚取的净收益，可以衡量企业的总体盈利能力。它反映企业自有资金的投资收益水平，是企业投资决策的依据。

$$权益净利率=(净利润\div 股东权益)\times 100\%$$

根据 ABC 公司财务报表的数据：

本年权益净利率＝(136÷960)×100%＝14.166 7%

上年权益净利率＝(160÷880)×100%＝18.181 8%

权益净利率的分母是股东的投入，分子是股东的所得。对于股权投资人来说，具有非常好的综合性，概括了企业的全部经营业绩和财务业绩。该指标是企业盈利能力指标的核心，也是杜邦财务指标体系的核心，更是投资者关注的重点。

ABC 公司本年股东的回报率减少了，总体上看不如上一年。

6.2.6 现金流量分析

现金流量分析一般包括现金流量的结构分析、流动性分析、获取现金能力分析、财务弹性分析及收益质量分析。这里主要介绍获取现金能力分析及收益质量分析。

1. 获取现金能力分析

获取现金的能力，可通过经营活动现金流量净额与投入资源之比来反映。投入资源可以是销售收入、资产总额、营运资金净额、净资产或普通股股数等。

(1)销售现金率

销售现金率是指企业经营活动现金流量净额与企业销售额的比值。其计算公式为：

销售现金率＝经营活动现金流量净额÷销售收入

根据 ABC 公司财务报表的数据，ABC 公司销售收入(含增值税)为 3 000 万元，经营活动现金流量净额为 323 万元，则：

销售现金率＝323÷3 000＝0.11

该比率反映每元销售收入得到的现金流量净额，其数值越大越好。

(2)每股营业现金净流量

每股营业现金净流量是通过企业经营活动现金流量净额与普通股股数之比来反映的。其计算公式为：

每股营业现金净流量＝经营活动现金流量净额÷普通股股数

假设 ABC 公司有普通股 100 万股，则：

每股营业现金净流量＝323÷100＝3.23(元/股)

该指标反映企业最大的分派股利能力，超过此限度，可能就要借款分红。

(3)全部资产现金回收率

全部资产现金回收率是通过企业经营活动现金流量净额与企业资产总额之比来反映的，它说明企业全部资产产生现金的能力。其计算公式为：

全部资产现金回收率＝经营活动现金流量净额÷企业资产总额×100％

根据 ABC 公司财务报表的数据，全部资产总额为 2 000 万元，则：

全部资产现金回收率＝323÷2 000×100％＝16.15％

如果同行业平均全部资产现金回收率为 20％，说明 A 公司资产产生现金的能力较弱。

2. 收益质量分析

收益质量是指会计收益与公司业绩之间的相关性。如果会计收益能如实反映公司业绩，则其收益质量高；反之，则收益质量不高。收益质量分析，主要包括净收益营运指数分析与现金营运指数分析。

(1)净收益营运指数

净收益营运指数是指经营净收益与净利润之比，其计算公式为：

净收益营运指数＝经营净收益÷净利润

其中：

经营净收益＝净利润－非经营净收益

假设 A 公司有关收益质量的现金流量补充资料如表 6－16 所示。

表 6－16　　**ABC 公司现金流量补充资料**　　单位：万元

将净利润调节为经营活动现金流量：		
净利润	136	
加：资产减值准备		非付现费用 91 万元，少提取这类费用，可增加会计收益却不会增加现金流入，会使收益质量下降
固定资产折旧、油气资产折耗、生产性生物资产折旧	100	
无形资产摊销	2	
长期待摊费用摊销	－11	
处置固定资产、无形资产和其他长期资产的损失（收益以“－”号填列）		非经营净收益－104 万元，不代表正常的收益能力
固定资产报废损失（收益以“－”号填列）		
公允价值变动损失（收益以“－”号填列）		
财务费用（收益以“－”号填列）	110	
投资损失（收益以“－”号填列）	－6	
递延所得税资产减少（增加以“－”号填列）		
递延所得税负债增加（减少以“－”号填列）		
存货的减少（增加以“－”号填列）	207	经营资产净增加－5 万元，如收益不变而现金增加，收益质量上升（收入收到现金）
经营性应收项目的减少（增加以“－”号填列）	－212	
经营性应付项目的增加（减少以“－”号填列）	－3	无息负债净减少 3 万元，收益不变而现金减少，收益质量下降
其他		
经营活动产生的现金流量净额	323	

根据表 6－16 资料，ABC 公司净收益营运指数计算如下：

ABC 公司经营活动净收益＝136＋104＝240（万元）

净收益营运指数＝240÷136＝1.765

净收益营运指数越小，非经营收益所占比重越大，收益质量越差，因为非经营收益不反映公司的核心能力及正常的收益能力，可持续性较低。

（2）现金营运指数

现金营运指数反映企业经营活动现金流量净额与企业经营收益所得现金的比值，其计算公式为：

现金营运指数＝经营活动现金流量净额÷经营收益所得现金

式中，经营收益所得现金是经营净收益与非付现费用之和。

根据表 2－11 资料，A 公司现金营运指数计算如下：

经营收益所得现金＝经营活动净收益＋非付现费用

＝240＋91＝331（万元）

现金营运指数＝323÷331＝0.976

ABC 公司每 1 元的经营活动收益，收回约 0.976 元。

现金营运指数大于 1，说明收益质量较好。现金营运指数小于 1，说明一部分收益尚没有取得现金，停留在实物或债权形态，而实物或债权资产的风险大于现金，应收账款不一定能足额变现，存货也有贬值的风险，所以未收现的收益质量低于已收现的收益。其次，现金营运指数小于 1，说明营运资金增加了，反映企业为取得同样的收益占用了更多的营运资金，取得收益的代价增加了，同样的收益代表着较差的业绩。

6.3 企业综合绩效分析与评价

6.3.1 综合绩效分析的原因

财务分析的最终目的在于全面、准确、客观地揭示与披露企业财务状况和经营情况，并借以对企业经济效益优劣做出合理的评价。显然，要达到这样一个分析目的，仅仅测算几个简单、孤立的财务比率，或者将一些孤立的财务分析指标堆砌在一起，彼此毫无联系地考察，不可能得出合理、正确的综合性结论，有时甚至会得出错误的结论。因此，只有将企业偿债能力、营运能力、投资收益实现能力以及发展趋势等各项分析指标有机地联系起来，作为一套完整的体系，相互配合使用，做出系统的综合评价，才能从总体意义上把握企业财务状况和经营情况的优劣。

综合分析的意义在于能够全面、正确地评价企业的财务状况和经营成果，因为局部不能替代整体，某项指标的好坏不能说明整个企业经济效益的高低。除此之外，综合分析的结果在进行企业不同时期比较分析和不同企业之间比较分析时消除了时间上和空间上的差异，使之更具有可比性，有利于总结经验、吸取教训、发现差距、赶超先进。进而，从整体上、本质上反映和把握企业生产经营的财务状况和经营成果。

6.3.2 企业综合绩效分析的方法

企业综合绩效分析方法有很多，传统方法主要有杜邦分析法和沃尔评分法等，两种方法出发点相同，但是在实际使用中各有优劣，具体使用哪一种方法要根据企业自身的情况进行判断和筛选。

1. 杜邦分析法

杜邦分析法，又称杜邦财务分析体系，简称杜邦体系，是利用各主要财务比率指标间的内在联系，对企业财务状况及经济效益进行综合系统分析评价的方法。该体系是以净资产收益率为起点，以总资产净利率和权益乘数为核心，重点揭示企业获利能力及权益乘数对净资产收益率的影响，以及各相关指标间的相互影响作用关系。因其最初由美国杜邦企业成功应用，故得名。

杜邦分析法将净资产收益率(权益净利率)分解如图 6－2 所示。其分析关系式为：

$$净资产收益率=销售净利率\times总资产周转率\times权益乘数$$

运用杜邦分析法需要抓住以下几点：

(1)净资产收益率是一个综合性最强的财务分析指标，是杜邦分析体系的起点。

财务管理的目标之一是使股东财富最大化，净资产收益率反映了企业所有者投入资本的获利能力，说明了企业筹资、投资、资产营运等各项财务及其管理活动的效率，而不断提高净资产收益率是使所有者权益最大化的基本保证。所以，这一财务分析指标是企业所有者、经营者都十分关心的。而净资产收益率高低的决定因素主要有三个，即销售净利率、总资产周转率和权益乘数。这样，在进行分解之后，就可以将净资产收益率这一综合性指标升降变化的原因具体化，从而它比只用一项综合性指标更能说明问题。

(2)销售净利率反映了企业净利润与销售收入的关系，它的高低取决于销售收入与成本总

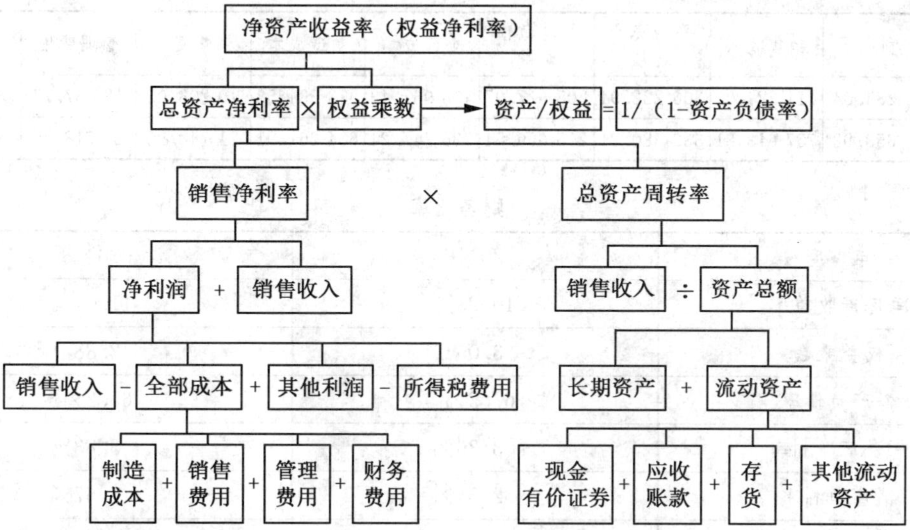

注:本章销售净利率即营业净利率,销售收入即营业收入,销售费用即营业费用。图中有关资产、负债与权益指标通常用平均值计算。

图 6—1　杜邦分析体系

额的高低。

要想提高销售净利率,一是要扩大销售收入,二是要降低成本费用。扩大销售收入既有利于提高销售净利率,又有利于提高总资产周转率。降低成本费用是提高销售净利率的一个重要因素,从杜邦分析图可以看出成本费用的基本结构是否合理,从而找出降低成本费用的途径和加强成本费用控制的办法。如果企业财务费用支出过高,就要进一步分析其负债比率是否过高;如果管理费用过高,就要进一步分析其资产周转情况等。从图 6—1 中还可以看出,提高销售净利率的另一途径是提高其他利润。为了详细地了解企业成本费用的发生情况,在具体列示成本总额时,还可根据重要性原则,将那些影响较大的费用单独列示,以便为寻求降低成本的途径提供依据。

(3)影响总资产周转率的一个重要因素是资产总额。

资产总额由流动资产与长期资产组成,它们的结构合理与否将直接影响资产的周转速度。一般来说,流动资产直接体现企业的偿债能力和变现能力,而长期资产则体现了企业的经营规模、发展潜力。两者之间应该有一个合理的比例关系。如果发现某项资产比重过大,影响资金周转,就应深入分析其原因,例如企业持有的货币资金超过业务需要,就会影响企业的盈利能力;如果企业占有过多的存货和应收账款,则既会影响获利能力,又会影响偿债能力。因此,还应进一步分析各项资产的占用数额和周转速度。

(4)权益乘数主要受资产负债率指标的影响。

资产负债率越高,权益乘数就越高,说明企业的负债程度比较高,给企业带来了较多的杠杆利益,同时,也带来了较大的风险。

【例 6—5】　某企业有关财务数据如表 6—17 所示。分析该企业净资产收益率变化的原因(表 6—18)。

表 6—17　　基本财务数据　　单位:万元

年度	利润	销售收入	平均资产总额	平均负债总额	全部成本	制造成本	销售费用	管理费用	财务费用
20×7	10 284.04	411 224.01	306 222.94	205 677.07	403 967.43	373 534.53	10 203.05	18 667.77	1 562.08
20×8	12 653.92	757 613.81	330 580.21	215 659.54	736 747.24	684 261.91	21 740.96	25 718.20	5 026.17

表 6—18　　财务比率

年　度	20×7	20×8
净资产收益率	10.23%	11.01%
权益乘数	3.05	2.88
资产负债率	67.2%	65.2%
总资产净利率	3.36%	3.83%
销售净利率	2.5%	1.67%
总资产周转率(次)	1.34	2.29

(1)对净资产收益率的分析。该企业的净资产收益率在 20×7 年至 20×8 年间出现了一定程度的好转,从 20×7 年的 10.23%增加至 20×8 年的 11.01%。企业的投资者在很大程度上依据这个指标来判断是否投资或是否转让股份,考察经营者业绩和决定股利分配政策。这些指标对企业的管理者也至关重要。

净资产收益率=权益乘数×总资产净利率

20×7 年　　10.23%=3.05×3.36%

20×8 年　　11.01%=2.88×3.83%

通过分解可以明显地看出,该企业净资产收益率的变动在于资本结构(权益乘数)变动和资产利用效果(总资产净利率)变动两方面共同作用的结果,而该企业的总资产净利率太低,显示出很差的资产利用效果。

(2)对总资产净利率的分析。

总资产净利率=销售净利率×总资产周转率

20×7 年　　3.36%=2.5%×1.34

20×8 年　　3.83%=1.67%×2.29

通过分解可以看出 20×8 年该企业的总资产周转率有所提高,说明资产的利用得到了比较好的控制,显示出比前一年较好的效果,表明该企业利用其总资产产生销售收入的效率在增加。总资产周转率提高的同时销售净利率的减少阻碍了总资产净利率的增加。

(3)对销售净利率的分析。

销售净利率=净利润/销售收入

20×7 年　　2.5%=10 284.04÷411 224.01

20×8 年　　1.67%=12 653.92÷757 613.81

该企业 20×8 年大幅度提高了销售收入,但是净利润的提高幅度却很小,分析其原因是成本费用增多,从表 6－17 可知:全部成本从 20×7 年的 403 967.43 万元增加到 20×8 年的 736 747.24万元,与销售收入的增加幅度大致相当。

(4)对全部成本的分析。

全部成本＝制造成本＋销售费用＋管理费用＋财务费用

20×7 年　　403 967.43＝373 534.53＋10 203.05＋18 667.77＋1 562.08

20×8 年　　736 747.24＝684 261.91＋21 740.96＋25 718.20＋5 026.17

本例中，导致该企业净资产收益率小的主要原因是全部成本过大。也正是因为全部成本的大幅度提高导致了净利润提高幅度不大，而销售收入大幅度增加，就引起了销售净利率的降低，显示出该企业销售盈利能力的降低。资产净利率的提高当归功于总资产周转率的提高，销售净利率的减少却起到了阻碍的作用。

(5)对权益乘数的分析。

权益乘数＝资产总额/权益总额

20×7 年　　$3.05=\frac{306\ 222.94}{306\ 222.94-205\ 677.07}$

20×8 年　　$2.88=\frac{330\ 590.21}{330\ 590.21-215\ 659.54}$

该企业下降的权益乘数，说明企业的资本结构在 20×7 年至 20×8 年发生了变动，20×8 年的权益乘数较 20×7 年有所减小。权益乘数越小，企业负债程度越低，偿还债务能力越强，财务风险有所降低。这个指标同时也反映了财务杠杆对利润水平的影响。该企业的权益乘数一直处于 2～5 之间，也即负债率在 50%～80%，属于激进战略型企业。管理者应该准确把握企业所处的环境，准确预测利润，合理控制负债带来的风险。

(6)结论。对于该企业，最为重要的就是要努力降低各项成本，在控制成本上下功夫，同时要保持较高的总资产周转率。这样，可以使销售净利率得到提高，进而使总资产净利率有大的提高。

2. 沃尔评分法

企业财务综合分析的先驱者之一是亚历山大·沃尔。他在 20 世纪初出版的《信用晴雨表研究》和《财务报表比率分析》中提出了信用能力指数的概念，他把若干个财务比率用线性关系结合起来，以此来评价企业的信用水平，被称为沃尔评分法。他选择了七种财务比率，分别给定了其在总评价中所占的比重，总和为 100 分；然后，确定标准比率，并与实际比率相比较，评出每项指标的得分，求出总评分。

【例 6－6】　某企业是一家中型电力企业，20×8 年的财务状况评分的结果如表 6－19 所示。

表 6－19　　**沃尔综合评分表**

财务比率	比重①	标准比率②	实际比率③	相对比率 ④＝③÷②	综合指数 ⑤＝①×④
流动比率	25	2.00	1.66	0.83	20.75
净资产/负债	25	1.50	2.39	1.59	39.75
资产/固定资产	15	2.50	1.84	0.736	11.04
销售成本/存货	10	8	9.94	1.243	12.43
销售收入/应收账款	10	6	8.61	1.435	14.35
销售收入/固定资产	10	4	0.55	0.137 5	1.38
销售收入/净资产	5	3	0.4	0.133	0.67
合　计	100				100.37

从表 6—18 可知，该企业的综合指数为 100.37，总体财务状况是不错的，综合评分达到标准的要求。但由于该方法技术上的缺陷，夸大了达到标准的程度。尽管沃尔评分法在理论上还有待证明，在技术上也不完善，但它还是在实践中被广泛地加以应用。

沃尔评分法从理论上讲，有一个弱点，就是未能证明为什么要选择这七个指标，而不是更多些或更少些，或者选择别的财务比率，以及未能证明每个指标所占比重的合理性。沃尔的分析法从技术上讲有一个问题，就是当某一个指标严重异常时，会对综合指数产生不合逻辑的重大影响。这个缺陷是由相对比率与比重相“乘”而引起的。财务比率提高一倍，其综合指数增加 100%；而财务比率减少一倍，其综合指数只减少 50%。

现代社会与沃尔的时代相比，已有很大的变化。一般认为企业财务评价的内容首先是盈利能力，其次是偿债能力，再次是成长能力，它们之间大致可按 5：3：2 的比重来分配。盈利能力的主要指标是总资产报酬率、销售净利率和净资产收益率，这三个指标可按 2：2：1 的比重来安排。偿债能力有四个常用指标。成长能力有三个常用指标（都是本年增量与上年实际量的比值）。假定仍以 100 分为总评分。

【例 6—7】 仍以【例 6—6】中企业 20×8 年的财务状况为例，以中型电力生产企业的标准值为评价基础，则其综合评分标准如表 6—20 所示。

表 6—20　　综合评分表

指　标	评分值	标准比率（%）	行业最高比率（%）	最高评分	最低评分	每分比率差
盈利能力：						
总资产报酬率	20	5.5	15.8	30	10	1.03
销售净利率	20	26.0	56.2	30	10	3.02
净资产收益率	10	4.4	22.7	15	5	3.66
偿债能力：						
自有资本比率	8	25.9	55.8	12	4	7.475
流动比率	8	95.7	253.6	12	4	39.475
应收账款周转率	8	290	960	12	4	167.5
存货周转率	8	800	3 030	12	4	557.5
成长能力：						
销售增长率	6	2.5	38.9	9	3	12.13
净利增长率	6	10.1	51.2	9	3	13.7
总资产增长率	6	7.3	42.8	9	3	11.83
合　计	100			150	50	

标准比率以本行业平均数为基础，在给每个指标评分时，应规定其上限和下限，以减少个别指标异常对总分造成不合理的影响。上限可定为正常评分值的 1.5 倍，下限可定为正常评分值的 0.5 倍。此外，给分不是采用“乘”的关系，而采用“加”或“减”的关系来处理，以克服沃尔评分法的缺点。例如，总资产报酬率每分比率的差为 1.03%＝(15.8%－5.5%)÷(30－20)。总资产报酬率每提高 1.03%，多给 1 分，但该项得分不得超过 30 分。

根据这种方法，对该企业的财务状况重新进行综合评价，得 124.94 分(表 6－21)，是一个中等略偏上水平的企业。

表 6－21　　财务情况评分

指　标	实际比率 ①	标准比率 ②	差异 ③＝①－②	每分比率 ④	调整分 ⑤＝③÷④	标准评分值 ⑥	得分 ⑦＝⑤＋⑥
盈利能力：							
总资产报酬率	10	5.5	4.5	1.03	4.37	20	24.37
销售净利率	33.54	26.0	7.54	3.02	2.50	20	22.50
净资产收益率	13.83	4.4	9.43	3.66	2.58	10	12.58
偿债能力：							
自有资本比率	72.71	25.9	46.81	7.475	6.26	8	14.26
流动比率	166	95.7	70.3	39.475	1.78	8	9.78
应收账款周转率	861	290	571	167.5	3.41	8	11.41
存货周转率	994	800	194	557.5	0.35	8	8.35
成长能力：							
销售增长率	17.7	2.5	15.2	12.13	1.25	6	7.25
净利增长率	－1.74	10.1	－11.84	13.7	－0.86	6	5.14
总资产增长率	46.36	7.3	39.06	11.83	3.30	6	9.30
合　计						100	124.94

6.3.3　综合绩效评价

综合绩效评价是综合分析的一种，一般是站在企业所有者(投资人)的角度进行的。

综合绩效评价，是指运用数理统计和运筹学的方法，通过建立综合评价指标体系，对照相应的评价标准，定量分析与定性分析相结合，对企业一定经营期间的盈利能力、资产质量、债务风险以及经营增长等经营业绩和努力程度等各方面进行的综合评判。

科学地评价企业绩效，可以为出资人行使经营者的选择权提供重要依据；可以有效地加强对企业经营者的监管和约束；可以为有效激励企业经营者提供可靠依据；还可以为政府有关部门、债权人、企业职工等利益相关方提供有效的信息支持。

1. 综合绩效评价的内容

企业综合绩效评价由财务绩效定量评价和管理绩效定性评价两部分组成。

(1)财务绩效定量评价

财务绩效定量评价是指对企业一定期间的盈利能力、资产质量、债务风险和经营增长四个方面进行定量对比分析和评判。

①企业盈利能力分析与评判主要通过资本及资产报酬水平、成本费用控制水平和经营现金流量状况等方面的财务指标，综合反映企业的投入产出水平以及盈利质量和现金保障状况。

②企业资产质量分析与评判主要通过资产周转速度、资产运行状态、资产结构以及资产有效性等方面的财务指标，综合反映企业所占用经济资源的利用效率、资产管理水平与资产的安全性。

③企业债务风险分析与评判主要通过债务负担水平、资产负债结构、或有负债情况、现金

偿债能力等方面的财务指标，综合反映企业的债务水平、偿债能力及其面临的债务风险。

④企业经营增长分析与评判主要通过销售增长、资本积累、效益变化以及技术投入等方面的财务指标，综合反映企业的经营增长水平及发展后劲。

(2)管理绩效定性评价

管理绩效定性评价是指在企业财务绩效定量评价的基础上，通过采取专家评议的方式，对企业一定期间的经营管理水平进行定性分析与综合评判。

管理绩效定性评价指标包括企业发展战略的确立与执行、经营决策、发展创新、风险控制、基础管理、人力资源、行业影响、社会贡献等方面。

2. 综合绩效评价指标

企业综合绩效评价指标由22个财务绩效定量评价指标和8个管理绩效定性评价指标组成。

(1)财务绩效定量评价指标

财务绩效定量评价指标由反映企业盈利能力、资产质量状况、债务风险状况和经营增长状况四方面的基本指标和修正指标构成。

其中，基本指标反映企业一定期间财务绩效的主要方面，并得出财务绩效定量评价的基本结果。修正指标是根据财务指标的差异性和互补性，对基本指标的评价结果做进一步的补充和矫正。

①企业盈利能力状况以净资产收益率、总资产报酬率两个基本指标和销售(营业)利润率、利润现金保障倍数、成本费用利润率、资本收益率四个修正指标进行评价，主要反映企业一定经营期间的投入产出水平和盈利质量。

②企业资产质量状况以总资产周转率、应收账款周转率两个基本指标和不良资产比率、流动资产周转率、资产现金回收率三个修正指标进行评价，主要反映企业所占用经济资源的利用效率、资产管理水平与资产的安全性。

③企业债务风险状况以资产负债率、已获利息倍数两个基本指标和速动比率、现金流动负债比率、带息负债比率、或有负债比率四个修正指标进行评价，主要反映企业的债务负担水平、偿债能力及其面临的债务风险。

④企业经营增长状况以销售(营业)增长率、资本保值增值率两个基本指标和销售(营业)利润增长率、总资产增长率、技术投入比率三个修正指标进行评价，主要反映企业的经营增长水平、资本增值状况及发展后劲。

(2)管理绩效定性评价指标

企业管理绩效定性评价指标包括战略管理、发展创新、经营决策、风险控制、基础管理、人力资源、行业影响、社会贡献8个方面的指标，主要反映企业在一定经营期间所采取的各项管理措施及其管理成效。

①战略管理评价主要反映企业所制定战略规划的科学性，战略规划是否符合企业实际，员工对战略规划的认知程度，战略规划的保障措施及其执行力，以及战略规划的实施效果等方面的情况。

②发展创新评价主要反映企业在经营管理创新、工艺革新、技术改造、新产品开发、品牌培育、市场拓展、专利申请及核心技术研发等方面的措施及成效。

③经营决策评价主要反映企业在决策管理、决策程序、决策方法、决策执行、决策监督、责任追究等方面采取的措施及实施效果，重点反映企业是否存在重大经营决策失误。

④风险控制评价主要反映企业在财务风险、市场风险、技术风险、管理风险、信用风险和道德风险等方面的管理与控制措施及效果，包括风险控制标准、风险评估程序、风险防范与化解措施等。

⑤基础管理评价主要反映企业在制度建设、内部控制、重大事项管理、信息化建设、标准化管理等方面的情况，包括财务管理、对外投资、采购与销售、存货管理、质量管理、安全管理、法律事务等。

⑥人力资源评价主要反映企业人才结构、人才培养、人才引进、人才储备、人事调配、员工绩效管理、分配与激励、企业文化建设、员工工作热情等方面的情况。

⑦行业影响评价主要反映企业主管业务的市场占有率、对国民经济及区域经济的影响与带动力、主要产品的市场认可程度、是否具有核心竞争能力以及产业引导能力等方面的情况。

⑧社会贡献评价主要反映企业在资源节约、环境保护、吸纳就业、工资福利、安全生产、上缴税收、商业诚信、和谐社会建设等方面的贡献程度和社会责任的履行情况。

各指标评价内容与权重如表6—22所示。

表6—22　　企业综合绩效评价指标及权重表

评价内容与权重		财务绩效(70%)				管理绩效(30%)	
		基本指标	权重	修正指标	权重	评议指标	权重
盈利能力状况	34	净资产收益率	20	销售(营业)利润率	10	战略管理	18
		总资产报酬率	14	利润现金保障倍数	9	发展创新	15
				成本费用利润率	8	经营决策	16
				资本收益率	7	风险控制	13
						基础管理	14
						人力资源	8
						行业影响	8
						社会贡献	8
资产质量状况	22	总资产周转率	10	不良资产比率	9		
		应收账款周转率	12	流动资产周转率	7		
				资产现金回收率	6		
债务风险状况	22	资产负债率	12	速动比率	6		
		已获利息倍数	10	现金流动负债比率	6		
				带息负债比率	5		
				或有负债比率	5		
经营增长状况	22	销售(营业)利润率	12	销售(营业)利润增长率	10		
		资本保值增值率	10	总资产增值率	7		
				技术投入比率	5		

3. 综合绩效评价标准

综合绩效评价标准分为财务绩效定量评价标准和管理绩效定性评价标准。

(1)财务绩效定量评价标准

财务绩效定量评价标准包括国内行业标准和国际行业标准。国内行业标准根据国内企业年度财务和经营管理统计数据,运用数理统计方法,分年度、分行业、分规模统一测算。国际行业标准根据居于行业国际领先地位的大型企业相关财务指标实际值,或者根据同类型企业组相关财务指标的先进值,在剔除会计核算差异后统一测算。其中,财务绩效定量评价标准的行业分类,按照国家统一颁布的国民经济行业分类标准结合企业实际情况进行划分。

财务绩效定量评价标准按照不同行业、不同规模及指标类别,划分为优秀(A)、良好(B)、平均(C)、较低(D)、较差(E)五个档次,对应五档评价标准的标准系数分别为1.0、0.8、0.6、0.4、0.2,较差(E)以下为0。

(2)管理绩效定性评价标准

管理绩效定性评价标准分为优(A)、良(B)、中(C)、低(D)、差(E)五个档次。对应五档评价标准的标准系数分别为1.0、0.8、0.6、0.4、0.2,差(E)以下为0。

管理绩效定性评价标准具有行业普遍性和一般性,在进行评价时,应当根据不同行业的经营特点,灵活把握个别指标的标准尺度。对于定性评价标准没有列示,但对被评价企业经营绩效产生重要影响的因素,在评价时也应予考虑。

4. 综合绩效评价工作程序

(1)财务绩效评价工作程序

财务绩效定量评价工作具体包括提取评价基础数据、基础数据调整、评价计分、形成评价结果等内容。

①提取评价基础数据。以经社会中介机构或内部审计机构审计并经评价组织机构核实确认的企业年度财务会计报表为基础提取评价基础数据。

②基础数据调整。为客观、公正地评价企业经营绩效,对评价基础数据进行调整。

③评价计分。根据调整后的评价基础数据,对照相关年度的行业评价标准值,利用绩效评价软件或手工评价计分。

④形成评价结果。对任期财务绩效评价需要计算任期内平均财务绩效评价分数,并计算绩效改进度;对年度财务绩效评价除计算年度绩效改进度外,需要对定量评价得分深入分析,诊断企业经营管理存在的薄弱环节,并在财务决策批复中提示有关问题,同时进行所监管企业的分配排序分析,在一定范围内发布评价结果。

(2)管理绩效评价工作程序

管理绩效定性评价工作具体包括收集整理绩效评价资料、聘请咨询专家、召开专家评议会、形成定性评价结论等内容。

①收集整理管理绩效评价资料。为了深入了解被评价企业的管理绩效状况,应当通过问卷调查、访谈等方式,充分收集并认真整理管理绩效评价的有关资料。

②聘请咨询专家。根据所评价企业的行业情况,聘请不少于7名的管理绩效评价咨询专家,组成专家咨询组,并将被评价企业的有关资料提前送达咨询专家。

③召开专家评议会。组织咨询专家对企业的管理绩效指标进行评议打分。

④形成定性评价结论。汇总管理绩效定性评价指标得分,形成定性评价结论。

5. 企业综合绩效评价计分方法

(1)财务绩效评价计分

①基本指标计分。财务绩效定量评价基本指标计分是按照功效系数法计分原理，将评价指标实际值对照行业评价标准值，按照规定的计分公式计算各项基本指标得分。计算公式为：

$$基本指标总得分=\sum 单项基本指标得分$$

$$单项基本指标得分=本档基础分+调整分$$

$$本档基础分=指标权数\times 本档标准系数$$

$$调整分=功效系数\times(上档基础分-本档基础分)$$

$$上档基础分=指标权数\times 本档标准系数$$

$$功效系数=(实际值-本档标准值)/(上档标准值-本档标准值)$$

本档标准值是指上下两档标准值居于较低等级一档。

②修正指标的计分。财务绩效定量评价修正指标的计分是在基本指标计分结果的基础上，运用功效系数法原理，分别计算盈利能力、资产质量、债务风险和经营增长四个部分的综合修正系数，再据此计算出修正后的分数。计算公式为：

$$修正后总得分=\sum 各部分修正后得分$$

$$各部分修正后得分=各部分基本指标分数\times 该部分综合修正系数$$

$$某部分综合修正系数=\sum 该部分各修正指标加权修正系数$$

$$某指标加权修正系数=\frac{修正指标权数}{该部分权数}\times 该指标单项修正系数$$

$$某指标单项修正系数=1.0+(本档标准系数+功效系数\times 0.2-该部分基本指标分析系数)(单项修正系数控制修正幅度为0.7\sim 1.3)$$

$$某部分基本指标分析系数=该部分基本指标得分/该部分权数$$

在计算修正指标单项修正系数过程中，对于一些特殊情况应进行调整。

a. 如果修正指标实际值达到优秀值以上，其单项修正系数的计算公式如下：

单项修正系数=1.2+本档标准系数-该部分基本指标分析系数

b. 如果修正指标实际值处于较差值以下，其单项修正系数的计算公式如下：

单项修正系数=1.0-该部分基本指标分析系数

c. 如果资产负债率≥100％，指标得0分；其他情况按照规定的公式计分。

d. 如果盈余现金保障利润分子为正数，分母为负数，单项修正系数确定为1.1；如果分子为负数，分母为正数，单项修正系数确定为0.9；如果分子分母同为负数，单项修正系数确定为0.8。

e. 如果不良资产比率≥100％或分母为负数，单项修正系数确定为0.8。

f. 对于销售(营业)利润增长率指标，如果上年主营业务利润为负数，本年为正数，单项修正系数为1.1；如果上年主营业务利润为零，本年为正数，或者上年为负数，本年为零，单项修正系数确定为1.0。

g. 如果个别指标难以确定行业标准，该指标单项修正系数确定为1.0。

(2)管理绩效评价计分

管理绩效定性评价指标的计分一般通过专家评议打分的形式完成，聘请的专家应不少于7名；评议专家应当在充分了解企业管理绩效状况的基础上，对照评价参考标准，采取综合分析判断法，对企业管理绩效指标做出分析评议，评判各项指标所处的水平档次，并直接给出评价分数。计分公式为：

$$管理绩效定性评价指标分数=\sum 单项指标得分$$

$$单项指标分数=\frac{\sum 每位专家给定的单项指标得分}{专家人数}$$

(3)综合绩效评价计分

在得出财务绩效定量评价分数和管理绩效定性评价分数后，应当按照规定的权重，耦合形成综合绩效评价分数。计算公式为：

企业综合绩效评价分数=财务绩效定量评价分数×70%＋管理绩效定性评价分数×30%

在得出评价分数以后，应当计算年度之间的绩效改进度，以反映企业年度之间经营绩效的变化状况。计算公式为：

$$绩效改进度=本期绩效评价分数/基期绩效评价分数$$

绩效改进度大于1，说明经营绩效上升；绩效改进度小于1，说明经营绩效下滑。

6. 企业综合绩效评价结果与评价报告

(1)评价结果

企业综合绩效评价结果以评价得分、评价类型和评价级别表示。

评价类型是根据评价分数对企业综合绩效所划分的水平档次，用文字和字母表示，分为优(A)、良(B)、中(C)、低(D)、差(E)五种类型。

评价级别是对每种类型再划分级次，以体现同一评价类型的不同差异，采用在字母后标注“＋、－”号的方式表示。

(2)企业综合绩效评价结果以85、70、50、40分作为类型判定的分数线。

①评价得分达到85分以上(含85分)的评价类型为优(A)，在此基础上划分为三个级别，分别为：A＋＋≥95分；95分>A＋≥90分；90分>A≥85分。

②评价得分达到70分以上(含70分)不足85分的评价类型为良(B)，在此基础上划分为三个级别，分别为：85分>B＋≥80分；80分>B≥75分；75分>B－≥70分。

③评价得分达到50分以上(含50分)不足70分的评价类型为中(C)，在此基础上划分为两个级别，分别为：70分>C≥60分；60分>C－≥ 50分。

④评价得分在40分以上(含40分)不足50分的评价类型为低(D)。

⑤评价得分在40分以下的评价类型为差(E)。

延伸阅读材料

你的信用怎么样？

经过多年的风吹雨打，经历了数次从希望到失望的锤炼，我国证券市场上的众多投资者开始逐渐从盲目走向理性，崇尚公司价值、注重报表分析、抽丝剥茧提出虚假信息的理念得以形成。质地优良的股票最终傲立股海浪尖潮头，而业绩差的公司再高明的装饰表演也终究会被掀起面纱、以狼狈收场。

据中国证券报道：2012年5月，在监管部门的核查之下，ST鲁北(证券代码：600727)2011年年报中的“猫腻”被曝光。ST鲁北2011年年报中披露其收回了部分以前长期挂账的应收账款。公司报表附注显示：2011年年初，公司账龄在1年以内的应收账款为648万余元、账龄1～2年的约501万元，而账龄长达3～5年的应收账款高达814万元。由于2011年公司已将这些账龄较长的应收账款收回，因为期末冲回了坏账准备962.17万元。从会计处理的角度讲，这说明公司通过调减“资产减值损失”科目余额而减少了当年的费用总额，从而提升了公司利润总额962.17万元。然而经监管部门核查，这些所谓的“收回往来账户欠款”，实际上是由ST鲁北的大股东（山东鲁北企业集团总公司）支付的，从性质上讲不应列为往来客户欠款，而应直接计入公司所有者权益类的资本公积项目。这也就意味着该公司2011年年报中的利润总额有962.17万元是属于虚增的数据。如果将这部分虚增利润剔除，则ST鲁北2011年的每股收益将下降至0.05元。

由于公司财务信息与内部管理方面存在的问题，ST鲁北已经多次被证监会山东监管局责令整改。难怪有财经专家认为：ST鲁北2011年“实际利润恐与公司公布数据相去甚远。由于多项数据不符合实际披露，ST鲁北有利用财务手法虚增利润、掩盖盈利虚弱的嫌疑”。

同步测试

一、单项选择题

1. 如果流动比率大于1，则下列结论成立的是(　　)。

A. 速动比率大于1　　B. 现金比率大于1
C. 营运资金大于0　　D. 短期偿债能力绝对有保障

2. 在计算速动资产时，之所以要扣除存货等项目，是由于(　　)。

A. 这些项目价值变动较大　　B. 这些项目质量难以保证
C. 这些项目数量不易确定　　D. 这些项目变现能力较差

3. 不是评价企业短期偿债能力的指标是(　　)。

A. 产权比率　　B. 流动比率　　C. 现金比率　　D. 资产负债率

4. 杜邦财务分析体系的核心指标是(　　)。

A. 总资产报酬率　　B. 总资产周转率
C. 净资产收益率　　D. 主营业务净利率

5. 权益乘数是指(　　)。

A. 1/(1－产权比率)　　B. 1/(1－资产负债率)
C. 产权比率/(1－产权比率)　　D. 资产负债率/(1－资产负债率)

二、多项选择题

1. 影响速动比率的因素有(　　)。

A. 应收账款　　B. 存货　　C. 待摊费用　　D. 应付票据

2. 反映企业盈利状况的财务指标有(　　)。

A. 主营业务利润率　　B. 总资产报酬率
C. 净资产收益率　　D. 资本保值增值率

3. 关于财务分析有关指标的说法中，正确的有(　　)。

A. 尽管流动比率可以反映企业的短期偿债能力，但有的企业流动比率较高，却没有能力支付到期的应付账款
B. 产权比率揭示了企业负债与资本的对应关系
C. 与资产负债率相比，产权比率侧重于揭示财务结构的稳健程度以及权益资本对偿债风险的承受能力
D. 较之流动比率或速动比率，以现金流动负债比率来衡量企业短期债务的偿还能力更为保险

三、判断题

1. 现金比率的提高不仅增加资产的流动性，也会使机会成本增加。(　　)

2. 若固定资产净值增加幅度低于销售收入净额增长幅度，则会引起固定资产周转率增大，表明企业的营运能力有所提高。(　　)

3. 本应借记应付账款，却误借记应收账款，这种错误必然会导致流动比率上升。(　　)

4. 在总资产报酬率不变的情况下，资产负债率越低，权益资金利润率越高。 （　　）

5. 权益乘数的高低取决于企业的资金结构，负债比率越高，权益乘数越低，财务风险越大。 （　　）

四、计算题

已知某公司 2014 年年度会计报表有关资料如表 6－23 所示。要求：计算杜邦分析体系中的下列指标：

(1)净资产收益率；

(2)总资产净利率；

(3)主营业务净利率；

(4)总资产周转率；

(5)权益乘数。

表 6－23 单位：万元

资产负债表项目	年初数	年末数
资产	16 000	20 000
负债	9 000	12 000
所有者权益	7 000	8 000
利润表项目	上年数	本年数
主营业务收入净额	（略）	40 000
净利润	（略）	1 000

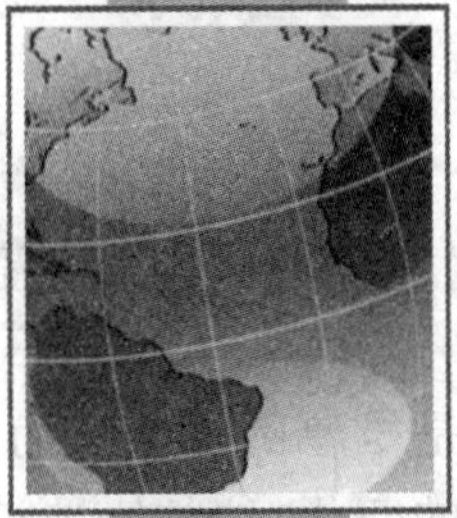

第七章 企业筹资管理

学习目标

1. 了解企业筹资的含义、原则、动机以及特点。
2. 理解筹资的主要内容、筹资的分类、筹资渠道与筹资方式。
3. 掌握债务筹资和股权筹资等不同的筹资方式对企业的影响。
4. 熟悉应用资金需要量预测的方法。

案例 7—1

聚焦华为筹资

华为技术有限公司是一家生产销售通信设备的民营通信科技公司，1987 年成立，总部位于中国广东省深圳。华为的产品和解决方案已经应用于全球 170 多个国家，服务全球运营商 50 强中的 45 家及全球 1/3 的人口。2016 年，《财富》世界 500 强榜单华为位居第 129 位，据消息称，华为在全球的销量已超过韩国三星。

1992 年前后，华为将全部资金投入 C&C08 数字程控交换机的研发中，但贷款回收慢(电信设备市场的特征:投入资金量大、销售周期长、资金回笼慢、拖欠严重)，现金流出现严重问题。全体员工连续几个月没有发工资，员工们士气低落，部分员工打退堂鼓，这是华为历史上第一次资金危机。

1. 1992 年资金危机发生不久后，突然收到一笔贷款，但由于 C&C08 数字程控交换机的研发资金需要 1 亿元的投入，任正非多方高贷未果，被逼无奈向大企业拆借，利息高达 20%～30%。那时候，华为因为民营企业的身份主要靠自有资金周转，从银行基本贷不到款项，这实际上把任正非逼上绝路，任正非在 C&C08 数字程控交换机动员大会上讲出了“失败了我只有跳楼”的誓言。

2. 1993 年 C&C08 数字程控交换机研制成功，开始大规模销售。年底，筹建北京研究所。企业进入迅速膨胀期，周转资金的压力也越来越大。多次贷款计划被搁置后，华为到了甚至揭不开锅的境地，公司迫不得已再次向一些大型国有企业和民企筹集利息高达 30%的高利贷，以解燃眉之急。

3. 1996 年，国务院副总理朱镕基视察华为，朱镕基得知华为资金上的困难时，当即说:“只要是中国的程控交换机打入国际市场，一定提供买方信贷，在国内市场与外国公司竞争，一律给予支持，同样给予买方信贷”。同年下半年，招商银行与华为展开合作，并推出了买方信贷业务，让电信部门从招商银行贷款购买华为的设备，华为再从银行提取贷款。

4. 1999 年左右，由于国家金融政策放开，国内银行业也逐步商业化运作，由于华为资信好，业务发展迅猛，银行也开始大规模放贷。

5. 在全国成立多个合资公司，缓解资金的紧张压力和巩固已有的市场。

6. 员工持股不仅开中国企业内部管理机制之先河，也是华为重要的融资渠道之一，在华为资金匮乏甚至出现经营困境时，员工持股调动了华为不屈不挠的韧劲，使华为走过了脆弱阶段。

思考:华为在资筹过程中运用了哪些筹资方式？这些筹资方式有什么优缺点？

7.1 企业筹资管理概述

7.1.1 企业筹资的含义和原则

企业筹资是指企业根据自身生产经营活动对资金需求数量的要求，通过金融机构或金融市场等渠道，采取适当的方式，获取所需资金的一种财务行为。

企业进行正常的经营活动和取得长久的生存发展的重要前提条件就是雄厚的资金实力，企业筹资的基本目的即为了企业经营的维持和发展。由于生产经营活动的变化，往往需要追加筹资。例如，有的企业为了增加经营收入，降低成本费用，提高利润水平，需要根据市场需求变化，扩大生产经营规模，调整生产结构，研制开发新产品等都需要大量资金作保障。有的企业为了稳定供求关系和获得投资收益，对外开展投资活动都需要筹集资金。有的企业由于资本结构不合理，负债比率过大，偿债压力过重，财务风险过高，主动通过筹资来调整资本结构。因此，企业筹资管理显得尤为重要。

筹资过程中应注意企业筹资的基本原则：根据生产经营情况，合理预测资金需要量；了解资金市场和渠道，选择资金来源；比较各种筹资方式，选择最佳的资金结构。

7.1.2 企业筹资的动机

企业在持续的生产经营活动中，其具体的筹资活动通常受特定的筹资动机所驱使。企业筹资的具体动机是多元化的，如引进新技术、购置新设备、开发新产品、对外投资、企业并购、清偿债务等。在筹资活动中，这些具体的筹资动机有时是单一的，有时是综合的，归纳起来表现为四种类型：周转性筹资动机、扩张性筹资动机、调整性筹资动机、混合性筹资动机。

1. 周转性筹资动机

又称支付性筹资动机，是企业为满足经营业务活动正常开展形成的支付需要而产生的临时性筹资动机。企业在生产经营活动中，会出现超出维持正常经营需求的临时性、季节性的支付需要，比如员工工资和福利的发放、大批原材料的采购支出、股东股利发放、短期借款的偿还、行政性的罚没支出等，这些情况都是企业对资金临时性、应急性的支付需求，往往需要通过临时性筹资来满足，维持企业支付能力，保证正常的生产经营开展。

2. 扩张性筹资动机

扩张性筹资动机是指企业因扩大生产经营规模或增加对外投资而产生的追加投资动机。处于成长时期、具有良好发展前景的企业通常会产生这种筹资动机。一旦企业扩大再生产、经营规模，开展对外投资，就需要大量追加筹资。扩张性筹资，在筹资数量和时间上都要服从于投资计划和投资决策，避免资金的闲置和投资时机的延误。扩张性筹资的直接结果，是企业资产总规模增加和资本结构的变化。

【例 7—1】 甲公司扩张筹资前的资产和筹资规模如表 7—1 的①所示。该企业根据扩大生产经营和对外投资的需要，追加筹资4 500万元，其中长期借款2 500万元，企业所有者投入资本2 000万元，用于追加存货价值1 500万元，追加设备价值1 500万元，追加长期投资1 500万元，假设其他项目没有发生变动。在采取扩张筹资后，该公司的资产和筹资总额如表 7—1 的②所示。

表 7—1 甲公司扩张筹资前后资产和筹资总额变动表 单位：万元

资 产	①	②	筹 资	①	②
	扩张筹资前	扩张筹资后		扩张筹资前	扩张筹资后
现金	500	500	应付账款	1 500	1 500
应收账款	2 500	2 500	短期借款	1 500	1 500
存货	2 000	3 500	长期借款	1 000	3 500
长期投资	1 000	2 500	应付债券	2 000	2 000
固定资产	4 000	5 500	股东权益	4 000	6 000
资产总额	10 000	14 500	筹资总额	10 000	14 500

通过对表 7—1 甲公司筹资前后的金额进行比较可以看出，该公司采取扩张筹资后，资产总额从 10 000 万元增至 14 500 万元，与此对应，筹资总额也从 10 000 万元增至 14 500 万元。这是该企业扩张筹资带来的直接结果。

3. 调整性筹资动机

企业的调整性筹资动机是企业因调整现有资本结构的需要而产生的筹资动机。资本结构是指企业各种筹资方式的组合及其比例关系。一个企业在不同时期由于筹资方式的不同组合会形成不同的资本结构。企业调整资本结构的目的在于降低资本成本，控制财务风险，提升企业价值。产生调整性筹资动机的主要原因有二：一是优化资本结构。例如，一家企业有些债务到期必须偿付，企业虽然具有足够的偿债能力偿付债务，但为了调整现有的资本结构，仍然举债，从而使资本结构更加合理并优化。二是偿还到期债务。如企业由于客观情况的变化，现有的资本结构中债务筹资所占比例过大，财务风险过高，偿债压力过重，需要降低债权筹资比例，采取债转股等措施予以调整，使资本结构适应客观情况变化而趋于合理。

【例 7—2】 甲公司调整筹资前的资产和筹资情况如表 7—2 的③所示。该公司分析认为这种资本结构不再合理，需要采取债转股措施予以调整。调整后的资产和筹资情况如表 7—2 的④所示。

表 7—2 甲公司调整筹资前后资产和筹资总额变动表 单位：万元

资 产	③	④	筹 资	③	④
	调整筹资前	调整筹资后		调整筹资前	调整筹资后
现 金	500	500	应付账款	2 000	2 000
应收账款	2 500	2 500	短期借款	1 000	1 000
存 货	2 000	2 000	长期借款	4 000	2 000
长期投资	1 000	2 500	应付债券	1 000	1 000
固定资产	4 000	4 000	股东权益	2 000	4 000
资产总额	10 000	10 000	筹资总额	10 000	10 000

上例中，如表 7—2 的③、④所示，甲公司调整筹资前的资本结构中债权筹资比例占 80%，股权筹资比例占 20%，调整筹资前后的资本结构改变为债权筹资降至 60%，股权筹资升至 40%。该公司的资产规模没有发生变化，即纯粹是为调整资本结构而筹资。

4. 混合性筹资动机

混合性筹资动机是指企业既为扩张规模又为调整资本结构而同时产生的筹资动机。即这种混合性筹资动机中兼容了扩张性筹资和调整性筹资两种筹资动机，这种动机产生的直接结果是，企业通过筹资，扩大了资本资产规模，又调整了资本结构。

7.1.3 筹资管理的主要内容

筹资是企业资金流转的起点，筹资管理要解决企业的筹资动机、资金筹集量、从什么渠道以什么方式筹集、如何协调财务风险和资本成本、调整并优化资本结构等问题。

1. 降低资本成本，控制财务风险

资本成本是企业支付给让渡资金使用权人的报酬，是企业筹集和使用资金所付出的代价，包括资金筹集费用和使用费用。资金筹集费是指在资金筹集过程中支付的各项费用，如股票发行费、借款手续费、证券印刷费、公证费、律师费等；利息支出、股利支出、融资租赁的资金利息费用等，这些是在企业生产经营和对外投资活动中发生的资金使用费用。以不同的筹资方式取得资金，其资本成本不相同，一般而言，债务资金比股权资金成本低，且其资本成本在签订债务合同时就已确定，与企业经营业绩和盈亏无关。尽管债务资金的资本成本较低，但由于债务资金有固定合同还款期限，到期必须偿还，因此企业承担的财务风险比股份资金要大一些。

财务风险，是指企业无法足额偿付到期债务的本金和利息、支付股东股利的风险，主要表现为偿债风险。由于无力清偿到期债权人的债务，可能会导致企业破产。企业筹集资金在降低资本成本的同时，要充分考虑财务风险，防范企业破产的财务危机。

2. 合理预计资金需要量

任何一个企业为了保证生产经营正常运行，必须保有一定数量的资金。正常情况下，企业资金的需求主要目的为：满足经营运转的资金需要；满足投资发展的资金需要。企业初创时，要按照规划的生产经营规模，核定长期资金需要量；企业正常运转时，需根据年度经营计划和年度资金周转量，核定维持营业活动的日常资金需求量；企业规模扩张时，要根据扩张规模和对外投资对大额资金的需求，安排筹措专项资金。

3. 安排筹资渠道、选择筹资方式

筹资渠道是指企业筹集资金的来源方向与通道，要解决的问题是资金从哪里来。一般来说，企业基本的筹资渠道有两条：直接筹资和间接筹资。直接筹资，是企业与投资者协议或通过发行股票、债券等方式直接从社会取得资金；间接筹资，是企业通过银行等金融机构以信贷关系间接从社会取得资金。具体来说，企业的筹资渠道主要有政府财政资本、银行与非银行金融机构信贷、资本市场筹集资金、企业自身积累、其他法人和自然人投入等。对不同的筹资渠道的资金，企业可以通过不同的筹资方式取得。

筹资方式，是指企业筹集资金所采取的具体方式。企业筹资方式从范围上来讲，有外部筹资和内部筹资，外部筹资是指从企业外部筹措资金，内部筹资主要依靠企业利润留存积累。外部筹资主要有两种方式：股权筹资和债务筹资。股权筹资，是指企业通过吸收直接投资、发行股票等方式从股东那里取得资金；债务筹资，是企业通过向银行借款、发行债券、利用商业信用、融资租赁等方式从债权人那里取得资金。

企业的筹资渠道和筹资方式有着密切的联系。安排筹资渠道和选择筹资方式是一项重要的财务工作，直接关系到企业筹集资金的数量、成本和风险，需要深刻认识各种筹资渠道和筹资方式的特征、性质以及与企业融资要求的适应性，实现筹资渠道与筹资方式间的合理、有效的配合。

7.1.4　企业筹资分类

企业筹集的资金按不同的分类标准，可以分为以下类别：

1. 按所取得资金的权益特性不同分：股权筹资、债务筹资以及混合筹资

(1)股权筹资或称为自有资本筹资、股权资本筹资。股权资本是股东投入的、企业依法长期拥有，能够自主调配运用的资本；在企业持续经营期间内不得抽回。通过吸收直接投资、发行股票、内部积累等方式取得；一般不用偿还本金，形成企业的永久性资本，因而财务风险小，但付出的资本成本相对较高。

股权资本筹资包括实收资本、资本公积、盈余公积、未分配利润。其中，实收资本和溢价部分形成的资本公积，是外部投资者原始投入的；盈余公积、未分配利润和部分资本公积，是原始投入资本在企业持续经营中形成的经营积累。通常，盈余公积和未分配利润共称为留存收益。股权资本在经济意义上形成企业的所有者权益。

(2)债务筹资，或称为借入资金筹资，是企业按合同向债权人取得的，在规定期限内需要清偿的债务，可以通过发行债券、银行借款、融资租赁等方式取得。债务资金到期要归还本金和支付利息，债权人对企业的经营状况不承担责任，因而债务资金具有较大的财务风险，但付出的资本成本相对较低。

(3)混合筹资，兼具股权与债务筹资的性质。目前，我国上市公司最常见的混合筹资方式是发行可转换债券和发行认股权证。

2. 按是否借助银行等金融机构分：直接筹资和间接筹资

(1)直接筹资，是企业直接与资金所有者协商融通资金的筹资活动。不需要通过金融机构来筹集资金，是企业直接从社会取得资金的方式。其方式主要有发行股票、发行债券、商业信用和吸收直接投资等。既可以筹集股权资金，也可以筹集债务资金。一般来说，直接筹资的筹资手续比较复杂，筹资费用较高，筹资领域广，能够直接利用社会资金。

(2)间接筹资，是企业借助于银行和非银行金融机构而筹集资金的活动，是一种传统的筹资类型。在这个活动中，银行等金融机构发挥中介作用，预先聚集资金，然后提供给筹资企业。基本方式有：银行借款、融资租赁等，用于满足企业资金周转的需要。一般而言，间接筹资手续相对简便，筹资效率高，筹资费用较低。

3. 按筹集资金使用期限分：短期筹资与长期筹资

(1)短期筹资，是指企业筹集使用期限1年以内的资金。主要用于现金、应收账款、存货等流动资产项目，一般在短期内需要偿还。短期资金通常采用商业信用、短期银行借款、短期融资券等方式来筹集。

(2)长期筹资，是指使用期限在一年以上的资金。长期筹资的目的主要是形成和更新企业的生产能力和经营能力，或扩大企业生产经营规模，或为对外投资筹集资金，一般需要几年甚至十几年才能收回。长期筹资通常采取吸收直接投资、发行股票、发行债券、长期借款、融资租赁等方式，从资金权益性质看，长期资金可以是股权资金，也可以是债务资金。

4. 按资金来源范围不同分：内部筹资和外部筹资

(1)内部筹资是指企业通过利润留存而形成的筹资来源，是在企业内部形成的资金。筹资数额大小取决于企业可分配利润的规模和利润分配政策或股利分配政策，一般无须花费筹资费用，从而降低了资本成本。

(2)外部筹资是指企业向外部筹措资金形成的资金来源。处于初创期的企业内部筹资的可能性是有限的,处于成长期的企业内部筹资往往难以满足需要,这就要求企业广泛地开展外部筹资,如发行股票、债券,取得商业信用、银行借款等方式。企业向外部筹资大多需要花费一定的筹资费用,从而提高了筹资成本。

7.1.5 筹资渠道与筹资方式

企业筹资需要通过一定的渠道、采用一定的方式来完成。要做好企业资金的筹集工作,企业应该在预测过资金需求量之后,研究并落实资金筹集的具体措施,其中重要的工作是了解筹集资金的渠道和方式,并将两者合理地结合起来。筹资渠道和方式既有区别又有联系,因此企业需要认真分析和了解不同筹资渠道和筹资方式的特点及实用性,从而确定最优的筹资结构。

1. 筹资渠道

筹资渠道是指企业筹措资金来源的方向与通道,体现资金的来源与流量,确定筹资渠道是筹资的必要前提。企业要正确利用和充分开拓筹资渠道,首先必须熟悉筹资渠道的种类及每种渠道的特点。

企业筹资渠道受限于国家经济体制和国家资金管理政策,并与企业组织形式和企业所有者形式密切相关。我国经济体制改革之前,基本实行一元化的资金供给制,企业的筹资渠道相对单一,主要是国家财政资金、银行贷款和企业自留资金等形式;随着资本市场的建立和国家经济体制改革的不断深化,企业的资金来源也发生了巨大变化,逐步由单一渠道向多渠道发展,目前我国企业筹资渠道主要有以下几种:

(1)国家财政资金。国家对企业的财政资金投资是国有企业最主要的资金来源,特别是国有独资企业,其资本全部是由国家投资形成的。现有国有企业中,其资本绝大部分是过去由国家财政以直接拨款方式形成的,此外还有一些是国家对企业“税前还贷”或减免各种税款方式形成的。由于国有经济在我国国民经济中占有重要地位,今后国家财政资金仍然是国有独资企业和国有控股公司重要的资金来源和渠道。

(2)银行信贷资金。银行对各类企业的贷款,是目前我国各类企业最为重要的资金来源。我国商业银行可以分为商业性银行和政策性银行两种。商业性银行是指以盈利为目的、从事信贷资金投放的金融机构,它主要为企业提供商业性贷款;政策性银行是指以产业政策扶持为目的的金融机构,为特定企业提供政策性贷款,不以盈利为主要目的。

(3)非银行金融机构资金。非银行金融机构主要有信托投资公司、保险公司、租赁公司、证券公司、企业集团所属财务公司等,它们所提供的各种金融服务,既包括信贷投资,又包括融资融物等金融服务,虽然这些机构的资金力量比专业银行小,融通资金的范围也有一定限制,但是其资金供应相对灵活,并且可以提供多种服务。

(4)其他企业资金。企业在生产经营过程中往往形成部分暂时闲置的资金,并为一定的目的而进行相互投资。另外企业间的购销业务可以通过商业信用方式来完成,在企业间形成债权债务关系,形成债务人对债权人的短期信用资金占用。企业间的相互投资和商业信用的存在,是其他企业资金也成为企业资金的重要来源。

(5)民间资金。企业职工和城乡居民手中暂时闲置不用的资金都属于民间资金,这部分资金游离在银行和非银行之外,可用于对企业进行投资,形成民间资金来源渠道。随着我国经济的快速发展,居民个人闲置资金也将成为企业筹集资金的又一重要来源,是企业不可忽视的民间筹资途径。

(6)企业自留资金。又称企业内部资金,是指企业内部形成的属于企业自有的资金。主要包括计提折旧、提取的公积金和未分配利润等。这些资金的共同特征就是无须企业通过一定的方式去筹集,可以直接由企业内部自动生成或转移。

(7)外商资金。又称境外资金,是指由外国投资者以及我国港澳台地区商人向企业投入的资金,是外商投资企业的重要资金来源。企业通过吸引外资,不仅可以筹集到必要的资金来满足企业经营的需要,而且能够引进国外先进技术和管理经验,促进企业技术和管理水平的提高。

2. 筹资方式

筹资方式是企业筹集资金所采取的具体形式和方法,体现了资金的属性(不同的所有权和债权关系)。企业根据现存的筹资渠道,选择合理的筹资方式并进行有效的筹资组合,有利于降低筹资风险,提高筹资效益。

一般来说,企业最基本的筹资方式有两种:股权筹资和债务筹资。股权筹资形成企业的股权资金,通过吸收直接投资、公开发行股票等方式取得;债务筹资形成企业的债务资金,通过向银行借款、发行公司债券、利用商业信用等方式取得。发行可转换债券兼具股权筹资和债务筹资性质的混合筹资方式。

(1)吸收直接投资。指企业以合同、协议等形式吸收国家、其他法人、个人、外商和港澳台等主体直接投入的资金,形成企业自有资金的一种筹资形式。

(2)发行股票。指符合条件的发行人以筹资或实施股利分配为目的,按照法定的程序,向投资者或原股东发行股份或无偿提供股份的行为。是股份有限公司筹集资金的特有方式。

(3)利用留存收益。指企业将留存收益转化为投资的过程,将企业生产经营所实现的净收益留在企业,而不作为股利分配给股东,其实质为原股东对企业追加投资。是企业筹集权益性资本的一种重要方式。

(4)向金融机构借款。指银行根据国家政策以一定的利率将资金贷放给资金需要者,并约定期限归还的一种经济行为。这种筹资方式广泛适用于各类企业,它既可以筹集长期资金,也可以用于短期资金融通,具有灵活方便的特点。

(5)利用商业信用。指在商品交易中由于延期付款或预收贷款所形成的企业间的借贷关系。是企业筹集短期资金的重要方式。

(6)发行公司债券。指公司依照法定程序发行的,约定在一定期限内还本付息的有价证券。按照中国证券监督管理委员会颁布的《公司债券发行与交易管理办法》,除了地方政府融资平台公司以外,所有公司制法人均可发行公司债券。发行公司债券,适用于向法人单位和自然人两种渠道筹资。

(7)融资租赁。也称为金融租赁或购买性租赁(资本租赁或财务租赁),区别于经营性租赁的一种长期租赁方式,是指企业与租赁公司签订租赁合同,从租赁公司取得租赁物资产,通过对租赁物的占有、使用,并向租赁公司分期交付租金的方式偿还资产的价款。它是目前国际上使用的最为普遍、最基本的方式。

其中,前三种筹资方式属于权益资金筹集,后四种属于债务资金筹集。

7.1.6 企业筹资管理的原则

筹资管理的基本要求是在严格遵守国家法律法规的基础上,分析影响筹资的各种因素,合理选择筹资方式,提高筹资效率。

1. 筹措合法

遵循国家法律法规,合法筹措资金。企业的筹资行为和筹资活动必须遵循国家的相关法律法规,依法履行法律法规和投资合同约定的责任,合法合规筹资,依法披露信息,维护各方的合法权益。

2. 规模适当

分析生产经营情况,正确预测资金需要量。企业筹集资金,首先要合理预测确定资金的需要量。筹资规模与资金需要量应当匹配一致。

3. 筹措及时

合理安排筹资时间,适时取得资金。企业筹集资金,还需要合理预测确定资金需要的时间。要根据资金需求的具体情况,合理安排资金的筹集时间,适时获取所需资金。使筹资与用资在时间上相衔接。

4. 来源经济

了解各种筹资渠道,选择资金来源。企业应当在考虑筹资难易程度的基础上,针对不同来源资金的成本进行分析,尽可能选择经济、可行的筹资渠道与方式,力求降低筹资成本。

5. 结构合理

研究各种筹资方式,优化资本结构。企业筹资要综合考虑股权资金与债务资金的关系、长期资金与短期资金的关系、内部筹资与外部筹资的关系,合理安排资本结构。

7.2 长期债务筹资

长期债务筹资是指筹资期限在一年以上,企业按约定代价和用途取得且需要按期还本付息的一种筹资方式。就其性质而言,是不发生所有权转移的单方面资本使用权的临时让渡。长期债务筹资包括长期借款、发行公司债券(发行债券)、融资租赁等。

7.2.1 长期借款

长期借款(long-term loans)是指企业向银行或其他金融机构借入的、期限在一年以上(不含一年)或超过一年的一个营业周期以上的各项借款。我国股份制企业的长期借款主要是向金融机构借入的各项长期性借款,如从各专业银行、商业银行取得的贷款;除此之外,还包括向财务公司、投资公司等金融企业借入的款项。

1. 长期借款筹资的类型

(1)按照用途分为固定资产投资借款、更新改造借款、技术改造借款、基建借款、网点设施借款、科技开发和新产品试制借款等。

(2)按提供贷款的机构,分为政策性银行贷款、商业银行贷款、保险公司贷款等。政策性贷款是执行国家政策性贷款业务的银行向企业发放的贷款。商业银行贷款指由各商业银行向工商企业提供的贷款。保险公司贷款是由保险公司向企业提供的贷款,其期限一般比银行贷款长,但利率较高,对贷款对象的选择也较严格。此外,企业还可以从信托投资公司取得实物或货币形式的信托投资贷款,从财务公司取得各种中长期贷款等。

(3)按有无担保,分为信用贷款和担保贷款。信用贷款是指不需要企业提高抵押品,仅凭其信用或担保人信誉而发放的贷款。对于这种贷款,由于风险较高,银行通常要收取较高的利息,往往还附加一定的限制条件。信用贷款业务,主要通过银行、贷款公司、电子金融机构办理。

担保贷款，是指由借款人或第三方依法提供担保而发放的贷款。担保贷款包括保证贷款、抵押贷款、质押贷款。

①保证贷款：是指按《中华人民共和国担保法》规定的保证方式，以第三人承诺在借款人不能偿还贷款时，按约定承担连带责任而发放的贷款。

根据《中华人民共和国担保法》(以下简称《担保法》)的规定，具有代为清偿债务能力的法人、其他组织或者公民，可以做保证人。但是国家机关不得为保证人(经国务院批准为使用政府或者国际经济组织贷款进行转贷的除外)；学校、幼儿园、医院等以公益为目的的事业单位、社会团体不得为保证人；企业法人的分支机构有法人书面授权的，可以在授权范围内提供保证。

②抵押贷款：是指按《中华人民共和国担保法》规定的抵押方式，以借款人或第三人的财产作为抵押物发放的贷款。

当无法获得银行信用贷款或者银行所提供的信用贷款难以满足需要时，中小企业可以向银行提供抵押物以获得贷款。抵押是指债务人或第三人不转移财产的占有，将该财产作为债权的担保。债务人不履行债务时，债权人有权以该财产折价或者以拍卖、变卖该财产的价款优先受偿。当中小企业向银行提供了抵押物后，银行向其贷款的风险大大降低，因此银行往往愿意向该企业提供贷款。

《担保法》规定，下列财产可以抵押：抵押人所有的房屋和其他地上定着物；抵押人所有的机器、交通运输工具和其他财产，抵押人依法有权处分的国有的土地使用权、房屋和其他地上定着物；抵押人依法有权处分的国有的机器、交通运输工具和其他财产；抵押人依法承包并经发包方同意抵押的荒山、荒沟、荒丘、荒滩等荒地的土地使用权；依法可以抵押的其他财产。

《担保法》规定，下列财产不得抵押：土地所有权；耕地、宅基地、自留地、自留山等集体所有的土地使用权；学校、幼儿园、医院等以公益为目的的事业单位、社会团体的教育设施、医疗卫生设施和其他社会公益设施；所有权、使用权不明或者有争议的财产；依法被查封、扣押、监管的财产；依法不得抵押的其他财产。

③质押贷款：是指按《中华人民共和国担保法》规定的抵押方式，以借款人或第三人的动产或权利作为质物发放的贷款。

质押贷款也是中小企业获得银行贷款的重要形式，是企业在不具备信用贷款优势条件下的重要补充。质押是指债务人或者第三人将其动产(或财产权利)移交债权人占有，将该动产(或财产权利)作为债权的担保。债务人不履行债务时，债权人有权以该动产(或财产权利)折价或者以拍卖、变卖该动产(或财产权利)的价款优先受偿。移交的动产或财产权利成为“质物”。当能够向银行提供质物时，中小企业则很容易从银行获取贷款。

《担保法》规定，下列动产或权利可以成为质押贷款的质物：汇票、支票、本票、债券、存款单、仓单、提单；依法可以转让的股份、股票；依法可以转让的商标专用权、专利权、著作权中的财产权；依法可以质押的其他权利。

(4)按照付息方式与本金的偿还方式分为分期付息到期还本长期借款、到期一次还本付息长期借款、分期偿还本息长期借款。

2. 长期借款筹资的程序

(1)企业提出申请

企业向银行借入长期借款，首先应向银行提出申请。申请的内容一般包括以下几项：①借款用途：企业向银行借入长期借款一般用于购置零星固定资产，增加流动资金，归还已到期的债券或借款。②借款期限：长期借款的期限在一年以上，但一般不超过10年。③借款数额：长期借款的具体数额，应根据企业主观上的需要和客观上的可能来加以确定。④还款方式：银行长期借款既可到期一次归还，也可以分期定额或不定额归还。

(2)银行进行审批

银行接到企业的申请后，要按照有关政策和贷款条件，对企业进行审查，以决定是否对企业贷款。银行审查的内容主要有：①企业的财务状况：银行主要通过企业的财务报表审查企业的负债水平、资本结构等内容。②企业的信用情况：主要包括过去的偿债记录、信誉，以及主要经营者的品行等。③企业盈利的稳定性：主要包括企业一段时期以来的获利能力及其发展趋势。④企业的发展前景：主要包括企业的改革、经营管理水平、技术力量、主导产品的市场份额等。⑤企业借款投资项目的可行性：主要审查投资项目建成后所生产的产品是否具有竞争力。

(3)签订借款合同

银行经审查批准借款申请后，与借款企业可进一步协商借款的具体条件，签订正式的借款合同，明确规定贷款的数额、利率、期限和一些期限性条款。

(4)企业取得借款

借款合同生效后，银行可在核定的贷款指标范围内，根据企业的用款计划和实际需要，一次或分次将贷款转入企业的存款结算户，以便企业支用。

(5)企业归还借款

借款期满，企业应按合同规定还本付息。如果借款到期，企业不予偿还，银行可根据合同规定，从借款企业的存款户中扣还贷款本息及加收的利息。借款企业如因暂时财务困难，需延期偿还借款时，应向银行提交延期还贷计划，经银行审查核定，续签合同，逾期通常要加收利息。

3. 长期借款筹资的优缺点

(1)长期借款融资的优点

①融资速度快。在借贷双方协商一致，签订合同后，借方即可获得资金，而不必经过证券管理部门的审核批准，手续简单，能迅速融集到所需资金。

②资金成本低。项目主体向金融机构借款，不必像发行证券那样需要支付较高的发行费用，融资费用低；另外，长期借款的利息可在所得税前支付，具有抵税作用。

③具有财务杠杆的作用。长期借款的利息相对普通股而言是固定的，故与债券融资、优先股融资类似，具有财务杠杆的作用，即当项目主体获得丰厚的利润时，普通股股东会享受到更多的利益。

④不影响普通股股东的控制权。由于提供长期借款的贷款人无权参与项目主体的经营管理，无投票表决权，因此，不会影响项目主体股东的控股权。

(2)长期借款融资的缺点

①财务风险大。既是借款，就需要按期还本付息。长期借款虽然期限较长，但也必须按期归还本金和利息，当项目主体经营业绩不佳时，借款的偿付会增大项目主体的财务风险。

②融资数额有限。利用长期借款融资不能像发行股票那样在大范围内筹集大额的资金。

③限制条件较多。贷款合约中有许多限制性条款(如指定借款的用途)，可能会给项目主体的经营活动带来一定的影响。

7.2.2 发行公司债券

公司债券又称企业债券，是企业依照法定程序发行的、约定在一定期限内还本付息的有价证券。债券是持券人拥有公司债权的书面证明，它代表债券持有人与发债公司之间的债权债务关系。这里所指的债券是期限超过一年的公司债券，其发行目的通常是为建设大型项目筹集大笔长期资金。

1. 公司债券的种类

(1)按债券期限，公司债券可分为短期公司债券、中期公司债券和长期公司债券。根据我国公司债券的期限划分，短期公司债券期限在1年以内，中期公司债券期限在1年以上5年以内，长期公司债券期限在5年以上。

(2)按债券是否记名，公司债券可分为记名公司债券和无记名公司债券。如果公司债券上登记有债券持有人的姓名，投资者领取利息时要凭印章或其他有效的身份证明，转让时要在债券上签名，同时还要到发行公司登记，就是记名公司债券，反之为无记名公司债券。

(3)按债券有无担保，公司债券可分为信用债券和担保债券。信用债券指仅凭筹资人自己的信用发行的、没有担保的债券。担保债券是指以抵押、质押、保证等方式担保发行人按期还本付息的债券。其中，抵押债券是指以不动产作为担保品所发行的债券，质押债券是指以其存单、有价证券、动产等作为担保品所发行的债券，保证债券是指由第三者的信用担保所发行的债券。

(4)按债券可否提前赎回，公司债券可分为可提前赎回债券和不可提前赎回债券。如果公司在债券到期前有权定期或随时购回全部或部分债券，这种债券就称为可提前赎回公司债券，反之则是不可提前赎回公司债券。

(5)按债券票面利率是否变动，公司债券可分为固定利率债券、浮动利率债券和累进利率债券。固定利率债券指在偿还期内利率固定不变的债券，浮动利率债券是利率随市场利率定期变动的债券，累进利率债券是利率随着债券期限的增加而累进的债券。

(6)按发行人是否给予投资者选择权，公司债券可分为附有选择权的公司债券和不附有选择权的公司债券。附有选择权的公司债券，指给予债券持有人一定的选择权，如可转换公司债券、附认股权证的公司债券、可退还公司债券等。可转换公司债券的持有者，能够在一定时间内按照规定的价格将债券转换成公司发行的股票；附认股权证的债券持有者，可凭认股权证购买所约定的公司的股票；可退还的公司债券，在规定的期限内可以退还。反之，债券持有人没有上述选择权的债券，即不附有选择权的公司债券。

(7)按发行方式，公司债券可分为公募债券和私募债券。公募债券指按法定手续经证券主管部门批准，公开向社会投资者发行的债券；私募债券指以特定投资者为对象非公开发行的债券，发行手续简单，一般不能公开上市交易。

2. 债券的发行条件

根据《证券法》《公司法》和《公司债券发行试点办法》的有关规定，发行公司债券应当符合下列条件：

(1)股份有限公司的净资产不低于人民币3 000万元，有限责任公司的净资产不低于人民币6 000万元。

(2)本次发行后累计公司债券余额不超过公司期末净资产额的40%；金融类公司的累计公司债券余额按金融企业的有关规定计算。

(3)公司的生产经营符合法律、行政法规和公司章程的规定,募集的资金投向符合国家产业政策。

(4)最近三个会计年度实现的年均可分配利润不少于公司债券1年的利息。

(5)债券的利率不超过国务院规定的利率水平。

(6)公司内部控制制度健全,内部控制制度的完整性、合理性、有效性不存在重大缺陷。

(7)经资信评估机构评级,债券信用级别良好。

3. 债券的发行程序

发行公司债券要经过一定的程序,办理有关发行手续。

(1)做出决议或决定。股份有限公司、有限责任公司发行公司债券,由董事会制订方案,股东会做出决议;国有独资公司发行公司债券,应由国家授权投资的机构或者国家授权的部门做出决定。

(2)申请发行。公司在做出发行公司债券的决议或者决定后,必须依照公司法规定的条件,向国务院授权的部门提交规定的申请文件,报请批准,所提交的申请文件,必须真实、准确、完整。向国务院授权的部门提交的申请文件包括:公司登记证明、公司章程、公司债券募集办法、资产评估报告和验资报告。

(3)发行公司债券的批准。国务院授权的部门依照法定条件负责批准公司债券的发行,该部门应当自受理公司债券发行申请文件之日起三个月内做出决定;不予审批的,应当做出说明。

(4)公告募集办法。发行公司债券申请经批准后,应当公告债券募集办法;在募集办法中应当载明下列事项:①公司名称;②债券总额和债券的票面金额;③债券的利率;④还本付息的期限和方式;⑤债券发行的起止日期;⑥公司净资产额;⑦已发行的尚未到期的公司债券总额;⑧公司债券的承销机构。

(5)公司债券的载明事项。公司发行公司债券,必须在债券上载明公司名称、债券票面金额、利率、偿还期限等事项,并由董事长签名,公司盖章。

(6)公司债券存根簿。公司发行公司债券应当置备公司债券存根簿。发行记名公司债券的,应当在公司债券存根簿上载明下列事项:①债券持有人的姓名或者名称及住所;②债券持有人取得债券的日期及债务的编号;③债券总额,债券的票面金额,债券的利率,债券的还本付息的期限和方式;④债券的发行日期。

(7)发行中不当行为的纠正。国务院授权的部门对已做出的审批公司债券发行的决定,发现不符合法律、行政法规规定的,应当予以撤销;尚未发行的,停止发行;已经发行公司债券的,发行的公司应当向认购人退还所缴股款并加算银行同期存款利息。

4. 债券的偿还

债券偿还时间按其实际发生与规定的到期日之间的关系,分为提前偿还、到期偿还、延期偿还。

(1)提前偿还,又称提前赎回或收回,是指在债券尚未到期之前就予以偿还。只有在公司发行债券的契约中明确规定了有关允许提前偿还的条款,公司才可以进行此项操作。提前偿还所支付的价格通常要高于债券面值,并随到期日的临近而逐渐下降。具有提前偿还条款的债券可使公司筹资有较大的弹性。当公司资金有结余时,可提前赎回债券;当预测利率下降时,也可提前赎回债券,而后以较低的利率来发行新债券。

(2)到期偿还,也叫满期偿还,是指按发行债券时规定的还本时间,在债券到期时一次全部偿还本金的偿债方式。我国目前所发行的国库券、企业债券采用的都是这种偿还方式。

(3)延期偿还，是指在债券期满后又延长原规定的还本付息日期的偿债方式。延期偿还在债券发行时就设置了延期偿还条款，赋予债券的投资者在债券到期后继续按原定利率持有债券直至一个指定日期或几个指定日期中一个日期的权利。这一条款对债券的发行人和购买者都有利，它在筹资人需要继续发债和投资人愿意继续购买债券时省去发行新债的麻烦，债券的持有人也可据此灵活地调整资产组合。

5. 债券筹资的优缺点

(1)债券筹资的优点

①资本成本较低。与股票的股利相比，债券的利息允许在所得税前支付，公司可享受税收上的利益，故公司实际负担的债券成本一般低于股票成本。

②可利用财务杠杆。无论发行公司的盈利多少，持券者一般只收取固定的利息，若公司用资后收益丰厚，增加的收益大于支付的债息额，则会增加股东财富和公司价值。

③保障公司控制权。持券者一般无权参与发行公司的管理决策，因此发行债券一般不会分散公司控制权。

④便于调整资本结构。在公司发行可转换债券以及可提前赎回债券的情况下，便于公司主动地合理调整资本结构。

(2)债券筹资的缺点

①财务风险较高。债券通常有固定的到期日，需要定期还本付息，财务上始终有压力。在公司不景气时，还本付息将成为公司严重的财务负担，有可能导致公司破产。

②限制条件多。发行债券的限制条件较长期借款、融资租赁的限制条件多且严格，从而限制了公司对债券融资的使用，甚至会影响公司以后的筹资能力。

③筹资规模受制约。公司利用债券筹资一般受一定额度的限制。我国《公司法》规定，发行公司流通在外的债券累计总额不得超过公司净产值的40%。

7.2.3　融资租赁

1. 租赁的含义和特征

(1)租赁的含义

租赁是指出租人以收取租金为条件，在合同或契约规定的期限内，将资产租借给承租人占有或使用的一种经济行为。在这项交易中，承租方通过得到所需资产使用权，完成了筹集资金的行为。租赁实质上是一种借贷行为，它直接涉及的是物而不是钱，在租赁业务中，出租人通常是各种租赁公司，承租人主要是各类企业，租赁物大多是机器设备等固定资产。

租赁活动最早兴起于20世纪50年代初的美国，60年代传到西欧、日本，之后逐渐在世界各国迅速发展。20世纪80年代初期，中国国际信托投资公司首开国际租赁业务，开始采用融资租赁筹集资金，到80年代末期，租赁尤其是融资租赁已成为一种重要的长期资金筹集方式。

(2)租赁的特征

①所有权与使用权相分离。租赁资产的所有权与使用权相分离是租赁的主要特点之一。银行信用虽然也是所有权与使用权相分离，但载体是货币资金，租赁则是资金与实物相结合基础上的分离。

②融资与融物相结合。租赁是以商品形态与货币形态相结合提供的信用活动，出租人在向企业出租资产的同时，解决了企业的资金需求，具有信用和贸易双重性质。它不同于一般的

借钱还钱、借物还物的信用形式，而是借物还钱，并以分期支付租金的方式来体现。租赁的这一特点使银行信贷和财产信贷融合在一起，成为企业融资的一种新形式。

③租金的分期支付。在租金的偿还方式上，租金与银行信用到期还本付息不一样，采取了分期回流的方式。出租方的资金一次投入，分期收回。对于承租方而言，通过租赁可以提前获得资产的使用价值，分期支付租金便于分期规划未来的现金流出量。

2. 租赁的分类

租赁的种类多种多样，按照合同或契约的不同约定，租赁的性质有所不同，一般可将其分为经营租赁和融资租赁两大类。

(1)经营租赁(operational lease)

经营租赁又称为业务租赁，与融资租赁对应。是为了满足经营使用上的临时或季节性需要而发生的资产租赁。经营租赁是一种短期租赁形式，它是指出租人不仅要向承租人提供设备的使用权，还要向承租人提供设备的保养、保险、维修和其他专门性技术服务的一种租赁形式(融资租赁不需要提供这个服务)。

其业务特征表现为：①租赁物件的选择由出租人决定；②租赁物件一般是通用设备或技术含量很高、更新速度较快的设备；③租赁目的主要是短期使用设备；④出租人既提供租赁物件，又同时提供必要的服务；⑤出租人始终拥有租赁物件的所有权，并承担有关的一切利益与风险；⑥租赁期限短，中途可解除合同；⑦租赁物件的使用有一定的限制条件。

(2)融资租赁(financial lease)

融资租赁又称设备租赁或现代租赁，是指实质上转移与资产所有权有关的全部或绝大部分风险和报酬的租赁。资产的所有权最终可以转移，也可以不转移。

融资租赁的特征包括：①租赁物由承租人决定，出租人出资购买并租赁给承租人使用，并且在租赁期间内只能租给一个企业使用。②承租人负责检查验收制造商所提供的租赁物，对该租赁物的质量与技术条件，出租人不向承租人做出担保。③出租人保留租赁物的所有权，承租人在租赁期间支付租金而享有使用权，并负责租赁期间租赁物的管理、维修和保养。④租赁合同一经签订，在租赁期间任何一方均无权单方面撤销合同。只有租赁物毁坏或被证明为已丧失使用价值的情况下方能中止执行合同，无故毁约则要支付相当重的罚金。⑤租赁期满，按事先约定的方法处理设备，包括退还租赁公司，或继续租赁，或企业留购。若要留购，购买价格可由租赁双方协商确定。

经营租赁与融资租赁的区别如表 7—3 所示。

表 7—3　经营租赁与融资租赁的区别

分　类	区　别
经营租赁	出租的设备一般由租赁公司根据市场需求选定
	租赁期较短，短于资产有效使用年限
	租赁设备的维修、保养由租赁公司负责
	租赁期满或合同中止以后，出租资产由租赁公司收回
融资租赁	出租的设备由承租企业提出要求购买
	租赁期较长，接近资产有效使用年限
	由承租企业负责设备的维修保养
	租赁期满，按事先约定的办法处理设备。包括退还租赁公司，或继续租赁，或企业留购。通常采用企业留购办法，即以很少的“名义价格”买下设备

根据我国税法的相关规定，融资租赁实质上转移了与资产所有权有关的全部风险和报酬的租赁。所有权最终可能转移，也可能不转移，满足下列条件之一的，即可被认定为融资租赁：

①在租赁期满时，资产的所有权转移给承租人。

②承租人有购买租赁资产的选择权，所订立的购价预计远低于行使选择权时租赁资产的公允价值，因而在租赁开始日就可以合理地确定承租人将会行使这种选择权。

③租赁期占租赁资产使用寿命的大部分。

④就承租人而言，租赁开始日最低租赁付款额的现值几乎相当于(90%以上)租赁开始日租赁资产公允价值；就出租人而言，租赁开始日最低租赁收款额的现值几乎相当于(90%以上)租赁开始日租赁资产公允价值。

⑤租赁资产性质特殊，如果不作较大修改，只有承租人才能使用。

3. 融资租赁的程序与形式

(1)融资租赁的程序

①选择租赁公司。在确定采用融资租赁方式取得设备使用权的前提下，企业应认真选择租赁公司，了解租赁公司的以往业绩、融资条件、租赁费用等，并加以比较，选择适合自己的租赁公司。承租人为了达到最有效的融资目的，选择最佳供货人和最适合的设备是关键的一步。

②承租企业与租赁公司接触，提出租赁申请。承租人向租赁公司提出书面申请，并填写“设备租赁申请书”。租赁公司收到申请后，应向企业介绍有关手续的办理程序、租金的计算方式、租金的支付期间与支付方式等。

③出租人对承租人的信用状况审查。在开展融资租赁以前，有两个基本条件必须得到满足：一是出租人对承租人的信用状况(包括承租人企业的产业特点、经营状况、财务报表、现金流量、项目情况、偿还能力、担保等)经审查后认可，并同意与其开展该项目的融资租赁交易；二是承租人必须对融资租赁的特点和实际运作有基本认识和一定的了解，出租人和承租人双方能配合在一起开展工作。

④租赁公司租赁项目的审查。租赁双方达成初步意向后，能否向企业提供租赁服务，需由租赁公司对租赁项目进行审查，以确保出租方的利益。审查的内容包括：租赁项目的可行性、企业的资信与能力、租赁设备的先进性等。

⑤签订购货合同。购货合同应由承租人、出租人和供货商三者参加签订，在委托租赁的情况下，由租赁公司向供货商订购，并签订订货合同，同时由承租人副签。

⑥签订租赁合同。经过租赁公司审查，认为切实可行后，承租企业与租赁公司进入实质性谈判阶段。若双方达成共识，则签订租赁合同。租赁公司与供货方的供货合同，与贷款银行的贷款合同也应立即或同时进行。承租人与出租人签订的租赁合同是重要的法律文件，双方应对租赁合同的具体内容平等协商达成统一，租赁合同应重点协商租金、租金支付的方式、手续费率、租期、利息率等双方的权利、义务。

⑦设备的交接及货款支付。供货商应根据合同规定的日期将设备直接交给承租企业，企业负责验货、办理交接手续，租赁公司根据此情况向供货商支付设备借款。

⑧支付租金。承租企业按合同规定的租金数额、支付方式等，向租赁公司支付租金。

⑨租赁期满租赁资产的处置。融资租赁合同期满时，承租企业应按租赁合同的规定，实行退租、续租或留购。租赁期满的设备通常都以低价卖给承租企业或无偿赠送给承租企业。

(2)租赁的基本形式

①直接租赁。直接租赁是融资租赁的最普遍、最简单也是最主要的形式。即租赁公司通

过筹集资金，直接购入承租企业选定的租赁物品，并给承租企业使用的一种租赁形式。按三方(出租人、承租人、供货人)参与，至少由两个合同(融资租赁合同、购买合同)构成，具有不可解约性。因为设备是承租人特殊定购的，是特定设备，如果承租人解约，出租人很难再将此设备租给他人，出租人为此要承担较大的风险。这种租赁方式关系简单、手续较为简便。

②售后回租。售后回租的具体操作是物件的所有人将该物件卖给出租人，出租人支付了货款后取得了该物件的所有权；然后物件原所有人以承租人的身份，向出租人租赁该物件，根据双方签订的《融资租赁合同》，承租人在约定的期限内分期向出租人交付租金，直至重新取得物件的所有权。

③杠杆租赁。杠杆租赁是融资租赁的一种高级形式，适用于金额巨大、使用期长的资本密集型物件的长期租赁。面对金额如此巨大的项目，出租人往往没有能力单独支付货款，需自筹资产价值20%～40%的资金，享有物件的所有权，其他资金通过银行等金融机构提供无追索权的贷款，但同时需要出租人以租赁物件作为抵押、以转让租赁合同作为担保。在杠杆租赁中，出租人仅就自己筹措的20%～40%的资金纳税。出租人既是债权人也是债务人，如果出租到期不能按期偿还借款，资产所有权则转移给资金的出借者。

4. 融资租赁租金的确定

采用融资租赁方式筹资，承租人必须按合同规定支付租金。租金的数额和支付方式对承租人的未来财务状况有直接的影响，是租赁筹资决策的重要依据。

(1)租金的构成

①设备原价及预计残值。包含租赁物的买价、运输费、保险费、调试安装费等，以及设备租赁期满后出售可得的收入。

②利息。指租赁公司为承租企业购置设备、垫付资金所应支付的利息，该利息按银行贷款利率的复利计算。

③手续费用和必要的利润。其中手续费用是指出租方在经营租赁过程中所开支的费用，包括业务人员工资、办公费、差旅费等，因手续费用通常较小，一般均不记利息。

(2)租金的支付方式

租金的支付方式有以下几种分类方式：

①按在期初和期末支付，分为先付和后付。

②按支付间隔期长短，分为年付、半年付、季付和月付等方式。

③按每次支付额，分为等额支付和不等额支付。实务中，承租企业与租赁公司商定的租金支付方式，大多为后付等额年金。

5. 融资租赁租金的计算

在融资租赁实务中，租金的计算大多采用平均分摊法和等额年金法。等额年金法下，通常要根据利率和租赁手续费率确定一个租费率，作为折现率。

(1)平均分摊法

平均分摊法是先以商定的利息率和手续费计算出租赁期间的利息和手续费，然后连同设备成本按支付次数平均计算。这种方法没有考虑时间价值因素。每次应付租金的计算公式表示为：

$$A=\frac{(C-S)+I+F}{N}$$

其中，A 表示每次支付的租金；C 表示设备购置成本；S 表示租赁设备预计残值；I 表示租赁期间利息；F 表示租赁期间手续费；N 表示租期。

【例 7－3】 某公司从租赁公司租入一套设备，价值为 10 万元，租赁期限为 5 年，预计租赁期满后设备无残值，设备归承租人所有。年利率为 6%，租赁手续费为设备价款的 2%。租金每年年末支付一次。该设备每年应支付的租金为：

$$A=\frac{(100\ 000-0)+[100\ 000\times(1+6\%)^5-100\ 000]+100\ 000\times2\%}{5}$$

$$=27\ 165(\text{元})$$

(2)等额年金法

等额年金法是指运用年金现值的计算原理计算每期应付租金的方法。根据支付租金的时间不同，租金分为后付租金和先付租金，分别按照普通年金和预付年金的方法进行计算。

①后付租金的计算，根据后付年金现值计算公式，可得出后付租金方式下每年年末支付等额租金数额的计算公式：

$$A=P/(P/A,i,n)$$

②先付租金的计算，根据先付租金现值的计算公式，可得出先付等额租金的计算公式：

$$A=P/[(P/A,i,n-1)+1]$$

两式中，A 为每年支付的租金金额，P 为等额租金现值，$(P/A,i,n)$为现值系数，i 为租赁费率。

【例 7－4】 承接【例 7－3】假设租赁费率为 10%，承租人采用后付租金方式支付租金计算：

$A=100\ 000/(P/A,10\%,5)=100\ 000/3.791=26\ 378$(元)

若采用先付租金的方式，承租人应支付的租金计算：

$A=100\ 000/[(P/A,10\%,4)+1]=100\ 000/(3.791+1)=23\ 981$(元)

为了便于有计划地安排租金的支付，承租人可以根据有关资料编制租金摊销计划表。

6. 融资租赁的优缺点

(1)融资租赁的优点

①筹资速度较快。租赁会比借款更快获得企业所需设备。②限制条款较少。相比其他长期负债筹资形式，融资租赁所受限制的条款较少。③设备淘汰风险较小。融资租赁期限一般为设备使用年限的 75%。④财务风险较小。分期负担租金，不用到期归还大量资金。⑤税收负担较轻。租金可在税前扣除。

(2)融资租赁的缺点

①资金成本较高，固定的租金支付构成一定的负担；相对于银行信贷而言，风险因素较多，风险贯穿于整个业务活动之中。②筹资弹性较小。当租金支付期限和金额固定时，增加企业资金调度难度。

7.3　短期债务筹资

短期债务筹资又称流动负债筹资，主要通过短期借款、短期融资券、商业信用等方式筹资。

7.3.1　短期借款

短期借款是指企业为维持正常的生产经营所需的资金或为抵偿某项债务而向银行或其他

金融机构等外单位借入的、还款期限在一年以下(含一年)的各种借款。

1. 短期借款的种类

短期借款按借款目的和用途分类,主要有:经营周转借款、临时借款、结算借款、票据贴现借款、卖方信贷、预购定金借款和专项储备借款等。

(1)经营周转借款:亦称生产周转借款或商品周转借款。企业因流动资金不能满足正常生产经营需要,而向银行或其他金融机构取得的借款。办理该项借款时,企业应按有关规定向银行提出年度、季度借款计划,经银行核定后,在借款计划中根据借款借据办理借款。

(2)临时借款:企业因季节性和临时性客观原因,正常周转的资金不能满足需要,超过生产周转或商品周转款额划入的短期借款。临时借款实行"逐笔核贷"的办法,借款期限一般为3至6个月,按规定用途使用,并按核算期限归还。

(3)结算借款:在采用托收承付结算方式办理销售货款结算的情况下,企业为解决商品发出后至收到托收货款前所需要的在途资金而借入的款项。企业在发货后的规定期间(一般为3天,特殊情况最长不超过7天)内向银行托收的,可申请托收承付结算借款。借款金额通常按托收金额和商定的折扣率进行计算,大致相当于发出商品销售成本加代垫运杂费。企业的货款收回后,银行将自行扣回其借款。

(4)票据贴现借款:持有银行承兑汇票或商业承兑汇票的,发生经营周转困难时,申请票据贴现的借款,期限一般不超过3个月。如现借款额一般是票据的票面金额扣除贴现息后的金额,贴现借款的利息即为票据贴现息,由银行办理贴现时先进行扣除。

(5)卖方信贷:产品列入国家计划,质量在全国处于领先地位的企业,经批准采取分期收款销售引起生产经营资金不足而向银行申请取得的借款。这种借款应按货款收回的进度分次归还,期限一般为1至2年。

(6)预购定金借款:商业企业为收购农副产品发放预购定金而向银行借入的款项。这种借款按国家规定的品种和批准的计划标准发放,实行专户管理,借款期限最多不超过1年。

(7)专项储备借款:商业批发企业国家批准储备商品而向银行借入的款项。这种借款必须实行专款专用,借款期限根据批准的储备期确定。

2. 短期借款的信用条件

短期借款可以根据企业需要灵活安排,但银行发放的短期借款常常附带一些信用条件,主要有:

(1)信贷额度

信贷额度亦即贷款限额,是借款企业与银行在协议中规定的借款最高限额,信贷额度的有效期限通常为1年。一般情况下,在信贷额度内,企业可以随时按需要支用借款。但是,银行并不承担必须贷款的义务。如果企业信誉恶化,即使在信贷限额内,企业也可能得不到借款。此时,银行不会承担法律责任。

(2)周转信贷协定

周转信贷协定是银行具有法律义务地承诺提供不超过某一最高限额的贷款协定。在协定的有效期内,只要企业借款总额未超过最高限额,银行必须满足企业任何时候提出的借款要求。企业要享用周转信贷协定,通常要对贷款限额的未使用部分付给银行一笔承诺费用。

周转信贷协定的有效期常超过1年,但实际上贷款每几个月发放一次,所以这种信贷具有短期和长期借款的双重特点。

【例7-5】 某企业与银行商定的周转信贷额为6 000万元,承诺费率为0.6%,某企业年度内使用了3 200万元，余额为2 800万元，则该企业向银行支付的承诺费为：

承诺费＝2 800×0.6%＝16.2（万元）

（3）补偿性余额

补偿性余额是银行要求借款企业在银行中保持按贷款限额或实际借用额一定比例（通常为10%～20%）计算的最低存款余额。对于银行来说，补偿性余额有助于降低贷款风险，补偿其可能遭受的风险；对借款企业来说，补偿性余额则提高了借款的实际利率，加重了企业的负担。

实际利率的计算公式为：

$$实际利率=\frac{名义借款金额\times 名义利率}{名义借款金额\times(1-补偿性余额比率)}=\frac{名义利率}{1-补偿性余额比率}$$

【例7—6】 某企业向银行借款800万元，年利率为6%，银行要求保留10%的补偿性余额，则企业实际可动用的贷款为720万元，该借款的实际利率为：

$$借款实际利率=\frac{800\times 6\%}{720}=\frac{6\%}{1-10\%}=6.67\%$$

（4）借款抵押

为了降低风险，银行发放贷款时往往需要有抵押品担保。短期付款的抵押品主要有应收账款、存货、应收票据、债券等。银行将根据抵押品面值的30%～90%发放贷款，具体比例取决于抵押品的变现能力和银行对风险的态度。

（5）偿还条件

贷款的偿还有到期一次偿还和在贷款期内定期（每月、季）等额偿还两种方式。一般来讲，企业不希望采用后一种偿还方式，因为这会提高借款的实际年利率；而银行不希望采用前一种偿还方式，是因为这会加重企业的财务负担，增加企业的拒付风险，同时会降低实际贷款利率。

（6）其他承诺

银行有时还要求企业为取得贷款而做出其他承诺，如及时提供财务报表、保持适当的财务水平（如特定的流动比率）等。如企业违背所做出的承诺，银行可要求企业立即偿还全部贷款。

3. 短期借款的利息支付方法

一般来说，短期借款的利息支付方式有收款法、贴现法和加息法三种，付息方式不同，短期借款成本计算也不同。

（1）收款法

收款法是在借款到期时向银行支付利息的方法。银行向企业贷款一般都采用这种方法收取利息。采用收款法时，短期贷款的实际利率就是名义利率。

（2）贴现法

贴现法又称折价法，是指银行向企业发放贷款时，先从本金中扣除利息部分，到期时借款企业偿还全部贷款本金的一种利息支付方法。在这种利息支付方式下，企业可以利用的贷款只是本金减去利息部分后的差额，因此，贷款的实际利率要高于名义利率。

【例7—7】 某企业从银行取得借款200万元，期限一年，利率为5%，利息为10万元，按贴息法付息，企业实际可动用的贷款为190万元，该借款的实际利率为：

$$借款实际利率=\frac{200\times 5\%}{190}=\frac{5\%}{1-5\%}=5.26\%$$

(3)加息法

加息法是银行发放分期等额偿还贷款时采用的利息收取方法。在分期等额偿还贷款情况下,银行将根据名义利率计算的利息加到贷款本金上,计算出贷款的本息和,要求企业在贷款期内分期偿还本息之和的金额。由于贷款本金分期均衡偿还,借款企业实际上只平均使用了贷款本金的一半,却支付了全额利息。这样企业所负担的实际利率便要高于名义利率大约1倍。实际贷款利率的计算公式为:

$$加息贷款的实际利率=\frac{贷款金额\times 名义利率}{贷款金额\div 2}\times 100\%=2\times 名义利率$$

【例7—8】 某企业借入名义年利率为9%的贷款30 000元,分12个月等额还本付息。则该借款的实际年利率是多少?

$$实际利率=\frac{30\ 000\times 9\%}{30\ 000\div 2}\times 100\%=18\%$$

或 $=2\times 9\%=18\%$

4. 短期借款筹资的特点

(1)筹资速度快

长期负债的债权人为了保护其债权的安全,往往要对债务人进行全面的财务调查和周密的财务分析,因而长期负债筹资所需时间一般较长。而流动负债由于在较短时间内可归还,其债权人顾虑较少,只对债务人的近期财务状况做调查,因而费时较短。所以,流动负债筹资速度较快。

(2)筹资具有灵活性

长期负债所筹资金往往不能提前偿还,而且长期负债债务人往往要受借款合同的限制性契约条款的限制。而流动负债筹资要灵活得多。

(3)资金成本较低

流动负债的资金成本比长期负债的资金成本还要低。因为短期借款的利率比长期借款或债券的利率要低,且筹资费用也比长期负债要少得多。此外,流动负债筹资的方式中有的是无成本筹资。

(4)筹资风险较大

由于流动负债需要在短期内偿还,如果债务人在短期内拿不出足够的资金偿还债务,就会陷入财务危机。

(5)可以弥补企业资金的暂时不足

企业的流动资产数量随供产销的变化而高低起伏不定,具有波动性,因此,企业不可避免地会出现暂时的资金不足。通过流动负债筹资,可以弥补企业资金的暂时不足。

(6)便于企业资金结构的灵活组合

流动负债筹资,可以形成企业资金结构的灵活组合。短期负债借入容易,归还也较随意,可以作为企业的一种调度资金的手段。

7.3.2 短期融资券

短期融资券是指具有法人资格的企业,依照规定的条件和程序在银行间债券市场发行并约定在一定期限内还本付息的有价证券,是由企业发行的无担保短期本票。

在中国,短期融资券是指企业依照《银行间债券市场非金融企业债务融资工具管理办法》

的条件和程序在银行间债券市场发行和交易并约定在一定期限内还本付息的有价证券，是企业筹措短期(1年以内)资金的直接融资方式。

1. 短期融资券的发行条件

(1)发行人为非金融企业或者金融行业，发行企业均应经过在中国境内工商注册且具备债券评级能力的评级机构的信用评级，并将评级结果向银行间债券市场公示。

(2)发行和交易的对象是银行间债券市场的机构投资者，不向社会公众发行和交易。

(3)融资券的发行由符合条件的金融机构承销，企业不得自行销售融资券，发行融资券募集的资金用于本企业的生产经营。

(4)对企业发行融资券实行余额管理，待偿还融资券余额不超过企业净资产的40%。

(5)融资券采用实名记账方式在中央国债登记结算有限责任公司(简称中央结算公司)登记托管，中央结算公司负责提供有关服务。2013年5月之后，融资券的登记托管机构改为上海清算交易所。

(6)融资券在债权债务登记日的次一个工作日，即可以在全国银行间债券市场的机构投资人之间流通转让。

2. 短期融资券的种类

(1)按发行方式分类，可将短期融资券分为经纪人承销的融资券和直接销售的融资券。非金融企业发行融资券一般采用间接承销方式进行，金融企业发行融资券一般采用直接发行。

(2)按发行人的不同分类，可将短期融资券分为金融企业的融资券和非金融企业的融资券。在我国目前发行的是非金融企业融资券。

(3)按融资券的发行和流通范围分类，可将短期融资券分为国内融资券和国际融资券。

3. 融资券的优缺点

(1)短期融资券筹资的优点

①短期融资券的筹资成本较低。与发行公司债券比较，发行短期融资券的筹资成本较低。

②短期融资券筹资数额比较大。与银行借款比较，发行短期融资券筹资数额往往较大。

③发行短期融资券可以提高企业信誉和知名度。能在货币市场上发行短期融资券的都是著名企业，如果企业能发行自己的短期融资券，说明该企业有较好的信誉和知名度。

(2)短期融资券筹资的缺点

①发行短期融资券的风险比较大。短期融资券到期必须归还，一般不会有延期的可能，如果到期无法归还，会对企业信誉产生不良甚至恶劣的影响。

②发行短期融资券的弹性比较小。只有当企业的资金需求达到一定数量时才能使用这种方式筹资，如果数量较少，会加大单位资金的筹资成本。

③发行短期融资券的条件比较严格。能够达到发行短期融资券条件的企业，必须是信誉好、实力强、效益高的少数企业。

7.3.3 商业信用

商业信用是在商品交易中由于延期付款或预收货款所形成的企业间的借贷关系。商业信用产生于商品交换中，是所谓的“自发性筹资”，也是社会信用体系中最重要的一个组成部分，由于它具有很大的外在性，因此，在一定程度上它影响着其他信用的发展。

1. 商业信用的形式

延期付款和预收货款是商业信用的两种基本形式。具体表现为以下三种形式：

(1)应付账款

应付账款是指企业购买货物未付款而形成的对供货方的欠账，即卖方允许买方在购货后的一定时间内支付货款的一种商品交易形式。

在规范的商业信用行为中，债权人(供货商)为了控制应付账款期限和额度，往往向债务人(购货商)提出信用政策。信用政策包括信用期限和给买方的购货折扣与折扣期，如“2/10，n/30”，表示客户若在10天内付款，可享受2%的货款折扣；若10天后付款，则不享受购货折扣优惠，应付账款的商业信用期限最长不超过30天。

应付账款融资最大的特点在于易于取得，无须办理筹资手续和支付筹资费用，而且它在一些情况下是不承担资金成本的。缺点在于期限较短，放弃现金折扣的机会成本很高。根据销货方信用条件的不同，应付账款又可以分为：

①延期付款无现金折扣。在这种信用条件下，销货方允许购货方在交易发生后一定时期内，按发票金额支付货款。

②延期付款早付款有折扣。在这种条件下，买方若提前付款，卖方给予一定的现金折扣；如果买方不享受现金折扣，则必须在一定时期内全额付款。

(2)商业票据

也就是企业在延期付款交易时开具的债权债务票据，形成企业的应付票据。对于一些财力和声誉良好的企业，其发行的商业票据可以直接从货币市场上筹集到短期货币资金。

根据承兑人的不同，应付票据分为商业承兑汇票和银行承兑汇票，支付期最长不超过6个月。应付票据到期必须归还，若延期便要交付罚金，因而风险较大。

企业商业票据融资的特点：

①无担保。所谓无担保，是指无实体财产作抵押担保品，只以发行公司的声誉、实力地位作担保。

②期限短。一般地，大中型公司发行的商业票据的期限为1～6个月，大型金融公司发行的则为1～9个月，最短的有用几天来计期的商业票据。

③见票即付。商业票据有明确的到期日，到期时债务人必须无条件地向债权人或持票人支付确定的金额，不得以任何理由为借口拒绝或延期支付。

④商业票据以其面额为发行价格。

⑤利率低。商业票据利率一般低于银行贷款利率但高于国库券利率。利率差距的幅度因发行时间、发行公司状况、金融市场货币供求情况的不同而发生变化。

⑥限制少。商业票据融资方式不像其他融资方式受到较多法律法规限制，而且没有最高限额限制，从而使公司有广泛的资金来源。

(3)预收货款

是卖方企业在交付货物之前向买方预先收取部分或全部货款的信用形式。这是买方向卖方提供的商业信用，是卖方的一种短期资金来源，信用形式应用非常有限，仅限于市场紧缺商品、买方急需或必需商品、生产周期较长且投入较大的建筑业、重型制造等。

2. 放弃现金折扣的成本

(1)放弃现金折扣成本计算

在不提供现金折扣时，应付账款是销货企业向购货企业提供的免费信用，购货企业可以无偿获得相当于商品价款的资金在一定期间的使用权，而当销货企业提供了现金折扣时，购货企业在采用应付账款时就可能存在成本。这个成本的发生取决于购货企业是否在给定折扣期内付款。若购货企业在折扣期内付款，则为其免信用；若购货企业在折扣期外付款，则该商业信用产生成本。因此，企业需要考虑是否享受现金折扣。放弃现金折扣的成本实际上是一种机会成本。

【例 7—9】 某企业按“2/10，n/30”的付款条件购入货物 80 万元，如果企业在 10 天以后付款，便放弃了现金折扣 1.6 万元(80×2%)，信用额为 78.4 万元(80—1.6)。放弃现金折扣的信用成本率为：

$$放弃现金折扣的成本率=\frac{折扣率}{1-折扣率}\times\frac{360天}{付款期-折扣期}$$

$$=\frac{2\%}{1-2\%}\times\frac{360}{30-10}=36.73\%$$

公式表明，放弃现金折扣的信用成本与折扣百分比大小、折扣期长短和付款期长短有关系，与货款额和折扣额没有关系。企业放弃折扣，推迟付款的时间越长，其信用成本便会越小，但展期信用的结果是企业信誉恶化导致信用度严重下降，日后可能招致更加苛刻的信用条件。

(2)利用现金折扣的决策

企业放弃应付账款现金折扣，可能是企业流动性资金暂时的缺乏，也可能是将应付账款的资金用于临时性短期投资，以获得更高的投资收益。若所获得的投资收益报酬率高于放弃现金折扣的信用成本率，则应当放弃现金折扣。

【例 7—10】 甲企业采购一批材料，供应商报价为 100 000 元，付款条件为：3/10、2.5/30、1.8/50、n/90。目前企业用于支付账款的资金需要在 90 天时才能周转回来，在 90 天内付款，只能通过银行借款解决。如果银行利率为 12%，确定企业材料采购款的付款时间和价格。

根据放弃现金折扣的信用成本率计算公式可知：

10 天付款方案，放弃折扣的信用成本为 13.95%；30 天付款方案，放弃折扣的信用成本为 15.38%；50 天付款方案，放弃折扣的信用成本为 16.5%。由于各种放弃折扣方案的信用成本均高于借款利息率 12%，因而初步结论是要取得现金折扣，借入银行借款以偿还货款。

10 天付款，得到折扣 3 000 元，用资 97 000 元，借款 80 天，利息 2 586.7 元，净收益 413.33 元；

30 天付款，得到折扣 2 500 元，用资 97 500 元，借款 60 天，利息 1 950 元，净收益 550 元；

50 天付款，得到折扣 1 800 元，用资 98 200 元，借款 40 天，利息 1 309.3 元，净收益 490.7 元。

由此可得出，第 30 天付款是最佳方案，其净收益最大。

3. 商业信用筹资的优缺点

(1)商业信用筹资的优点

①商业信用容易获得。商业信用的载体是商品购销行为，企业总有一批既有供需关系又有相互信用基础的客户，所以对大多数企业而言，应付账款和预售账款是自然的、持续的信贷形式。商业信用的提供方一般不会对企业的经营状况和风险作严格的考查，企业无须办理像银行借款那样复杂的手续便可取得商业信用，有利于应对企业生产经营之急需。

②企业有较大的机动权。企业能够根据需要，选择决定筹资的金额大小和期限长短，同样要比银行借款等其他方式灵活得多。甚至如果在期限内不能付款或交货时，一般还可以通过与客户的协商，请求延长时限。

③企业一般不用提供担保。通常，商业信用筹资不需要第三方担保，也不会要求筹资企业

用资产进行担保。这样，在出现逾期付款或交货的情况时，可以避免像银行借款那样面临的抵押资产被处置的风险，企业的生产经营能力在相当长的一段时间内不会受到限制。

(2)商业信用筹资的缺点

①商业信用筹资成本高。尽管商业信用的筹资成本是一种机会成本，但由于商业信用筹资属于临时性筹资，其筹资成本比银行信用要高。

②容易恶化企业的信用水平。商业信用的期限短，还款压力大，对企业现金流量管理的要求很高。如果长期和经常性地拖欠账款，会造成企业的信誉恶化。

③受外部环境影响较大。商业信用筹资受外部环境影响较大，稳定性较差，即使不考虑机会成本，也是不能无限利用的。一是受商品市场的影响，如当求大于供时卖方可能停止提供信用。二是受资金市场的影响，当市场资金供应紧张或有更好的投资方向时，商业信用筹资就可能遇到障碍。

总之商业信用的优点在于方便和及时。商业信用期限的局限性受生产和商品流转周期的限制，一般只能是短期信用。

7.3.4 债务筹资的利弊分析

在资本结构一定的条件下，企业从息税前利润中支付的债务利息是相对固定的，当息税前利润增多时，每一元息税前利润所负担的债务利息就会相应地降低，扣除所得税后可分配给企业所有者的利润就会增加，从而给企业所有者带来额外的收益，即财务杠杆利益。同理，由于负债经营的作用，当税前利润下降时，税后利润下降得更快，从而导致企业所有者收益大幅度下降，甚至可能导致企业破产。对企业来说，采用债务性筹资经营即负债经营必须衡量由其带来的收益和风险损失。

1. 负债经营对企业的积极作用

(1)负债经营有利于提高企业的经营规模，增强企业的市场竞争能力。市场经济是竞争经济，竞争的成败除了与竞争方式等有关外，还取决于企业的竞争实力，即企业的资金规模。企业通过举债可以在较短的时间内筹集足够的资金，扩大经营规模，参与市场竞争。

(2)负债经营可使企业得到财务杠杆效益，提高企业股东的收益。在投资利润率大于债务利息率的情况下，由于企业支付的债务利息是相对固定的，当息税前利润增加时，每一元息税前利润所负担的债务利息就会相应地降低，从而给企业所有者带来额外的收益。

(3)负债可以使企业获得节税收益。企业负债应按期支付利息，根据现代企业会计制度中的有关规定，负债利息应在税前支付。在同样经营利润的条件下，负债经营与无债经营企业相比，由于上缴的所得税减少，企业可获得潜在的利益。

(4)负债经营可减少货币贬值的损失。在通货膨胀的情况下，利用举债扩大再生产比自我积累资本更有利，因为通货膨胀可以导致货币贬值，借款与还款时的利率差，使债务人偿还资金的实际价值比没发生通货膨胀时的价值要小，实际上债务人将货币贬值的风险转嫁到债权人身上，减少了由于通货膨胀造成的损失。

(5)可以降低综合资金成本。企业借入资金，不论盈亏均应按期偿还本息，对于债权人来说风险较小。同时，企业除还本付息外，不再承担其他经济责任，不像发行股票那样，在税后还要支付一笔不小的股利，而且企业支付的利息是在成本中列支的，不需要负担所得税。因此，比较而言，债务的资金成本一般低于权益资本成本，从而有利于降低综合资金成本。

2. 负债经营对企业的消极作用

(1)负债经营增加了企业的财务风险。企业进行负债经营必须保证投资收益高于资金成本,否则,将出现收不抵支或发生亏损,降低了偿债能力。在负债数额不变的情况下,亏损越多,企业资产偿还债务的能力就越低,财务风险也就越大。过度的高额负债,使筹资风险增大,不仅需要支付巨额的利息,而且降低了企业的安全性和竞争能力,危及企业的生存与发展,最终将因无力偿还债务而破产倒闭。终极的财务风险表现为企业破产清理后的剩余财产不足以支付债务。

(2)过度负债降低了企业的再筹资能力。企业过度负债,导致债务负担过大。企业债务到期,若不能按期足额的还本付息,就会影响到企业的信誉。若是信誉好的企业,可以很容易地举新债还旧债;但是信誉不好的企业,金融机构或其他企业就不愿再给此企业提供资金,再筹资能力也就降低了。

(3)负债比率过高,可导致股票市场价格下跌。就股份制企业而言,负债经营所产生的财务风险,不仅影响企业所有者权益,而且还会影响到股票的市场价格。当负债率超过允许范围,负债比率越高,股票风险越大,其市场价格也必然随之下降。

(4)增加了企业的经营成本,影响资金的周转。企业负债经营必须按期支付本息,一方面增加了企业的经营成本;另一方面如果还款期限比较集中,短期内要求企业筹集巨额资金还债,就会影响企业资金的周转和使用。

对于一个企业来说,完全依靠自有资金从事经营活动,不发生负债风险,这对控制资金成果的不稳定性是有利的,在企业经营上也是稳妥的。但是当需要借款时,为保持经营的稳妥性而拒绝借款,就会失去发展的时机。因此,过于保守的经营方式,在许多情况下是不适宜的,而应该学会善于利用社会资金,利用借款负债经营。但是,负债经营的风险是客观存在的,如果不仔细分析、盲目借款,也是不妥的。只有在企业经济效益良好时,负债经营才是有利的。同时,在提高借入资金对自有资金的比例时,要充分考虑财务风险的大小。所以要通过各种途径,努力搞好债务性筹资风险的控制。

7.4　股权筹资

股权筹资形成企业的股权资金,是企业最基本的筹资方式,包括吸收直接投资、发行股票、利用留存收益(内部积累)等,这是股权筹资的三种基本方式。

7.4.1　吸收直接投资

吸收直接投资,指企业按照“共同投资、共同经营、共担风险、共享收益”的原则,直接吸收国家、法人、个人和外商投入资金的一种筹资方式。是非股份制企业(包括有限责任公司、个人独资企业和合伙企业等)筹集权益资本的基本方式,采用吸收直接投资的企业,资本不分为等额股份,无须公开发行股票。吸收直接投资的实际出资额中,注册资本部分形成实收资本;超过注册资本的部分,属于资本溢价,形成资本公积。

1. 吸收直接投资的类型

(1) 吸收国家投资

国家投资是指有权代表国家投资的政府部门或机构,以国有资产投入公司,这种情况下形成的资本叫国有资本。根据《公司国有资本与公司财务暂行办法》的规定,在公司持续经营期间，公司以盈余公积、资本公积转增实收资本的，国有公司和国有独资公司由公司董事会或经理办公会决定，并报主管财政机关备案；股份有限公司和有限责任公司由董事会决定，并经股东大会审议通过。吸收国家投资一般具有以下特点：①产权归属国家；②资金的运用和处置受国家约束较大；③在国有公司中采用比较广泛。

(2) 吸收法人投资

法人投资是指法人单位以其依法可支配的资产投入公司，这种情况下形成的资本称为法人资本。吸收法人资本一般具有以下特点：①发生在法人单位之间；②以参与公司利润分配或控制为目的；③出资方式灵活多样。

(3)合资经营

合资经营，是指两个或者两个以上的不同国家的投资者共同投资，创办企业，并且共同经营、共担风险、共负盈亏、共享利益的一种直接投资方式。在我国，中外合资经营企业亦称股权式合营企业，它是外国公司、企业和其他经济组织或个人同中国的公司、企业或其他经济组织在中国境内共同投资举办的企业。中外合资经营一般具有如下特点：①合资经营企业在中国境内，按中国法律规定取得法人资格，为中国法人；②合资经营企业为有限责任公司；③注册资本中，外方合营者的出资比例一般不低于25%；④合资经营期限一般项目为10年至30年，最长可到50年，经国务院特批的可达50年以上；⑤合资经营企业的注册资本与投资总额之间应依法保持适当比例关系，投资总额是指按照合营企业合同和章程规定的生产规模需要投入的基本建设资金和生产流动资金的总和。

中外合资经营企业和中外合作经营企业都是中外双方共同出资、共同经营、共担风险和共负盈亏的企业。两者的区别主要是：①合作企业可以依法取得中国法人资格，也可以办成不具备法人条件的企业，而合资企业必须是法人。②合作企业属于契约式合营，它不以合营各方投入的资本数额、股权作为利润分配的依据，而是通过合同具体规定各方的权利和义务，而合资企业属于股权式企业，即以投资比例作为确定合营各方权利和义务的依据。③合作企业在遵守国家法律的前提下，可以通过合作合同来约定收益或产品的分配，以及风险和亏损的分担，而合资企业则是根据各方注册资本的比例进行分配的。

(4)吸收社会公众投资

社会公众投资是指社会个人或本公司职工以个人合法财产投入公司，这种情况下形成的资本称为个人资本。吸收社会公众投资一般具有以下特点：①参加投资的人员较多；②每人投资的数额相对较少；③以参与公司利润分配为基本目的。例如中国近几年对外直接投资的案例：

- 2005年5月1日，联想正式宣布完成收购IBM全球PC业务，合并后的新联想将以130亿美元的年销售额一跃成为全球第三大PC制造商。
- 2007年12月12日，中国最大的国有电力公司——中国国家电网为首的财团，以约为296亿元人民币(39.5亿美元)的价格，赢得了菲律宾电网未来25年的经营权。
- 2008年12月16日，中石化收购加拿大TYK石油公司的计划已获得政府部门批准，预计收购总价折合人民币130亿元，收购完成后，TYK将成为中石化首家全资海外油气公司。
- 2010年3月28日，吉利与美国福特公司在瑞典哥德堡正式签署收购沃尔沃公司的协议。
- 2010年8月2日，中国吉利控股集团在伦敦完成对沃尔沃轿车公司全部股权的收购，并宣布了董事会成员。

2. 吸收直接投资的程序

(1)确定筹资数量

企业在新建或扩大经营时,首先要确定资金的需要量。资金的需要量应根据企业的生产经营规模和供销条件等来核定,确保筹资数量与资金需要量相适应。

(2)寻找投资单位

企业既要广泛了解有关投资者的资信、财力和投资意向,又要通过信息交流和宣传,使出资方了解企业的经营能力、财务状况以及未来预期,以便于公司从中寻找最合适的合作伙伴。

(3)协商和签署投资协议

找到合适的投资伙伴后,双方进行具体协商,确定出资数额、出资方式和出资时间。企业应尽可能吸收货币投资,如果投资方确有先进而适合需要的固定资产和无形资产,亦可采取非货币投资方式。对实物投资、工业产权投资、土地使用权投资等非货币资产,双方应按公平合理的原则协商定价。当出资数额、资产作价确定后,双方签署投资的协议或合同,以明确双方的权利和责任。

(4)取得所筹集的资金

签署投资协议后,企业应按规定或计划取得资金。如果采取现金投资方式,通常还要编制拨款计划,确定拨款期限、每期数额及划拨方式,有时投资者还要规定拨款的用途,如把拨款区分为固定资产投资拨款、流动资金拨款、专项拨款等。如为实物、工业产权、非专利技术、土地使用权投资,一个重要的问题就是核实财产。财产数量是否准确,特别是价格有无高估低估的情况,关系到投资各方的经济利益,必须认真处理,必要时可聘请专业资产评估机构来评定,然后办理产权的转移手续,取得资产。

3. 吸收直接投资的方式

(1)货币出资。是吸收投资中最主要的出资方式。有了货币资金,便可获取其他物质资源。因此,企业应该尽量动员投资者采用货币方式出资。

(2)实物出资。是投资者以原材料、商品、建筑物、设备等流动资产和固定资产进行的投资。一般来说,实物投资要符合以下条件:第一,适合企业生产经营、研发等活动的需要;第二,技术性能较好;第三,作价公平合理。

(3)以工业产权出资。工业产权通常指专有技术、商标权、专利权、非专利技术等无形资产。

投资者以工业产权出资应符合下列条件:第一,有助于企业研究、开发和生产新的高技术产品;第二,有助于企业提高生产效率,改进产品质量;第三,有助于企业降低生产能耗、能源消耗等各种消耗;第四,作价公平合理。吸收工业产权等无形资产出资的风险较大。《公司法》等国家相关法律对无形资产出资方式另有限制:股东或者发起人不得以劳务、信用、自然人姓名、商誉、特许经营权或者设定担保的财产等作价出资。

(4)以土地使用权出资。是指土地经营者对依法取得的土地在一定期限内有进行建筑、生产经营或其他活动的权利,土地使用权具有相对的独立性。在土地使用权存续期间,包括土地所有者在内的其他任何人和单位,不能任意收回土地和非法干预使用权人的经营活动。土地使用权出资应符合以下条件:第一,适合企业生产、经营、研发等活动的需要;第二,交通和地理位置适宜;第三,作价公平合理。

(5)以特定债权出资。特定债权是指企业以依法发行的可转换债券以及按照国家有关规定可以转作股权的债权。在实践中,企业可以将特定债权转为股权的情形主要有:第一,上市公司依法发行的可转换债券；第二，金融资产管理公司持有的国有及国有控股企业债权；第三，企业实行公司制改建时，经银行以外的其他债权人协商同意，可以按照有关协议和企业章程的规定，将其债权转为股权；第四，国有企业的境内债权人将有的债权转给外国投资者，企业通过债转股改组为外商投资企业；第五，国有企业改制时，账面原有应付工资余额中欠发职工工资部分，在符合国家政策、职工自愿的条件下，依法扣除个人所得税后可转为个人投资；未退还职工的集资款也可转为个人投资。

需注意：①我国《公司法》规定，公司全体股东或者发起人的货币出资金额不得低于公司注册资本的30%。②以实物资产、土地使用权和工业产权出资时，应当满足特定的条件，共性的条件为作价公平合理。③吸收工业产权等无形资产出资的风险较大。因为以工业产权投资，实际上是把技术转化为资本，使技术的价值固定化。而技术具有强烈的时效性，会因其不断老化落后而导致实际价值不断减少甚至完全丧失。④《公司法》规定，股东或者发起人不得以劳务、信用、自然人姓名、商誉、特许经营权或者设定担保的财产等作价出资。

4. 吸收直接投资的优缺点(表7—4)

表7—4　吸收直接投资的优缺点

优点	增强公司信誉	与债务资本相比较，吸收直接投资能够提高公司的资信和借款能力
	财务风险较低	相对于债务资本，直接投资可以根据经营状况向投资者支付报酬，大大降低了财务风险
缺点	资本成本较高	企业经营状况良好时尤为明显，支付投资者的报酬会随之升高
	容易分散企业的控制权	如外部投资者投资较多，则管理者会有相当大的管理权，甚至完全控制企业
	难以吸收大量的社会资本参与	不会面向社会公众，范围较小

7.4.2 发行股票

股票是股份有限公司为了筹措自有资金而发行的有价证券，是股份有限公司发行的用以证明股东所持有股份的书面凭证。股票作为一种所有权凭证，代表股东对发行公司净资产的所有权。股东作为出资人按投入公司的资本额享有相应的权利，并以其持有股份为限对公司承担责任。股票只能由股份有限公司发行。

1. 股票的种类

(1)根据上市地点和发行对象分类

A股、B股、H股、N股和S股等，这一区分主要依据股票的上市地点和所面对的投资者而定。A股，也称为人民币普通股票、流通股、社会公众股、普通股，是指那些在中国大陆注册、在中国大陆上市的普通股票，以人民币认购和交易。1990年，我国A股股票一共仅有10只；至1997年年底，A股股票增加到720只，A股总股本为1 646亿股，总市值17 529亿元人民币，与国内生产总值的比率为22.7%。1997年A股的年成交量为4 471亿股，年成交金额为30 295亿元人民币，我国A股股票市场经过几年快速发展，已经初具规模。

B股也称为人民币特种股票，是指那些在中国大陆注册、在中国大陆上市的特种股票。以人民币标明面值，只能以外币认购和交易。B股公司的注册地和上市地都在境内。只不过投资者在境外或在中国香港、澳门及台湾地区。

H股也称为国企股，是指国有企业在中国香港上市的股票。

S股是指那些主要生产或者经营等核心业务在中国大陆、而企业的注册地在新加坡(Singapore)或者其他国家和地区，但是在新加坡交易所上市挂牌的企业股票。

N股是指那些在中国大陆注册、在纽约(New York)上市的外资股。自1993年在中国香港发行青岛啤酒H股以来，我国先后挑选了4批共77家境外上市预选企业，这些企业处于各行业领先地位，在一定程度上体现了中国经济的整体发展水平和增长潜力。到1997年年底，已经有42家境外上市预选企业经过改制在境外上市，累计筹集外资95.6亿美元。

(2)根据股票业绩分类

ST股是指境内上市公司连续两年亏损，被进行特别处理的股票；*ST是指境内上市公司连续三年亏损的股票。摘帽是指原来是ST的，现在去掉了ST。

垃圾股，经营亏损或违规的公司的股票。

绩优股，经营很好，业绩很好，每股收益0.5元以上的公司的股票。

蓝筹股，股票市场上，那些在其所属行业内占有重要支配性地位、业绩优良、成交活跃、红利优厚的大公司股票。

红筹股，是指那些在香港上市，但由中资企业直接控制或持有三成半股权以上的上市公司股份。

题材股，是指具有某种特别内涵的股票，而这一内涵通常会被当作一种选股和炒作题材，成为股市的热点。

例如，在20世纪90年代初期，以浦东开发为契机酝酿成熟的“浦东概念”为股票一级市场和二级市场的发展开辟了第一个繁荣时期。又如，以香港回归祖国为题材形成了的“九七概念”，对这一时期证券市场的发展起到了重要作用。

(3)按股东权利和义务分类

股票可分为普通股、优先股和后配股。

普通股是随着企业利润变动而变动的一种股份，是股份公司资本构成中最普通、最基本的股份，是股份企业资金的基础部分。其基本特点是其投资收益(股息和分红)不是在购买时约定，而是事后根据股票发行公司的经营业绩来确定。公司的经营业绩好，普通股的收益就高；反之，若经营业绩差，普通股的收益就低。普通股是股份公司资本构成中最重要、最基本的股份，亦是风险最大的一种股份，但又是股票中最基本、最常见的一种。在我国上交所与深交所上市的股票都是普通股。

一般可把普通股的特点概括为如下四点：①持有普通股的股东有权获得股利，但必须是在公司支付了债息和优先股的股息之后才能分得。普通股的股利是不固定的，一般视公司净利润的多少而定。当公司经营有方，利润不断递增时普通股能够比优先股多分得股利，股利率甚至可以超过50%；但赶上公司经营不善的年头，也可能连一分钱都得不到，甚至可能连本也赔掉。②当公司因破产或结业而进行清算时，普通股东有权分得公司剩余资产，但普通股东必须在公司的债权人、优先股股东之后才能分得财产，财产多时多分，少时少分，没有则只能作罢。由此可见，普通股东与公司的命运更加息息相关，荣辱与共。当公司获得暴利时，普通股东是主要的受益者；而当公司亏损时，他们又是主要的受损者。③普通股东一般都拥有发言权和表决权，即有权就公司重大问题进行发言和投票表决。普通股东持有一股便有一股的投票权，持有两股便有两股的投票权。任何普通股东都有资格参加公司最高级会议——每年一次的股东大会，但如果不愿参加，也可以委托代理人来行使其投票权。④普通股东一般具有优先认股权，即当公司增发新普通股时，现有股东有权优先（可能还以低价）购买新发行的股票，以保持其对企业所有权的原百分比不变，从而维持其在公司中的权益。比如某公司原有 1 万股普通股，而你拥有 100 股，占 1%，现在公司决定增发 10%的普通股，即增发1 000股，那么你就有权以低于市价的价格购买其中 1%即 10 股，以保持你持有股票的比例不变。

优先股，是股份公司发行的在分配红利和剩余财产时比普通股具有优先权的股份。优先股也是一种没有期限的有权凭证，优先股股东一般不能在中途向公司要求退股（少数可赎回的优先股例外）。优先股的主要特征有：①优先股通常预先定明股息收益率。由于优先股股息率事先固定，所以优先股的股息一般不会根据公司经营情况而增减，而且一般也不能参与公司的分红，但优先股可以先于普通股获得股息，对公司来说，由于股息固定，它不影响公司的利润分配。②优先股的权利范围小。优先股股东一般没有选举权和被选举权，对股份公司的重大经营无投票权，但在某些情况下可以享有投票权。

如果公司股东大会需要讨论与优先股有关的索偿权，即优先股的索偿权先于普通股，而次于债权人，优先股的优先权主要表现在两个方面：①股息领取优先权。股份公司分派股息的顺序是优先股在前，普通股在后。股份公司不论其盈利多少，只要股东大会决定分派股息，优先股就可按照事先确定的股息率领取股息，即使普遍减少或没有股息，优先股亦应照常分派股息。②剩余资产分配优先权。股份公司在解散、破产清算时优先股具有公司剩余资产的分配优先权，不过，优先股的优先分配权在债权人之后，而在普通股之前。只有还清公司债权人债务之后，有剩余资产时，优先股才具有剩余资产的分配权。只有在优先股索偿之后，普通股才参与分配。

后配股是在利益或利息分红及剩余财产分配时比普通股处于劣势的股票，一般是在普通股分配之后，对剩余利益进行再分配。如果公司的盈利巨大，后配股的发行数量又很有限，则购买后配股的股东可以取得很高的收益。发行后配股，一般所筹措的资金不能立即产生收益，投资者的范围又受限制，因此利用率不高。后配股一般在下列情况下发行：

①公司为筹措扩充设备资金而发行新股票时，为了不减少对旧股的分红，在新设备正式投用前，将新股票作后配股发行；

②企业兼并时，为调整合并比例，向被兼并企业的股东交付一部分后配股；

③在有政府投资的公司里，私人持有的股票股息达到一定水平之前，把政府持有的股票作为后配股。

2. 股票的特征

（1）收益性。收益性是股票最基本的特征，它是指股票可以为持有人带来收益的特性。持有股票的目的在于获取收益。股票的收益来源可分成两类：一是来自股份公司。认购股票后，持有者即对发行公司享有经济权益，其实现形式是公司派发的股息、红利，数量多少取决于股份公司的经营状况和盈利水平。二是来自股票流通。股票持有者可以持股票到依法设立的证券交易场所进行交易，当股票的市场价格高于买入价格时，卖出股票就可以赚取差价收益。这种差价收益被称为“资本利得”。

（2）风险性。股票风险的内涵是股票投资收益的不确定性，或者说实际收益与预期收益之间的偏离。投资者在买入股票时，对其未来收益会有一个预期，但真正实现的收益可能会高于或低于原先的预期，这就是股票的风险。很显然，风险是一个中性概念，风险不等于损失，高风险的股票可能给投资者带来较大损失，也可能带来较大的预期收益，这就是“高风险高收益”的含义。

(3)流动性。流动性是指股票可以通过依法转让而变现的特性,即在本金保持相对稳定、变现的交易成本极小的条件下,股票很容易变现的特性。股票持有人不能从公司退股,但股票转让为其提供了变现的渠道。通常,判断股票的流动性强弱主要分析三个方面。首先是市场深度,以每个价位上报单的数量来衡量,如果买卖盘在每个价位上报单越多,成交越容易,股票的流动性越高。其次是报价紧密度,以价位之间的价差来衡量,若价差越小,交易对市场价格的冲击越小,股票流动性就比较强。在有做市商的情况下,做市商双边报价的价差是衡量股票流动性的最重要指标。最后是股票的价格弹性或者恢复能力,以交易价格受大额交易冲击后的恢复能力来衡量,价格恢复能力越强,股票的流动性越高。

需要注意的是,由于股票的转让可能受各种条件或法律法规的限制,因此,并非所有股票都具有相同的流动性。通常情况下,大盘股流动性强于小盘股,上市公司股票的流动性强于非上市公司股票,而上市公司股票又可能因市场或监管原因而受到转让限制,从而具有不同程度的流动性。

(4)永久性。永久性是指股票所载有权利的有效性是始终不变的,因为它是一种无期限的法律凭证。股票的有效期与股份公司的存续期间相联系,两者是并存的关系。这种关系实质上反映了股东与股份公司之间比较稳定的经济关系。股票代表着股东的永久性投资,当然股票持有者可以出售股票而转让其股东身份,而对于股份公司来说,由于股东不能要求退股,所以通过发行股票募集到的资金,在公司存续期间是一笔稳定的自有资本。

(5)参与性。参与性是指股票持有人有权参与公司重大决策的特性。股票持有人作为股份公司的股东,有权出席股东大会,行使对公司经营决策的参与权。股东参与公司重大决策权利的大小通常取决于其持有股份数量的多少,如果某股东持有的股份数量达到决策所需要的有效多数时,就能实质性地影响公司的经营方针。

3. 股份有限公司的设立、股票的发行方式

(1)股份有限公司的设立

根据《中华人民共和国公司法》(以下简称《公司法》)第 73 条的规定,设立股份有限公司应当具备以下条件:

①发起人符合法定人数。设立股份有限公司,应当有 5 人以上(含 5 人)为发起人,其中必须有过半数的发起人在中国境内有住所。公司以其主要办事机构所在地为住所。公司住所是确定公司登记注册级别管辖、诉讼文书送达、债务履行地点、法院管辖及法律适用等法律事项的依据。经公司登记机关登记的公司住所只能有一个,公司的住所应当在其公司登记机关辖区内。公司住所的变更,须到公司登记机关办理变更登记。根据《公司法》的规定,国有企业改建为股份有限公司的,发起人可以少于 5 人,但应当采取募集设立方式。但是,我国目前暂不允许股份有限公司采取募集设立方式,而应采用"先发起设立,后公开发行股票"的做法。

②发起人认缴和社会公开募集的股本达到法定资本最低限额。股份有限公司注册资本(在公司登记机关登记的实收股本总额)的最低限额为人民币1 000万元。以募集方式设立的,发起人认购的股份不得少于公司股份总数的 35%。公司申请股票上市,其股本总额不得少于人民币5 000万元。发起人、认股人缴纳股款或者缴付抵作股款的出资后,除未按期募足股份、发起人未按期召开创立大会或者创立大会决议不设立公司的情形外,不得抽回资本。

③股份发行及筹办事项符合法律规定。这里的"发行"一词有以下两种含义:就发起设立方式而言,发行是指发起人不公开的认购全部股份,筹集设立公司所需要的资本。就募集设立方式而言,发行是指发起人认足不少于公司设立所需股份总数的 35%的股份并由发起人向不

特定人发出认购股份的要约邀请、要约或单方面表示招募股份的意思。发起人必须依照规定申报设立文件，并承担公司筹办事务。

④发起人制定公司章程，并经创立大会通过。公司章程是公司最重要的法律文件，发起人应当根据《公司法》《上市公司章程指引》《到香港上市公司章程必备条款》或《到境外上市公司章程必备条款》及相关规定的要求，起草制定章程草案。章程草案须提交创立大会表决通过。发起人向社会公开募集股份的，须向中国证监会报送公司章程（草案）。

⑤有公司名称，建立符合股份有限公司要求的组织机构。拟设立的股份有限公司应当依照工商登记的有关规定确立公司名称，并建立股东大会、董事会、监事会和总经理等公司的组织机构。企业名称应当由行政区划、字号、行业、组织形式依次组成，法律、法规另有规定的除外。

⑥有固定的生产经营场所和必要的生产经营条件。拟设立的股份有限公司应当以投资入股、购买、租赁等方式取得固定的生产经营场所，并具备与其生产经营活动相适应的必要的生产经营条件。

（2）股票的发行方式

①直接发行和间接发行

按股票发行的参与者不同划分为直接发行和间接发行。直接发行是由股份有限公司自己承担发行股票的责任和风险，不通过股票的发行中介机构，而直接将股票出售给股票认购者。故也称为自营发行或自销。

间接发行是指股份有限公司委托中介机构代为发行股票，再由中介机构将股票销售给股票认购者的发行方式。故也称为委托发行或代理发行。间接发行根据中介机构承担的责任和风险又分为包销和代销。包销（也称承销）是指股份有限公司和中介机构（承销商）签订包销合同，由中介机构包销全部发行股票，并承担发行风险，获取差价收益。代销是指股份有限公司和中介机构签订代销合同，代为股份有限公司发行股票，发行风险和发行责任由股份公司承担，中介机构不承担任何风险，只收取一定的手续费作为服务报酬。我国目前以包销为主。

②公开发行和非公开发行

按股票发行过程中的公开程度不同划分为公开发行和非公开发行。公开发行是指股份有限公司依据公司法及证券交易法的有关规定，办理有关发行审核手续，公开向社会公众发行股票。股份有限公司若采用募集设立则属于公开发行股票方式。

非公开发行是指股份有限公司不办理公开发行的审核手续，股票不公开对外发行，而只向公司内部少数特定的对象出售。股份有限公司若采用发起设立则属于不公开发行股票方式。

③设立筹资发行和增资发行

按股票发行目的不同划分为设立筹资发行和运行过程中的增资发行。设立筹资发行是指股份有限公司在设立时为筹集资本而发行的股票，这是股份有限公司首次发行股票，故又称为初次发行。初次发行的目的是通过发行股票，筹集社会资本为共同经营资本，使其达到规定或预定的规模。初次发行又分为公开发行和非公开发行。我国目前对股票的初次公开发行（IPO）有许多明确的规定和要求：a. 注册资本额不得低于人民币1 000万元；b. 有公司章程等基本条件；c. 发起人认购的股份数不得少于公司股份总数的 35%；d. 申请发行并得到有关部门的批准；e. 及时向社会公告招股说明书；f. 由依法设立的证券经营机构承销，并由银行代收股款；g. 在规定的时间内发行并缴足。

增资发行是指股份有限公司成立后在运营过程中要增加资本而再次发行股票，因而也叫再次发行。再次发行股票的主要目的有：a. 增加公司资本，以解决资本短缺或扩大经营规模。b. 改善资本结构。如资本公积或盈余公积转增资本，公司债券转换为股票，用分配给股东的股息转换为发行股票等。c. 提高公司社会信用，扩大公司规模。

我国目前对股份有限公司的再次发行股票也有严格的规定和要求：a. 前一次发行的股票已发完，并间隔一年以上；b. 公司在最近 3 年内连续盈利，并可向股东支付股利；c. 公司最近 3 年内财务会计文件无虚假记载；d. 股东大会同意以及有关部门批准；e. 在规定的额度范围内增资配股。

增资发行的方式有：有偿增资发行、无偿增资发行和有偿无偿并行增资发行。a. 有偿增资发行是指股票的购买者以一定的价格向股份有限公司购买股票。从而使公司实现增资。一般情况下，购买价要低于市场价。有偿增资发行又分为股东配股、特定人配股和公开发行。股东配股是以股东已持有的股票数为基准，按一定的比率给予认购新股的优先权，它是应用最广泛的增资方法。特定人配股是给予某一范围的特定人（如公司员工、股东等）以优先认购新股的权利。公开发行是社会公众以平等的方式认购新股，而不限定在某些指定人范围之内。b. 无偿增资发行是指股东以其持有的股票数为基准，按一定的比率无偿地获取新股的方式，也称之为送股。它是股份有限公司将公积金或资本重估增值部分或股息转增为资本并按一定的比例送给股东的结果。c. 有偿无偿并行增资发行是指将有偿增资和无偿增资相结合的增资发行方式，即股份有限公司既有送股也有配股。

4. 股票的上市交易

（1）股票上市的目的

股票发行的目的比较复杂，除了筹集资金，满足企业发展需要这一主要目的以外，其他一些目的如调整公司的财务结构、进行资产重组、维护股东利益等都可引起股票发行。概括起来主要有以下几个方面：

①新建股份有限公司筹集资金，满足企业经营需要。股份有限公司的成立有两种形式：一种是发起设立，即由公司发起人认购全部股票。发起设立程序简单，发起人出资后公司设立即告完成，但这类公司规模较小；另一种是募集设立，即除发起人本身出资外，还需向社会公开发行股票募集资金。按照我国《公司法》的规定，以募集设立方式设立股份有限公司的发起人认购的股份不得少于股份总额的 35%。这类公司的规模一般较大。

②现有股份有限公司改善经营。现有股份有限公司为扩大经营规模或范围，提高公司的竞争能力而投资新的项目时，需增加发行股票筹集资金，人们通常称之为增资发行。

③改善公司财务结构，保持适当的资产负债比例。当公司负债率过高时，通过发行股票增加公司资本，可以有效地降低负债比例，改善公司财务结构。

④满足证券上市标准。股票在证券交易所上市需要满足的条件很多，其中一个重要的方面就是股本总额。我国《公司法》规定，股份有限公司的股票要在证券交易所上市，其股本总额不得少于人民币3 000万元。因而有些公司为了争取股票在证券交易所挂牌上市，就要通过发行新的股票的方式来增加股本总额，满足上市标准。

⑤公积金转增股本及股票派息。当股份有限公司的公积金累计到一定的水平时，在留足了法律规定的比例以后，可以将其余的公积金转为资本金，向公司现有股东按比例无偿增发新股。另外，当公司需要资金用于扩大投资时，会选择用股票而不是现金来分红派息。

⑥其他目的。

a. 转换证券。指当公司需要将发行在外的可转换债券或其他类型的证券转换成公司股票时，要向债权人发行股票。

b. 股份的分割与合并。股份的分割又称为拆股，股份的合并又称为缩股。拆股或缩股时须向原股票持有人换发新股票。

c. 公司兼并。公司可以向目标企业发行本公司的股票，目标企业以其资产作为出资缴纳股款，由此完成对目标企业的兼并。

(2)股票上市的条件

我国《股票发行与交易管理暂行条例》规定，股票发行人必须是具有股票发行资格的股份有限公司。根据发行股票的不同情况，规定了不同的条件。设立股份有限公司申请公开发行股票，应当符合下列条件：①其生产经营符合国家产业政策；②其发行的普通股限于一种，同股同权；③发起人认购的股本数额不少于公司拟发行的股本总额的 35%；④在公司拟发行的股本总额中，发起人认购的部分不少于人民币3 000万元，国家另有规定的除外；⑤向社会公众发行的部分不少于公司拟发行的股本总额的 25%，其中公司职工认购的股本数额不得超过拟向社会公众发行的股本总额的 10%；公司拟发行的股本总额超过人民币 4 亿元的，证监会按照规定可以酌情降低向社会公众发行部分的比例，但是最低不少于公司拟发行的股本总额的 10%；⑥发起人在近 3 年内没有重大违法行为；⑦国家证券管理部门认为有必要的其他条件。

5. 股票上市的暂停、终止和特别处理

当上市公司出现经营恶化、存在重大违法违规行为或其他原因导致不符合上市条件时，就可能被暂停或终止上市。

(1)股票上市的暂停。上市公司出现以下情形之一的，由证交所暂停其上市：①因最近两个会计年度的净利润连续为负值或者被追溯重述后连续为负值，其股票被实施退市的风险警示后，公司披露的最近一个会计年度经审计的净利润继续为负值。②因最近一个会计年度经审计的期末净资产为负值或者被追溯重述后为负值，其股票被实施退市的风险警示后，公司披露的最近一个会计年度经审计的期末净资产继续为负值。③因最近一个会计年度经审计的营业收入低于1 000万元或者被追溯重述后低于1 000万元，其股票被实施退市的风险警示后，公司披露的最近一个会计年度经审计的营业收入继续低于1 000万元。④因最近一个会计年度的财务会计报告被会计师事务所出具无法表示意见或者否定意见的审计报告，其股票被实施退市的风险警示后，公司披露的最近一个会计年度的财务会计报告被会计师事务所出具无法表示意见或者否定意见的审计报告。⑤因财务会计报告存在重大会计差错或者虚假记载，而未在规定期限内改正，其股票被实施退市的风险警示后，公司在 2 个月内仍未按要求改正财务会计报告。⑥因未在法定期限内披露年度报告或者中期报告，其股票被实施退市的风险警示后，公司在 2 个月内仍未披露应披露的年度报告或者中期报告。⑦公司股本总额发生变化不具备上市条件(3 000万元)。⑧股票被实施退市的风险警示后，公司在 6 个月内其股权分布仍不具备上市条件。⑨公司有重大违法行为。

(2)股票上市的终止。上市公司有下列情形之一的，由证券交易所决定终止其股票上市交易：①公司股本总额、股权分布等发生变化不再具备上市条件，在证券交易所规定的期限内仍不能达到上市条件。②公司不按照规定公开其财务状况，或者对财务会计报告作虚假记载，且拒绝纠正。③公司最近 3 年连续亏损，在其后一个年度内未能恢复盈利。④公司解散或者被宣告破产。⑤证券交易所上市规则规定的其他情形。最新终止上市的条件请参考其他相关教材。

(3)特别处理(ST：Special Treatment)。特别处理的前提：①最近两年连续亏损(以最近两年年度报告披露的当年经审计净利润为依据)。②因财务会计报告存在重大会计差错或者虚假记载,公司主动改正或者被中国证监会责令改正后,对以前年度财务会计报告进行追溯调整,导致最近两年连续亏损。③因财务会计报告存在重大会计差错或者虚假记载,被中国证监会责令改正但未在规定期限内改正,且公司股票已停牌两个月。④未在法定期限内披露年度报告或者半年度报告,公司股票已停牌两个月。⑤处于股票恢复上市交易日至恢复上市后第一个年度报告披露日期间。⑥在收购人披露上市公司要约收购情况报告至维持被收购公司上市地位的具体方案实施完毕之前,因要约收购导致被收购公司的股权分布不符合《公司法》规定的上市条件,且收购人的持股比例未超过被收购公司总股本的 90%。⑦法院受理关于公司破产的案件,公司可能被依法宣告破产。⑧证券交易所认定存在退市风险的其他情形。

被退市风险警示特别处理的股票,其证券简称前冠以 * ST 字样,股票报价的日涨跌幅限制为 5%。

6. 普通股的筹资特点

普通股指的是在公司的经营管理和盈利及财产的分配上享有普通权利的股份,代表满足所有债权偿付要求及优先股东的收益权与求偿权要求后对企业盈利和剩余财产的索取权。它构成公司资本的基础,是股票的一种基本形式,也是发行量最大、最为重要的股票。目前在上海和深圳证券交易所上市交易的股票,都是普通股。

(1)普通股筹资的优点

①筹资风险小。由于普通股票没有固定的到期日,不用支付固定的利息,不存在不能还本付息的风险。

②股票融资可以提高企业知名度,为企业带来良好的声誉。发行股票筹集的是主权资金。普通股本和留存收益构成公司借入一切债务的基础。有了较多的主权资金,就可为债权人提供较大的损失保障。因而,发行股票筹资既可以提高公司的信用程度,又可为使用更多的债务资金提供有力的支持。

③没有固定到期日。股票融资所筹资金具有永久性,无到期日,不需归还。在公司持续经营期间可长期使用,能充分保证公司生产经营的资金需求。

④没有固定的利息负担。公司有盈余,并且认为适合分配股利,就可以分给股东;公司盈余少,或虽有盈余但资金短缺或者有有利的投资机会,就可以少支付或不支付股利。

⑤股票融资有利于帮助企业建立规范的现代企业制度。

(2)普通股筹资的缺点

①资本成本较高。首先,从投资者的角度讲,投资于普通股风险较高,相应地要求有较高的投资报酬率。其次,对筹资来讲,普通股股利从税后利润中支付,不具有抵税作用。另外,普通股的发行费用也较高。

②股票融资上市时间跨度长,竞争激烈,无法满足企业紧迫的融资需求。

③容易分散控制权。当企业发行新股时,出售新股票,引进新股东,会导致公司控制权的分散。

④新股东分享公司未发行新股前积累的盈余,会降低普通股的净收益,从而可能引起股价的下跌。

7.4.3 利用留存收益

1. 留存收益的性质

从性质上看，企业通过合法有效地经营所实现的税后净利润，都属于企业的所有者。企业将本年度的利润部分甚至全部留存下来的原因很多，主要包括：第一，收益的确认和计量是建立在权责发生制基础上的，企业有利润，但企业不一定有相应的现金净流量增加，因而企业不一定有足够的现金将利润全部或部分派给所有者。第二，法律法规从保护债权人利益和要求企业可持续发展等角度出发，限制企业将利润全部分配出去。《公司法》规定，企业每年的税后利润，必须提取10%的法定盈余公积金。第三，企业基于自身扩大再生产和筹资的需求，也会将一部分利润留存下来。

2. 留存收益的筹资途径

(1)提取盈余公积金

盈余公积金，是指有指定用途的留存净利润。盈余公积金是从当期企业净利润中提取的积累资金，其提取基数是本年度的净利润。盈余公积金主要用于企业未来的经营发展，经投资者审议后也可以用于转增股本(实收资本)和弥补以前年度的经营亏损，但不得用于以后年度的对外利润分配。

(2)未分配利润

未分配利润，是指未限定用途的留存净利润。未分配利润有两层含义：第一，这部分净利润本年没有分配给公司的股东投资者；第二，这部分净利润未指定用途，可以用于企业未来的经营发展、转增资本(实收资本)、弥补以前年度的经营亏损及以后年度的利润分配。

3. 利用留存收益的筹资特点

(1)不用发生筹资费用

企业从外界筹集长期资本，与普通股筹资相比较，留存收益筹资不需要发生筹资费用，资本成本较低。

(2)维持公司的控制权分布

利用留存收益筹资，不用对外发行新股或吸收新投资者，由此增加的权益资本不会改变公司的股权结构，不会稀释原有股东的控制权。

(3)筹资数额有限

留存收益的最大数额是企业到期的净利润和以前年度未分配利润之和，不像外部筹资一次性可以筹集大量资金。如果企业发生亏损，那么当年就没有利润留存。另外，股东和投资者从自身期望出发，往往希望企业每年发放一定的利润，保持一定的利润分配比例。

(4)资金使用受制约

留存收益中某些项目的使用，如法定盈余公积金等，要受国家有关规定的制约。

7.5 混合筹资

混合筹资筹集的是混合性资金，是指具有股权性资金的某些特征又具有债权性资金的某些特征的资金形式。目前，上市公司常见的混合筹资方式主要有发行优先股、发行认股权证和发行可转换债券。

7.5.1 发行优先股

优先股,是同普通股相对应的一种股权形式,持有这种股份的股东在盈余分配和剩余财产分配上优先于普通股股东。很多国家公司法规定,优先股可以在公司设立时发行,也可以在公司增资时发行。

1. 优先股的主要特征

(1)优先股通常预先定明股息收益率。由于优先股股息率事先固定,所以优先股的股息一般不会根据公司经营情况而增减,而且一般也不能参与公司的分红,但优先股可以先于普通股获得股息,对公司来说,由于股息固定,它不影响公司的利润分配。

(2)优先股的权利范围小。优先股股东一般没有选举权和被选举权,对股份公司的重大经营无投票权,但在某些情况下可以享有投票权。

如果公司股东大会需要讨论与优先股有关的索偿权,即优先股的索偿权先于普通股,而次于债权人。

2. 优先股的优先权主要表现在两个方面

(1)股息领取优先权。股份公司分派股息的顺序是优先股在前,普通股在后。股份公司不论其盈利多少,只要股东大会决定分派股息,优先股就可按照事先确定的股息率领取股息,即使普遍减少或没有股息,优先股亦应照常分派股息。

(2)剩余资产分配优先权。股份公司在解散、破产清算时优先股具有公司剩余资产的分配优先权,不过,优先股的优先分配权在债权人之后,而在普通股之前。只有还清公司债权人债务之后,有剩余资产时,优先股才具有剩余资产的分配权。只有在优先股索偿之后,普通股才参与分配。

3. 优先股的种类

优先股的种类很多,为了适应一些专门想获取某些优先好处的投资者的需要,优先股有各种各样的分类方式。主要分类有以下几种:

(1)累积优先股和非累积优先股。累积优先股是指在某个营业年度内,如果公司所获的盈利不足以分派规定的股利,日后优先股的股东对往年来付给的股息,有权要求如数补给。对于非累积的优先股,虽然对于公司当年所获得的利润有优先于普通股获得分派股息的权利,但如该年公司所获得的盈利不足以按规定的股利分配时,非累积优先股的股东不能要求公司在以后年度中予以补发。一般来讲,对投资者来说,累积优先股比非累积优先股具有更大的优越性。

(2)参与优先股与非参与优先股。当企业利润增大,除享受既定比率的利息外,还可以跟普通股共同参与利润分配的优先股,称为“参与优先股”。除了既定股息外,不再参与利润分配的优先股,称为“非参与优先股”。一般来讲,参与优先股较非参与优先股对投资者更为有利。

(3)可转换优先股与不可转换优先股。可转换优先股是指允许优先股持有人在特定条件下把优先股转换成一定数额的普通股。否则,就是不可转换优先股。可转换优先股是近年来日益流行的一种优先股。

(4)可收回优先股与不可收回优先股。可收回优先股是指允许发行该类股票的公司,按原来的价格再加上若干补偿金将已发生的优先股收回。当该公司认为能够以较低股利的股票来代替已发行的优先股时,就往往行使这种权利。反之,就是不可收回的优先股。

优先股的收回方式有三种:①溢价方式:公司在赎回优先股时,虽是按事先规定的价格进行，但由于这往往给投资者带来不便，因而发行公司常在优先股面值上再加一笔“溢价”。②公司在发行优先股时，从所获得的资金中提出一部分款项创立“偿债基金”，专用于定期地赎回已发行的一部分优先股。③转换方式：即优先股可按规定转换成普通股。虽然可转换的优先股本身构成优先股的一个种类，但在国外投资界，也常把它看成是一种实际上的收回优先股方式，只是这种收回的主动权在投资者手里而不在公司，对投资者来说，在普通股的市价上升时这样做是十分有利的。

4. 优先股的优缺点

(1)优先股的优点

①财务负担轻。由于优先股股利不是发行公司必须偿付的一项法定债务，如果公司财务状况恶化时，这种股利可以不付，从而减轻了企业的财务负担。

②财务上灵活机动。由于优先股票没有规定最终到期日，它实质上是一种永续性借款。优先股票的收回由企业决定，企业可在有利条件下收回优先股票，具有较大的灵活性。

③财务风险小。由于从债权人的角度看，优先股属于公司股本，从而巩固了公司的财务状况，提高了公司的举债能力，因此，财务风险小。

④不减少普通股票收益和控制权。与普通股票相比，优先股票每股收益是固定的，只要企业净资产收益率高于优先股票成本率，普通股票每股收益就会上升；另外，优先股票无表决权，因此，不影响普通股股东对企业的控制权。

(2)优先股的缺点

①资金成本高。由于优先股票股利不能抵减所得税，因此其成本高于债务成本。这是优先股票筹资的最大不利因素。

②股利支付的固定性。虽然公司可以不按规定支付股利，但这会影响企业形象，进而对普通股票市价产生不利影响，损害到普通股股东的权益。当然，如在企业财务状况恶化时，这是不可避免的；但是，如企业盈利很大，想更多地留用利润来扩大经营时，由于股利支付的固定性，便成为一项财务负担，影响了企业的扩大再生产。

7.5.2 发行认股权证

认股权证是公司向股东发放的一种凭证，授权其持有者在一个特定期间以特定价格购买特定数量的公司股票。又称“认股证”或“权证”，英文名称为“Warrant”，故在香港又俗译为“窝轮”。

广义上，认股权证通常是指由发行人所发行的附有特定条件的一种有价证券。从法律角度分析，认股权证本质上为一权利契约，投资人于支付权利金购得权证后，有权于某一特定期间或到期日，按约定的价格(行使价)，认购或沽出一定数量的标的资产(如股票、股指、黄金、外汇或商品等)。权证的交易实属一种期权的买卖。与所有期权一样，权证持有人在支付权利金后获得的是一种权利，而非义务，行使与否由权证持有人自主决定；而权证的发行人在权证持有人按规定提出履约要求之时，负有提供履约的义务，不得拒绝。简言之，权证是一项权利：投资人可于约定的期间或到期日，以约定的价格(而不论该标的资产市价如何)认购或沽出权证的标的资产。

认股权证通常既可由上市公司也可由专门的投资银行发行，权证所代表的权利包括对标的资产的买进(看涨)和卖出(看跌)两种期权。因此有时所称的认股权证是广义的(即包括认购权证和认沽权证两种)，但更多的则是仅仅指认购权证；而在香港则往往是指备兑认股证。

1. 认股权证的类型

(1)市场上常见的，一般称为股本认股权证及衍生认股权证。

股本认股权证：公司的集资活动，通过发行公司股份认购证进行。行使时，公司将发行新股，并以行使价售予股本认股证的持有人。衍生认股权证：一般由投资银行发行。发行人发行衍生认股证并非为集资，而是为投资者提供一种管理投资组合的有效工具。衍生认股权证是上市证券，于交易所进行买卖，并构成发行人与持有人之间的一项合约。发行人的责任及认股权证的条款及细则详列于上市文件中。

(2)从持有人的权利而言，分为认购权证和认沽权证。

认购权证：赋予持有人一个权利、但非责任，以行使价在特定期限内购买相关资产。认沽权证：赋予持有人一个权利、但非责任，以行使价在特定期限内出售相关资产。

(3)从行使状况而言，分为美式认股权证和欧式认股权证。

美式认股权证：持有人在股证上市日至到期日期间任何时间均可行使其权利。欧式认股权证：持有人只可以在到期日当日行使其权利。欧式认股权证为香港最常见的股证类别，我们在此主要介绍欧式认股权证。

然而，无论股证属欧式或美式，投资者均可在到期日前在市场出售持有股证。事实上，只有小部分股证持有人会选择行使股证，大部分投资者均会在到期前沽出股证。

2. 认股权证的筹资特点

(1)认股权证是一种融资促进工具，它能促使公司在规定的期限内完成股票发行计划，顺利实现融资。

(2)有助于改善上市公司的治理结构。采用认股权证进行融资，融资的实现是缓期分批实现的，上市公司及其大股东的利益和投资者是否在到期之前执行认股权证密切相关，因此，在认股权证有效期间，上市公司管理层及其大股东任何有损公司价值的行为，都可能降低上市公司的股价，从而降低投资者执行认股权证的可能性，这将损害上市公司管理层及其大股东的利益。因此，认股权证将有效约束上市公司的败德行为，并激励他们更加努力地提升上市公司的市场价值。

(3)作为激励机制的认股权证有利于推进上市公司的股权激励机制。认股权证是常用的员工激励工具，通过给予管理者和重要员工一定的认股权证，可以把管理者和员工的利益与企业价值成长紧密联系在一起，建立一个管理者与员工通过提升企业价值再实现自身财富增值的利益驱动机制。

7.5.3 发行可转换债券

1. 可转换债券的含义

可转换债券是可转换公司债券的简称，又简称可转债，是一种可以在特定时间、按特定条件转换为普通股票的特殊企业债券。可转换债券兼具债权和期权的特征。

在招募说明中发行人承诺根据转换价格在一定时间内可将债券转换为公司普通股。转换特征为公司所发行债券的一项义务。可转换债券的优点为普通股所不具备的固定收益和一般债券不具备的升值潜力。

可转换债券具有双重选择权的特征。一方面，投资者可自行选择是否转股，并为此承担转债利率较低的成本；另一方面，转债发行人拥有是否实施赎回条款的选择权，并为此要支付比没有赎回条款的转债更高的利率。双重选择权是可转换公司债券最主要的金融特征，它的存在使投资者和发行人的风险、收益限定在一定的范围以内，并可以利用这一特点对股票进行套期保值，获得更加确定的收益。

2. 可转换债券的要素

可转换债券除了具备一般债券的面值、票面利率、期限等要素外，还具有其他特殊要素。

(1)有效期限和转换期限。就可转换债券而言，其有效期限与一般债券相同，指债券从发行之日起至偿清本息之日止的存续期间。转换期限是指可转换债券转换为普通股票的起始日至结束日的期间。大多数情况下，发行人都规定一个特定的转换期限，在该期限内，允许可转换债券的持有人按转换比例或转换价格转换成发行人的股票。我国《上市公司证券发行管理办法》规定，可转换公司债券的期限最短为 1 年，最长为 6 年，自发行结束之日起 6 个月方可转换为公司股票。

(2)股票利率或股息率。可转换公司债券的票面利率(或可转换优先股票的股息率)是指可转换债券作为一种债券时的票面利率(或优先股股息率)，发行人根据当前市场利率水平、公司债券资信等级和发行条款确定，一般低于相同条件的不可转换债券(或不可转换优先股票)。可转换公司债券应半年或 1 年付息 1 次，到期后 5 个工作日内应偿还未转股债券的本金及最后 1 期利息。

(3)转换比例或转换价格。转换比例是指一定面额可转换债券可转换成普通股票的股数。用公式表示为：

$$转换比例=可转换债券面值\div 转换价格$$

转换价格是指可转换债券转换为每股普通股份所支付的价格。用公式表示为：

$$转换价格=可转换债券面值\div 转换比例$$

(4)赎回条款与回售条款。赎回是指发行人在发行一段时间后，可以提前赎回未到期的发行在外的可转换公司债券。

赎回条件一般是当公司股票在一段时间内连续高于转换价格达到一定幅度时，公司可按照事先约定的赎回价格买回发行在外尚未转股的可转换公司债券。

回售是指公司股票在一段时间内连续低于转换价格达到某一幅度时，可转换公司债券持有人按事先约定的价格将所持可转换债券卖给发行人的行为。

赎回条款和回售条款是可转换债券在发行时规定的赎回行为和回售行为发生的具体市场条件。

(5)转换价格修正条款。转换价格修正是指发行公司在发行可转换债券后，由于公司尚未送股、配股、增发股票、分立、合并、拆细及其他原因导致发行人股份发生变动，引起公司股票名义价格下降时而对转换价格所做的必要调整。

3. 可转换债券的发行条件

(1)最近 3 年连续盈利，且最近 3 年净资产收益率平均在 10%以上；属于能源、原材料、基础设施类的公司可以略低，但是不得低于 7%。

(2)可转换债券发行后，公司资产负债率不高于 70%。

(3)累计债券余额不超过公司净资产额的 40%。

(4)上市公司发行可转换债券，还应当符合关于公开发行股票的条件。

发行分离交易的可转换公司债券，除符合公开发行证券的一般条件外，还应当符合的规定包括：公司最近一期期末经审计的净资产不低于人民币 15 亿元；最近 3 个会计年度实现的年均可分配利润不少于公司债券 1 年的利息；最近 3 个会计年度经营活动产生的现金流量净额平均不少于公司债券1年的利息；本次发行后累计公司债券余额不超过最近一期期末净资产额的40%，预计所附认股权全部行权后募集的资金总量不超过拟发行公司债券金额等。分离交易的可转换公司债券募集说明书应当约定，上市公司改变公告的募集资金用途的，赋予债券持有人一次回售的权利。

所附认股权证的行权价格应不低于公告募集说明书日前20个交易日公司股票均价和前1个交易日的均价；认股权证的存续期间不超过公司债券的期限，自发行结束之日起不少于6个月；募集说明书公告的权证存续期限不得调整；认股权证自发行结束至少已满6个月起方可行权，行权期间为存续期限届满前的一段期间，或者是存续期限内的特定交易日。

4. 可转换债券筹资的优缺点

(1)可转换债券筹资的优点

①筹资成本较低。可转换债券给予债券持有人以优惠的价格转换公司股票的好处，故其利率低于同一条件下的不可转换债券的利率，此外，可转换债券转换为普通股时，公司无须另外支付筹资费用。

②便于筹集资金。可转换债券一方面可以使投资者获得固定利率；另一方面又向其提供了进行债券投资或股票投资的选择权。对投资者有一定的吸引力。

③有利于稳定股票价格和减少对每股收益的稀释。

④减少筹资中的利益冲突：发行可转换债券不会过度增加公司的偿债压力，所以其他债权人对此的反对较小，受其他债务的限制性约束较小。同时，可转换债券持有人是公司的潜在股东，与公司有着较大的利益趋同性，因而冲突较小。

(2)可转换债券筹资的缺点

①股票上扬风险。虽然可转换债券的转换价格高于其发行时的股票价格，但如果转换使股票价格大幅度上扬，公司只能以较低的固定转让价格换出股票，便会降低公司的股票筹资额。

②财务风险。发行可转换债券后，如果股价低迷，持有人没有如期转换普通股，则会增加公司偿还债务的压力，加大公司的财务风险。特别是在定有回售条款的情况下，公司短期内集中偿还债务的压力会更明显。

③丧失低息优势。可转换债券转换成普通股后，其原有的低利息优势不复存在，公司将要承担较高的普通股成本，从而导致公司的综合资本成本较高。

7.6 资金需要量预测

资金需要量预测是指企业根据生产经营的需求，对未来所需资金的估计和推测。企业筹集资金，首先要对资金需要量进行预测，即对企业未来组织生产经营活动的资金需要量进行估计、分析和判断，它是企业制定融资计划的基础。

7.6.1 资金需要量预测的方法

企业资金需要量的预测方法主要有：定性预测法和定量预测法两种。

1. 定性预测法

定性预测法是根据调查研究所掌握的情况和数据资料，凭借预测人员的知识和经验，对资金需要量所做的判断。这种方法一般不能提供有关事件确切的定量概念，而主要是定性地估计某一事件的发展趋势、优劣程度和发生的概率。定性预测是否正确，完全取决于预测者的知识和经验。在进行定性预测时，虽然要汇总各方面人士的意见和综合地说明财务问题，但也需将定性的财务资料进行量化，这并不改变这种方法的性质。定性预测主要是根据经济理论和实际情况进行理性地、逻辑地分析和论证，以定量方法作为辅助；一般在缺乏完整、准确的历史资料时采用。

(1)德尔菲法。进行销售预测，其主要是通过向财务管理专家进行调查，利用专家的经验和知识，对过去发生的财务活动、财务关系和有关资料进行分析综合，从财务方面对未来经济的发展做出判断。预测一般分两步进行：首先，由熟悉企业经营情况和财务情况的专家，根据其经验对未来情况进行分析判断，提出资金需要量的初步意见；然后，通过各种形式(如信函调查、开座谈会等)，在与本地区一些同类企业的情况进行对比的基础上，对预测的初步意见加以修订，最终得出的预测结果。

(2)市场调查法。市场的主体是在市场上从事交易活动的组织和个人，客体是各种商品和服务，商品的品种、数量和质量、交货期、金融工具和价格则是市场的配置资源。在我国，既有消费品和生产资料等商品市场，又有资本市场、劳动力市场、技术市场、信息市场及房地产市场等要素市场。市场调查的主要内容是对各种与财务活动有关的市场主体、市场客体和市场要素的调查。

市场调查以统计抽样原理为基础，包括简单随机抽样、分层抽样、分群抽样、规律性抽样和非随机抽样等技术，主要采用询问法、观测法和实验法等，以使定性预测准确、及时。

(3)相互影响预测方法。专家调查法和市场调查法所获得的资料只能说明某一事件的现状发生的概率和发展的趋势，而不能说明有关事件之间的相互关系。相互影响预测方法就是通过分析各个事件由于相互作用和联系引起概率发生变化的情况，研究各个事件在未来发生可能性的一种预测方法。

2. 定量预测法

定量预测法是指以资金需要量与有关因素的关系为依据，在掌握大量历史资料的基础上选用一定的数学方法加以计算，并将计算结果作为预测的一种方法。定量预测方法很多，如趋势分析法、相关分析法、线性规划法等，下面主要介绍三种基础的预测方法。

(1)因素分析法

因素分析法又称分析调整法，是以有关项目基期年度的平均资金需要量为基础，根据预测年度的生产经营任务和资金周转加速的要求，进行分析调整，来预测资金需要量的一种方法。这种方法计算简便，容易掌握，但预测结果不太精确。它通常用于品种繁多、规格复杂、资金用量小的项目。因素分析法的计算公式如下：

资金需要量=(基期资金平均占用额－不合理资金占用额)×(1±预测期销售增减额)
×(1±预测期资金周转速度变动率)

【例 7—11】 某企业上年度资金平均占用额为 4 200 万元，其中不合理部分 200 万元，预计本年度销售增长 5%，资金周转加速 2%。则

预计本年度资金需要量=(4 200－200)×(1+5%)×(1－2%)=4 116(万元)

(2)销售百分比法

①基本原理：销售百分比法是一种在分析报告年度资产负债表有关项目与销售额关系的基础上，根据市场调查和销售预测取得的资料，确定资产、负债和所有者权益的有关项目占销售额的百分比，然后依据计划期销售额及假定不变的百分比关系预测计划期资金需要量的一

种方法。

企业的销售规模扩大时，要相应增加流动资产；如果销售规模增加很多，还必须增加长期资产。为取得扩大销售所需增加的资产，企业需要筹措资金。这些资金，一部分来自留存收益，另一部分通过外部筹资取得。通常，销售增长率较高时，仅靠留存收益不能满足资金需要，即使获利良好的企业也需外部筹资。因此，企业需要预先知道自己的筹资需求，提前安排筹资计划，否则就可能发生资金短缺问题。

资产＝负债＋所有者权益

外部融资需求量＝资产的增加－负债的增加－所有者权益的增加

＝资产的增加－负债(经营负债)的增加－留存收益的增加

②基本步骤：

第一，确定随销售额变动而变动的资产和负债项目。

随着经营性资产的增加，相应的经营性短期债务也会增加，如存货增加会导致应付账款增加，此类债务称之为“自动性债务”，可以为企业提供暂时性资金。经营性资产与经营性负债的差额通常与销售额保持稳定的比例关系。这里，经营性资产项目包括库存现金、应收账款、存货等项目；而经营性负债项目包括应付票据、应付账款等项目，不包括短期借款、短期融资券、长期负债等筹资性负债。

第二，确定经营性资产与经营性负债有关项目与销售额的稳定比例关系。

如果企业资金周转的营运效率保持不变，经营性资产与经营性负债会随销售额的变动而呈正比例变动，保持稳定的百分比关系。企业应当根据历史资料和同业情况，剔除不合理的资金占用，寻找与销售额的稳定百分比关系。

第三，确定需要增加的筹资数量。

预计由于销售增长而需要的资金需求增长额，扣除利润留存后，即为所需要的外部筹资额。即有：

$$外部融资需求量=A/S_1\times\Delta S - B/S_1\times\Delta S-P\times E\times S_2$$

式中：A 为随销售而变化的敏感性资产；B 为随销售而变化的敏感性负债；S_1为基期销售额；S_2为预测期销售额；ΔS 为销售变动额；P 为销售净利率；E 为利润留存率；A/S_1为敏感资产与销售额的关系百分比；B/S_1为敏感负债与销售额的关系百分比。常见的敏感性资产包括库存现金、应收账款、存货等；常见的敏感性负债包括应付票据、应付账款等。

销售百分比法的优点，是能为筹资管理提供短期预计的财务报表，以适应外部筹资的需要，且易于使用。但在有关因素发生变动的情况下，必须相应地调整原有的销售百分比。

【例 7—12】 某公司 20×5 年 12 月 31 日的简要资产负债表及相关信息如表 7—5 所示。假定该公司 20×5 年销售额为 10 000 万元，销售净利率为 10%，利润留存率为 40%，20×6 年销售预计增长 20%，公司有足够的生产能力，无须追加固定资产投资。

表 7—5　　某公司资产负债及相关信息表(20×5 年 12 月 31 日)　　单位：万元

资　产	金　额	与销售额的关系百分比(%)	负债与权益	金　额	与销售额的关系百分比(%)
现金	500	5	短期借款	2 500	N
应收账款	1 500	15	应付账款	1 000	10
存货	3 000	30	预提费用	500	5

续表

资 产	金 额	与销售额的关系百分比(%)	负债与权益	金 额	与销售额的关系百分比(%)
固定资产	3 000	N	公司债券	1 000	N
			实收资本	2 000	N
			留存收益	1 000	N
合 计	8 000	50	合 计	8 000	15

首先，确定有关项目及其与销售额的关系百分比。在表7—5中，N表示不变动，是指该项目不随销售的变化而变化。

其次，确定需要增加的资金量。从表7—5中都可以看出，销售收入每增加100元必须增加50元的资金占用，但同时自动增加15元的资金来源，两者差额的35%产生了资金需求。因此，每增加100元的销售收入，公司必须取得35元的资金来源，销售额从10 000万元增加到12 000万元，增加了2 000万元，按照35%的比率可预测将增加700万元的资金需求。

最后，确定外部融资需求的数量。20×6年净利润为1 200万元(12 000×10%)，利润留存率为40%，则将有480万元利润被留存下来，还有220万元的资金必须从外部筹集。

根据该公司的资料，可求得对外融资的需求量为：

外部融资需求量=50%×2 000−15%×2 000−10%×40%×12 000=220(万元)

(3)资金习性法

所谓资金习性，是指资金占用量与产品产销量之间的依存关系。资金习性预测法，指根据资金习性预测未来资金需要量的一种方法。按照这种关系，可将占用资金区分为不变资金、变动资金和半变动资金。

不变资金是指在一定的产销规模内不随产量(或销量)变动的资金，主要包括为维持经营活动而占用的最低数额的现金、原材料的保险储备、必要的成品储备和厂房、机器设备等固定资产占用的资金。

变动资金是指随产销量变动而同比例变动的资金，一般包括在最低储备以外的现金、存货、应收账款等所占用的资金。

半变动资金是指虽受产销量变动的影响，但不成同比例变动的资金，如一些辅助材料上占用的资金等，半变动资金可采用一定的方法划分为不变资金和变动资金两部分。

资金习性预测法的原理：在分析资金习性的基础上，将企业资金划分为不变资金和变动资金两部分，从数量上把握资金与产销量之间的关系，建立数学模型并根据历史资料进行资金需求量的预测。

则资金习性模型：

$$Y=a+bx$$

其中，Y表示资金需求量；a表示不变资金；b表示单位产销量所需变动资金；x表示产销量。

通过资金习性模型，能看出只要已知a、b，根据预测期的产销量x，即可得出资金占用量。可以根据资金占用总量与产销量的关系来预测资金需要量，即总额法；另一种是采用先分项后汇总的方式预测资金需求量，即分项预测法。无论是哪种方法都需要计算参数a和b(计算方法有两种：回归直线法和高低点法)。

①总额法

总额法是指根据企业过去资金占用总额与产销量之间的关系，将资金分为不变和变动两部分，再结合预计销售量来预测资金需求量的方法。下面用线性回归分析法进行数值计算。

【例 7—13】 D 公司 2010～2015 年的产销量和资金占用变化情况如表 7—6 所示，2016 年预计销售量为 48 万件，试计算 D 公司 2016 年的资金需求量。

表 7—6　　D 公司 2010～2015 年产销量和资金占用量表

年　度	产销量(x)(万件)	资金占用量(y)(万元)
2010	12	180
2011	15	200
2012	20	200
2013	40	250
2014	35	230
2015	45	260

第一步，根据表 7—6 整理编制表 7—7。

表 7—7　　资金需要量预测表(回归直线方程计算)

年度	产销量(x)(万件)	资金占用量(y)(万元)	xy	x^2
2010	12	180	2 160	144
2011	15	200	3 000	225
2012	20	200	4 000	400
2013	40	250	10 000	1 600
2014	35	230	6 900	900
2015	45	260	11 700	2 025
$n=6$	$\sum x=162$	$\sum y=1\ 320$	$\sum xy=33\ 760$	$\sum x^2=5\ 294$

第二步，将表 7—7 的数据代入下列联立方程：

$$a=\frac{\sum X^2 \cdot \sum Y-\sum X \cdot \sum XY}{n\sum X^2-(\sum X)^2}=157.8$$

$$b=\frac{n\sum XY-\sum X \cdot \sum Y}{n\sum X^2-(\sum X)^2}=2.3$$

第三步，将预计产销量代入回归方程中，即当企业 2016 年产销量为 48 万件时，资金需求量 $y=157.78+2.3\times 48=268.18$(万元)。

运用线性回归法必须注意：资金需要量与营业业务量之间线性关系的假定应符合实际情况；确定 a、b 数值，应利用连续若干年(一般要 3 年以上)的历史资料；应考虑价格等因素的变动情况。

②分项预测法

分项预测法是指企业根据各资金占用项目(如库存现金、应收账款、存货、固定资产等)同产销量之间的关系，把各项目所用资金分为变动资金和不变资金两部分，然后将各项目的资金占用情况进行汇总，分别求出企业变动资金总额和不变资金总额，进而来预测资金需求量的方法。简言之,分项预测法采用先分项后汇总的方法预测资金需求量。

根据相关数据计算不变资金和变动资金的数额时,可以采用前面的线性回归分析法,同时也可以采用高低点法来求 a、b 的值。下面以现金项目为例,采用高低点法进行相关数值的计算。

【例 7—14】 C 公司 2011～2015 年的现金占用与销售收入之间的关系如表 7—8 所示,预计 2016 年实现销售收入 600 万元,试计算 C 公司 2016 年的现金需求量。

表 7—8 **现金占用与销售收入关系表** 单位:万元

年　度	销售收入(x)	现金占用(y)
2011	400	22
2012	480	26
2013	500	27
2014	540	28
2015	580	30

在各项目占用的资金已经分解为不变资金和变动资金的基础上,将现金项目占用的资金进行分解,即确定 a、b 的值。

$$b=\frac{\text{销售额最高时的现金占用量}-\text{销售额最低时的现金占用量}}{\text{最高销售额}-\text{最低销售额}}$$

$$=\frac{30-22}{580-400}=0.04$$

将 2015 年的数据代入 $Y=a+bx$,求得:

$a=y-bx=30-0.04\times580=6.8$(万元)

因此,就现金项目而言,不变资金为 6.8 万元,每 1 元销售收入所需的变动资金为 0.04 元。按照同样的方法将其他项目的资金占用情况进行分解,存货、应收账款、流动负债、固定资产等也可根据历史资料做这样的划分,然后汇总于资金需要量预测表,如表 7—9 所示。

表 7—9 **资金需要量预测表** 单位:万元

项　目	不变资金(a)	每 1 元销售额所需变动资金
流动资产:		
现金	6.8	0.04
应付账款	4	0.14
存货	10	0.32
小计	20.8	0.5
减:流动负债		
应付账款	3	0.12
应付费用	2	0.05
所需流动资金占用额	15.8	0.33

根据表 7—9 的数据得出预测模型为:

$Y=a+bx=15.8+0.33x=15.8+0.33\times600=213.8$(万元)

由此可知，C公司2016年现金需求量为213.8万元。

进行资金习性分析，把资金划分为变动资金和不变资金两部分，从数量上掌握了资金同销售量之间的规律性，对准确地预测资金需要量有很大帮助。实际上，销售百分比法是资金习性分析法的具体运用。

运用线性回归法必须注意以下几个问题：资金需要量与营业业务量之间线性关系的假定应符合实际情况；确定 a、b 数值，应利用连续若干年的历史数据资料，一般要有3年以上的资料；应考虑价格等因素的变动情况。

7.6.2　资金需要量预测的意义

企业持续的生产经营活动，不断地产生对资金的需求，同时，企业进行对外投资和调整资本结构，也需要筹措资金。企业所需要的这些资金，一部分来自企业内部，另一部分通过外部融资取得。由于对外融资时，企业不但需要寻找资金提供者，而且还需要做出还本付息的承诺或提供企业盈利前景，使资金提供者确信其投资是安全的并可获利，这个过程往往需要花费较长的时间。因此，企业需要预先知道自身的财务需求，确定资金的需要量，提前安排融资计划，以免影响资金周转。

延伸阅读材料

顺丰借壳上市融资

2017年2月23日，顺丰借壳鼎泰新材(002352)正式在深圳证券交易所敲钟，且鼎泰新材将于24日正式更名，证券简称由“鼎泰新材”变更为“顺丰控股”，证券代码不变。2017年1月18日，鼎泰新材曾发布公告称，公司拟将证券简称由“鼎泰新材”变更为“顺丰控股”，证券代码不变。

实际上，顺丰已经成功借壳上市，鼎泰新材更名只是形式上的最后一步。2017年2月22日鼎泰新材发布了顺丰借壳后的首份业绩快报，2016年利润超40亿元人民币。7月23日鼎泰新材股价上涨8.67%，市值逼近2 000亿元人民币。顺丰借壳上市分以下步骤：

1. 鼎泰新材公布修改版借壳方案

2016年9月27日晚，鼎泰新材又公布了一份修改版的顺丰控股借壳交易方案。方案显示，计划置入鼎泰新材的顺丰控股，将向控股股东明德控股转让其持有的深圳中顺易金融服务有限公司31.8%股权及深圳市物流产业共赢基金股份有限公司10%股权。

根据重组草案，上述交易中拟置出资产初步作价8亿元，拟置入资产初步估值为433亿元。这意味着，本次交易中，市场对顺丰控股给出的估值为433亿元。这一价格，比此前申通快递借壳艾迪西时的169亿元估值、圆通速递借壳大杨创世时的175亿元估值均要高出不少。不过，顺丰控股上市却剥离了金融资产。9月鼎泰新材公告称，顺丰将剥离旗下全部金融资产——其直接或间接持有的合丰小贷、乐丰保理和顺诚融资租赁资产100%股权。

2. 顺丰借壳上市获批

2016年10月11日，中国证监会并购重组委发布2016年第75次会议审核结果公告称，马鞍山鼎泰稀土新材料股份有限公司(发行股份购买资产)获有条件通过，这意味着顺丰控股将借壳鼎泰新材登陆A股市场。

证监会并购重组委发布审核结果公告，马鞍山鼎泰稀土新材料股份有限公司(发行股份购买资产)获有条件通过。审核意见为，请申请人就招商证券的独立性问题进行补充说明并披露。请独立的财务顾问、律师核查并发表明确意见。

3. 顺丰正式在深圳证券交易所敲钟

2017 年 2 月 23 日，顺丰借壳鼎泰新材(002352)正式在深圳证券交易所敲钟。

思考：顺丰借壳上市的原因和动机？它采用了什么筹融资方式？

同步测试

一、多项选择题

1. 下列各项，属于可转换债券筹资特点的有(　　)。

A. 筹资性质和时间上具有灵活性　　B. 存在转换的财务压力
C. 存在回售的财务压力　　D. 资本成本较高

2. 构成可转换债券的基本要素有(　　)。

A. 标的股票　　B. 票面利率　　C. 市场利率　　D. 赎回条款

3. 下列关于认股权证筹资特点的表述中，正确的有(　　)。

A. 它有助于改善上市公司的治理结构　　B. 它有利于推进上市公司的股权激励机制
C. 它是一种融资促进工具　　D. 它属于衍生金融工具

4. 利用销售百分比法所涉及的因素有(　　)。

A. 全部资产和负债项目　　B. 变动资产和负债的销售百分比
C. 利润留存率　　D. 预测期销售额

5. 下列各项中，属于不变资金的有(　　)。

A. 构成产品实体的原材料、外购件　　B. 必要的成品储备
C. 最低储备以外的应收账款　　D. 机械设备占用的资金

二、计算题

某企业 20×2 年资产平均占用额为 2 500 万元，经分析，其中不合理部分为 300 万元，因为市场行情变差，预计 20×3 年销售将下降 10%，但资金周转加速 4%。根据因素分析法预测 20×3 年资金需要量。

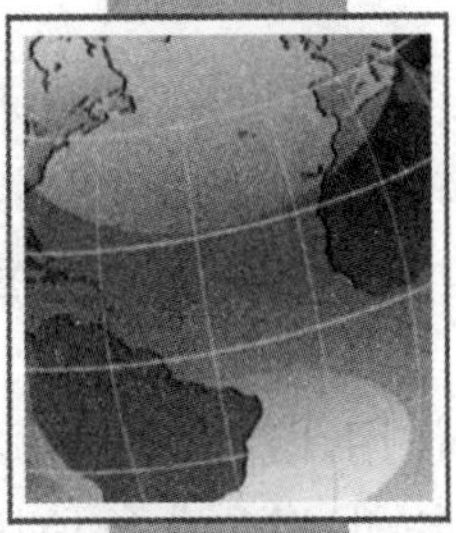

第八章 资本结构决策

学习目标

1. 了解资本结构的含义、类别、意义。

2. 理解影响企业资本结构的因素。

3. 理解经营杠杆、财务杠杆以及总杠杆的原理，并能掌握各类杠杆系数的计算和实际应用。

4. 掌握资本结构优化的每股收益分析法、比较平均资本成本法以及公司价值分析法，并能应用于实践。

案例 8—1

企业的杠杆效应

“给我一个支点，我能撬动地球”，这句阿基米德的名言生动形象地描述了自然界中的杠杆效应。在企业的财务管理中，同样存在着类似的杠杆效应。现有甲、乙两家公司的资产总额均为1 000万元，甲公司的资产负债率为10%，乙公司的资产负债率为50%。两家公司的负债利率均为10%，所得税税率为25%。其他资料见表 8—1。

表 8—1 单位：万元

项　目	20×7 年		20×8 年	
	甲公司	乙公司	甲公司	乙公司
息税前利润	300	300	200	200
债务利息	10	50	10	50
利润总额	290	250	190	150
净利润	217.5	187.5	142.5	112.5
权益净利率(%)	24.17	37.5	15.83	22.5

在总资产以及息税前利润均相等的情况下，第一年乙公司具有 37.5%的权益净利率，大于权益净利率为 24.17%的甲公司；而在第二年，为什么资产负债率更高的乙公司的权益净利率却高于甲公司呢？

8.1 资本结构概述

8.1.1 资本结构的含义

资本结构是企业筹资决策的核心问题。企业资本结构是由企业采用的各种筹资方式筹集资金而形成的，各种筹资方式不同的组合类型决定着企业资本结构及其变化。企业筹资方式很多，但总的来看，分为债务资本和股权资本两种。因此，资本结构问题总的来说是债务资本的比例问题，即负债在企业全部资本中所占的比例。

在企业的筹资管理中，资本结构有广义和狭义之分。广义的资本结构是指企业全部资本的价值构成及其比例关系，即债务资本与股权资本的构成比例；而狭义的资本结构则是指长期债务资本与股权资本的价值构成及其比例关系。在狭义的资本结构下，短期债务资本作为营运资本来管理。本书所指的资本结构，是指狭义的资本结构。

从杠杆理论的分析中可知，企业利用债务资本进行举债经营具有双重作用，既可以发挥财务杠杆效应，也可能带来财务风险。适度负债，可以降低企业综合资本成本，但当企业负债比例太高时，会带来较大的财务风险。因此，企业必须权衡财务风险和资本成本的关系，确定最佳资本结构。评价企业资本结构最佳状态的标准应该是能够提高股权收益或降低资本成本，最终目的是提升企业价值。

8.1.2 资本结构的类别

(1)资本按其所有权划分，可将资本分为股权资本和债务资本。这样按照资本的所有权进行划分形成的不同结构称为资本的权属结构。资本的权属结构是指企业不同权属资本的价值构成及其比例关系。例如，某公司的资本总额为 1 000 万元，其中股权资本为 600 万元，债务资本为 400 万元，则股权资本与债务资本的比例为 6∶4。

(2)资本按其使用期限进行划分，可将资本分为长期资本和短期资本。按照资本的使用期限进行划分所形成的资本结构称为资本的期限结构。资本的期限结构是指企业不同期限资本的价值构成及其比例关系。例如，某公司的资本总额为 1 000 万元，其中流动负债为 100 万元，非流动负债为 400 万元，所有者权益为 500 万元，则短期资本与长期资本的比例为 1∶9。

8.1.3 资本结构的意义

在企业的资本结构决策中，合理地利用债务筹资，科学地安排债务资本的比例，是企业筹资管理的一个核心问题。它对企业财务管理工作具有现实意义。

(1)合理安排债务资本比例可以降低企业的平均资本成本，由于债务资本成本通常低于股权资本成本。因此，在一定的限度内合理地提高债务资本的比例，可以降低企业的综合资本成本。

(2)合理安排债务资本比例可以获得财务杠杆利益。由于债务利息通常是固定不变的，当息税前利润增大时，每 1 元息税前利润所负担的利息会相应地降低，从而可分配给股东的税后利润就会增加。因此，在一定的限度内合理地利用债务资本，可以发挥财务杠杆的作用，给企业所有者带来更多的利益。

(3)合理安排债务资本比例可以增加企业价值。企业价值是以综合资本成本作为折现率计算的企业未来的现金流量的现值，而合理的资本结构可以降低综合资本成本。因此，企业的价值与资本结构是紧密相连的，合理安排资本结构有利于增加企业价值。

8.1.4 影响资本结构的因素

1. 企业的经营状况和财务状况

在其他因素相同的条件下，企业获利能力越强、财务状况越好、变现能力越强，就越有能力负担财务上的风险，其举债筹资就越有吸引力。此时企业进行外部融资更多地倾向于债务资本。

2. 企业的资产结构

资产结构是企业筹集资本后进行资源配置和使用后的资金占用结构，包括长短期资产构成和比例，以及长短期资产内部的构成和比例。资产结构对企业资本结构的影响主要包括：拥有大量固定资产的企业主要通过发行股票融通资金；拥有较多流动资产的企业更多地依赖流动负债融通资金，资产适用于抵押贷款的企业负债较多，以技术研发为主的企业则负债较少。

3. 股东和管理层的态度

如果一个企业股权较分散，企业所有者并不担心控制权旁落，因而会更多地采用发行股票的方式来筹集资金。反之，有的企业被大股东所控制，为了保证其绝对控制权，多采用优先股或负债方式筹集资金。管理人员对风险的态度也会影响企业的资本结构，喜欢冒险的管理层可能会安排比较高的负债比例；一些持稳健态度的管理层则使用较少的债务。

4. 行业特征

一般而言，大部分贷款人都不希望企业的负债比例太大。同样，如果企业债务太多，信用评级机构可能会降低企业的信用等级，从而影响企业的筹资能力。此时企业往往会控制债务资本的比例。

5. 行业因素

不同的行业，资本结构有很大的差别。企业在资本结构决策中考虑本企业所处行业的特点以及该行业资本结构的一般水准，并以此作为确定本企业资本结构的参照，以便更有效地确定适合本企业的资本结构。

6. 经济环境的税务政策和货币政策

企业的筹资活动依赖于资本市场，资本市场的发育程度必然影响企业的资本结构。成熟的资本市场存在多样化的融资工具，企业就可以通过多种筹资方式来优化资本结构。如果资本市场不够完善，金融工具匮乏，企业的筹资活动就会遭遇阻滞，从而导致资本结构的缺陷。

除上述因素对资本结构产生影响外，还有一些因素对资本结构产生影响，如企业的资产结构、产品的销售规模、利率水平的变动趋势等。

8.1.5　资本结构理论

资本结构理论是关于公司资本结构、资本成本与公司价值三者之间关系的理论。资本结构理论着重研究资本机构中负债和所有者权益的比例变化对企业总价值的影响。它是资本结构决策的重要理论基础。

1. 早期传统资本结构理论

早期传统的资本结构理论主要有以下三种：

(1)净收益理论。该理论认为负债可以降低企业的平均资本成本，负债比例越高，企业的价值越大。这是因为债务利息和权益资本成本均不受财务杠杆的影响，无论负债程度多高，企业的债务资本成本和股权资本成本都不会变化。因此，只要债务资本成本低于权益资本成本，那么负债比例越高，企业的平均资本成本就越低，企业的价值就越大。当负债比率为100%时，企业加权平均资本成本最低，企业价值将达到最大化。

这是一种极端的资本结构理论观点。这种观点虽然考虑到了财务杠杆利益，但忽略了财务风险。很明显，如果公司的债务资本比例过高，财务风险就会很高，企业的综合资本成本就会上升，企业的价值反而下降。

如果用 K_b 表示债务资本成本，K_s 表示权益资本成本，K_w 表示综合资本成本，V 表示企业总价值，则净收益如图 8—1 所示。

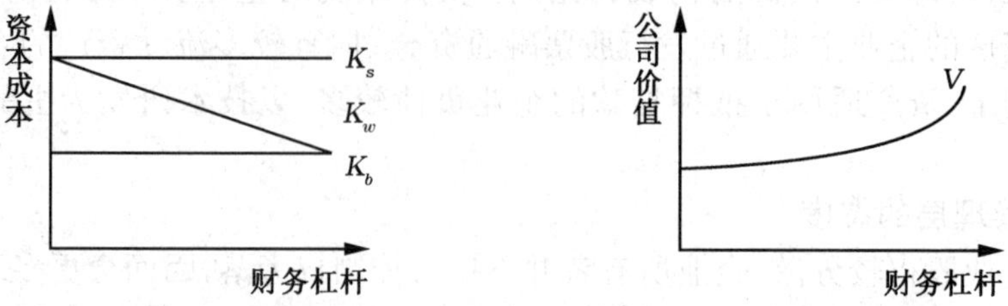

图 8—1　净收益理论下的资本结构、资本成本与企业价值的关系图

(2)净营业收益理论。该理论认为，资本结构与企业价值无关，决定企业价值高低的关键要素是企业的净营业收益。如果企业增加成本较低的债务资本，即使债务成本本身不变，但由于加大了企业的风险，导致权益资本成本的提高。这一升一降，相互抵消，企业的综合资本成本仍保持不变。也就是说，不论企业的财务杠杆程度如何，其整体的资本成本不变，企业价值也就不受资本结构的影响，因而不存在最佳资本结构。净营业收益理论下资本成本与公司价值之间的关系如图 8—2 所示。

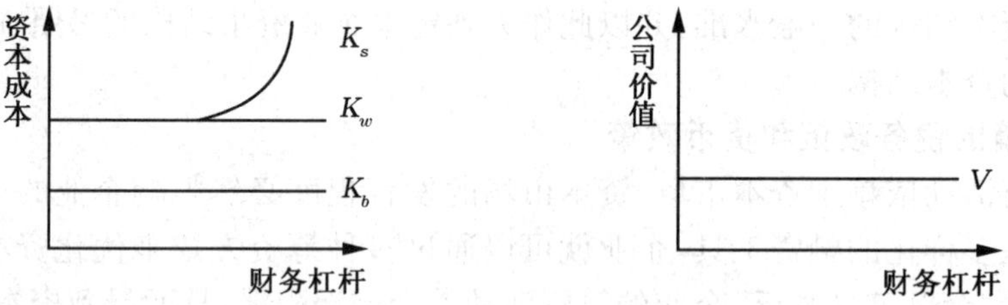

图 8—2　净营业收益理论下的资本结构、资本成本与企业价值的关系图

这是另一种极端的资本结构理论观点，是与净收益理论完全相反的一种理论。这种观点虽然认识到债务资本比例的变动会产生财务风险，也可能影响公司的股权资本成本，但实际上企业的综合资本成本不可能是一个常数。公司净营业收益的确会影响公司价值，但公司价值不仅仅取决于公司净营业收益的多少。

(3)传统折中理论。这是介于净收益理论和净营业收益理论之间的一种理论，主要观点如下：

①适度负债并不会明显地增加公司的财务风险，所以在一定的负债比率范围之内债务资本成本保持相对稳定。但当负债比率超过一定程度时，必将导致财务风险的增加，从而推动债务资本成本上升。

②在适度负债范围内，由于财务杠杆的作用，负债经营会增加股东的每股收益，使股票市价上升，企业价值得到提高，从而增强股东的投资信心，加大投资，减少股利分配，使权益资本成本下降。但当负债比率超过一定程度时，企业的财务风险增加，财务状况相对恶化，使股票市价下跌，股东为维护自身利益，要求更高的报酬率以减少风险损失，从而导致权益资本成本

上升。

③基于上述两点分析，随着负债比率的增加，在适度负债范围内，综合资本成本呈下降趋势，企业价值呈上升趋势。达到负债比率某一点之后，负债超越了适度的范围，综合资本成本将随着负债比率增加而呈上升趋势，企业价值呈下降趋势。在此点上，企业综合资本成本最低，企业价值最大，因而此点所对应的负债比率即为最佳资本结构。

最佳资本结构既不在负债比率100%的点上，也不在负债比率为零的点上，而是在两者之间的某一点上。该点的必要条件是：边际债务资本成本等于边际权益资本成本。

2. MM 理论

MM 理论是美国著名财务学者莫迪利安尼和米勒开创的资本结构理论的简称。1958 年莫迪利安尼和米勒合作发表了《资本成本、公司价值与投资理论》一文，深入探讨了公司资本结构与公司价值的关系，创立了 MM 资本结构理论，并开创了现代资本结构理论的研究。该理论研究的核心内容是资本结构与公司价值、资本结构与资本成本的关系。该理论的基本假设包括：①公司在无税收的环境中经营；②公司的经营风险由息税前利润的标准差衡量，经营风险决定其风险等级；③投资者对企业未来风险与报酬的预期相同；④所有的公司债券都是无风险的，所以负债利率为无风险利率；⑤公司增长率为零，同时全部收入以现金股利发放等。

(1)无公司税的 MM 理论

无公司税的 MM 理论的基本观点是：由于资本市场上套利机制的作用，在以上假设和不考虑公司所得税的前提下，企业总价值将不受资本结构变动的影响。

(2)有公司税的 MM 模型

1963 年，MM 理论取消了公司无所得税的假设，提出了修正的 MM 理论。该理论的基本思想是，由于负债的避税作用所产生的财务杠杆效应，公司通过负债可以降低综合资本成本，提高企业价值。负债经营企业的价值等于无负债经营企业的价值加赋税节余额，赋税节余额等于负债额与公司所得税税率的乘积。负债比率达到100%时，企业价值最大。

3. 现代资本结构理论

(1)信号传递理论。该理论的观点是，公司可以通过调整资本结构来传递盈利能力和风险方面的信息，以及公司如何看待股票市价的信息。

(2)代理成本理论。代理成本理论的创始人詹森和麦克林认为，债务筹资能够促使经理多努力工作，少个人享受，并且做出更好的投资决策，从而降低由于两权分离所产生的股权代理成本；但是，负债筹资可能导致另一种代理成本，即企业接受债权人监督而产生的成本。均衡的企业资本结构是由股权代理成本和债权代理成本之间的平衡关系来决定的，债务资本适度的资本结构会增加股权的价值。除债务的代理成本之外，还有一些代理成本涉及公司雇员、消费者和社会等，在资本结构决策中也应予以考虑。

8.2　杠杆理论

自然界中的杠杆效应，是指人们通过利用杠杆可以用较小的力量移动较重物体的现象。财务管理中同样存在着类似的杠杆效应，表现为：由于特定费用(如固定成本或固定财务费用)的存在而导致的，当某一财务变量以较小幅度变动时，另一相关财务变量会以较大幅度变动。在具体的企业经营过程中，企业的风险主要包括经营风险和财务风险。经营风险是指企业因产品价格、生产技术水平等经营要素的原因导致的企业未来收益的不确定性。而财务风险是指企业由于举债经营而引起的到期不能清偿债务的可能性。财务管理中的杠杆效应，包括经营杠杆、财务杠杆和复合杠杆三种效应形式。杠杆效应既可以产生杠杆利益，也可能带来杠杆风险。只有合理地运用杠杆效应，才能有助于企业合理规避风险，获取杠杆利益。

8.2.1 经营杠杆

1. 经营杠杆的概念

经营杠杆，也称营业杠杆，是指由于营业过程中固定成本的存在而导致息税前利润的变动幅度大于业务量的变动幅度的杠杆效应。经营杠杆反映了资产报酬的波动性，用以评价企业的经营风险。

当产品成本中存在固定成本时，如果其他条件不变，业务量的增加虽然不会改变固定成本总额，但会降低单位产品分摊的固定成本，从而提高单位产品利润，使息税前利润的增长率大于业务量的增长率，进而产生经营杠杆效应。当不存在固定性经营成本时，所有成本都是变动性经营成本，边际贡献等于息税前利润，此时息税前利润变动率与业务量的变动率完全一致。可见，当存在固定成本时，产销量变动会引起息税前利润以更大幅度变动，由此产生经营杠杆效应。

值得注意的是，这里的固定成本是按照成本形态进行划分的，在一定的范围以内，固定成本总额不随业务量的变化而变化。固定成本通常包括按照年限平均法计提的固定资产折旧费、管理人员的工资等；而变动成本总额会随着业务量的变化呈正比例变化，通常包括直接材料成本、直接人工成本等。

2. 经营杠杆效应的衡量

由于固定成本的存在导致的息税前利润变动率大于业务量变动率的杠杆效应，称为经营杠杆效应。经营杠杆效应的大小通常使用经营杠杆系数来衡量。所谓经营杠杆系数，是指息税前利润变动率相当于产销量变动率的倍数。

(1)基本计算公式

$$DOL=\frac{\Delta EBIT/EBIT_0}{\Delta X/X}$$

其中，DOL 表示经营杠杆系数；$EBIT$ 表示息税前利润；ΔX 表示业务量变动额；X 表示业务量。

【例 8－1】 甲公司有关资料如表 8－2 所示。

表 8－2 单位：万元

项　目	20×7 年	20×8 年	变动额	变动率(%)
销售额	500	700	200	40
变动成本	200	280	120	60
固定成本	50	50	0	0
息税前利润	250	370	120	48

根据上述资料，该企业 20×8 年的经营杠杆系数为：

$DOL=48\%/40\%=1.2$

上述计算是按经营杠杆系数的基本公式计算的。然而，由于必须已知前后两期的数据，而且无法预测未来期间的经营杠杆系数，因此，经营杠杆系数的计算除了上述基本计算公式以外，还可以使用简化公式来进行计算。

(2)简化计算公式

经营杠杆系数DOL还可以使用下列简化公式进行计算：

$$DOL=\frac{M_0}{EBIT_0}=\frac{M_0}{M_0-a}$$

其中，M_0表示变动前的边际贡献；$EBIT_0$表示变动前的息税前利润；a 表示固定成本。

【例8—2】 依【例8—1】中的资料，用简化公式计算甲公司20×8年和20×9年的经营杠杆系数。

按表8—1中20×7年的资料可求出H公司20×8年的经营杠杆系数：

DOL ＝(500－200)/250

＝1.2

结果表明，两个公式计算出20×8年的经营杠杆系数是相等的。同理，可按20×8年资料求得甲公司20×9年的经营杠杆系数：

DOL ＝(700－280)/370

＝1.14

3. 经营杠杆的意义

(1)衡量业务量发生变化时所引起的息税前利润的变化幅度

一定范围内，业务量的增加会带来息税前利润更大幅度的增加，反之，息税前利润则以更大的幅度减少。因此，企业的经营管理者可以应用经营杠杆的原理，结合企业财务管理的目标，增加或减少一定的固定成本，以达到企业的目标息税前利润。

(2)衡量企业经营风险的大小

经营风险是指由于生产经营上的原因导致企业未来息税前利润数额大小的不确定性。影响经营风险的因素很多，具体的经营风险大小还会因行业和时期等因素的不同而不同。企业的经营风险的大小主要来自市场需求和成本等因素的不确定性，经营杠杆本身并不是利润不稳定的根源。但是，经营杠杆扩大了市场和生产等不确定性因素对息税前利润变动的影响，因此，企业经营风险的大小与经营杠杆有重要关系。经营杠杆系数越高，息税前利润变动越剧烈，企业面临的经营风险就越大。

经营杠杆系数的公式：

$$经营杠杆系数=\frac{基期边际贡献}{基期息税前利润}$$

$$=\frac{(基期单价-基期单位变动成本)\times基期业务量}{(基期单价-基期单位变动成本)\times基期业务量-基期固定成本}$$

从上式可以看出，影响经营杠杆系数的因素包括产品业务量、产品销售价格、单位变动成本和固定成本总额等因素。其中，经营杠杆系数随产品业务量和产品销售价格的变化呈反方向变化，而随单位变动成本和固定成本的变化呈同方向变化。

因此，降低企业经营风险的措施主要有：增加销售额、降低产品单位变动成本、降低固定成本比重。在其他因素一定的情况下，固定成本越高，经营杠杆系数越大，企业经营风险也就越大。如果固定成本为零，则经营杠杆系数等于1，虽然没有经营杠杆的作用，但仍然存在经营风险。

【例8—3】 甲公司生产A产品，固定成本为1 000万元，变动成本率为70%，则当销售收入分别为10 000万元、5 000万元以及3 000万元时，经营杠杆系数为：

$$DOL_{10\,000}=\frac{10\,000-10\,000\times70\%}{10\,000-10\,000\times70\%-1\,000}=1.5$$

$$DOL_{5\,000}=\frac{5\,000-5\,000\times70\%}{5\,000-5\,000\times70\%-1\,000}=3$$

$$DOL_{3\,000}=\frac{3\,000-3\,000\times70\%}{3\,000-3\,000\times70\%-1\,000}\rightarrow\infty$$

结果表明，在其他条件不变的情况下，销售收入越小，经营杠杆系数越大，经营风险越大，反之亦然。

8.2.2 财务杠杆

1. 财务杠杆的概念

财务杠杆也称筹资杠杆，是指由于企业在筹资过程中固定性资本成本的存在而导致普通股每股收益变动率大于息税前利润变动率的杠杆效应。这里的固定性资产成本包括债务利息和固定的优先股股利。财务杠杆反映了股权资本报酬的波动性，用以评价企业的财务风险。

用 TE 表示普通股收益，EPS 表示每股收益，则：

$$TE=(EBIT-I)(1-T)-D$$

$$EPS=[(EBIT-I)(1-T)-D]/N$$

其中，I 表示债务利息；D 表示优先股股利；T 表示企业所得税税率；N 表示普通股股数。

上式中，影响普通股收益的因素包括资产报酬(息税前利润)、资本成本(债务利息和固定的优先股股利)、所得税税率等。在其他条件不变，且存在债务利息等固定性资本成本时，尽管息税前利润的增加不改变债务利息总额，但会降低每1元息税前利润分摊的利息费用，从而增加普通股每股收益，使得普通股每股收益的增长率大于息税前利润的增长率，进而产生财务杠杆效应。如果不存在债务利息等固定性资本成本时，息税前利润就是利润总额，此时，息税前利润的变动率与利润总额的变动率保持一致。同时，若报告期和基期的所得税税率、普通股股数也保持不变的情况下，则每股收益的变动率和利润总额的变动率完全一致，从而与息税前利润的变动率也保持一致。

【例8—4】 甲公司20×7至20×9年的息税前利润分别为160万元、240万元和400万元，甲公司发行在外的普通股股数为10万股，每年的债务利息均为40万元，公司所得税税率为25%。

表8—3　　甲公司财务杠杆效应测算表　　单位：万元

年份	息税前利润	息税前利润增长率(%)	债务利息	所得税(25%)	净利润	每股收益	每股收益增长率(%)
20×7	160		40	30	90	9	
20×8	240	50%	40	50	150	15	67%
20×9	400	67%	40	90	270	27	80%

由表8—3可知，20×8年，息税前利润增长50%时，每股收益增长67%；20×9年，息税前

利润增长67%时，每股收益增长80%。据此可知，在资本总额及其结构既定、债务利息不变的情况下，随着息税前利润的增长，每股收益会以更快的速度增长，这种现象称为财务杠杆效应。

2. 财务杠杆效应的衡量

企业的资本成本中只要有债务利息和固定的优先股，就会存在财务杠杆效应，但是不同行业不同企业的财务杠杆效应是不完全一致的。为此，需要对财务杠杆的效应高低进行计量，其主要的衡量指标是财务杠杆系数。财务杠杆系数是指普通股每股收益的变动率相当于息税前利润变动率的倍数。

(1)基本计算公式

$$DFL=\frac{\Delta EPS/EPS_0}{\Delta EBIT/EBIT_0}$$

其中，DFL 表示财务杠杆系数；ΔEPS 表示普通股每股收益变动额；EPS_0 表示基期普通股每股收益；$\Delta EBIT$ 表示息税前利润变动额；$EBIT_0$ 表示基期息税前利润。

【例8－5】 有甲、乙、丙三家公司，资本总额均为1 000万元，公司所得税税率均为30%，普通股每股面值均为1元。甲公司资本总额均由普通股构成；乙公司资本总额中债务资本300万元(利率10%)，普通股700万元；C公司资本总额中债务资本500万元(利率10.8%)，普通股500万元。三个公司20×7年息税前利润均为200万元，20×8年息税前利润均为300万元。有关财务指标如表8－4所示。

表8－4 单位：万元

利润项目		甲公司	乙公司	丙公司
普通股股数(万股)		1 000	700	500
息税前利润	20×7年	200	200	200
	20×8年	300	300	300
	增长率(%)	50	50	50
净利润	20×7年	140	119	102.2
	20×8年	210	189	172.2
	增长率(%)	50	58.82	68.49
每股收益(元)	20×7年	0.14	0.17	0.20
	20×8年	0.21	0.27	0.34
	增长率(%)	50	58.82	68.49
财务杠杆系数		1.00	1.18	1.37

上述计算结果表明，债务资本所占的比重越高，财务杠杆系数就越大。甲公司没有债务资本，因此不存在财务杠杆效应；乙公司有300万元的债务资本，其每股收益的增长幅度是息税前利润增长幅度的1.18倍；丙公司500万元的债务资本在三家公司中所占的比重最高，其每股收益的增长幅度是息税前利润增长幅度的1.37倍。

因此，公司息税前利润较多、增长幅度较大时，适当地利用债务资本可发挥财务杠杆的作用，增加每股收益，使股票价格上涨，增加企业价值。

(2)简化计算公式

基本计算公式是按财务杠杆系数的理论公式计算的，利用该公式，必须以已知变动前后的有关资料为前提，比较麻烦，而且无法预测未来期间的财务杠杆系数。为此，财务杠杆系数还可以使用下列简化公式进行计算：

$$DFL=\frac{EBIT_0}{EBIT_0-I_0-\frac{D}{1-T}}$$

其中，I_0表示基期的债务利息；D 表示优先股股息；T 表示所得税税率。

【例 8—6】 依【例 8—5】中的资料，按上述简化公式计算甲、乙、丙公司 20×8 年的财务杠杆系数。

甲公司的财务杠杆系数＝200/(200－0)＝1

乙公司的财务杠杆系数＝200/(200－30)＝1.18

丙公司的财务杠杆系数＝200/(200－54)＝1.37

结果表明，简化公式和基本公式计算出 20×8 年的财务杠杆系数是相等的。同理，可按 20×8 年资料求得三家公司 20×9 年的财务杠杆系数：

甲公司的财务杠杆系数＝300/(300－0)＝1

乙公司的财务杠杆系数＝300/(300－30)＝1.11

丙公司的财务杠杆系数＝300/(300－54)＝1.22

【例 8—7】 甲公司 20×7 年的净利润为 750 万元，所得税税率为 25%，预计下一年的财务杠杆系数为 2。该公司全年固定成本总额为1 500万元，公司年初发行了一种债券，数量为 10 万张，每张面值1 000元，债券票面利率为 10%。假设该公司无其他债务资本。

要求：

①计算 20×7 年的利润总额；

②计算 20×7 年的利息总额；

③计算 20×7 年的息税前利润总额；

④计算 20×8 年的经营杠杆系数。

上述要求的计算过程：

①利润总额＝750/(1－25%)＝1 000(万元)

②20×7 年利息总额＝10×1 000×10%＝1 000(万元)

③20×7 年的息税前利润总额＝①＋②＝1 000＋1 000＝2 000(万元)

④DOL＝(1 500＋2 000)/2 000＝1.75

从财务杠杆系数的简化计算公式可以看出，在没有优先股的情况下，影响企业财务杠杆的系数的因素包括息税前利润和利息费用。影响利息费用的因素又包括企业资本规模、企业的资本结构和债务利率等多个因素。财务杠杆系数随固定财务费用的变化呈同方向变化，在其他因素一定的情况下，固定财务费用越高，财务杠杆系数越大，企业财务风险越大；如果企业财务固定费用为零，则财务杠杆系数为 1。

3. 财务杠杆的意义

(1)衡量息税前利润发生变化时所引起的普通股每股收益的变化幅度

一定范围内，息税前利润的增加会带来普通股每股收益更大幅度的增加，反之，普通股每股收益则以更大的幅度减少。在企业资本总额和资本结构一定的条件下，企业从息税前利润中支付的债务利息是相对固定的，当息税前利润增加时，每 1 元息税前利润所负担的债务利息会相应减少，扣除企业所得税后可分配给企业股东的利润就会增加，从而给股东带来额外的收益。

(2)衡量企业财务风险的大小

财务风险又称筹资风险，是指企业由于筹资活动产生的资本成本负担而导致的普通股每股收益波动的风险。主要表现为丧失偿债能力的可能性和普通股每股收益的不确定性。

由于财务杠杆的作用，当企业的息税前利润下降时，企业仍需支付固定的资本成本，进而导致普通股每股收益会以更快的速度下降。因此，财务杠杆加大了财务风险，企业债务资本的比例越高，财务杠杆效应就越明显，财务风险就越大。控制财务风险的方法包括适度控制债务资本的比例，以使财务杠杆的利益能够抵消风险增加所带来的不利影响。

财务杠杆与财务风险的关系，可通过计算分析不同资本结构下普通股每股收益的标准差和标准离差率来揭示。

【例 8—8】 甲、乙、丙三家公司的资本构成情况如表 8—5 所示。三家公司普通股面值均为 10 元/股，甲企业发行在外的普通股数量为 200 万股，乙、丙企业发行在外的普通股数量各 100 万股。乙企业负债的年利率为 6%，丙企业负债的年利率为 12%。其他有关情况三家公司完全一致，见表 8—5。分别计算每股收益的离散程度和财务杠杆系数，衡量三家公司的财务风险大小。

表 8—5　　单位：万元

项目	甲企业	乙企业	丙企业
资本总额	2 000	2 000	2 000
普通股	2 000	1 000	1 000
负债	0	1 000	1 000
负债利息	0	60	120

根据上述资料，可通过表 8—6 计算每股收益等指标。

表 8—6　　单位：万元

企业名称	经济状况	概率	息税前利润	利息	利润总额	所得税(25%)	净利润	普通股股数(万股)	每股收益(元)
甲	好	0.2	320	0	320	80	240	200	1.2
	中	0.6	200	0	200	50	150	200	0.75
	差	0.2	80	0	80	20	60	200	0.3
乙	好	0.2	320	60	260	65	195	100	1.95
	中	0.6	200	60	140	35	105	100	1.05
	差	0.2	80	60	20	5	15	100	0.15
丙	好	0.2	320	120	200	50	150	100	1.5
	中	0.6	200	120	80	20	60	100	0.6
	差	0.2	80	120	—40	0	—40	100	—0.4

①计算三家公司的期望每股收益

甲公司的期望每股收益 $=0.20\times1.2+0.60\times0.75+0.20\times0.3=0.75$(元)

乙公司的期望每股收益 $=0.20\times1.95+0.60\times1.05+0.20\times0.15=1.05$(元)

丙公司的期望每股收益 $=0.20\times1.5+0.60\times0.6+0.20\times(-0.4)=0.58$(元)

②计算三家公司每股收益的标准差。

甲公司每股收益的标准差

$$=\sqrt{(1.2-0.75)^2\times0.2+(0.75-0.75)^2\times0.6+(0.3-0.75)^2\times0.2}=0.285(\text{元})$$

乙公司每股收益的标准差

$$=\sqrt{(1.95-1.05)^2\times0.2+(1.05-1.05)^2\times0.6+(0.15-1.05)^2\times0.2}=0.569(\text{元})$$

丙公司每股收益的标准差

$$=\sqrt{(1.5-0.58)^2\times0.2+(0.6-0.58)^2\times0.6+(-0.4-0.58)^2\times0.2}=0.601(\text{元})$$

③计算三家公司每股收益的标准离差率：

甲公司每股收益的标准离差率 $=0.285/0.75=0.38$

乙公司每股收益的标准离差率 $=0.569/1.05=0.542$

丙公司每股收益的标准离差率 $=0.601/0.58=1.036$

④计算三家公司的财务杠杆系数。

三家公司的期望息税前利润 $=0.20\times320+0.60\times200+0.20\times80=200$(万元)

甲公司财务杠杆系数 $=200/(200-0)=1$

乙公司财务杠杆系数 $=200/(200-60)=1.43$

丙公司财务杠杆系数 $=200/(200-120)=2.5$

从以上计算分析可知，甲公司全部靠股权资本经营，其期望每股收益为0.75元，财务杠杆系数为1，标准离差率为0.38. 乙公司利用了利率为6%的负债1 000万元，股权资金与负债资金的比率为1∶1，负债比例为50%，则乙公司的期望每股收益上升到1.05元，财务杠杆系数上升到1.43，标准离差率上升到0.542，期望每股收益上升，说明应用财务杠杆取得了比较好的效益，当然随之也加大了财务风险。但丙公司的期望每股收益却下降到0.58元，财务杠杆系数上升到2.5，标准离差率为1.036，说明此时只能加大公司财务风险，而不能取得财务杠杆效益。这就是说，公司利用财务杠杆，可能会产生好的效果，也可能会产生坏的效果。

8.2.3 总杠杆

1. 总杠杆的概念

如前所述，由于存在固定成本，产生了经营杠杆效应，使得业务量变动对息税前利润有夸大的作用；同样，由于存在固定性资本成本，产生了财务杠杆效应，使得息税前利润对普通股每股收益有扩大的作用。经营杠杆和财务杠杆可以独自发挥作用，也可以综合发挥作用，总杠杆是用来反映二者之间共同作用结果的，两种杠杆共同作用，将导致产销业务量稍有变动，就会引起普通股每股收益更大的变动。

总杠杆，也称联合杠杆、复合杠杆。是指由于固定成本和固定性资本成本的共同存在而导致的普通股每股收益变动率高于业务量变动率的杠杆效应。产生总杠杆效应的前提是固定成本和固定资本成本的同时存在，如果企业只存在固定成本，那么此时的总杠杆就是经营杠杆；如果企业只存在固定资本成本，那么此时的总杠杆就是财务杠杆。一般而言，企业只要从事生产经营活动，固定成本不可能为零，未必每个企业都有固定性资本成本，所以，总杠杆仅为经营杠杆的概率要大大高于仅为财务杠杆的概率。

2. 总杠杆的衡量

衡量总杠杆效应程度高低的主要指标是总杠杆系数。总杠杆系数是指普通股每股收益变动率相当于业务量变动率的倍数。

总杠杆系数(DTL)＝普通股每股收益变动率/业务量变动率
＝经营杠杆系数×财务杠杆系数

公式推导如下：

总杠杆系数(DTL)＝普通股每股收益变动率/业务量变动率
＝(普通股每股收益变动率/息税前利润变动率)×(息税前利润变动率/业务量变动率)
＝经营杠杆系数×财务杠杆系数

如果企业没有优先股，其公式可简化为：

$$DTL = DOL \times DFL = (M_0/EBIT_0) \times [EBIT_0/(EBIT_0 - I)] = M_0/EBIT_0 - I$$

即：

总杠杆系数＝基期边际贡献/(基期息税前利润－基期利息)

【例 8－9】 甲公司 20×8 年资产总额是 1 500 万元，资产负债率是 40%，债务资本的利率为 6%，全年实现的销售收入是2 000万元，变动成本率为 30%，固定成本和利息费用总共是 350 万元。如果预计 20×9 年销售收入会增长 50%，其他条件不变。

要求：

①计算 20×9 年的财务杠杆、经营杠杆和总杠杆系数；

②预计 20×9 年每股收益增长率。

计算过程如下：

①计算 20×9 年的经营杠杆、财务杠杆和总杠杆系数；

利息＝1 500×40%×6%＝36(万元)

变动成本＝销售收入×变动成本率＝2 000×30%＝600(万元)

固定成本＝350－36＝314(万元)

息税前利润＝2 000－600－314＝1 086(万元)

财务杠杆系数＝1 086/(1 086－36)＝1.03

经营杠杆系数＝(2 000－600)/1 086＝1.29

总杠杆系数＝1.03×1.29＝1.33

②预计 20×9 年每股收益增长率。

20×9 年每股收益增长率＝复合杠杆系数×收入增长率
＝1.33×50%＝66.5%

3. 总杠杆与公司风险

公司风险反映的是企业的整体风险，包括经营风险和财务风险。总杠杆系数反映了经营杠杆和财务杠杆之间的关系。在总杠杆系数一定的情况下，经营杠杆系数与财务杠杆系数此消彼长。总杠杆效应的意义在于：第一，用以说明业务量变动对普通股每股收益的影响，据此预测未来期间的每股收益水平；第二，揭示了财务管理的风险管理策略，即要保持一定的风险状况水平，需要维持一定的总杠杆系数，经营杠杆和财务杠杆可以有不同的组合。在维持总风险一定的情况下，企业根据实际，选择不同的经营风险和财务风险组合，实施企业的财务管理策略。只要企业同时存在固定生产经营成本和固定财务费用等财务支出，就会存在总杠杆的作用。

一般来说，固定资产比重较大的资本密集型企业，经营杠杆系数高，经营风险大，企业筹资主要依靠股权资本，以保持较小的财务杠杆系数和财务风险；变动成本比重较大的劳动密集型企业，经营杠杆系数低，经营风险小，企业筹资可以主要依靠债务资本，保持较大的财务杠杆系数和财务风险。

一般来说，在企业初创阶段，产品市场占有率低，产销业务量小，经营杠杆系数大，此时企业筹资主要依靠权益资本，在较低程度上使用财务杠杆；在企业扩张成熟期，产品市场占有率高，产销业务量大，经营杠杆系数小，此时，企业资本结构中可扩大债务资本比重，在较高程度上使用财务杠杆。

8.3 资本结构优化决策

资本结构优化是企业筹资管理的核心问题。如果企业现有的资本结构不合理，应通过筹资活动优化调整资本结构，使其趋于科学合理。企业资本结构决策就是要求企业权衡负债的低资本成本和高财务风险的关系，确定合理的资本结构，即最佳资本结构。所谓最佳资本结构，是指在一定条件下使企业平均资本成本最低、企业价值最大的资本结构。本节主要介绍以下三种确定最佳资本结构的方法，即每股收益分析法、比较平均资本成本法和公司价值分析法。

8.3.1 每股收益分析法

1. 每股收益分析法的内涵

每股收益分析法的观点是，根据每股收益的大小来判断资本结构是否合理，即能够提高普通股每股收益的资本结构，就是合理的资本结构。每股收益受到息税前利润、债务资本成本等因素的影响，分析每股收益与资本结构的关系，可以应用每股收益无差别点进行决策。所谓每股收益无差别点，也称为息税前利润平衡点，是指在不同的筹资方式下，每股收益均相等时的息税前利润或业务量水平。根据每股收益无差别点，可以判断在什么情况下利用债务筹资进行优化资本结构，进而确定企业的最佳资本结构。

【例 8—10】 现有甲公司总资产为 7 500 万元，预计下一年需要追加筹资 2 500 万元，可供选择的筹资方式包括发行股票和发行债券。表 8—7 列示了原本结构和筹资后资本结构的情况。根据资本结构的情况，采用每股收益分析法分析资本结构对普通股每股收益的影响。

表 8—7　　甲公司资本结构　　单位：万元

筹资方式	原资本结构	增加筹资后资本结构	
		发行普通股(A 方案)	发行公司债券(B 方案)
公司债券(利率 8%)	1 000	1 000	3 500
普通股(面值 1 元)	2 000	3 000*	2 000
资本公积	2 500	4 000*	2 500
留存收益	2 000	2 000	2 000

续表

筹资方式	原资本结构	增加筹资后资本结构	
		发行普通股(A 方案)	发行公司债券(B 方案)
资产总额	7 500	10 000	10 000
普通股股数(万股)	2 000	3 000	2 000

注:* 发行股票时,普通股每股发行价格为 2.5 元。

表 8—8　　甲公司不同资本结构下的每股收益　　单位:万元

项　目	发行股票	发行债券
预计息税前利润	2 000	2 000
利息	80	280
税前利润总额	1 920	1 720
所得税(税率 25%)	480	430
净利润	1 440	1 290
普通股票数(万股)	3 000	2 000
每股收益(元)	0.48	0.645

表 8—9　　甲公司不同资本结构下的每股收益　　单位:万元

项　目	发行股票	发行债券
预计息税前利润	600	600
利息	80	280
税前利润总额	520	320
所得税(税率 25%)	130	80
净利润	390	240
普通股票数(万股)	3 000	2 000
每股收益(元)	0.13	0.12

表 8—10　　甲公司不同资本结构下的每股收益　　单位:万元

项　目	发行股票	发行债券
预计息税前利润	680	680
利息	80	280
税前利润总额	600	400
所得税(税率 25%)	150	100
净利润	450	300
普通股票数(万股)	3 000	2 000
每股收益(元)	0.15	0.15

由表 8—8 可知,在息税前利润为 2 000 万元的情况下,利用发行债券的筹资方式能使公

司的每股收益达到0.645元，高于利用发行股票筹资的每股收益。根据每股收益分析法的原理，在这种情况下，发行债券能使每股收益上升较多，更有利于股票价格上涨，更符合理财目标。当预计息税前利润为600万元时，利用发行股票的筹资方式却能使公司的每股收益高于利用发行债券筹资的每股收益，见表8－9。同理，在这种情况下，发行股票则更符合理财目标。而当息税前利润为680万元时，利用发行债券的每股收益刚好等于利用发行股票筹资的每股收益，见表8－10。这种在不同筹资方式下每股收益均相等时的息税前利润或业务量水平，我们称为每股收益无差别点。

2. 每股收益无差别点的计算

每股收益无差别点，是指在不同筹资方式下每股收益均相等时的息税前利润或业务量水平。即在每股收益无差别点时，不同筹资方式下的每股收益EPS是相等的。因此，可以用公司表示如下：

$$\frac{(\overline{EBIT}-I_1)\times(1-T)-D_1}{N_1}=\frac{(\overline{EBIT}-I_2)\times(1-T)-D_2}{N_2}$$

其中：$EBIT$表示每股收益无差别点的息税前利润；I_1、I_2表示两种筹资方式下的年利息；D_1、D_2表示两种筹资方式下的优先股股利；N_1、N_2表示两种筹资方式下流通在外的普通股股数；T表示所得税税率。

每股收益无差别点通常用息税前利润表示，还可以用销售量、销售额、边际贡献来表示。如果已知每股收益相等时的销售水平，也可以计算出有关的成本水平。

3. 每股收益分析法的应用

根据每股收益无差别点，可以分析在什么样的情况下采用何种资本结构。如图8－3所示，当预期的息税前利润大于每股收益无差别点的息税前利润时，运用负债筹资（含优先股）可获得较高的每股收益；反之，运用普通股筹资可获得较高的每股收益。

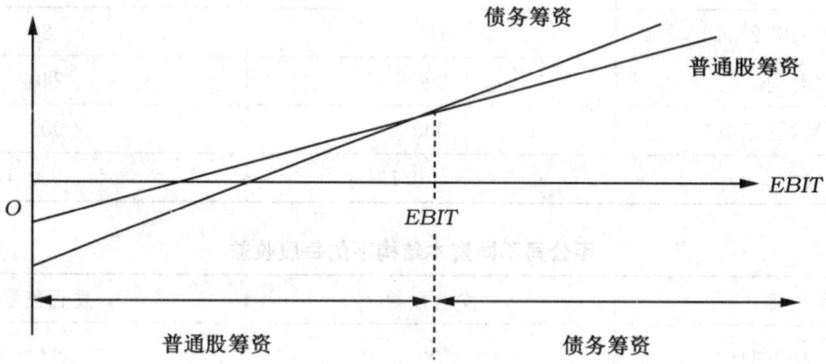

图8－3 每股收益无差别点法决策示意图

【例8－11】 依【例8－10】中的资料，用每股收益无差别点法决策如下：

$$\frac{(\overline{EBIT}-80)\times(1-25\%)}{3\,000}=\frac{(\overline{EBIT}-280)\times(1-25\%)}{2\,000}$$

求得：$EBIT=680$（万元）

此时有：$EPS_1=EPS_2=0.15$（元）

这就是说，当息税前利润等于680万元时，A、B两方案的每股收益均为0.15元，采用两种筹资方式的每股收益没有差别；当息税前利润大于680万元时，发行债券的每股收益大于发行股票的每股收益，利用债务筹资较为有利；当息税前利润小于 680 万元时，发行债券的每股收益小于发行股票的每股收益，以发行股票筹资为宜。

4. 每股收益分析法的优缺点

每股收益分析法假定每股收益最大时，股票价格也最高。合理的资本结构应该同时考虑风险与报酬的均衡。但是，每股收益分析法只考虑资本结构对每股收益的影响，却没有考虑资本结构对风险的影响。然而，随着债务资本的增加，投资者的风险加大，股票价格和企业价值也会有下降的趋势。因此，仅仅应用每股收益分析法有时可能会做出错误的资本结构决策。

每股收益分析法的原理比较简单，但是，每股收益越大，风险也越大，如果每股收益的增长不足以弥补风险增加所需的报酬，尽管每股收益增加，股价仍会下降。因此，它以普通股每股收益最高为决策标准，没有考虑财务风险对企业的影响，其决策目标实际上是每股收益最大化而不是公司价值最大化，显然这是不符合最佳资本结构要求的。

因此，每股收益分析法通常适用于资本规模不大、资本结构较为简单的股份制企业。

8.3.2　比较平均资本成本法

比较平均资本成本法是指在一定条件下，通过计算不同筹资方式下各种可能的筹资组合方案的平均资本成本，并以此为标准相互比较，选择平均资本成本最低的筹资组合方案来确定最佳资本结构的方法。这种方法侧重于从资本投入的角度对筹资方案和资本结构进行优化分析，要求在决策前先拟定若干个备选方案，分别计算出各组合方案的平均资本成本，并根据平均资本成本的大小来确定最佳资本结构。企业筹资可分为初始筹资和追加筹资两种，因此，企业的资本结构优化决策相应地也分为初始筹资资本结构优化决策和追加筹资资本结构优化决策。

1. 初始筹资的资本结构优化决策

企业在初始筹资的情况下，对企业拟订的筹资总额，可以通过多种筹资方式来筹集资金，由此会形成若干个备选的筹资组合方案。在比较平均资本成本法下，比较平均资本成本的大小进行决策。

【例 8—12】　甲公司现需筹集 100 万元长期资本，可供选择的筹资方式有借款、发行债券和发行股票三种方式，有关资料如表 8—11 所示。

表 8—11　　**甲公司资本成本与资本结构数据表**

筹资方式	资本结构			个别资本成本
	方案一	方案二	方案三	
借款	40%	30%	20%	6%
发行债券	10%	15%	20%	8%
发行股票	50%	55%	60%	9%
合　计	100%	100%	100%	—

计算三个方案的平均资本成本 K：

方案一：$K=40\%\times6\%+10\%\times8\%+50\%\times9\%=7.7\%$

方案二：$K=30\%\times6\%+15\%\times8\%+55\%\times9\%=7.95\%$

方案三：$K=20\%\times6\%+20\%\times8\%+60\%\times9\%=8.2\%$

根据比较平均资本成本法的观点，应选择平均资本成本最低的筹资方案，因此，应选择方案一。这样，该公司筹资的资本结构为借款40万元，发行债券10万元，发行股票50万元。

【例8—13】 甲公司在成立初期需筹集资金5 000万元，现有三个筹资组合方案可供选择，有关资料如表8—12所示。

表8—12　　甲公司初始筹资组合方案　　单位：万元

筹资组合方案	组合方案一		组合方案二		组合方案三	
	初始筹资额	资本成本	初始筹资额	资本成本	初始筹资额	资本成本
长期借款	400	6%	500	6.5%	800	7%
长期债券	1 000	7%	1 500	8%	1 200	7.5%
优先股	600	12%	1 000	12%	500	12%
普通股	3 000	15%	2 000	15%	2 500	15%
合　计	5 000	—	5 000	—	5 000	—

在不考虑筹资组合方案风险的情况下，三个筹资组合方案的平均资本成本计算如下。

方案一：$K=6\%\times400/5\ 000+7\%\times1\ 000/5\ 000+12\%\times600/5\ 000+15\times3\ 000/5\ 000$
$=12.32\%$

方案二：$K=6.5\%\times500/5\ 000+8\%\times1\ 500/3\ 000+12\%\times1\ 000/5\ 000+15\%\times2\ 000/5\ 000$
$=11.45\%$

方案三：$K=7\%\times800/5\ 000+7.5\%\times1\ 200/5\ 000+12\%\times500/5\ 000+15\%\times2\ 500/5\ 000$
$=11.62\%$

通过比较可以看出，方案二的平均资本成本最低。因此，应选择方案二作为最佳筹资组合方案，相应的资本结构为最佳资本结构。

2. 追加筹资的资本结构优化决策

企业在持续的生产经营活动中，由于自身的生产经营和对外投资的需要，往往会有追加筹资的需要。在追加筹资的情况下，企业原有的资本结构就可能会发生变化。此时，是否需要进行资本结构的调整，则可将各备选追加筹资方案的资本结构与原有资本结构进行汇总，计算比较各个追加筹资方案下汇总的平均资本成本，从而确定选择最佳筹资方案。

【例8—14】 甲企业原有的资本结构如表8—13所示。

普通股股票每股面值1元，发行价格10元，预计本期发放股利为1元/股，以后每年增加普通股股利5%。该企业适用的所得税税率为25%。

表8—13　　甲公司原有资本结构　　单位：万元

筹资方式	金　额
发行债券（年利率10%）	8 000
发行普通股（每股面值1元，发行价10元，共800万股）	8 000
合　计	16 000

该企业由于生产经营的需要，拟追加筹资4 000万元，现有三种筹资方案可供选择。

方案一：发行 4 000 万元的公司债券，债券利率保持 10%不变，预计普通股股利也保持不变，但由于风险加大，普通股市价降至 8 元/股。

方案二：发行公司债券 2 000 万元，年利率为 10%，发行股票 200 万股，每股发行价 10 元，预计普通股股利不变。

方案三：发行股票 400 万股，普通股市价 10 元/股，预计普通股股利不变。

要求：应用比较平均资本成本法确定合理的筹资方案。

①追加筹资前：

$K = 10\% \times (1-25\%) \times 8\,000/16\,000 + (1/10+5\%) \times 8\,000/16\,000$
$= 11.25\%$

②追加筹资后：

方案一：$K = 10\% \times (1-25\%) \times (8\,000+4\,000)/20\,000 + (1/8+5\%) \times 8\,000/20\,000$
$= 11.5\%$

方案二：$K = 10\% \times (1-25\%) \times (8\,000+2\,000)/20\,000 + (1/10+5\%) \times (8\,000+2\,000)/20\,000$
$= 11.25\%$

方案三：$K = 10\% \times (1-25\%) \times 8\,000/20\,000 + (1/10+5\%) \times (8\,000+4\,000)/20\,000$
$= 12\%$

由于方案二在追加筹资后的平均资本成本最低，且与企业原来的平均资本成本相同，故，应选用乙方案。

3. 比较平均资本成本法的优缺点

比较平均资本成本法的计算过程较为简单，是确定最佳资本结构的一种常用方法。但因其所拟订的方案数量有限，故有把最优方案漏掉的可能，无法在无尽的方案中择优，同时，该方法仅以平均资本成本最低作为决策标准，没有考虑财务风险对企业的影响，应用该种方法确定的资本结构不一定符合最佳资本结构的要求。因此，比较平均资本成本法适用于资本规模较小、资本结构较为简单的非股份公司。

8.3.3　公司价值分析法

1. 公司价值分析法的原理

与每股收益分析法和比较平均资本成本法不同，公司价值分析法同时考虑了风险与报酬对企业的影响。它是在考虑市场风险的基础上，以公司总价值为决策标准，来确定最佳资本结构的一种方法。公司总价值最高的资本结构，其平均资本成本也是最低的。

(1)公司价值分析法充分考虑了公司的财务风险和资本成本等因素的影响，进行资本结构的决策以公司价值最大为标准，更符合公司价值最大化的财务目标，但其测算原理及测算过程较为复杂。该方法的主要观点是：公司总价值等于长期债务和普通股权益的现值之和。因此，公司总价值(V)等于长期债务价值(B)与普通股权益价值 S 之和。即：

$$V = B + S$$

(2)为简化分析，假设公司各期的 $EBIT$ 均保持不变，债务资本的市场价值等于其账面面值，权益资本的价值可通过下式计算：

$$S = [(EBIT - I) \times (1-T)]/K_s$$

其中，K_s 表示普通股的资本成本；T 表示企业所得税税率。

普通股的资本成本 K_s 可以采用资本资产定价模型来测算，即 $K_s=R_F+\beta(K_M-R_F)$。

此时企业的平均资本成本可按下式计算：

$$K_w=K_b\times(B/V)+K_s\times(S/V)$$

其中，K_w 表示平均资本成本；K_b 表示债务资本的资本成本。

(3)综上，公司总价值可由下列两种算式计算：

①$V=B+S=B+(EBIT-I)(1-T)/K_s$

②$V=EBIT(1-T)/K_w$

2. 公司价值分析法的应用

根据公司价值分析法的原理，测算不同资本结构下的公司总价值和平均资本成本，选择公司总价值最大并且平均资本成本最低的资本结构，此时的资本结构就是最佳资本结构。

【例 8—15】 甲公司预计 20×7 年的息税前利润为 400 万元，资本总额账面价值2 000万元。假设无风险报酬率为 6%，证券市场平均报酬率为 10%，所得税税率为 25%。债务市场价值等于面值，债务资本假定没有筹资费。经测算，不同债务水平下的普通股资本成本和债务资本的利息率如表 8—14 所示。

表 8—14　债务利息率和普通股资本成本资料表

B(万元)	K_b	β	R_F	K_M	K_s
0	—	1.50	6.00%	10.00%	12.00%
200	8.00%	1.55	6.00%	10.00%	12.20%
400	8.50%	1.65	6.00%	10.00%	12.60%
600	9.00%	1.80	6.00%	10.00%	13.20%
800	10.00%	2.00	6.00%	10.00%	14.00%
1 000	12.00%	2.30	6.00%	10.00%	15.20%
1 200	15.00%	2.70	6.00%	10.00%	16.80%

在表 8—13 中，当 $B=200$ 万元、$\beta=1.55$、$R_F=6\%$、$K_M=10\%$ 时：

$K_s=6\%+1.55\times(10\%-6\%)=12.20\%$，表 8—14 中该列其他数据可依同理计算得出。

同时，根据表 8—13 中的资料，应用公司价值分析法的原理，可计算出不同资本结构下的公司总价值和平均资本成本(表 8—15)，据此确定公司最佳资本结构。

表 8—15　公司价值和平均资本成本　　单位：万元

B	S	V	K_B	K_s	K_w
0	2 000	2 000	—	12.00%	12.00%
200	2 361	2 561	6.00%	12.20%	11.72%
400	2 179	2 579	6.38%	12.60%	11.64%
600	1 966	2 566	6.75%	13.20%	11.69%
800	1 714	2 514	7.50%	14.00%	11.93%
1 000	1 382	2 382	9.00%	15.20%	12.60%
1 200	982	2 182	11.25%	16.80%	13.75%

在表 8—15 中，B=400 万元、K_b=6.38%、K_s=12.60%、$EBIT$=400 万元时：

$S=[(400-400\times8.5\%)\times(1-25\%)]/12.6\%$

$=2\ 179$（万元）

$V=400+2\ 179=2\ 579$（万元）

$K_w=6.38\%\times(400/2\ 579)+12.6\%\times(2\ 179/2\ 579)=11.64\%$

表 8—14 中该列其他数据可依同理计算得出。

综上，在没有债务资本时，公司总价值等于股票的账面价值。当公司逐渐增加债务资本时，财务杠杆便开始发挥作用，公司总价值逐渐上升，平均资本成本逐渐下降。当债务资本达到 400 万元时，公司总价值最高，平均资本成本最低。而当债务资本超过 400 万元后，随着债务资本利率的不断上升，财务杠杆作用逐步减弱甚至显现负作用，公司总价值下降，平均资本成本开始逐渐上升。因此，当债务资本为 400 万元时的资本结构为该公司的最优资本结构。

3. 公司价值分析法的优缺点

公司价值分析法是在充分考虑财务风险的前提下，以个别资本成本和平均资本成本作为折现率，测算不同长期筹资方案下的公司价值，并以此为标准选择使公司价值达到最大的资本结构作为公司的最优资本结构，其内容和测算过程都比较合理，更符合公司价值最大化的财务目标。但是其测算原理及测算过程较为复杂，同时如人为地确定有限的长期债务筹资方案很容易将最优方案遗漏，无法在无尽的方案中择优。另外，由于所得税税率和个别资本成本的变化，可能会改变最优方案的取舍。

这种方法主要用于对现有资本结构进行调整，适用于资本规模较大的上市公司资本结构优化分析。

延伸阅读材料

聚焦晨鸣纸业

山东晨鸣纸业集团股份有限公司是以造林、制浆、造纸为主业的大型企业集团，全国首家 A、B、H 三种股票上市公司，拥有武汉晨鸣、湛江晨鸣、江西晨鸣、吉林晨鸣等 10 多家生产子公司，总资产 500 多亿元，年制品生产能力超 600 万吨，名列中国企业 500 强和世界纸业 30 强。

面对全球经济一体化的机遇和挑战，晨鸣纸业以发展为主线，以创新为动力，致力于建设绿色生态、持续发展的国际一流造纸企业。晨鸣纸业大力实施国际化战略，努力把企业做强做大。

现代造纸工业建设规模大、起点高，每万吨纸浆投资 1.2 亿～2.0 亿元资金，每万吨纸及纸板投资 1.0 亿～1.2 亿元资金。针对这一决定企业项目建设的关键问题，公司加大了融资力度，以解决自身资金不足、筹资能力差、融资渠道单一的问题。“十一五”期间，公司发行 H 股 35 570 万股，募集资金 27.28 亿元，发行了 23 亿元的中期票据及 15 亿元的短期融资券，为企业 80 万吨高档低定量铜版纸、45 万吨高级文化纸等项目提供了资金保证。

根据国际国内造纸企业发展的趋势，“十二五”期间公司发展将突出四个主题：解决制约行业发展的资源问题，改善纤维原料结构；继续扩大融资渠道，解决建设资金问题；加大企业投入，建设一批技术含量高、设备先进、能够替代进口的造纸生产线，提高企业规模效益；继续加大污染防治，实现企业可持续发展。

思考：晨鸣纸业的上述筹资行为能否创造财务杠杆收益？对企业的资本结构有何影响？

同步测试

一、单项选择题

1. 下列各项中，将会导致经营杠杆效应最大的情况是（　　）。

A. 实际销售额等于目标销售额　　B. 实际销售额大于目标销售额

C. 实际销售额等于盈亏临界点销售额　　D. 实际销售额大于盈亏临界点销售额

2. 某企业某年的财务杠杆系数为 2.5，息税前利润的计划增长率为 10%，假定其他因素不变，则该年普通股每股收益的增长率为（　　）。

A. 4%　　B. 5%　　C. 20%　　D. 25%

3. 假定某企业的股权资本与债务资本的比例为 6∶4，据此可以断定该企业（　　）。

A. 只存在经营风险　　B. 经营风险大于财务风险

C. 经营风险小于财务风险　　D. 同时存在经营风险和财务风险

4. 下列各项中，不影响经营杠杆系数的是（　　）。

A. 销售量　　B. 销售价格　　C. 固定成本　　D. 利息费用

5. 在息税前利润大于 0 的情况下，只要企业存在固定性经营成本，那么经营杠杆系数（　　）。

A. 大于 1　　B. 与销售量同方向变动

C. 与固定成本反方向变动　　D. 与风险反方向变动

二、多项选择题

1. 只要企业同时存在（　　），就会存在总杠杆效应。

A. 变动生产经营成本　　B. 固定性经营成本

C. 固定性资本成本　　D. 变动制造费用

2. 在进行资本结构优化的决策分析中，可以采用的方法有（　　）。

A. 每股收益分析法　　B. 比较资本成本法

C. 公司价值分析法　　D. 因素分析法

3. 在最佳资本结构下，企业的（　　）。

A. 平均资本成本最低　　B. 企业价值最大

C. 每股收益最大　　D. 财务风险最小

三、判断题

1. 在企业承担总风险能力一定且利率相同的情况下，对于经营杠杆水平较高的企业，应当保持较低的负债水平，而对于经营杠杆水平较低的企业，则应当保持较高的负债水平。（　　）

2. 经济危机时期，由于企业经营环境恶化、销售下降，企业应当逐步降低债务水平，以减少破产风险。（　　）

3. 资本结构优化的方法中，比较资本成本法和每股收益分析法都没有考虑风险因素。（　　）

4. 根据"经营杠杆系数=基期边际贡献/基期息税前利润"可知，提高基期边际贡献可以提高本期经营杠杆系数。（　　）

5. 通过计算和比较各种可能的筹资组合方案的平均资本成本，选择平均资本成本最低的方案，是资本结构优化方法里面的平均资本成本法。（　　）

四、计算分析题

A 公司为一上市公司，适用的所得税税率为 25%。

资料一：2014 年 12 月 31 日发行在外的普通股为 10 000 万股，公司债券为 24 000 万元（2012 年年初发行，5 年期，每年年末付息一次，利率 5%），该年息税前利润为5 000万元。

资料二：公司打算在 2015 年为一个新项目筹资 10 000 万元，预计该项目投产后公司每年息税前利润会增加1 000万元。

甲方案：增发利率为 6%的公司债券；乙方案：增发2 000万普通股。

表 8—16

项　目	甲方案	乙方案
增资后 *EBIT*（万元）	6 000	6 000
增资前利息（万元）	*	1 200
新增利息（万元）	600	*
增资后利息（万元）	A	*
增资后税前利润（万元）	*	4 800
增资后税后利润（万元）	*	3 600
增资后普通股股数（万股）	*	*
增资后每股收益（元）	0.315	B

要求：

(1)根据资料一计算公司的财务杠杆系数；

(2)计算表 8—16 中的 A、B 的值；

(3)计算两方案的每股收益无差别点；

(4)用每股收益分析法(EBIT-EPS 法)判断应采取哪个方案并说明理由。

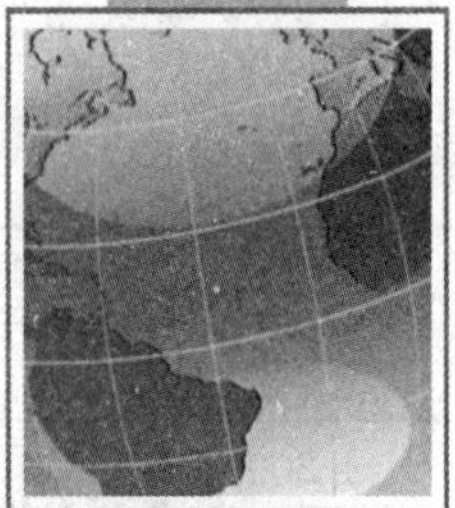

第九章 企业投资管理

学习目标

1. 了解投资的分类、企业投资管理的特点、企业投资的意义以及项目投资管理的原则和项目投资管理的程序。

2. 掌握项目投资现金流量的构成和项目投资的财务评价指标。

3. 熟练应用独立投资方案的决策、互斥投资方案的决策以及固定资产更新决策。

4. 了解证券投资的目的、证券资产投资的特点和证券投资的风险。

5. 掌握风险调整折现率法和风险性投资决策分析的应用。

案例 9—1

万达的投资版图

据2017年经营简报显示，万达2017年国外资产占比为7%。王健林早在2015年工作报告中便指出，转型轻资产模式的两个具体目标：一是2020年集团服务业收入、净利占比超过65%，房地产销售收入、净利占比低于35%；二是2020年海外收入占比超过20%。王健林在出席苏宁战略发布会上表示："我们有个宏伟的计划，明年开始，力争10年内将万达广场发展到1 000家左右。"

王健林表示，千店规模就意味着全国336个地级以上城市，万达广场能覆盖90%，剩下10%左右的地级市因为人口和消费不够；主要县级城市覆盖30%，因为中国一些县人口较多，也具备较强消费的能力。1 000个万达广场能获得的租金收入、广告收入、线上线下融合的价值，绝不是现在的5倍。加快发展关键要加快轻资产运营，从2018年开始万达将每年提高万达广场开业数量。

据了解，轻资产战略提出一年之内，轻资产万达广场开业24个，新发展轻资产万达广场47个，其中合作类轻资产，万达广场签约37个，远超年初发展25个轻资产（其中投资类10个、合作类15个）的目标。这47个广场，万达不出一分钱，收益相当于投资持有16个广场，16个广场如果自己投资最少需要200亿元。更重要的是，2017年北京、上海、广州、成都、天津、重庆等一线城市都有万达轻资产项目开业或签约，如果不是轻资产，在这些城市很难获得项目。7月19日，万达、融创、富力三方发布联合公告称，万达商业将北京万达嘉华等77个酒店转让给富力地产；万达商业将13个文化旅游城项目的91%股权转让给融创房地产集团。

数据显示，2017年，万达集团商业地产收入1 125.4亿元，完成年计划的104.1%，同比减少21%；租金收入255.2亿元，完成年计划的101.4%，同比增长30.3%；万达广场总客流31.9亿人次，同比增长28.1%。

2017年以来，房地产、酒店、娱乐业等境外投资受到了管控限制。

2017年8月，国务院办公厅转发国家发展改革委、商务部、人民银行、外交部《关于进一步引导和规范境外投资方向的指导意见》，限制房地产、酒店、影城、娱乐业、体育俱乐部等境外投资。而这些恰恰是王健林近几年来重点布局的领域。同时，商务部新闻发言人高峰针对万达集团海外投资进行了回应。高峰表示，对于房地产、酒店、影城、娱乐业、体育俱乐部等领域的对外投资，"我们建议有关企业审慎决策。"随即，王健林对外公开表态，积极响应国家号召，决定把主要投资放在国内。

2017年8月，万达酒店发展分别以63亿元和7.5亿元的代价收购万达旗下的文化旅游创意集团有限公司和万达酒店管理(中国香港)有限公司，从而完成了重资产业务的剥离，实现万达轻资产的上市。同时，向大连万达商业出售旗下桂林、伦敦、芝加哥和悉尼及黄金海岸的地产项目股权，交易完成后，万达酒店发展成为万达文旅产业唯一上市平台。2017年9月，万达酒店发展公告其控股股东万达海外有限公司已与万达投资控股有限公司订立协议，将以每股1.2港元的价格转让65.04%的股份，该公司由王健林个人全资拥有，且与万达国内各公司均无股权交集。

2017年11月17日，《南华早报》报道称，万达计划将海外位于英国、美国与澳大利亚的五个项目以50亿美元打包出售，五个项目分别是英国伦敦的One Nine Elms摩天大楼、美国芝加哥的Vista Tower、美国洛杉矶的One Beverly Hills，还有两个位于悉尼的项目。2018年伊始，王健林于1月18日出售了万达在海外的首个项目，该项目是伦敦九榆树区域的伦敦ONE项目。这并非是王健林第一次调整海外资产。1月19日，万达酒店发展拟披露重大收购事项临时停牌。据彭博社援引消息人士表示，万达就出售澳洲两个地产项目接近达成协议。

思考：投资方式的选择和投资项目决策对于企业发展的重要性。

9.1　投资管理的内容

投资指的是特定经济主体为了在未来可预见的时期内获得收益或是资金增值，在一定时期内向一定领域投放足够数额的资金或实物的货币等价物的经济行为。可分为实物投资、资本投资和证券投资。前者是以货币投入企业，通过生产经营活动取得一定利润，后者是以货币购买企业发行的股票和公司债券，间接参与企业的利润分配。

企业投资，简言之，是企业为获取未来长期收益而向一定对象投放资金的经济行为。例如，构建厂房设备、兴建电站、购买股票债券等经济行为，均属于投资行为。

9.1.1　企业投资管理的特点

企业投资活动与经营活动是不相同的，投资活动结果对企业在经济利益上有较长期的影响，与日常活动相比，企业投资的特点表现为：

1. 属于企业的战略性决策

企业的投资活动先于经营活动，这些投资活动，往往需要一次性地投入大量的资金，并在一段较长的时期内发生作用，对企业经营活动的方向产生重大影响。同时，这些投资活动直接影响本企业未来的经营发展规模和方向，是企业简单再生产得以顺利进行并实现扩大再生产的前提条件。

2. 属于企业的非程序化管理

企业的投资活动涉及企业的未来经营发展方向和规模等重大问题，是非经常发生的。投资经济活动具有一次性和独特性的特点，投资管理属于非程序化管理。每一次投资的背景、特点、要求等都不一样，无明显的规律性可遵循，管理时更需要周密思考，慎重考虑。

3. 投资价值的波动性大

投资项目的价值，是由投资的标的资产的内在获利能力决定的。这些标的资产的形态是不断转换的，未来收益的获得具有较强的不确定性，其价值也具有较强的波动性。企业投资项目的变现能力是不强的，因为其投放的对象物大多是机器设备等变现能力较差的长期资产，这些资产的持有目的也不是为了变现，并不准备在一年或超过一年的营业周期内变现。因此，投资项目的价值也是不易确定的。

4. 项目投资金额大、时间长、风险大、变现能力差

项目投资，特别是战略性的扩大生产能力的投资一般都需要较多的资金，其投资额往往是企业及其投资人多年的资金积累，在企业总资产中占有相当大的比重。作为长期投资的项目投资，发挥作用的时间较长，对企业未来的生产经营活动和财务状况将产生重大影响。项目投资决策一旦实施，企业资金就会从流动性较强的现金等形式转化为专用性很强、几乎没什么流动性的长期资产。另外，影响项目投资未来收益的因素很多，加之投资额大、影响时间长、变现能力差，不然造成项目投资风险很大。

9.1.2 投资的分类

将企业投资的类型进行科学的分类，有利于分清投资的性质，按不同的特点和要求进行投资决策，加强投资管理。

1. 直接投资和间接投资

按投资活动与企业本身的生产经营活动的关系，企业投资可以划分为直接投资和间接投资。

直接投资，是将资金直接投放于形成生产经营能力的实体性资产，直接谋取经营利润的企业投资。通过直接投资，购买并配置劳动力、劳动资料和劳动对象等具体生产要素，开展生产经营活动。间接投资，是将资金投放于股票、债券等权益性资产上的企业投资。之所以称为间接投资，是因为股票、债券的发行方，在筹集到资金后，再把这些资金投放于形成生产经营能力的实体性资产，获取经营利润。而间接投资方不直接介入具体生产经营过程，通过股票、债券上所约定的收益分配权利，获取股利或利息收入，分享直接投资的经营利润。

2. 项目投资与证券投资

按投资对象的存在形态和性质，企业投资可以划分为项目投资和证券投资。

企业可以通过投资，购买具有实质内涵的经营资产，包括有形资产和无形资产，形成具体的生产经营能力，开展实质性的生产经营活动，谋取经营利润。这类投资，称为项目投资。项目投资的目的在于改善生产条件、扩大生产能力，以获取更多的经营利润。项目投资，属于直接投资。

企业可以通过投资，购买具有权益性的证券资产，通过证券资产上所赋予的权力，间接控制被投资企业的生产经营活动，获取投资收益。这种投资，称为证券投资，即购买属于综合生产要素的权益性权利资产的企业投资。

证券，是一种金融资产，即以经济合同契约为基本内容、以凭证票据等书面文件为存在形式的权利性资产。如债券投资代表的是未来按契约规定收取债息和收回本金的权利，股票投资代表的是对发行股票企业的经营控制权、财务控制权、收益分配权、剩余财产追索权等股东权利。证券投资的目的，在于通过持有权益性证券，获取投资收益，或控制其他企业的财务或经营政策，并不直接从事具体生产经营过程。因此，证券投资属于间接投资。

直接投资与间接投资、项目投资与证券投资，两种投资分类方式的内涵和范围是一致的，只是分类角度不同。直接投资与间接投资强调的是投资的方式性，项目投资与证券投资强调的是投资的对象性。

3. 发展性投资与维持性投资

按投资活动对企业未来生产经营前景的影响，企业投资可以划分为发展性投资和维持性投资。

发展性投资，是指对企业未来的生产经营发展全局有重大影响的企业投资。发展性投资也可以称为战略性投资，如企业间兼并合并的投资、转换新行业和开发新产品的投资、大幅度扩大生产规模的投资等。发展性投资项目实施后，往往可以改变企业的经营方向和经营领域，或者明显地扩大企业的生产经营能力，或者实现企业的战略重组。维持性投资，是为了维持企业现有的生产经营正常顺利进行，不会改变企业未来生产经营发展全局的企业投资。维持性投资也可以称为战术性投资，如更新替换旧设备的投资、配套流动资金投资、生产技术革新的投资等。维持性投资项目所需要的资金不多，对企业生产经营的前景影响不大，投资风险相对也较小。

4. 对内投资与对外投资

按投资活动资金投出的方向，企业投资可以分为对内投资和对外投资。

对内投资，是指在本企业范围内部的资金投放，用于购买和配置各种生产经营所需的经营性资产。对外投资，是指向本企业范围以外的其他单位的资金投放。对外投资多以现金、有形资产、无形资产等资产形式，通过联合投资、合作经营、换取股权、购买证券资产等投资方式向企业外部其他单位投放资金。

对内投资都是直接投资，对外投资主要是间接投资，也可能是直接投资。区分企业对内投资和对外投资最简单的方法，就是看投资结果是否取得了可供本企业使用的实物资产。假定甲企业拟投资购买一处厂房，如果指定用途是为扩大本企业生产能力，则该项投资为对内投资；如果指定用途是作为与乙企业另外组建一个合营企业的出资，则该项投资为对外投资；如果甲企业将部分设备和产品作为新组建的全资子公司的实物资产投资，则该项投资也属于对外投资。

5. 独立投资与互斥投资

按投资项目之间的相互关联关系，企业投资可以分为独立投资和互斥投资。

独立投资是相容性投资，各个投资项目之间互不关联、互不影响，可以同时并存。例如，建造一个制衣厂和食品厂，它们之间并不冲突，可以同时进行。对于一个独立投资项目而言，其他投资项目是否被采纳或放弃，对本项目的决策并无显著影响。因而，独立投资项目决策考虑的是方案本身是否满足某种决策标准。

互斥投资是非相容性投资，各个投资项目之间相互关联、相互替代，不能同时并存。互斥投资项目决策考虑的是各方案之间的排斥性，互斥决策需要从每个可行方案中选择最优方案。

6. 确定性投资和风险性投资

按投资的风险程度，投资可分为确定性投资和风险性投资。

确定性投资，是指投资风险很小，且对未来收益可以进行相当准确预测的投资。企业在进行这类投资时，可以暂时不考虑风险问题。风险性投资，是指投资风险大，未来收益难以准确预测的投资。企业的大多数战略性投资基本上都属于风险性投资，在进行决策时，应充分考虑投资风险问题。

9.1.3 项目投资管理的原则

1. 可行性分析原则

投资项目的金额大，资金占用时间长，一旦投资后具有不可逆转性，对企业的财务状况和经营前景影响重大。因此，在投资决策之时，必须建立严密的投资决策程序，进行科学的投资可行性分析。

投资项目可行性分析是投资管理的重要组成部分，其主要任务是对投资项目能否实施的可行性进行科学的论证，主要包括环境可行性、技术可行性、市场可行性、财务可行性等方面。财务可行性是在相关的环境、技术、市场可行性完成的前提下，着重围绕技术可行性和市场可行性而开展的专门经济性评价。同时，一般也包含资金筹集的可行性。

财务可行性分析是投资项目可行性分析的主要内容，包括：收入、费用和利润等经营成果指标的分析；资产、负债、所有者权益等财务状况指标的分析；资金筹集和配置的分析；资金流转和回收等资金运行过程的分析；项目现金流量、净现值、内含报酬率等项目经济性效益指标的分析；项目收益与风险关系的分析等。

2. 结构平衡原则

由于投资往往是一个综合性的项目，不仅涉及固定资产等生产能力和生产条件的构建，还涉及使生产能力和生产条件正常发挥作用所需要的流动资产的配置。同时，由于受资金来源的限制，投资也常常会遇到资金需求超过资金供应的矛盾。如何合理配置资源，使有限的资金发挥最大的效用，是投资管理中资金投放所面临的重要问题。

投资项目在资金投放时，要遵循结构平衡的原则，合理分布资金，包括固定资金与流动资金的配套关系、生产能力与经营规模的平衡关系、资金来源与资金运用的匹配关系、投资进度和资金供应的协调关系、流动资产内部的资产结构关系、发展性投资与维持性投资配合关系、对内投资与对外投资顺序关系、直接投资与间接投资分布关系，等等。

3. 动态监控原则

投资的动态监控，是指对投资项目实施过程中的进程控制。特别是对于那些工程量大、工期长的建造项目来说，有一个具体的投资过程，需要按工程预算实施有效的动态投资控制。

对于间接投资特别是证券投资而言，投资前要认真分析投资对象的投资价值，根据风险与收益均衡的原则合理选择投资对象。有价证券类的金融资产投资，其投资价值不仅由被投资对象的经营业绩决定，还受资本市场的制约，这就需要分析资本市场上资本的供求关系，预计市场利率的波动和变化趋势，动态地估算投资价值，寻找转让证券收回投资的最佳时机。

9.1.4 项目投资管理的程序

1. 项目提出

投资项目的提出是项目投资程序的第一步，是根据企业的长远发展战略、中长期投资计划和投资环境的变化，在把握良好投资机会情况前提出的。它可以由企业管理当局或企业高层管理人员提出，也可以由企业的各级管理部门和一般员工提出。投资项目的最终形成必须依靠从企业董事会到企业员工各个层次的重视和努力。

2. 项目评价

投资项目的评价主要涉及以下工作：

(1)对提出的投资项目进行适当分类，为分析评价做好准备；

(2)计算有关项目的建设周期，测算有关项目投产后的收入、费用和经济效益，预测有关项目的现金流入和现金流出；

(3)运用各种投资评价指标，对各项投资的可行性进行评价；

(4)撰写详细的评价报告。

3. 项目决策

投资项目评价后，应按分权管理的决策权限由企业高层管理人员或部门做最后决策。投资额小的战术性项目投资或维持性项目投资一般由部门经理做出，特别重大的项目投资还需报董事会或股东大会批准。不管由谁最后决策，其结论一般可以分成以下三种：可以进行投资；不能进行投资；发还给项目提出的部门，重新论证后，再进行处理。

4. 项目执行

项目执行是将前期的可行性研究和决策结果付诸实践，包括人员组织安排、资金的筹集运用、物资采购、工程建筑安装等。在投资项目执行过程中，要对工程进度、工程质量、施工成本和工程核算进行监督、控制和审核，防止工程建设中的舞弊行为，确保工程按时完成。

5. 项目再评价

在投资项目的执行过程中，应注意原来做出的投资决策是否合理，是否正确，一旦出现新的情况，就要随时根据变化的情况做出新的评价。如果情况发生重大变化，原来的投资决策变得不合理，那么，就要进行是否终止投资或怎样终止投资的决策，以避免更大的损失。如果项目得以顺利实施，要对项目周期中的执行效益和投资收益进行检查，以对出现的问题及时改进，并从中吸取经验教训。

9.1.5 企业投资的意义

企业需要通过投资配置资产，才能形成生产能力，取得未来的经济利益。

1. 投资是企业生存与发展的基本前提

企业的生产经营，就是企业资产的运用和资产形态的转换过程。投资，是一种资本性支出的行为，通过投资支出，企业购建流动资产和长期资产，形成生产条件和生产能力。实际上，不论是新建一个企业还是建造一条生产流水线，都是一种投资行为。通过投资，确立企业的经营方向，配置企业的各类资产，并将它们有机地结合起来，形成企业的综合生产经营能力。如果企业想要进军一个新兴行业，或者开发一种新产品，都需要先行进行投资。因此，投资决策的正确与否，直接关系到企业的兴衰成败。

2. 投资是获取利润的基本前提

企业投资的目的，是要通过预先垫付一定数量的货币或实物形态的资本，购建和配置形成企业的各类资产，从事某类经营活动，获取未来的经济利益。通过投资形成了生产经营能力，企业才能开展具体的经营活动，获取经营利润。那些以购买股票、证券等有价证券方式向其他单位的投资，可以通过取得股利或债息来获取投资收益，也可以通过转让证券来获取资本利得。

3. 投资是企业风险控制的重要手段

企业的经营面临着各种风险，有来自市场竞争的风险，有资金周转的风险，还有原材料涨价、费用居高等成本的风险。投资，是企业风险控制的重要手段。通过投资，可以将资金投向企业生产经营的薄弱环节，使企业的生产经营能力配套、平衡、协调。通过投资，可以实现多元化经营，将资金投放于经营相关程度较低的不同产品或不同行业，分散风险，稳定收益来源，降低资产的流动性风险、变现风险，增强资产的安全性。

9.2 项目投资的现金流量分析

现金流量分析（cash flow analysis），是针对设定的项目基本方案进行现金流量分析。现金流量是项目投资决策的依据，是运用各种投资决策评价方法、计算评价指标的前提，是资本预算的核心。

9.2.1 项目投资现金流量的构成

1. 从现金流量的性质和流动方向划分

投资项目现金流量包括现金流入量、现金流出量和现金净流量。现金净流量(net cash flow)是现金流入与现金流出的差额。现金净流量可能是正数,也可能是负数。如果是正数,则为净流入;如果是负数,则为净流出。现金净流量反映了企业各类活动形成的现金流量的最终结果,即:企业在一定时期内,现金流入大于现金流出,还是现金流出大于现金流入。现金净流量是现金流量表要反映的一个重要指标。

现金流入量－现金流出量＝现金净流量

2. 从项目投资的生命周期来看

投资项目现金流量包括初始现金流量、营业现金流量和终结现金流量,如图 9－1 所示。

投资项目现金流量＝初始现金流量＋营业现金流量＋终结现金流量

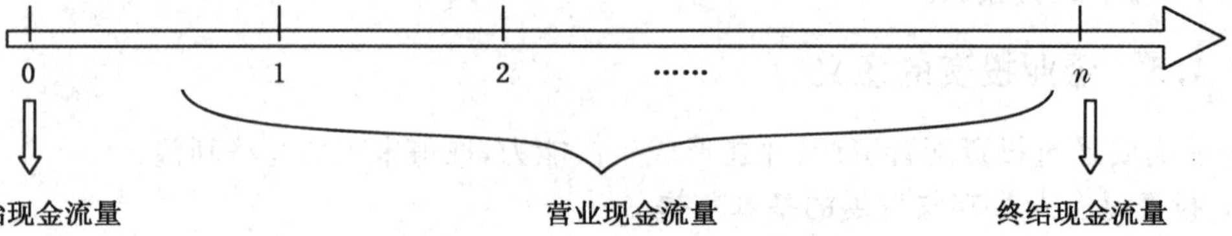

图 9－1 项目现金流量

(1)初始现金流量,是指投资项目在建设期间所发生的现金流量,它通常表现为流出量,但对于一些重置项目(如旧项目的改造等)来说,也会有少许的流入量。主要包括:购建长期资产支出、投资项目报建支出、投资项目管理支出、重建项目中旧项目的变现收入、投产之前垫支的营运资金。

初始现金净流量＝构建长期资产支出＋投资项目报建支出＋投资项目管理支出＋投产之前的营运资金垫支－固定资产的变现收入

(2)营业现金流量,是指项目建成投产后,在正常营业期间发生的现金流量,包括现金流入量、现金流出量和现金净流量。

①营业现金流入量主要是指营业期间取得的营业收入(以全部实行现销政策为假设条件)。

②营业现金流出量是指营业期间发生的付现成本和所得税支出。

付现成本是指在当期营业期间导致现金流出的那些成本费用,比如薪酬支出、购买原材料支出、办公费支出、差旅费支出、水电费支出等。非付现成本是指在当期营业期间不导致现金流出的那些成本费用,比如固定资产折旧、无形资产和其他长期资产摊销等。

③营业现金净流量,是指营业期间产生的现金流入量扣除所发生的现金流出量之后的余额。

营业现金净流量(NCF)＝营业收入－付现成本

或　　营业现金净流量＝营业收入－付现成本－所得税支出

＝净利润＋非付现成本

＝净利润＋折旧

或

NCF＝收入×(1－所得税税率)－付现成本×(1－所得税税率)＋非付现成本×所得税税率

(3)终结现金流量，是指项目经济寿命期终了时产生的现金流量，主要包括：

①长期资产残值出售的税后现金净流量

项目寿命期结束后，假设投资者将固定资产、土地使用权等长期资产出售，所得价款净收入(价款扣除交易费用和不包括所得税在内的相关税费后的余额)如果高于资产的账面价值，需要缴纳所得税。但如果所得价款净收入等于或低于资产的账面价值，则不需缴纳所得税，这时，所得价款净收入就全部构成终结现金净流量。

【例 9—1】 某项目寿命期结束时的长期资产账面价值为100 000元，所得税税率为 25%。试分别确定出售所得价款净收入为100 000元、90 000元、110 000元时的终结现金净流量。

分析：第一，当出售所得价款净收入为100 000元时，由于账面价值也是100 000元，故不需缴纳所得税，终结现金净流量等于100 000元。

第二，当出售所得价款净收入为90 000元时，由于账面价值是100 000元，故不需缴纳所得税，终结现金净流量等于90 000元。

第三，当出售所得价款净收入为110 000元时，由于账面价值是100 000元，故需缴纳所得税为2 500元[(110 000—100 000)×25%]，终结现金净流量为107 500元(110 000—2 500)。

②收回垫支的营运资金所产生的现金流量

项目寿命期结束时，随着商品或劳务的销售完毕，原先垫支的全部营运资金都将悉数收回，从而构成终结现金流量的重要组成部分。

③清算支出所发生的现金流量

项目寿命期结束时要进入清算程序。清算过程中会发生各种支出，如清算人员薪酬、清算办公费、清算差旅费、清算水电费等。

其计算公式如下：

终结期现金净流量＝终结年营业现金净流量＋垫支营运资金收回＋固定资产残值收入

【例 9—2】 A 公司准备购入一台设备以扩充生产能力。现有甲、乙两个方案可供选择。甲方案需投资10 000元，使用寿命为 5 年，采用直线法计提折旧，5 年后设备无残值。5 年中每年销售收入为6 000元，每年的付现成本为2 000元。乙方案需投资12 000元，采用直线折旧法计提折旧，使用寿命也为 5 年，5 年后有残值收入2 000元。5 年中每年的销售收入为8 000元，付现成本第 1 年为3 000元，以后随着设备陈旧，逐年将增加修理费 400 元，另需垫支营运资金3 000元，假设所得税税率为 25%，试计算两个方案的现金流量。

为计算现金流量，必须先计算两个方案每年的折旧额：

甲方案每年折旧额＝10 000/5＝2 000(元)

乙方案每年折旧额＝(12 000—2 000)/5＝2 000(元)

根据上述资料，计算两个方案的现金流量，如表 9—1 所示，然后结合初始现金流量和终结现金流量，编制两个方案的全部现金流量表，如表 9—2 所示。

表 9—1 **投资项目营业现金流量** 单位:元

项　目	第 1 年	第 2 年	第 3 年	第 4 年	第 5 年
甲方案：					
销售收入 ①	6 000	6 000	6 000	6 000	6 000
付现成本 ②	2 000	2 000	2 000	2 000	2 000

续表

项　目	第1年	第2年	第3年	第4年	第5年
折旧(非付现成本)③	2 000	2 000	2 000	2 000	2 000
税前利润 ④=①−②−③	2 000	2 000	2 000	2 000	2 000
所得税 ⑤=④×25%	500	500	500	500	500
税后净利 ⑥=④−⑤	1 500	1 500	1 500	1 500	1 500
营业现金流量 ⑦=①−②−⑤	3 500	3 500	3 500	3 500	3 500
乙方案：					
销售收入 ①	8 000	8 000	8 000	8 000	8 000
付现成本 ②	3 000	3 400	3 800	4 200	4 600
折旧(非付现成本)③	2 000	2 000	2 000	2 000	2 000
税前利润④=①−②−③	3 000	2 600	2 200	1 800	1 400
所得税 ⑤=④×25%	750	650	550	450	350
税后净利 ⑥=④−⑤	2 250	1 950	1 650	1 350	1 050
营业现金流量 ⑦=①−②−⑤	4 250	3 950	3 650	3 350	3 050

表 9—2　　投资项目现金流量计算表　　单位：元

项　目	第0年	第1年	第2年	第3年	第4年	第5年
甲方案：						
固定资产投资	−10 000					
营业现金流量		3 500	3 500	3 500	3 500	3 500
现金流量合计	−10 000	3 500	3 500	3 500	3 500	3 500
乙方案：						
固定资产投资	−12 000					
营运资本垫支	−3 000					
营业净现金流量		4 250	3 950	3 650	3 350	3 050
固定资产残值						2 000
营运资本回收						3 000
现金流量合计	−15 000	4 250	3 950	3 650	3 350	8 050

在表 9—1 和表 9—2 中，$t=0$ 表示第 1 年年初，$t=1$ 表示第 1 年年末，$t=2$ 表示第 2 年年末……在现金流量表中，为了计算简便，一般假定各年投资在年初一次进行，各年营业净现金流量在各年年末一次发生，并假设终结现金流量是最后一年年末发生。

9.2.2　项目现金流量预测中要注意的问题

1. 区分相关成本和不相关成本

相关成本是与特定决策有关的、在分析评价时必须考虑的成本，如：差额成本、机会成本等。机会成本是指在投资决策中，从多种方案中选取最优方案而放弃次优方案丧失的收益。如果企业拥有某项资产，并可以将其出售、租赁或用于经营活动中的其他用途，那么，一旦该项资产被用于某一新项目，企业就丧失了该资产用于其他用途带来的收入，这些丧失的收入应当被看作是新项目的成本。虽然机会成本并不是一种实际的支出和费用，但作为一种潜在的损失，必须认真对待，以便为既定资源寻求最佳使用途径。当考虑机会成本时，往往会使某些看上去有利可图的投资实际上无利可图甚至亏本。

不相关成本是指与特定决策无关的、在分析评价时不加以考虑的成本，和企业当前决策没有关系，如：过去成本、沉没成本等。沉没成本是指过去已经发生，无法由现在或将来的任何决策所能改变的成本。沉没成本常用来和可变成本做比较，可变成本可以改变，沉没成本则不能改变。沉没成本＝设备账面价值－当前市场价值＝(设备原可能价值－历年折旧费)－当前市场价值。某企业在 5 年前购买的机器设备花了 2 万元，现在作报废，有残值收入2 000元或者维修后作价出卖，维修费6 000元，卖9 000元，不论采取哪种决策，都和沉没成本 2 万元没有关系了。

2. 折旧问题

在不考虑所得税情况下，折旧额变化对现金流没有影响，无论企业采取什么样的折旧方式，只改变收益的大小，不会发生现金流量变化。估计现金流量的目的是为了计算项目现金流量的现值，由于不同折旧方式下各年的折旧额也不同，各年税赋结余不同，因此，在不同折旧率一定的情况下，不同折旧模式下的税赋结余现值也不同。

3. 利息费用

利息费用对投资项目的影响主要有两种：一是将这些影响因素视作费用支出，从现金流量中扣除；二是将筹资影响归于现金流量的资金成本中。在实务中通常采取后一种方法。

9.2.3 项目投资的财务评价指标

项目投资决策指标，是对各个可行方案确定量化标准并进行评价和分析，从中选出最优方案的过程。常用的可行性评价指标有净现值 NPV、年金净流量 ANCF、现值指数 PVI、内含报酬率 IRR 和回收期 PP 等指标。围绕这些指标进行评价也产生了净现值法、内含报酬率法、回收期法等评价方法。按是否考虑时间价值分类，又可分为静态评价指标和动态评价指标。考虑时间价值因素的为动态指标，没有考虑时间价值的为静态指标。

1. 净现值(Net Present Value，NPV)

(1)基本原理

净现值是指一个投资项目，未来现金净流量现值和原始投资额现值之间的差额，即：

$$净现值(NPV)＝未来现金净流量现值－初始投资额现值$$

$$NPV=\left[\frac{NCF_1}{(1+K)^1}+\frac{NCF_2}{(1+K)^2}+\cdots+\frac{NCF_n}{(1+K)^n}\right]-C$$

$$=\sum_{t=1}^{n}\frac{NCF_t}{(1+K)^t}-C$$

式中，NPV 表示净现值；NCF 表示第 t 年的净现金流量；K 表示折现率(资本成本率或公司要求的报酬率)；n 表示项目预计使用年限；C 表示初始投资额。

(2)净现值的计算步骤

计算净现值时，要按预定的体现率对投资项目的未来现金流量和初始投资额进行贴现。

预定贴现率是投资者期望的最低投资报酬率。

第一,计算投资方案各年的营业净现金流量,包括流出量和流入量。

第二,设定投资方案的折现率。确定折现率的参考标准可以是:

①以市场利率为标准。资本市场的利率是整个社会投资报酬率的最低水平,可以视为一般最低报酬率要求。

②以投资者希望获得的预期最低投资报酬率为标准。这就考虑了投资项目的风险补偿因素以及通货膨胀因素。

③以社会平均资本成本率为标准。企业投资所需的资金,都或多或少地具有资本成本,企业筹资承担的资本成本率水平给投资项目提出了最低报酬率要求。

第三,按设定的贴现率,分别将各年的现金流出量和流入量折算成现值。

第四,将未来的现金流量现值与投资额现值进行比较:

$NPV>0$ 方案可行;说明投资方案的实际报酬率高于所要求的报酬率。

$NPV=0$ 方案可行;说明投资方案的实际报酬率刚刚达到所要求的报酬率。

$NPV<0$ 方案不可行;说明投资方案的实际报酬率低于所要求的报酬率。

NPV 均>0 净现值最大的方案为最优方案。净现值越大,方案越优。

【例 9—3】 接【例 9—2】,用 A 公司资料(见表 9—1 和表 9—2)来说明净现值的计算。假设资本成本率为 10%。甲方案每年的 NCF 相等,其净现值计算如下:

$NPV_{甲}$ =未来现金流量的总现值-初始投资

$=3\ 500\times PVIFA_{10\%,5}-10\ 000$

$=3\ 500\times 3.791-10\ 000$

$=3\ 268.5$(元)

乙方案每年的 NCF 不相等,其净现值计算如表 9—3 所示。

表 9—3 **乙方案 NPV 计算表** 单位:元

年份 t	各年的 NCF	现值系数	现 值
1	4 250	0.909	3 863.25
2	3 950	0.826	3 262.70
3	3 650	0.751	2 741.15
4	3 350	0.683	2 288.05
5	8 050	0.621	4 999.05
未来现金流量的总现值			17 154.20
减:初始投资			-15 000
净现值			$NPV=2\ 154.20$

由于甲、乙方案的 NPV 均大于 0,所以两方案都可行,但甲方案的 NPV 大于乙方案的 NPV,则甲方案为最优方案。

(3)净现值的优缺点

①净现值的主要优点

第一,适用性强,能基本满足项目年限相同的互斥投资方案的决策。如有 A、B 两个项目,资本成本率为 10%,A 项目投资 50 000 元可获净现值 10 000 元,B 项目投资 20 000 元可获净现值 8 000 元。尽管 A 项目投资额大,但在计算净现值时已经考虑了实施该项目所承担的还本付息负担,因此,净现值大的 A 项目优于 B 项目。

第二,能灵活地考虑投资风险。净现值法在所设定的贴现率中包含投资风险报酬率要求,就能有效地考虑投资风险。例如,某投资项目期限 15 年,资本成本率 18%,由于投资项目时间长,风险高,所以投资者认定,在投资项目的有效使用期限 15 年中第一个五年期内以 18% 折现,第二个五年期内以 20%折现,第三个五年期内以 25%折现,以此来体现投资风险。

②净现值的缺陷

第一,所采用的贴现率不易确定。如果两方案采用不同的贴现率贴现,采用净现值法不能够得出正确结论。同一方案中,如果要考虑投资风险,要求的风险报酬率不易确定。

第二,不适于独立投资方案的比较决策。独立投资方案是指两个以上投资项目互不依赖,可以同时并存。在独立投资方案比较中,尽管某项目净现值大于其他项目,但所需投资额大,获利能力可能低于其他项目,而该项目与其他项目又是非互斥的,因此只凭净现值大小无法决策。

第三,净现值有时也不能对寿命期不同的互斥投资方案进行直接决策。某项目尽管净现值小,但其寿命期短;另一项目尽管净现值大,但它是较长的寿命期内取得的。两项目由于寿命期不同,因而净现值是不可比的。要采用净现值法对寿命期不同的投资方案进行决策,需要将各方案均转化为相等寿命期进行比较。

2. 年金净流量(ANCF)

(1)基本概念

表 9—4　　年金净流量基本概念

含　义	项目期间内全部现金净流量的总现值或总终值折算为等额年金的平均现金净流量,称为年金净流量(Annual NCF)。
计算公式	年金净流量=现金净流量总现值/年金现值系数 =现金净流量总终值/年金终值系数
决策原则	①年金净流量指标的结果大于零,说明投资项目的净现值(或净终值)大于零,方案的报酬率大于所要求的报酬率,方案可行。 ②在两个以上寿命期不同的投资方案比较时,年金净流量越大,方案越好。
评价	年金净流量法是净现值法的辅助方法,在各方案寿命期相同时,实质上就是净现值法。因此它适用于期限不同的投资方案决策。

【例 9—4】 甲、乙两个投资方案,甲方案需一次性投资10 000元,可用 8 年,残值2 000元,每年取得净利润3 500元,乙方案需一次性投资10 000元,可用 5 年,无残值,第一年获利3 000元,以后每年递增 10%,如果资本成本率为 10%,应采用哪种方案?

两项目使用年限不同,净现值不可比,要考虑两项目的 ANCF。

甲方案每年 NCF=3 500+(10 000−2 000)/8=4 500(元)

甲方案净现值=4 500×5.335+2 000×0.467−10 000=14 941.50(元)

乙方案各年 NCF:

第一年=3 000+10 000/5=5 000(元)

第二年=3 000×(1+10%)+10 000/5=5 300(元)

第三年=3 000×(1+10%)^2+10 000/5=5 630(元)

第四年=3 000×(1+10%)^3+10 000/5=5 993(元)

第五年=3 000×(1+10%)^4+10 000/5=6 392.30(元)

乙方案净现值＝5 000×0.909＋5 300×0.826＋5 630×0.751＋5 993×0.683＋6 392.30×0.621－10 000
＝11 213.77(元)

甲方案年金净流量＝14 941.50/$(P/A,10\%,8)$＝2 801(元)

乙方案年金净流量＝11 213.77/$(P/A,10\%,5)$＝2 958(元)

尽管甲方案净现值大于乙方案,但它是8年内取得的。而乙方案年金净流量高于甲方案,如果按8年计算可取得15 780.93元(2 958×5.335)的净现值,高于甲方案。因此,乙方案优于甲方案。本例中,用终值进行计算也可得出同样的结果。

(2)年金现值法(ANCF)优缺点

①优点:适用于期限不同的投资方案决策(与净现值的区别)。

②缺点:所采用的贴现率不易确定、不便于对原始投资额不相等的独立投资方案进行决策(与净现值一样)。

【提示】ANCF属于净现值法的辅助方法,在各方案寿命期相同时,实质上就是净现值法。

3. 现值指数(PVI)

现值指数(present value index,PVI)又称获利指数或利润指数,是投资项目未来现金净流量现值与原始投资额现值之比。

$$PVI=\left[\frac{NCF_1}{(1+K)^1}+\frac{NCF_2}{(1+K)^2}+\cdots+\frac{NCF_n}{(1+K)^n}\right]/C$$

即

$$PVI=\frac{\text{未来现金流量的总现值}}{\text{初始投资额现值}}$$

若投资是多期完成的,则计算公式为:

$$PVI=\frac{\text{未来现金流入的总现值}}{\text{现金流出的总现值}}$$

决策原则:①若现值指数大于或等于1,方案可行,说明方案实施后的投资报酬率高于或等于预期报酬率;②若现值指数小于1,方案不可行,说明方案实施后的投资报酬率低于预期报酬率;③现值指数越大,方案越好。

【例9—5】 有两个独立投资方案,有关资料如表9—5所示。

表9—5　净现值计算表　单位:元

项　目	方案A	方案B
原始投资额现值	30 000	3 000
未来现金净流量现值	31 500	4 200
净现值	1 500	1 200

从净现值的绝对数来看,方案A大于方案B,似乎应采用方案A;但从投资额来看,方案A的投资额现值大大超过了方案B。所以,在这种情况下,如果仅用净现值来判断方案的优劣,就难以做出正确的比较和评价。按现值指数法计算:

A方案现值指数＝31 500/30 000＝1.05

B方案现值指数＝4 200/3 000＝1.40

计算结果表明,方案B的现值指数大于方案A,应当选择方案B。

现值指数法也是净现值法的辅助方法,在各方案原始投资额现值相同时,实质上就是净现值法。由于现值指数是未来现金净流量现值与所需原始投资额现值之比，是个相对数指标，反映了投资效率，所以，用现值指数来评价独立投资方案，可以克服净现值指标不便于对原始投资额现值不同的独立投资方案进行比较和评价的缺点。指标间的关系如图 9－2 所示。

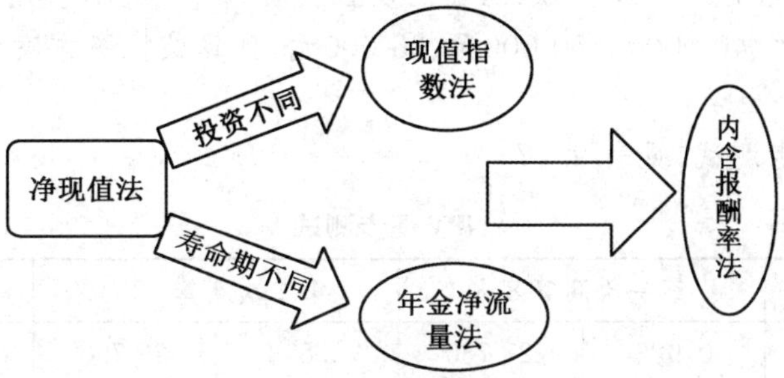

图 9－2　指标间的关系

4. 内含报酬率(IRR)

内含报酬率(internal rate of return，IRR)，是指能够使未来现金流入现值等于未来现金流出现值的贴现率，或者说是使投资方案净现值为零的贴现率。内含报酬率法是根据方案本身内含报酬率来评价方案优劣的一种方法。内含报酬率大于资金成本率则方案可行，且内含报酬率越高方案越优。

(1)决策原则(表 9－6)

表 9－6　内含报酬率决策原则

净现值符号	意　义	是否采纳项目
正数	投资报酬率大于最低投资报酬率	可增加股东财富，应予采纳
零	投资报酬率等于最低投资报酬率	不改变股东财富，应予采纳
负数	投资报酬率小于最低投资报酬率	项目将减损股东财富，应予放弃

当净现值为零时，说明方案的投资报酬刚好达到所要求的投资报酬。所以，①净现值的经济含义是投资方案报酬超过基本报酬(投资人要求的最低投资报酬率)后的剩余收益。②年金净流量的本质是各年现金流量中的超额投资报酬额。③现值指数大于或等于 1，说明方案实施后的投资报酬率高于或等于预期报酬率；现值指数越大，方案越好。

根据这个原理内含报酬率就是要计算出净现值等于零时的贴现率，这个贴现率就是投资方案实际可能达到的投资报酬率。

(2)内含报酬率的计算

①每年的现金流量 NCF 不相等

如果投资方案的未来每年 NCF 不相等，各年现金净流量的分布就不是年金形式，不能采用直接查年金现值系数表的方法计算 IRR，而需要采用逐步测试法。

第一步，先预估一个折现率，并按此折现率计算净现值。如果计算出的净现值为正数(＞0)，表示预估的折现率小于该项目的实际 IRR，应该提高折现率，再进行测算；如果计算出的净现值为负数(＜0)，表明预估的折现率大于该方案的实际 IRR，应降低折现率，再进行计算。经过如此反复测算，找到净现值由正到负并且比较接近于零的两个折现率。

第二步，根据上述两个邻近的折现率用插值法，计算出方案的实际 *IRR*。

简单来说，即为：首先通过逐步测试找到使净现值一个大于 0，一个小于 0 的，并且最接近的两个折现率，然后通过内插法求出内含报酬率。

【例 9—6】 甲公司有一项投资方案，需一次性投资120 000元，使用年限为 4 年，每年现金流入量分别为30 000元、40 000元、50 000元、35 000元，计算该投资方案的内含报酬率，并评价该方案是否可行。

第一步：NPV 逐步测试，见表 9—7。

表 9—7 **NPV 逐步测试** 单位：元

年份	每年 NCF	第一次测算 8%		第二次测算 12%		第三次测算 10%	
1	30 000	0.926	27 780	0.893	26 790	0.909	27 270
2	40 000	0.857	34 280	0.797	31 880	0.826	33 040
3	50 000	0.794	39 700	0.712	35 600	0.751	37 550
4	35 000	0.735	25 725	0.636	22 260	0.683	23 905
未来现金净流量现值合计			127 485		116 530		121 765
减：原始投资额现值			120 000		120 000		120 000
净现值			7 485		−3 470		1 765

第二步：运用内插法，

$$\frac{IRR-10\%}{12\%-10\%}=\frac{0-1\ 765}{-3\ 470-1\ 765}$$

求得：$IRR=10.67\%$

②每年现金净流量 NCF 相等（属于特殊情形）

$$每年现金净流量\times年金现值系数-投资额现值=0$$

或

$$年金现值系数=\frac{初始投资额现值}{每年\ NCF}$$

计算出净现值为零时的年金现值系数后，通过查年金现值系数表，即可找出相应的贴现率 i，该贴现率就是方案的内含报酬率。

【例 9—7】 某企业拟购入一台新型设备，购价为 160 万元，使用年限 10 年，无残值。该方案的最低投资报酬率要求 12%（以此作为贴现率）。使用新设备后，估计每年产生现金净流量 30 万元，如图 9—3 所示。

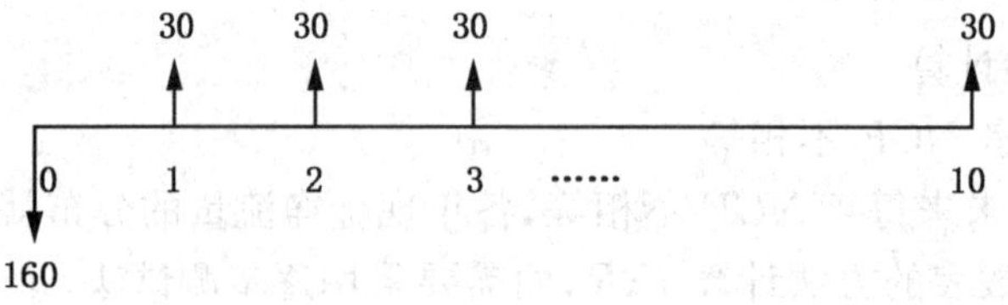

图 9—3

要求：用内含报酬率指标评价该项目是否可行？

$30\times(P/A,i,10)=160,(P/A,i,10)=160/30=5.3333$

已知 $n=10$，利率 12%，*IRR*14%，对应系数为 5.650 2、5.333 3、5.216 1，采用内插法，可得：$\frac{IRR-12\%}{14\%-12\%}=\frac{5.3333-5.6502}{5.2161-5.6502}$，$IRR=13.46\%$。

该方案的内含报酬率为 13.46%，高于最低投资报酬率 12%，方案可行。

提示：某一方案原始投资额低，净现值小，但内含报酬率可能较高；而另一方案原始投资额高，净现值大，但内含报酬率可能较低。

(3)对内含报酬率法的评价

①内含报酬率法的主要优点

内含报酬率反映了投资项目可能达到的报酬率，易于被高层决策人员所理解。对于独立投资方案的比较决策，如果各方案原始投资额现值不同，可以通过计算各方案的内含报酬率，并与现值指数法结合，反映各独立投资方案的获利水平。

②内含报酬率法的主要缺点

计算复杂，不易直接考虑投资风险大小。在互斥投资方案决策时，如果各方案的原始投资额现值不相等，有时无法做出正确的决策。

5. 投资回收期(PP)

回收期(payback period，PP)，是指投资项目的未来现金净流量与原始投资额相等时所经历的时间，即原始投资额通过未来现金流量回收所需要的时间或收回投资所需的年限。回收期越短，方案越有利。

(1)静态回收期

静态回收期没有考虑货币时间价值，直接用未来现金净流量累积到原始投资数额时所经历的时间作为回收期。

①每年现金净流量相等。

$$静态回收期=原始投资额/NCF$$

【例 9—8】 某企业准备从 A、B 两种设备中选购一种设备。A 设备购价为35 000元，投入使用后，每年现金流量为7 000元；B 设备购价为36 000元，投入使用后，每年现金流量为8 000元。

要求：用静态回收期指标决策该企业应选购哪种设备？

A 设备回收期＝35 000/7 000＝5(年)

B 设备回收期＝36 000/8 000＝4.5(年)

计算结果表明，B 设备的回收期比 A 设备短，该企业应选择 B 设备。

②每年现金净流量不相等：根据累计现金流量来确定回收期，或每年年末尚未回收的投资额加以确定。

设 M 是收回原始投资的前一年，则

$$静态回收期=M+\frac{第M年的尚未回收额}{第M+1年的现金净流量}$$

【例 9—9】 天天公司有一投资项目，需投资 150 000 元，使用年限为 5 年，每年的现金流量不相等，资本成本率为 5%，有关资料如表 9—8 所示。要求：计算该投资项目的回收期。

表 9—8　　天天公司项目现金流量表　　单位:元

年份	现金净流量	累计净流量	净流量现值	累计现值
1	30 000	30 000	28 560	28 560
2	35 000	65 000	31 745	60 350
3	60 000	125 000	51 840	112 145
4	50 000	175 000	41 150	153 295
5	40 000	215 000	31 360	184 655

静态回收期=3+(150 000−125 000)/50 000=3.5(年)

(2)动态回收期

动态回收期需要将投资引起的未来现金净流量进行贴现,考虑的货币时间价值的回收期,是以未来现金净流量的现值等于原始投资额现值时所经历的时间为回收期。

①每年现金净流入量相等。

$$(P/A,i,n)=\text{原始投资额现值}/\text{每年现金净流量}$$

再查年金现值系数表,利用插值法计算。

【例 9—10】 某企业计划投资一个项目,初始投资额为 100 万元,年折旧率为 10%,无残值,项目寿命期 10 年,预计项目每年可获净利 15 万元,公司资本成本率为 8%,计算该项目动态投资回收期。

经营现金流量=净利润+折旧=15+100×10%=25

$25\times(P/A,8\%,N)-100=0$

$(P/A,8\%,N)=4$

$$\frac{N-5}{6-5}=\frac{4-3.9927}{4.6229-3.9927}$$

$N=5.01$(年)

②每年现金净流量不相等,要把每年的现金净流量逐一贴现并加总,根据累计现金流量现值来确定回收期。

设 M 是收回原始投资的前一年,则:

$$\text{投资回收期}=M+\frac{\text{第 }M\text{ 年的尚未回收额现值}}{\text{第 }M+1\text{ 年的现金净流量现值}}$$

【例 9—11】 接【例 9—9】计算天天公司投资项目的动态回收期。

动态回收期=3+(150 000−112 145)/41 150=3.92(年)

静态回收期和动态回收期还有一个共同局限,就是它们计算回收期时只考虑了未来现金净流量小于和等于原始投资额的部分,没有考虑超过原始投资额的部分。显然,回收期长的项目,其超过原始投资额的现金流量并不一定比回收期短的项目少。

(3)差额投资回收期

差额投资回收期指的是用年成本的节约额,逐年回收因投资增加所需要的年限。比较方案必须是都能满足相同的需求,且不计利息的条件下,用投资额大的方案比投资额小的方案所节约的经营成本,来回收差额投资所需的期限。

差额投资法用于几个都能满足相同需要,但要求在这些方案中选优时进行比较。前提是各方案要满足可比要求。简单地说，就是两方案的投资差额比上两方案的年经营差额，算出来的是投资差额的回收期。当两个比较方案年产量不同时，以单位产品的投资费用和经营费用来计算差额投资回收期，也就是每个费用均除以相关的产量，再行计算。特别是当有多个方案进行比较选优时，首先要将其排序，以投资总额从小到大排列，再两两比较选优。

最后，差额投资回收期法只能用来衡量方案之间的相对经济性，不能反映方案自身的经济效益。

9.3　项目投资决策指标的应用

项目投资是一种以特定项目为对象，直接与新建项目或更新改造项目有关的长期投资行为。与其他形式的投资相比，项目投资具有投资内容独特(每个项目都至少涉及一项固定资产投资)、投资数额多、影响时间长(至少一年或一个营业周期以上)、发生频率低、变现能力差和投资风险大的特点。

从决策的角度看，可把投资分为采纳与否投资和互斥选择投资。采纳与否投资是指决定是否投资于某一独立项目的决策。在两个或两个以上的项目中，只能选择其中之一的决策叫作互斥选择投资决策。

项目投资按其涉及内容还可进一步细分为单纯固定资产投资和完整工业投资项目。单纯固定资产投资项目特点在于：在投资中只包括为取得固定资产而发生的垫支资本投入而不涉及周转资本的投入；完整工业投资项目则不仅包括固定资产投资，而且还涉及流动资金投资，甚至包括其他长期资产项目(如无形资产、长期待摊费用等)的投资。

9.3.1　独立投资方案的决策

独立投资方案又称单一方案，是指两个或两个以上的项目互不依赖，可以同时并存，各方案的决策也是独立的。投资方案完全互相独立、互不排斥的一个或一组方案。在方案决策过程中，选择或拒绝某一独立方案与其他方案的选择毫无关系。独立投资方案的决策属于筛分决策，评价各方案本身是否可行，方案本身是否达到某种预期的可行性标准。独立投资方案之间比较时，决策要解决的问题是如何确定各种可行方案的投资顺序，即各独立方案之间的优先次序。排序分析时，以各独立方案的获利程度作为评价标准，一般采用内含报酬率法进行比较决策。

更严格地讲，独立方案的定义是：若方案间加法法则成立，则这些方案是彼此独立的。例如，现有 A、B 两个方案(假设投资期为一年)，仅向 A 方案投资，其投资额为 200 万元，收益为 260 万元；仅向 B 方案投资时，投资额为 300 万元，收益为 375 万元。若以 500 万元同时向两个方案投资，收益正好为 635 万元，则说明这两个方案间加法法则成立，即 A、B 两个方案是相互独立的。

【例 9—12】　某企业有足够的资金准备投资于三个独立投资项目 A、B、C，相关资料如表 9—9 所示。

表 9—9 **独立投资方案指标分析** 单位：万元

项　目	A	B	C
初始投资额	10 000	20 000	20 000
期限	6	6	9
NPV	5 200	6 600	8 000
PVI	1.6	1.4	1.5
IRR	30%	25%	23%
ANCF	1 400	1 700	1 600

将以上三个方案的各决策指标从 *NPV*、*PVI*、*IRR*、*ANCF* 进行比较，得出表9—10。

表 9—10 **独立投资方案比较**

NPV	C>B>A
PVI	A>C>B
IRR	A>B>C
ANCF	B>C>A

从以上两表可以看出，在独立投资方案比较性决策时，*IRR* 指标综合反映了各方案的获利程度，在各种情况下的决策结论都是正确的。该例中的投资顺序应该是 A、B、C。PVI 指标也反映了方案的获利程度，除了期限不同，其结论也是正确的，但在项目的原始投资额相同而期限不同的情况下(如 B、C 比较)*PVI* 实质上就是 *NPV* 的表达形式，至于 *NPV* 和 *ANCF*，它们反映各方案的获利数额，要结合 *IRR* 进行分析决策。

9.3.2　互斥投资方案的决策

互斥投资方案，方案之间互相排斥，不能并存，因此决策的实质在于选择最优方案，属于选择决策。选择决策要解决的问题是应该淘汰哪个方案，即选择最优方案。从选定经济效益最大的要求出发，互斥决策以方案的获利数额作为评价标准。对于多个互斥方案的比较，根据项目计算的互斥方案是否相同，分别采取不同的方法做出正确的决策。

1. 项目的寿命期相等

(1)净现值法

事实上，互斥方案的选优决策，各方案本身都是可行的，均有正的净现值，表明各方案均收回了原始投资，并有超额报酬。进一步在互斥方案中选优，方案的获利数额(获利指数)作为选优的评价标准。在项目的寿命期相等时，不论方案的原始投资额大小如何，能够获得更大的获利数额，即为最优方案。所以，在互斥投资方案的选优决策中，原始投资额的大小并不影响决策的结论，无须考虑原始投资额是否相同。

在项目计算期相同且原始投资也相同时，也可以直接根据各项目的净现值率(*NPVR*)或获利指数(*PI*)进行互斥方案的决策。

$$NPVR=\frac{\text{净现值}(NPV)}{\text{原始投资额现值}}$$

$$PI=\frac{投产后各年净现金流量的现值合计}{原始投资额的现值合计}$$

【例 9—13】 现有两个互斥项目 X 和 Y，资本成本率为 8%，各年净现金流量以及净现值、内含报酬率如表 9—11 所示。

表 9—11　　**X、Y 项目现金流量决策指标**　　单位：元

项　目	NCF_0	NCF_1	NCF_2	NCF_3	i	IRR	NPV
X	－10 000	8 000	4 000	960	8%	20%	1 599
Y	－10 000	1 000	4 544	9 676	8%	18%	2 503

X、Y 项目净现值率和获利指数计算如下：

$NPVR_x=1\,599\div10\,000=0.16$

$PI_y=1+0.16=1.16$

$NPVR_Y=2\,503\div10\,000=0.25$

$PI_y=1+0.25=1.25$

根据净现值法和获利指数都选择 Y 项目，这与净现值法的结论相同。

(2)差量分析法

当项目寿命期相同而原始投资额不同时，运用差量分析法决策。根据两个方案的净现金流量计算出差量净现金流量，再根据差量净现金流量计算出差额净现值 ΔNPV 或者差额内含报酬率 ΔIRR，并据此判断方案优劣的方法。根据决策所用差额指标的不同，差量分析法可以分为差额净现值法和差额内含报酬率法。

在计算差量净现金流量时，用投资大的方案减投资小的方案。ΔNPV 和 ΔIRR 的计算方法与 NPV 和 IRR 的计算方法完全相同，只不过是根据两个方案的差量净现金流量计算的。

ΔNPV 的决策规则是，当 ΔNPV 大于或等于零时，原始投资额大的方案较优；反之，原始投资额小的方案较优。

ΔIRR 的决策规则是，当 ΔIRR 大于或等于设定的折现率时，原始投资额大的方案较优；反之，原始投资额小的方案较优。

【例 9—14】 甲企业现有两个互斥投资项目 A 和 B，项目计算期均为 3 年，两个项目的净现金流量如表 9—12 所示。企业要求的最低报酬率为 10%，运用差量分析法决策如下。

表 9—12　　**A、B 项目的净现金流量**　　单位：元

项　目	NCF_0	NCF_1	NCF_2	NCF_3
A	－15 000	7 000	6 000	5 500
B	－10 000	3 000	5 500	4 200

根据表 9—12，两个项目的差量净现金流量如表 9—13 所示。

表 9—13　　**A、B 项目的差量净现金流量**　　单位：元

项　目	ΔNCF_0	ΔNCF_1	ΔNCF_2	ΔNCF_3
A—B	5 000	4 000	500	1 300

根据表 9—13，可以计算出 A 项目和 B 项目的 NPV、IRR 分别为：

NPV_A=454.55(元)，NPV_B=428.25(元)，IRR_A=11.79%，IRR_B=12.29%。

根据表 9—13，可以计算出两个项目的 ΔNPV、ΔIRR：

ΔNPV=26.30(元)，ΔIRR=10.39%

由于差额净现值 26.30 大于零，或者由于差额内含报酬率 10.39%大于企业要求的最低报酬率 10%，应选择投资额大的 A 项目。其决策结果与净现值法相同。

注意，ΔNPV 等于两个项目净现值的差额，但 ΔIRR 并不是两个项目内涵报酬率的差额。

2. 项目的寿命期不相等

当互斥方案的项目计算期不同时，不能直接用净现值等指标决策，也不宜采用差量分析法，常用的决策方法是年均净回收额法。年均净回收额法，是根据所有投资方案的年均净回收额的大小来选择最优方案的决策方法，年均净值回收额最大的方案为最优方案。

年均净回收额又称年均净现值，实际上是将一个项目的净现值以普通年金的形式分摊到项目计算期的每年年末。

$$ANPV=NPV\times(A/P,i,n)=NPV\div(P/A,i,n)$$

$ANPV$ 表示年均净回收额(年均净现值)；NPV 表示净现值，i 表示设定的折现率，n 表示项目寿命期。

【例 9—15】 某企业的 C 方案和 D 方案的寿命期分别为 3 年、4 年，设定的折现率为 10%，各年净现金流量如表 9—14 所示。

表 9—14 **C 和 D 方案的净现金流量** 单位：万元

项目寿命期	0	1	2	3	4
C 的 NCF_t	−150	60	70	80	—
D 的 NCF_t	−100	40	40	40	40

①计算 C 和 D 方案的 NPV

$$NPV_C=-150+60\times(P/F,10\%,1)+70\times(P/F,10\%,2)+80\times(P/F,10\%,3)$$
$$=22.50(万元)$$

$$NPV_D=-100+40\times(P/A,10\%,4)=26.80(万元)$$

②计算两个方案的 $ANPV$

$$ANPV_C=22.50\div(P/A,10\%,3)=9.05(万元)$$

$$ANPV_D=26.80\div(P/A,10\%,4)=8.45(万元)$$

由于 C 方案年均净回收额 9.05 万元大于 D 方案年均净回收额 8.45 万元，所以 C 方案为最优方案。

9.3.3 固定资产更新决策

对于企业而言，面临的最大挑战就是固定资产投资决策，如购买新的生产线，或投资大型项目。这类固定资产决策周期长，约束了财务资源，一旦将资金投出，再进行资金变更将是非常困难的事情。固定资产更新决策属于互斥投资方案的决策类型。因此固定资产更新决策方法是净现值法和年金净流量法，一般不采用内涵报酬率法。

1. 寿命期相同的设备重置决策

替换重置方案中，所发生的现金流量主要是现金流出量。确定旧设备相关现金流量应注意的问题:旧设备的初始投资额应以其变现价值考虑;设备的使用年限应按尚可使用年限计算。

一般来说,用新设备来替换旧设备如果不改变企业的生产能力,就不会增加企业的营业收入,即使有少量的残值变价收入,也不是实质性收入增加。因此,大部分以旧换新进行的设备重置都属于替换重置。在替换重置方案中,所发生的现金流量主要是现金流出量。如果购入的新设备性能提高,扩大了企业的生产能力,这种设备重置属于扩建重置。

【例 9—16】 甲公司现有一台旧机床是三年前购进的,目前准备用一新机床替换。该公司所得税率 40%,资本成本率为 10%,其他资料如表 9—15 所示。

表 9—15　　甲公司新旧设备资料　　单位:元

项　目	旧设备	新设备
原价	84 000	76 500
税法残值	4 000	4 500
税法使用年限	8 年	6 年
已使用年限	3 年	0 年
尚可使用年限	6 年	6 年
垫支营运资金	10 000	11 000
大修理支出	18 000(第 2 年年末)	9 000(第 4 年年末)
每年折旧费(直线法)	10 000	12 000
每年营运成本	13 000	7 000
目前变现价值	40 000	76 500
最终报废残值	5 500	6 000

本例中,两机床的使用年限均为 6 年,可采用净现值法决策。将两个方案的有关现金流量资料整理后,列出分析表,表 9—16 和 9—17,在两个方案营业收入一致的情况下,新设备现金流出总值为79 309.2元,旧设备现金流出总现值为74 907.3元。因此,继续使用旧设备比较经济。

表 9—16　　保留旧机床方案　　单位:元

项　目	现金流量	年份	现值系数	现值
每年营运成本	13 000×(1−40%)=−7 800	1～6	4.355	−33 969
每年折旧抵税	10 000×40%=4 000	1～5	3.791	15 164
大修理费	18 000×(1−40%)=−10 800	2	0.826	−8 920.8
残值变价收入	5 500	6	0.565	3 107.5
净残值收益纳税	(5 500−4 000)×40%=−600	6	0.565	−339
营运资金收回	10 000	6	0.565	5 650
目前变价收入	−40 000	0	1	−40 000
变现净损失减税	(40 000−54 000)×40%=−5 600	0	1	−5 600

续表

项　目	现金流量	年份	现值系数	现值
垫支营运资金	－10 000	0	1	－10 000
净现值				－74 907.3

注：表中"－"号表示现金流出。

表 9－17　　购买新机床方案　　单位：元

项　目	现金流量	年份	现值系数	现值
设备投资	－76 500	0	1	－76 500
垫支营运资金	－11 000	0	1	－11 000
每年营运成本	7 000×(1－40%)＝4 200	1～6	4.355	－18 291
每年折旧抵税	12 000×40%＝4 800	1～6	4.355	20 904
大修理费	9 000×(1－40%)＝－5 400	4	0.683	－3 688.2
残值变现收入	6 000	6	0.565	3 390
残值净收益纳税	(6 000－4 500)×40%＝－600	6	0.565	－339
营运资金收回	11 000	6	0.565	6 215
净现值				－79 309.2

注：表中"－"号表示现金流出。

注意：(1)两机床使用年限相等，均为 6 年，如果年限不等，不能用净现值法决策。另外，新机床购入后，并未扩大企业营业收入。(2)垫支营运资金时，尽管现金流出，但不是本期成本费用，不存在纳税调整问题。营运资金收回时，按存货等资产账面价值出售，无出售净收益，也不存在纳税调整问题。如果营运资金收回时，存货等资产变价收入与账面价值不一致，需要进行纳税调整。

2. 寿命期不同的设备重置决策

寿命期不同的设备重置方案，用净现值指标可能无法得出正确的决策结果，应当采用年金净流量法决策。寿命期不同的设备重置方案，在决策时有如下特点：

(1)扩建重置的设备更新后会引起营业现金流入与流出的变动，应考虑年金净流量最大的方案。替换重置的设备更新一般不改变生产能力，营业现金流入不会增加，只需比较各方案的年金流出量即可，年金流出量最小的方案最优。

$$\text{年金净流量}=\frac{\text{净现值}}{(P/A,i,n)}$$

(2)如果不考虑各方案的营业现金流入量变动，只比较各方案的现金流出量，按年金净流量原理计算的等额年金流出量为年金成本。替换重置方案的决策标准，是要求年金成本最低。扩建重置方案所增加或减少的营业现金流入也可以作为现金流出量的抵减，并据此比较各方案的年金成本。

(3)设备重置方案运用年金成本方式决策时，应考虑的现金流量主要有：①新旧设备目前的市场价值。②新旧价值残值变价收入。③新旧设备的年营运成本，即年付现成本。

(4)年金成本可在特定条件下(无所得税因素、每年营运成本相等)，按以下公式计算：

$$年金成本=\frac{\sum(各项目现金净流出现值)}{年金现值系数}$$

【例 9—17】　光明公司现有旧设备一台，由于节能减排的需要，准备予以更新。当期贴现率为 15%，假设不考虑所得税因素的影响，其他有关资料见表 9—18。

表 9—18　**光明公司新旧设备资料**　单位：元

项　目	旧设备	新设备
原价	35 000	36 000
预计使用年限	10 年	10 年
已经使用年限	4 年	0 年
税法残值	5 000	4 000
最终报废残值	3 500	4 200
目前变现价值	10 000	36 000
每年折旧费(直线法)	3 000	3 200
每年营运成本	10 500	8 000

由于两个设备的尚可使用年限不同，因此要比较各方案的年金成本，按不同方式计算：

(1)继续使用旧设备现金净流量：

①初始现金净流量＝－原始投资额

＝－[变现价值＋变现损失抵税(或－变现收益纳税)]＝－10 000

②营业现金净流量＝税后收入－税后付现成本＋折旧抵税＝－10 500

③终结回收现金流量＝最终残值＋残值净损失抵税

(或－残值净收益纳税) ＝3 500

旧设备年金净流量＝净现值/年金现值系数

$=-[-10\ 000-10\ 500\times(P/A,15\%,6)+3\ 500\times(P/F,15\%,6)]/(P/A,15\%,6)$

＝－12 742.76(元)

旧设备年金成本＝－旧设备年金净流量＝12 742.76(元)

(2)购置新设备现金流量：

①初始现金净流量＝－原始投资额－36 000

②营业现金净流量＝税后收入－税后付现成本＋折旧抵税－8 000

③终结回收现金流量＝最终残值＋残值净损失抵税(或－残值净收益纳税)＝4 200

新设备年金净流量$=[-36\ 000-8\ 000\times(P/A,15\%,10)+4\ 200\times(P/F,15\%,10)]/(P/A,15\%,10)$

＝－14 965.92(元)

新设备年金成本＝14 965.92(元)

因为旧设备的年金成本低，所以应当继续使用旧设备。

【例 9—18】　【例 9—17】中，假定企业所得税率为 40%，则应考虑所得税对现金流量的影响。

(1)继续使用旧设备现金净流量：

①初始现金净流量＝－原始投资额

＝－[变现价值＋变现损失抵税(或－变现收益纳税)]

＝－(10 000＋13 000×40%)＝－15 200(元)

②营业现金净流量＝税后收入－税后付现成本＋折旧抵税

＝10 500×(1－40%)＋3 000×40%＝－5 100(元)

③终结回收现金流量＝最终残值＋残值净损失抵税(或－残值净收益纳税)

＝3 500＋(5 000－3 500)×40%＝4 100(元)

④旧设备年金净流量＝[－15 200－5 100×(P/A,15%,6)＋4 100×(P/F,15%,6)](P/A,15%,6)

＝－8 648.4(元)

旧设备年金成本＝－旧设备年金净流量＝8 648.4(元)

(2)购置新设备现金流量：

①初始现金净流量＝－原始投资额＝－买价＝－36 000(元)

②营业现金净流量＝税后收入－税后付现成本＋折旧抵税

＝8 000×(1－40%)＋3 200×40%＝3 520(元)

③终结回收现金流量＝最终残值＋残值净损失抵税(或－残值净收益纳税)

＝4 200－(4 200－4 000)×40%＝4 120(元)

新设备年金净流量＝[36 000－3 520×(P/A,15%,10)＋4 120×(P/F,15%,10)]/(P/A,15%,10)

＝－10 489.86(元)

9.4 风险性投资决策分析

项目投资决策是建立在对未来现金流量所作预测与判断基础之上，由于影响投资项目现金流量各种因素的未来变化带有不确定性，加上预测方法和条件的局限性，使实际值与预期值可能会有偏差，因而不同程度地存在着风险，需要通过一定的方法对可能包含的风险程度进行估量。考虑了影响投资项目的不确定性因素的投资决策叫作风险投资决策，又称不确定性投资决策。

9.4.1 项目投资的风险与不确定性分析

决策的情形可以分为三种，确定性、不确定性和风险。确定性是指决策者充分掌握了对投资决策产生影响的所有因素的信息，其结果通常是唯一确定的。不确定性是指决策者并未充分掌握影响投资决策的各种因素的信息，其结果不是唯一的。风险介于不确定性与确定性之间。它与不确定性的区别是，在不确定性决策的情况下，各种可能结果发生的概率是未知的，而在风险决策的情况下，各种可能结果发生的概率是已知的或者是可测定的。

1921年，美国经济学家奈特在其《风险、不确定性和利润》中提到，风险是可测定的不确定性，而不可测定的不确定性才是真正的不确定性。风险与不确定性广泛存在于社会经济活动中，投资项目也不例外。尽管在项目前期工作中已经对项目的可行性进行了详细的分析和研究，但是可行性研究往往基于一系列假设条件。一些重要数据是通过预测和估算得到的，未来环境的变化、预测方法的局限以及各种工作条件的约束，使得项目实施后的实际结果可能会在一定程度上偏离决策预期，导致项目的预期经济效益无法实现。因此，决策者通常要对风险因素和不确定性因素进行决策，对项目进行风险分析和不确定性分析非常必要。

风险分析的方法主要有决策树分析和蒙特卡洛模拟等。不确定性分析的方法主要有敏感性分析和盈亏平衡(临界点)分析。本节内容主要涉及投资项目风险的两种处置方法：风险调整折现率法和风险调整现金流量法。根据净现值公式，风险调整折现率法通过扩大净现值模型的分母，使净现值减小；风险调整现金流量法通过缩小净现值模型的分子，使净现值减小。

9.4.2　风险调整折现率法

将与特定投资项目有关的风险报酬加入资本成本或公司要求的报酬率中，构成按风险调整的折现率，以此进行投资决策分析的方法，叫作风险调整折现率法。

1. 用资本资产定价模型来调整折现率

在前面章节，我们在讨论资本资产定价模型(CAPM)时曾指出，证券的风险可分为两部分：可分散风险和不可分散风险。不可分散风险由 β 值来测量，而可分散风险属于公司特别风险，可以通过合理的证券投资组合来消除。

在进行项目投资的资本预算时，可以引入与证券总风险模型大致相同的模型——企业总资产风险模型，用公式表示为：

$$\text{总资产风险}=\text{不可分散风险}+\text{可分散风险}$$

可分散风险可以通过企业的多元化经营消除，那么，在进行投资时，值得注意的风险只有不可分散风险。这时，特定投资项目按风险调整的折现率可按下式计算：

$$K_j=R_F+\beta_j\times(R_m-R_F)$$

其中，K_j 表示项目 j 按风险调整的折现率或项目的必要报酬率；R_F 表示无风险折现率；β_j 表示 j 项目不可分散风险的 β 系数；R_m 表示所有项目平均的折现率或必要报酬率。

2. 高风险项目采用较高折现率

风险调整折现率法是很实际、很常用的风险处置方法。对高风险项目采用较高的折现率计算净现值。

$$\text{调整后净现值}=\sum_{t=0}^{n}\frac{\text{预期现金流量}}{(1+\text{风险调整折现率})^t}$$

【例 9－19】　永大公司有两个投资项目 X 和 Y，当前的无风险报酬率 R_F 为 4%，市场平均报酬率为 12%，X 项目的预期股权现金流量风险大，其 β 值为 1.5，；Y 项目的预期股权现金流量风险小，其 β 值为 0.75。

X 项目的风险调整折现率＝4%＋1.5×(12%－4%)＝16%

Y 项目的风险调整折现率＝4%＋0.75×(12%－4%)＝10%

其他相关数据如表 9－19 所示。

表 9—19　　X 和 Y 项目风险调整折现率法　　单位:元

项　目	年数	现金流量	现值系数 4%	未调整现值	现值系数 16%	调整后现值
X 项目	0	−40 000	1.000 0	−40 000	1.000 0	−40 000
	1	13 000	0.961 5	12 500	0.862 1	11 207
	2	13 000	0.924 6	12 020	0.743 2	9 662
	3	13 000	0.889 0	11 557	0.640 7	8 329
	4	13 000	0.854 8	11 112	0.552 3	7 180
	5	13 000	0.821 9	10 685	0.476 2	6 191
	净现值			17 874		2 569
Y 项目	0	−47 000	1.000 0	−47 000	1.000 0	−47 000
	1	14 000	0.961 5	13 461	0.909 1	12 727
	2	14 000	0.924 6	12 944	0.826 4	11 570
	3	14 000	0.889 0	12 446	0.751 3	10 518
	4	14 000	0.854 8	11 967	0.683 0	9 562
	5	14 000	0.821 9	11 507	0.620 9	8 693
	净现值			15 325		6 070

如果不进行折现率调整,两个项目差不多,X 项目比较好;调整以后,两个项目有明显差别,Y 项目要好得多。

9.4.3　风险调整现金流量法

风险调整现金流量法,把不确定的现金流量调整为确定的现金流量,然后用无风险的报酬率作为折现率计算净现值。即:

$$\text{风险调整后净现值} = \sum_{t=0}^{n} \frac{a_t \times \text{现金流量期望值}}{(1+\text{无风险报酬率})^t}$$

其中,a_t 表示 t 年现金流量的肯定当量系数,它在 0～1 之间。肯定当量系数,是指不肯定的 1 元现金流量期望值相当于使投资者满意的肯定的金额的系数。它可以把各年不肯定的现金流量换算为肯定的现金流量。

我们知道,肯定的 1 元比不肯定的 1 元更受欢迎。不肯定的 1 元,只相当于不足 1 元的金额。两者的差额,与现金流的不确定性程度的高低有关。肯定当量系数是指预计现金流入量中使投资者满意的无风险的份额。利用肯定当量系数,可以把不肯定的现金流量折算成肯定的现金流量,或者说去掉了现金流量中有风险的部分,使之成为“安全”的现金流量。去掉的部分包含了全部风险,既有特殊风险也有系统风险,既有经营风险也有财务风险,剩下的是无风险的现金流量。由于现金流量中已经消除了全部风险,相应的折现率应当是无风险的报酬率。无风险的报酬率可以根据国库券的到期收益率确定。

一般根据标准离差率来确定当量系数,因为标准离差率较好地衡量了风险的大小。肯定当量系数的选取因人而异,风险偏好者会选用较高的肯定当量系数,风险厌恶者可能选用较低的肯定当量系数。但是,因为标准离差率与肯定当量系数之间的对照关系并没有公认的客观标准,在确定肯定当量系数时,通常是参照标准离差率与肯定当量系数的经验关系对照表,所以如何准确、合理地确定肯定当量系数却是一个十分困难的问题。

【例 9—20】 沿用【例 9—19】中的资料，永大公司有两个投资项目 X 和 Y，当前的无风险报酬率 R_F 为 4%。相关资料如表 9—20 所示：

表 9—20　　X 和 Y 项目风险调整现金流法　　单位：元

项　目	年数	现金流量	肯定当量系数	肯定现金流量	现值系数 4%	未调整现值	调整后现值
X 项目	0	−40 000	1	−40 000	1.000 0	−40 000	−40 000
	1	13 000	0.9	11 700	0.961 5	12 500	11 250
	2	13 000	0.8	10 400	0.924 6	12 020	9 616
	3	13 000	0.7	9 100	0.889 0	11 557	8 090
	4	13 000	0.6	7 800	0.854 8	11 112	6 667
	5	13 000	0.5	6 500	0.821 9	10 685	5 342
	净现值					17 874	965
Y 项目	0	−47 000	1	−47 000	1.000 0	−47 000	−47 000
	1	14 000	0.9	12 600	0.961 5	13 461	12 115
	2	14 000	0.8	11 200	0.924 6	12 944	10 356
	3	14 000	0.8	11 200	0.889 0	12 446	9 957
	4	14 000	0.7	9 800	0.854 8	11 967	8 377
	5	14 000	0.7	9 800	0.821 9	11 507	8 055
	净现值					15 325	1 860

调整前 X 项目的净现值较大，调整后 Y 项目的净现值较大。不进行调整可能导致错误的判断。

风险调整折现率法在理论上受到批评，因其用单一的折现率同时完成风险调整和时间调整。这种做法意味着风险随时间推移而加大，可能与事实不符，夸大远期现金流量的风险。风险调整现金流量法在理论上受到好评，该方法对时间价值和风险价值分别进行调整，先调整风险，然后把肯定现金流量用无风险报酬率进行折现，对不同年份的现金流量可以根据风险的差别使用不同的肯定当量系数进行调整。

从实务上看，经常应用的是风险调整折现率法，主要原因是风险调整折现率比肯定当量系数容易估计。此外，大部分财务决策都使用报酬率来决策，调整折现率更符合人们的习惯。

9.5 证券投资管理

证券投资不同于项目投资，项目投资的对象是实体经营性资产，经营资产是直接为企业生产经营服务的资产，如固定资产、无形资产等，这些往往是一种服务能力递减的消耗性资产。证券投资的对象是金融资产，金融资产是以凭证、票据或者合同合约形式存在的权利性资产，如股票、债券和金融衍生工具。

9.5.1 证券投资的目的

1. 分散资金投向，分散投资风险

投资分散化，即将资金投资于多个相关程度较低的项目，实现多元化经营，能够有效地分散投资风险。

2. 利用闲置资金,多元化投资,增加企业收益

企业在生产经营过程中,由于各种原因有时会出现资金闲置、现金结余较多的情况。这些闲置的资金可以投资于股票、债券等有价证券上,谋取投资收益,这些投资收益主要表现在股利收入、债息收入、证券买卖差价等方面。

3. 稳定客户关系,保障生产经营

企业生产经营环节中,供应和销售是企业与市场相联系的重要通道。没有稳定的原材料供应来源,没有稳定的销售客户,都会使企业的生产经营中断。为了保持与供销客户良好而稳定的业务关系,可以对业务关系链的供销企业进行投资,对他们保持一定的债券或股权,甚至控股。

4. 保证未来的现金支付,提高资产的流动性,增强偿债能力

资产流动性强弱是影响企业财务安全性的主要因素。除现金等货币资产外,有价证券投资是企业流动性最强的资产,是企业速动资产的主要构成部分。在企业需要支付大量现金,而现有现金储备又不足时,可以通过变卖有价证券迅速取得大量现金,保证企业的及时支付。

9.5.2 证券资产投资的特点

1. 价值虚拟性

证券资产的价值是契约性权利所能带来的未来现金流量折现的资本化价值。证券在任何时点上的价值,始终是以该时点为起点的未来现金流量按照投资者的必要收益率折成的现值总和。

2. 可分割性

实体项目投资的经营资产一般具有整体性要求。如购建新的生产能力往往是厂房、机器设备等的结合。证券资产可以分割为一个最小的投资单位。如一股股票、一份债券。

3. 持有目的的多元性

证券资产的持有目的:①为未来变现;②为谋取资本利得;③取得对其他企业的控制权。实体项目投资的资产是为消耗而持有、为流动资产的加工提供生产条件。

4. 强流动性

证券资产具有很强的流动性:①变现能力强;②持有目的可以相互转换。证券资产本身的变现能力虽然较强,但其实际周转速度取决于企业对证券资产的持有目的。

5. 高风险性

证券资产是一种虚拟资产,决定了金融投资受公司风险和市场风险的双重影响。不仅发行证券资产的公司业绩影响着证券资产的投资报酬率,资本市场的市场平均报酬率变化也会给金融投资带来直接的市场风险。

9.5.3 证券投资的风险

1. 系统性风险(不可分散风险)——归结为利率风险

(1)利率风险:由于市场利率变动引起证券资产价值反向变化的可能性。

(2)利率风险表现为:

1)价格风险:由于市场利率上升,而使证券资产价格普遍下跌的可能性。①来自资本市场买卖双方资本供求关系的不平衡。②期限越长,利率变动风险越大,投资者要求的到期风险附加率越大,利率越高。

2)再投资风险:投资者进行短期投资所承担的,由于市场利率下降造成无法通过再投资而实现预期收益的可能性。

3)购买力风险:由于通货膨胀而使货币购买力下降的可能性;债券投资的购买力风险大于股票投资。

2. 非系统性风险(可分散风险)

(1)违约风险:证券资产发行者无法按时兑付证券资产利息和偿还本金的可能性,是投资于收益固定型有价证券资产的投资者经常面临的,多发生于债券投资中。违约风险产生的原因可能是公司产品经销不善,也可能是公司现金周转不灵。

(2)变现风险:证券资产持有者无法在市场上以正常的价格平仓出货的可能性。即使在同一证券资产市场上,各种有价证券资产的变现力是不同的,交易越频繁的证券资产,变现能力越强。

(3)破产风险:在证券资产发行者破产清算时投资者无法收回应得权益的可能性。破产风险,就是指经济主体的资产不足以偿还其负债所带来的风险。在法律意义上是指债务人丧失清偿能力时,在法院监督下强制清算其全部财产,清偿全体债权人的法律制度。破产风险是企业风险的重要方面,是其他风险的综合结果。

9.5.4　债券投资

1. 债券要素

(1)债券面值:债券设定的票面金额,代表发行人借入并且承诺于未来某一特定日偿付债券持有人的金额,包括:票面币种、票面金额。

(2)债券票面利率:债券发行者预计一年内向持有者支付的利息占票面金额的比率。受计息和付息方式的影响,债券的票面利率不同于实际利率。

(3)债券到期日:指偿还债券本金的日期。

2. 债券的内在价值

债券投资是投资人以某种价格购买一定量的债券,所获得的是债券发行人对未来特定时期内向投资人支付一定数量的现金流的承诺。然而,由于影响债券价格的各种因素的存在,特别是信用风险和通货膨胀的存在,使债券合约当中事先约定的本息支付及约定支付金额的购买力,存在着某种程度的不确定性,这给债券估价带来一定的难度。为了简化评估,在债券估价之前,我们先假设各种债券的名义和实际支付的金额都是确定的,尤其是假定通货膨胀的幅度可以精确地预测出来,从而使我们对债券的估价工作可以集中于时间的影响上,在这一假定基础上,再考虑债券估价的其他因素:债券面值、债券期限、票面利率、市场利率等。

债券在任何一个时点上的价值,均是以该时点为起点的未来现金流量(利息、到期偿还的面值或中途转售价款)按投资者要求的必要收益率(市场利率)折成的现值总和。

延伸阅读材料

投资项目可行吗?

星星葡萄酒厂是生产葡萄酒的中型企业,该厂生产的葡萄酒酒香纯正,价格合理,长期以来供不应求。为了扩大生产能力,星星葡萄酒厂准备新建一条生产线。李伟是该厂的助理会计师,主要负责筹资和投资工作。

总会计师王利要求李伟搜集建设新生产线的有关资料，并对投资项目进行财务评价，以供厂领导决策考虑。李伟经过十几天的调查研究，得到以下有关资料：

(1)投资新的生产线需一次性投入1 000万元，建设期1年，预计可使用10年，报废时无残值收入；按税法要求该生产线的折旧年限为8年，使用直线法提折旧，残值率为10%。

(2)购置设备所需的资金通过银行借款筹措，借款期限为4年，每年年末支付利息100万元，第4年年末用税后利润偿付本金。

(3)该生产线投入使用后，预计可使工厂第1～5年的销售收入每年增长1 000万元，第6～10年的销售收入每年增长800万元，耗用的人工和原材料等成本为收入的60%。

(4)生产线建设期满后，工厂还需垫支流动资金200万元。

(5)所得税税率为30%。

(6)银行借款的资金成本为10%。

思考题：

(1)预测新的生产线投入使用后，该厂未来10年增加的净利润。

(2)预测该项目各年的现金流量。

(3)计算该项目的净现值，以评价项目是否可行。

必要提示：

(1)净利增加=(增加的收入－增加的成本)×(1－所得税率)。

(2)NCF=净利+折旧+利息(年初、年末例外)。

(3)$NCF>0$时还应考虑相关因素进行决策。

同步测试

一、单项选择题

1. 某投资方案年销售收入300万元，年销售成本210万元，其中折旧85万元，所得税率为40%，则该方案年现金流量净额为(　　)万元。

A. 90　　B. 139　　C. 175　　D. 54

2. 投资决策评价方法中，对于互斥方案来说，最好的评价方法是(　　)。

A. 净现值法　　B. 现值指数法　　C. 内含报酬率法　　D. 会计收益率法

3. 某投资项目原始投资为12 000元，当年完工投产，预计使用年限为3年，每年可获得现金净流量4 600元，则该项目的内含报酬率为(　　)。

A. 7.33%　　B. 7.68%　　C. 8.32%　　D. 6.68%

4. 当贴现率与内含报酬率相等时，(　　)。

A. 净现值>0　　B. 净现值=0　　C. 净现值<0　　D. 净现值不确定

5. 对投资项目内部收益率的大小不产生影响的因素是(　　)。

A. 投资项目的原始投资　　B. 投资项目的现金流入量

C. 投资项目的有效年限　　D. 投资项目的预期报酬率

二、计算题

某公司原有一台设备，购置成本为15万元，预计使用10年，已使用5年，预计残值为原值的10年，该公司采用直线法提取折旧。现该公司拟买新设备替换原设备，以提高生产率，降低成本，新设备购置成本为20万元，使用年限为5年，同样采用直线法提取折旧，预计残值为购置成本的10%，使用新设备后公司每年的销售额可以从150万元上升到165万元，每年付现成本将从110万元上升到115万元，公司如果购置新设备，旧设备出售可得收入10万元，该企业的所得税税率为33%，资本成本率为10%。

要求：通过计算说明该设备应否更新。

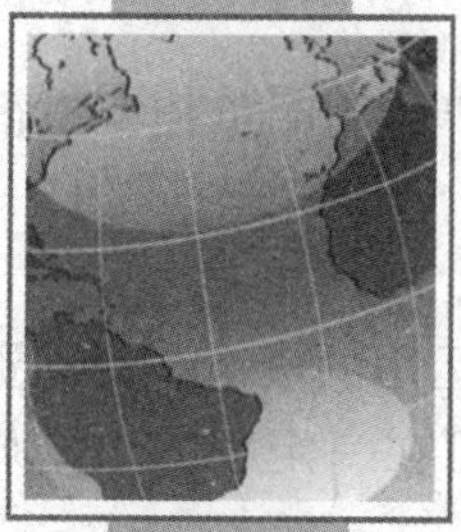

第十章 营运资金决策

学习目标

1. 了解营运资本持有政策、不同类型的营运资本筹集政策的含义和特点、ABC分类管理的原理、应收账款日常管理的内容以及营运资本的特点。

2. 理解现金管理的目标、现金收支日常管理的内容、应收账款管理的目标以及营运资本周转的含义。

3. 掌握营运资本的含义、经济订货批量的决策原理、应收账款信用政策的决策原理并能熟练运用，掌握企业持有现金的动机及成本以及最佳现金持有量的确定模式。

案例 10－1

信用政策方案的选择

某企业上年销售收入为4 000万元，总成本为3 000万元，其中固定成本为600万元。假设本年该企业变动成本率维持在上年的水平，现有两种信用政策可供选择：甲方案给予客户45天信用期限(n/45)，预计销售收入为5 000万元，货款将于第45天收到，收账费用为20万元，坏账损失率为货款的2%；乙方案信用政策为(2/10，1/20，n/90)，预计销售收入为5 400万元，将有30%的货款于第10天收到，20%的货款于第20天收到，其余50%的货款于第90天收到(前两部分货款不会产生坏账，后一部分货款的坏账损失率为该部分货款的4%)，收账费用为50万元。该企业产品销售额的相关范围为3 000万～6 000万元，企业的平均资本成本为8%。该企业应选择何种信用政策呢?

10.1 营运资金概述

10.1.1 营运资金的含义

营运资金，又称营运资本，是指企业在生产经营活动中占用在流动资产上的资金。营运资金有广义和狭义之分。广义的营运资金是指一个企业流动资产的总额，狭义的营运资金是指流动资产减去流动负债后的余额。通常所说的营运资金是指狭义的营运资金，因此，营运资金的管理既包括流动资产的管理，也包括流动负债的管理。

营运资金是流动资产的一个有机组成部分，因其具有较强的流动性而成为企业日常生产经营活动的润滑剂和衡量企业短期偿债能力的重要指标。因此，企业在日常经营活动中，持有一定数量的营运资金十分重要。

一般来说，企业在流动资产上投资得越多，周转能力就越强，但企业的整体收益率较低；反之，企业在流动资产上投资得越少，周转能力就越差，但企业的整体收益率就会比较高。

10.1.2 营运资金的特点

营运资金的特点体现在流动资产和流动负债上，可以分别从流动资产和流动负债两方面来考察。

1. 流动资产的特点

流动资产是指可以在1年以内或超过1年的一个营业周期内变现或运用的资产。流动资产具有占用时间短、周转快、易变现等特点。企业拥有较多的流动资产，可在一定程度上降低财务风险。

(1)投资回收期短。投资于流动资产的资金一般在一年或超过1年的一个营业周期内收回，对企业影响的时间比较短。因此，对于流动资产投资所需要的资金可以通过短期借款、商业信用等筹资方式进行筹资。

(2)流动性强。流动资产相对固定资产等长期资产来说比较容易变现，其流动性强于变现能力较弱的固定资产。

(3)具有并存性。流动资产在生产的循环周转过程中，不同资金形态的流动资产在空间上同时并存，在时间上依次继起。因此，在进行流动资产管理时，必须在各项流动资产上合理配置资金数额，做到结构合理，以促进资金周转顺利进行。

(4)具有波动性。流动资产的数量会随企业内外部环境的变化而变化，时高时低，其资金占用量往往大小不一且波动性较大。

2. 流动负债的特点

流动负债是指需要在1年或者超过1年的一个营业周期内偿还的债务。具有资本成本低、偿还期限较短的特点，必须加强管理。与长期负债筹资相比，流动负债筹资具有如下特点：

(1)筹资速度快。通常情况下，申请短期借款往往比长期借款更加容易，短期内便可获得。因此，当企业面临日常资金周转的需求时，往往优先考虑向银行等金融机构申请短期借款。

(2)弹性大。流动负债的借款条件相比非流动负债相对宽松，使得筹资企业的资金使用较为灵活、富有弹性。

(3)资本成本低。一般情况下，流动负债的利率低于长期负债，因此，流动负债筹资的资本成本相对较低。

(4)筹资风险高。由于流动负债偿还期限短，这就要求企业须在短期内偿还债务，若到期企业无力偿还，便会陷入财务危机。

3. 营运资金的特点

由于狭义上的营运资金是指流动资产扣除流动负债后的差额，因此，综合上述流动资产和流动负债的特点，营运资金一般具有如下特点：

(1)营运资金来源方式的多样性。与筹集长期资金的方式相比，企业筹集营运资金的方式较为灵活多样，通常有向银行等金融机构借入短期借款、发行短期融资券、利用商业信用等多种融资方式。

(2)营运资金数量的波动性。流动资产的数量会随企业内外条件的变化而变化，时高时低，波动很大。随着流动资产数量的变动，流动负债的数量也会相应发生变动。

(3)营运资金周转的短期性。企业占用在流动资产上的资金，通常会在一年或超过一年的一个营业周期内收回，对企业的时间影响较短。根据这一特征，营运资金可以用商业信用、短期借款等短期筹资方式来筹集。

(4)营运资金实物形态的变动性。企业营运资金的占用形态并不是一成不变的,营运资金的周转都要经过采购、生产加工、销售等过程,其资金形态也会随之发生变化。一般按照现金、材料、存货、应收账款、现金的顺序转化。

10.1.3 营运资金管理的原则

企业的营运资金往往占有相当大的比重,因此,营运资金管理是企业财务管理工作的一项重要内容。企业进行营运资金管理,应遵循以下原则:

1. 满足合理的资金需求

企业应根据自身的生产经营状况,合理分析确定营运资金的需求量。企业营运资金的需求数量与企业生产经营活动有直接关系。一般情况下,当企业产销量增加时,流动资产会不断增加,流动负债也会相应增加;而当企业产销量不断减少时,流动资产和流动负债也会相应减少。因此,企业财务人员应认真分析企业自身的生产经营状况,应用资金需求量的预测方法来预测营运资金的需求量。营运资金的管理必须将满足正常合理的资金需求作为首要任务。

2. 提高资金使用效率

营运资金的周转是指企业的营运资金从现金投入生产经营开始,到最终转化为现金的过程。加速资金周转是提高资金使用效率的主要手段之一。提高营运资金使用效率的关键就是采取得力措施缩短营业周期,加速变现过程,加快营运资金周转。因此,企业要千方百计地加速存货、应收账款等流动资产的周转,以便用有限的资金服务于更大的产业规模,为企业取得更优的经济效益提供条件。

3. 节约营运资金成本

在营运资金管理中,须正确均衡生产经营需要和节约资金使用成本二者之间的关系。要在保证生产经营需要的前提下,尽力降低资金使用成本。

4. 保持足够的短期偿债能力

偿债能力是企业财务风险高低的标志之一。合理安排流动资产与流动负债的比例关系,保持流动资产结构与流动负债结构的匹配性,保证企业有足够的短期偿债能力是营运资金管理的重要原则之一。一般情况下,如果一个企业的流动资产较多而流动负债较少,则说明企业的短期偿债能力较强;反之,则说明短期偿债能力较弱,但如果企业的流动资产太多而流动负债太少,这样会影响企业整体的盈利能力,使得企业整体的收益水平下降。

10.1.4 营运资金决策的内容

企业需要分析评价营运资金管理中的风险与报酬,分别制定流动资产筹资策略和流动资产投资策略。因此,营运资金决策的内容包括流动资产筹资策略和流动资产投资策略两部分。

1. 流动资产筹资策略

一个企业对流动资产的需求量,一般会随着产品销售情况的变化而变化。在企业的产品销售旺季,流动资产的需求量会增加,甚至还可能是平时的几倍;而当销售处于淡季时,流动资产的需求量一般会减弱。尽管当销售处于历史最低水平时,也存在对流动资产最基本的需求。对于流动资产,按照其用途做进一步划分,可以分为临时性流动资产(波动性流动资产)和永久性流动资产。在企业经营状况波动不大的情况下,流动资产最基本的需求具有一定的刚性和相对稳定性,我们可以将这部分流动资产称为永久性流动资产。永久性流动资产的特点是满足企业长期最低需求的流动资产，其占有量通常相对稳定。因此，需要通过长期资金来解决其资金需求。而那些因销售旺季等原因超出最基本的流动资产需求量的部分，我们称之为临时性流动资产或波动性流动资产。因此，临时性流动资产或波动性流动资产是指那些由于季节性或临时性的原因而形成的流动资产。其特点是占用量随当时需求的变化而波动。临时性流动资产的筹资则较为灵活，最经济的办法是通过低资金成本的短期融资方式解决，如采用 1 年以内的短期借款或发行短期融资券等筹资方式。

与流动资产的分类相对应，流动负债也可以分为临时性负债和自发性负债。一般来说，临时性负债是指为了满足临时性流动资产需要的资金所发生的负债。如大量购入某种存货而向金融机构借入的短期借款。临时性负债一般只能供企业短期使用。自发性负债又称经营性流动负债，是在企业经营活动中自发形成的负债，如应付账款、应付职工薪酬、应付利息、应交税费等。

流动资产筹资决策主要取决于企业管理者的风险导向，此外它还受短期、中长期负债利率差异的影响。根据资产的期限结构与资金来源的期限结构的匹配程度，流动资产的筹资策略可以分为三种类型：期限匹配型筹资策略、保守型筹资策略以及激进型筹资策略。

(1)期限匹配型筹资策略

期限匹配型筹资策略的特征是：对于临时性流动资产，筹集短期资金(临时性负债)满足其资金需求；而对于永久性资产，包括永久性流动资产和非流动资产，则通过筹集长期资金(包括自发性负债、长期负债和权益资本)满足其资金需要。这样，就使得资产的使用期限和资金来源的到期期限完全匹配。期限匹配型筹资策略如图 10－1 所示。

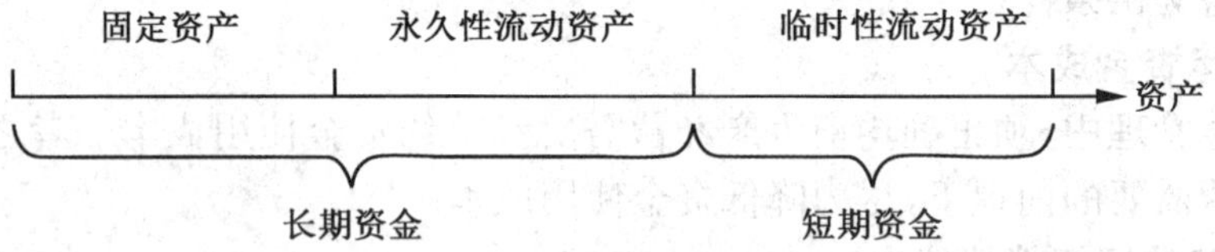

图 10－1　期限匹配型筹资策略

期限匹配型筹资策略要求企业的临时性负债的筹资计划非常严密，以实现资金使用期限和资金来源到期期限的完全匹配。在销售淡季，企业除了自发性负债外应当没有其他流动负债；只有在销售旺季，面临临时性流动资产的需求高峰期，企业才举借各种临时性债务。而事实上，资产使用期限和资金来源到期期限的匹配只是一种观念匹配，实践中，企业是做不到完全匹配的。这是因为：①企业不可能为每一项资产按其使用期限匹配单独的资金来源，只可能分短期资金来源和长期资金来源两大类来统筹安排流动资产的筹资；②根据最佳资本结构的原理，企业必须有一定量的权益资本筹资，它是无限期的资金来源，而任何一项资产总是有使用期限的，从这一点来看，资产的使用期限和资金来源的到期期限不可能完全匹配；③实际上，资产的使用期限是不确定的，而负债的还款期限是确定的，这又必然会导致二者之间的不匹配。因此，期限匹配型筹资策略是一种理想状态的、对企业营运资金管理水平要求较高的营运资本筹资策略。

(2)保守型筹资策略

保守型筹资策略的特征是：企业不仅用长期资金来满足永久性资产的资金需求，而且用长期资金满足临时性流动资产的资金需求。保守型筹资策略如图 10－2 所示。

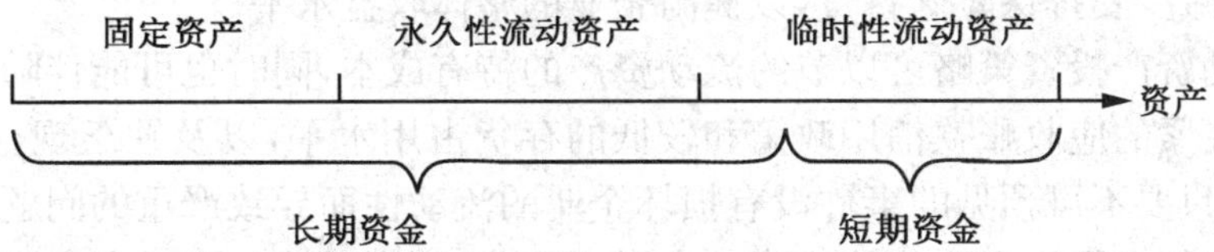

图 10—2 保守型筹资策略

如图 10—2 所示,这种筹资策略下由于长期资金所占比重较高,因此企业无法偿还到期债务的风险较低,同时蒙受短期利率变动损失的风险也较低。但是,由于长期资金(长期负债及权益资本)的成本显然高于短期资金(临时性负债等)的资本成本,以及销售淡季时仍需支付长期负债的利息,从而会降低企业的整体收益水平。因此,保守型筹资策略是一种风险性和收益性均较低,但资金成本较高的营运资金筹资策略。

(3)激进型筹资策略

激进型筹资策略的特征是:企业用长期资金来满足部分永久性资产的资金需求,剩余部分的永久性资产和所有的临时性流动资产则用短期资金来满足它们的资金需求。激进型筹资策略如图 10—3 所示。

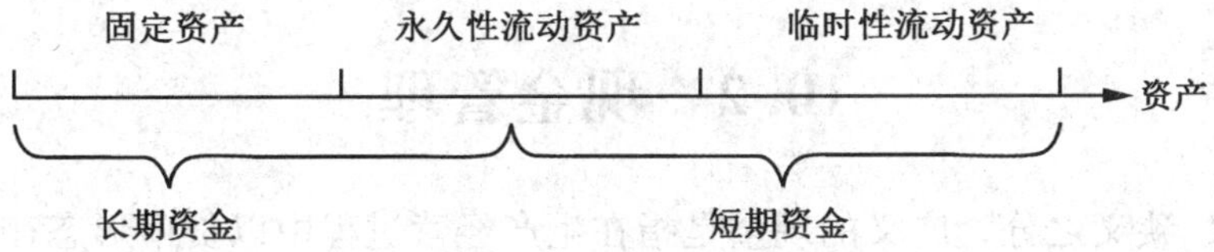

图 10—3 激进型筹资策略

如图 10—3 所示,激进型筹资策略由于短期资金(临时性负债)所占比重高于期限匹配型筹资策略,而临时性负债的资本成本通常低于长期资金(长期负债及权益资本),因此,该策略下企业的资本成本较低。但是,为了满足永久性资产的长期资金需要,企业通常要在临时性负债到期后再次举债,这样企业便会反复举债和还债,从而加大筹资困难和风险;同时,还可能会面临由于短期负债利率的变动而增加企业资本成本的风险,所以激进型筹资策略是一种收益性和风险性均较高,但资本成本较低的营运资本筹资策略。

2. 流动资产投资策略

流动资产投资策略指的是,企业应投入多少的流动资产使得企业的单项流动资产和流动资产总额都能维持在适度的水平上,以提高企业营运资金的运用效率。企业流动资产的数量按其功能可以分为正常需求量和保险储备量。流动资产的正常需求量,是指为满足企业日常的生产经营需要而占用的流动资产;而流动资产的保险储备量,是指为应对不时之需,超出日常生产经营需要量以外储备的流动资产。一个企业须选择与其业务需要和管理风格相符合的流动资产投资策略。如果企业营运资金的管理策略趋于保守,就会倾向于保持较高的流动资产,以保证更高的资产流动性(安全性)。通常,在这种情况下,企业整体的收益水平会偏低;反之,如果企业的管理者倾向于更高的收益水平而愿意承担风险,那么它将保持一个较低的流动资产,以提高企业整体的收益水平。因此,流动资产的投资策略大致可分为以下三种类型:

(1)紧缩的流动资产投资策略

紧缩的流动资产投资策略,要求企业在安排流动资金数量时,只安排正常的生产经营需求量，而不安排或减少安排保险储备量，以提高企业的整体收益水平。

紧缩的流动资产投资策略可以节约流动资产的持有成本，同时也可能伴随着更高风险，这些风险表现为更紧的应收账款信用政策和较低的存货占用水平，以及缺乏现金用于偿还应付账款等。但是，只要不可预见的事件没有损坏企业的流动性而导致严重的问题发生，紧缩的流动资产投资策略就会提高企业整体的收益水平。因此，应用紧缩的流动资产投资策略，无疑对企业的管理水平有着较高的要求。

(2)宽松的流动资产投资策略

宽松的流动资产投资策略，要求企业在安排流动资金数量时，在正常的生产经营需求量和正常的保险储备量的基础上，补充一部分额外的储备量，以期降低企业的风险。

显然，在宽松的流动资产投资策略下，由于过多的流动资产投资，无疑会使企业承担较大的流动资产持有成本，提高企业的资金成本，最终降低企业的整体收益水平。

(3)适中的流动资产投资策略

适中的流动资产投资策略，是前两种流动资产投资策略的折中类型。要求企业在安排流动资金数量时，在保证正常需要的前提下，适当保留一定数量的保险储备量。

采用这种投资策略，企业的风险性和收益性较为适中，正常情况下，大多数企业都会选择该投资策略。

10.2 现金管理

现金有广义、狭义之分。广义的现金是指在生产经营过程中以货币形态存在的资金，包括库存现金、银行存款和其他货币资金等。狭义的现金仅指库存现金。这里所指的现金是指广义的现金。企业需要拥有足够的现金维持日常的生产经营活动、偿还贷款以及防止不时之需等。因此，企业必须建立一套科学的管理现金的方法，确定合理的现金数额，使其能够在时间上继起，空间上并存，在现金的流动性和收益性之间进行合理选择。现金管理的过程就是在现金的流动性和收益性之间做出决策的过程。

因此，企业在现金管理的过程中，需编制现金预算，以衡量企业在某段时间内的现金流入量与流出量，以便保证企业正常生产经营活动的现金需要，减少企业的闲置现金，最终提高企业现金的收益率。

10.2.1 现金管理的动机与内容

现金是可以立即投入流动的交换媒介。它的首要特点是普遍的可接受性，即可以有效地立即用来购买商品、货物、劳务或偿还债务。因此，现金是企业中流动性最强的资产。企业持有一定数量的现金主要是基于以下三个方面的动机。

1. 现金管理的动机

(1)交易性需求。交易性需求是指企业持有现金以便维持日常现金支付的需要。企业为了组织日常生产经营活动，就必须保持一定数额的现金数量。一般来说，企业为满足交易动机所持有的现金余额主要取决于企业销售水平。企业的销售规模越大，销售额越高，所需现金余额也就越大。此外，企业业务的季节性，会使得企业暂时调整现金数量，随后会逐渐恢复到原来水平。因此，只有持有一定数量的现金，才能做到按期支付各项日常费用支出，使日常业务得以顺利开展。

(2)预防性需求。预防性需求是指企业持有现金是为了应对意外事件的发生对现金的需要,是企业为应付紧急情况而需要保持的现金支付能力。由于市场行情的瞬息万变和其他各种不确定因素的存在,企业通常难以对未来现金流入量和现金流出量做出准备的估计和预期。因此,在正常业务活动现金需要量的基础上,追加一定数量的现金余额以应付未来现金流入量和流出量的随机波动,是企业在确定必要现金持有量时应当考虑的因素。企业为应付紧急情况所持有的现金余额多少,确定预防性需求的现金数额时,需要考虑以下因素:首先是企业愿冒现金短缺风险的程度。其次是企业预测现金收支可靠的程度。最后需要考虑企业临时融资的能力。希望尽可能减少风险的企业倾向于保留大量的现金余额,以应付其交易性需求和大部分预防性资金需求。现金收支预测可靠性程度较高,信誉良好,与银行关系良好的企业,预防性需求的现金持有量一般较低。

(3)投机性需求。投机性需求是指企业为了抓住各种瞬息万变的市场机会,获取较大的利益而准备的现金余额。投机动机只是企业确定现金余额时所需考虑的次要因素之一,其持有量的大小往往与企业在金融市场的投资机会及企业对待风险的态度有关。而这种投资机会大多是一闪即逝的,如证券价格的突然下跌,企业若没有用于投机的现金,就会错过这一机会。

2. 现金管理的目标

企业持有现金的动机有时是单一的,有时是几种动机混合在一起的。企业缺乏必要的现金,将不能应付业务开支,使企业蒙受损失。但是,如果企业置存过量的现金,又会因这些资金不能投入周转、无法取得盈利而遭受另一些损失。现金管理的目标是在保证企业生产经营所需现金的同时,节约使用现金,并从暂时闲置的现金中获得最多的利息收入。就是要在资产的流动性(风险)和盈利性之间做出抉择,通过现金管理,使现金收支不但在数量上,而且在时间上相互衔接,在保证企业经营活动需要的同时,降低企业闲置资金的数量,增加资金的使用效率,提高资金的收益水平,以获取最大的长期利益。

3. 现金管理的内容

现金管理的内容主要包括:编制现金预算,以预测企业未来的现金需求量;用专门的方法确定最佳现金持有量,以调整企业的现金余额;对企业日常的现金收支进行管理等。

10.2.2　现金预算

1. 现金预算的含义

预算是企业在预测、决策的基础上,以数量和金额的形式反映企业未来一定时期内经营、投资、财务等活动的具体计划,是为实现企业目标而对各种资源和企业活动做的详细安排。预算是一种可据以执行和控制经济活动的、最为具体的计划,是对目标的具体化,是将企业活动导向预定目标的有力工具。现金预算是以业务预算和专门决策预算为依据编制的,专门反映预算期内预计现金收入与现金支出,以及为满足最佳现金持有量而进行调整的预算。

2. 现金预算的作用

现金预算管理是现金管理中的核心环节与方法。现金预算在企业的现金管理中的作用主要表现在:

(1)能够揭示企业出现现金余缺的时期,使财务管理部门能够将暂时闲置的现金投资有价证券或者在现金短缺的时期提前安排筹资,以避免不必要的资金闲置或不足,减少企业的机会成本。

(2)通过现金预算表,比较现金实际数与现金预算数的差异,来评价企业资金管理部门对现金的运用效率。

(3)通过现金预算的执行结果来评判企业的偿债能力，同时还可以对其他财务计划提出改进建议。

3. 现金预算的编制

现金预算可按年、月、季度、周甚至是日为周期进行编制，具体编制周期视企业自身的生产经营的特点或管理要求而定。现金预算表的主要项目包括：期初现金余额、现金收入、现金支出和现金余缺四项。其中，“期初现金余额”是在编制预算时预计的，下个月的期初现金余额等于上个月的期末现金余额，全年的期初现金余额即为年初的现金余额，也等于第一季度的期初现金余额；“现金收入”的主要来源是销售货物取得的现金收入以及其他现金收入（如固定资产变价收入、利息收入、股利收入、租金收入等）；“现金支出”的内容主要包括材料采购支出、工资支出、期间费用支出、固定资产投入支出、税款支出、利息支出等。企业的财务管理部门应根据现金余缺与最佳现金余额之间的比较，并结合其他影响现金收支的因素，来确定预算期内现金运用或筹措的金额。

【例 10—1】 甲公司根据上一年度的现金收支编制 20×9 年的现金预算，见表 10—1。

表 10—1 **现金预算表** 单位：万元

现金项目	上年实际数（略）	本年预算数
期初现金余额		800
加：现金收入项目		
现销和当年应收账款的收回		1 000
以前年度应收账款的收回		625
固定资产变价收入		120
利息收入		30
股利收入		100
现金收入合计		1 875
可供使用现金		2 675
减：现金支出项目		
当年支付的材料采购支出		480
本年支付的以往年度采购材料支出		320
工资支出		160
管理费用支出		128
销售费用支出		128
财务费用支出		64
固定资产投资支出		340
税款支出		85
利息支出		85
偿还债务		100
支付股利		100
证券投资		130

续表

现金项目	上年实际数(略)	本年预算数
现金支出合计		2 120
现金余缺		
期末现金余额		555
最佳现金余额		400
现金余缺		155

由表10—1可知，甲公司预算期期末出现了现金剩余155万元，公司应当将剩余的155万元购买短期有价证券，以提高现金的使用效率，提高资金的收益水平，获取最大的长期利益。

10.2.3　最佳现金持有量的确定

企业缺乏必要的现金，将不能应付业务开支，使企业蒙受损失。但是，如果企业置存过量的现金，又会因这些资金不能投入周转无法取得盈利而遭受另一些损失。因此，企业的财务管理部门应根据企业的特定情况，采用专门的分析方法确定企业的最佳现金持有量。通常情况下，最佳现金持有量是能使现金持有成本最低的现金数额。确定最佳现金持有量的分析方法包括成本模型、随机模型以及存货模型。

1. 成本模型

成本模型下的最佳现金持有量是使现金持有成本最低的现金持有量。

现金的持有成本包括以下三种类型：

(1)机会成本。现金的流动性很强，但是盈利性较低，持有现金的同时便不能将其投入其他的生产经营活动，因而丧失的投资收益，称为机会成本。因此，现金的机会成本，是指企业因持有一定数量的现金余额而丧失的再投资收益。再投资收益是企业不能同时用该现金进行有价证券投资所产生的机会成本，这种成本在数额上等于资本成本。显然，现金持有量越大，机会成本越高；反之，越低。因此，现金的机会成本与现金持有量成正比。用公式可以表示为：

$$机会成本=平均现金持有量\times 机会成本率$$

例如，某公司的资本成本为5%，每年平均持有现金50万元，则该企业每年持有现金的机会成本为2.5万元(50×5%)。

(2)管理成本。现金的管理成本，是指企业因持有一定数量的现金而发生的管理费用。例如管理人员工资、安全措施费用等。管理成本是一种固定成本，这种固定成本在一定范围内和现金持有量之间没有明显的比例关系。

(3)短缺成本。现金短缺成本是指在现金持有量不足，又无法及时通过有价证券变现加以补充所给企业造成的损失或为此支付的代价。现金持有量越大，短缺成本越小；反之，则越大。因此，现金的短缺成本与现金持有量成反比。

上述三项成本之和最小的现金持有量，就是成本模型下的最佳现金持有量，如图10—4所示。其计算公式为：

$$最佳现金持有量下的现金相关成本=\min(管理成本+机会成本+短缺成本)$$

从图10—4中可以看出，由于各项成本同现金持有量的变动关系不同，抛物线的最低点即为成本最低点，该点所对应的现金持有量便是最佳现金持有量，此时的现金总成本最低。

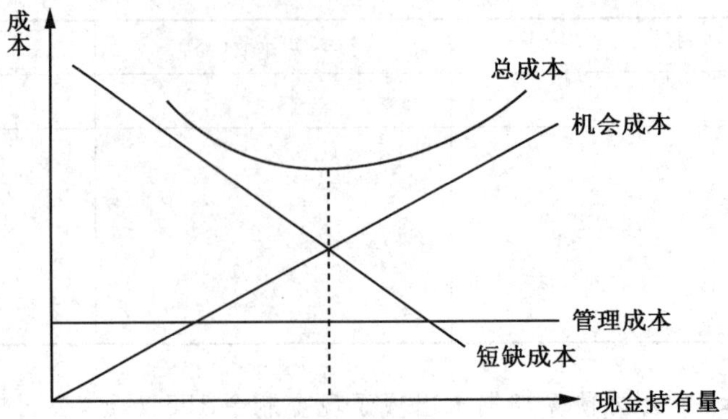

图 10—4　成本模型的现金成本

【例 10—2】 甲公司现有四种现金持有方案，若现金的机会成本率为 10%。请根据成本模型确定该公司的最佳现金持有量。其他有关成本资料如表 10—2 所示。

表 10—2　　**现金持有方案**　　单位：万元

备选方案	方案一	方案二	方案三	方案四
现金持有量	25	50	75	100
机会成本	2.5	5	7.5	10
管理成本	5	5	5	5
短缺成本	8	4	1	0

根据表 10—2，采用成本模式编制该公司最佳现金持有量测算表，如表 10—3 所示。

表 10—3　　**现金持有成本**　　单位：万元

备选方案	方案一	方案二	方案三	方案四
机会成本	2.5	5	7.5	10
管理成本	5	5	5	5
短缺成本	8	4	1	0
现金持有总成本	15.5	14	13.5	15

通过分析比较表 10—3 中可知，方案三的总成本最低，故当公司持有 75 万元现金时，总成本最低，即600 000元为现金最佳持有量。

2. 随机模型

通常情况下，现金需求量往往波动比较大且难以预知，但企业可以根据历史经验和现实需要，计算出一个现金持有量的合理区间，即制定出现金持有量的上限和下限，将现金量控制在合理区间以内。当现金量超过控制上限时，用现金购入有价证券，使现金持有量下降至最佳状态；若现金持有量下降到控制下限时，则抛售有价证券换回现金，使现金持有量回升至最佳状态。而当企业现金余额在上下限之间波动时，表明企业现金持有量处于合理的范围，不需要进行调整。

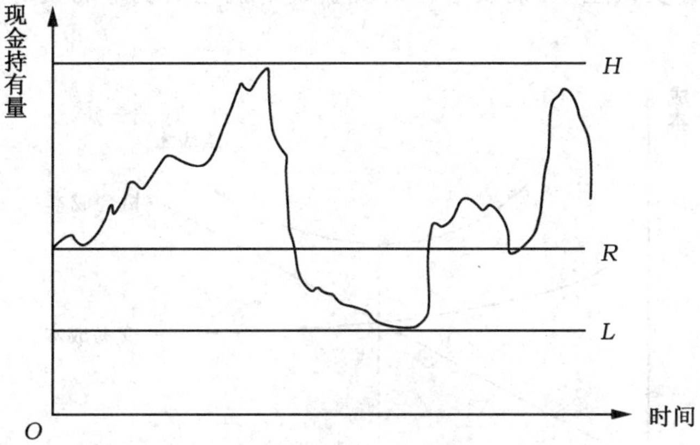

图 10－5　随机模型

图 10－5 中，H 为现金持有量的上限，L 为现金持有量的下限，R 为最佳现金控制线。

随机模型下，企业的最佳现金持有量还可以用下列公式表示：

$$R=\sqrt[3]{3b\sigma^2/4i}+L$$

$$H=3R-2L$$

其中，b 表示有价证券和现金之间的转换成本，σ 表示企业每日现金持有量的标准差，i 表示有价证券的日利率，H 表示最高现金持有量，L 表示最低现金持有量。

【例 10－3】　甲公司有价证券的年利率为 14%，每次固定转换成本为 150 元，公司认为任何时候其银行活期存款及现金余额均不能低于10 000元，根据以往经验测算出现金余额波动的标准差为1 000元。试根据随机模型计算该公司最佳现金持有量。

$R=\sqrt[3]{3\times150\times1\ 000^2/4\times0.000\ 39}+10\ 000=16\ 607$(元)

$H=3\times16\ 607-2\times10\ 000=29\ 821$(元)

该公司的最佳现金持有量为16 607元，合理的现金持有区间为10 000～29 821元，当现金持有量超过29 821元时，表明现金持有量过多，应将超过最佳现金持有量的现金13 214元(29 821－16 607)购买有价证券，以使现金持有量降至最佳状态；同理，当现金持有量低于10 000元时，则表明现金持有量不足，应售出相应的有价证券6 607元(16 607－10 000)，以使现金持有量升至最佳现金持有量的水平。

随机模式建立在企业的现金未来需求总量和收支不可预测的前提下，因此，计算出来的现金持有量比较保守。适用于所有企业对最佳现金持有量的预测。

3. 存货模型

存货模型是威廉·鲍曼提出的用于确定最佳现金持有量的模型，因此存货模型又称鲍曼模型，存货模型的本质与成本模型相似，都是从持有成本的角度来确定最佳现金持有量；同时，与成本模型不同的是，存货模型考虑了现金与有价证券之间的转换成本(如手续费等)，即交易成本。现金的交易成本与现金转换次数以及转换数额有关，假定每次的交易成本是固定的、在企业一定时期现金使用量确定的前提下，每次以有价证券转换成现金的金额越大，企业平时持有的现金量便越高，转换的次数便越少，现金的交易成本就越低；反之，每次转换回现金的金额越低，企业平时持有的现金量便越低，转换的次数会越多，现金的交易成本就越高。因此，现金交易成本与持有量成反比。通常情况下现金的管理成本为相对固定的成本，因此，在存货模型下，便不再考虑。在存货模型下，需要考虑的现金成本就包括现金的交易成本与现金的机会成本，如图 10－6 所示。

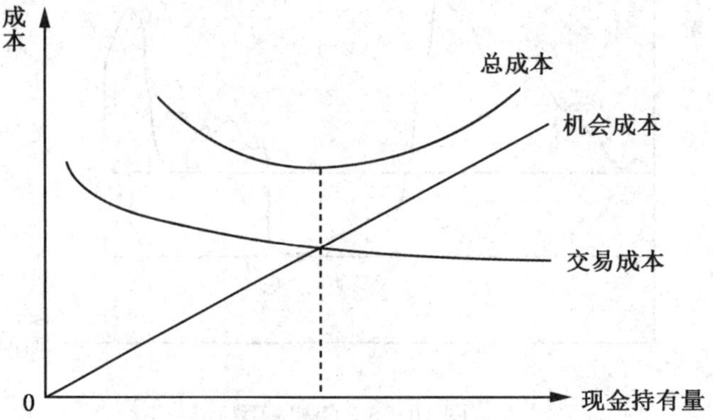

图 10－6　存货模型

存货模型下，企业的最佳现金持有量还可以用下列公式表示：

$$R=\sqrt{2TF/K}$$

其中，T 表示一定时期内的现金需求量，F 表示每次的交易成本，K 表示持有现金的机会成本率。

【例 10－4】 甲公司预计全年的现金需要量为 360 万元，现金与有价证券之间的单次转换成本为 25 元，持有现金的机会成本率为 20%，应用存货模型确定该公司全年的最佳现金持有量。

$R=\sqrt{2\times360\times25/20\%}=300$（万元）

结果表明，该公司全年的最佳现金持有量为 300 万元，若超过 300 万元将会降低企业的资产收益率，低于 300 万元则又会加大企业正常现金支付的风险。

存货模式是一种较为直观的确定最佳现金持有量的方法，同时它的应用需假定现金需求量稳定不变，实际上这很少见。相比而言，那些适用于现金流量不确定的控制最佳现金持有量的方法，就显得更具普遍应用型。

10.2.4　现金收支管理

1. 现金周转期

现金周转期是指企业在一个经营周期以内，从现金投入生产经营（支付现金）开始，到最终转化为现金（收回现金）为止所经历的时间段。企业的经营周期是指从取得存货开始到销售存货并收回现金为止所经历的时期。其中，从取得原材料，加工原材料，形成产成品，到销售产成品所经历的这一时期，称为存货周转期；产品销售后到实际收到客户支付的货款所经历的这一时期，称为应收账款周转期（应收账款收账期）；企业赊购原材料到实际支付材料款的时长为应付账款周转期（应付账款收账期）。现金周转期，是指企业从支付现金与收到现金之间的时间段，数量上它等于经营周期减去应付账款周转期。

因此，现金周转期的长短取决于以下三个因素：存货周转期、应收账款周转期、应付账款周转期，现金周转期的计算公式为：

现金周转期＝经营周期－应付账款周转期

或　　　　　现金周转期＝存货周转期＋应收账款周转期－应付账款周转期

另外，现金周转期的变化会直接影响所需营运资金的数额。一般来说，存货周转期和应收账款周转期越长，应付账款周转期越短，营运资金数额就越大；反之，营运资金数额就越小。此外，营运资金周转的数额还受到偿债风险、收益要求和成本约束等因素的制约。具体循环过程如图10－7所示。

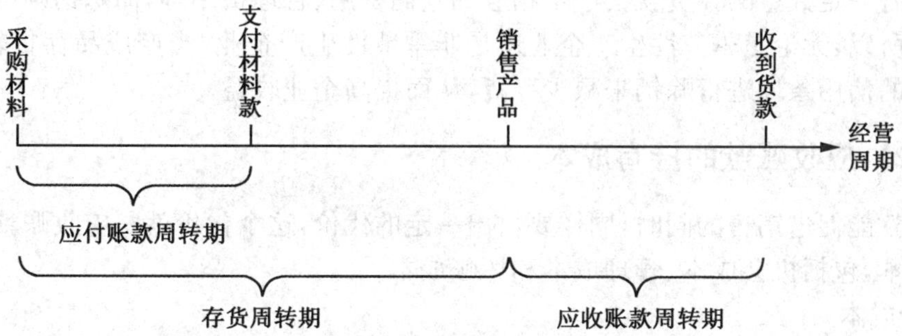

图10—7　现金周转期

2. 现金日常管理

(1)遵守现金管理的有关规定。在企业的现金管理中，企业需按规定使用现金。这些规定主要包括：规定了现金的使用范围和库存现金限额；不得坐支现金；不得出租、出借银行账户，不得签发空头支票和远期支票，不得套用银行信用；不得保存账外公款等。

(2)加强现金收支管理。现金收支管理的目的在于提高现金使用率，为达到这一目的，应当注意做好以下几个方面工作：

①力争现金流量同步。现金流量同步是指企业尽量使现金流入与流出所发生的时间和数额趋于一致，从而使交易现金的数额降低到最低水平，以节约现金和有价证券之间的转换成本。

②使用现金浮游量。现金浮游量是指企业账户上的现金数额与银行账户上的存款数额之间的差额。如果企业能正确预测现金浮游量并加以利用，则可以节约大量现金；当然，若预测失误，就可能会发生透支。

③推迟应付款的支付。推迟应付款的支付，是指企业在不影响自己信誉的前提下，尽可能地推迟应付款的支付期，充分运用供货方所提供的信用优惠。

10.3　应收账款管理

应收账款是企业流动资产的重要组成部分，是指企业因对外赊销产品、材料、提供劳务等而应向购货或接受劳务的单位收取的款项。

10.3.1　应收账款管理的意义

应收账款管理就是分析赊销的条件，使赊销带来的盈利增加大于应收账款投资产生的成本费用增加，最终使企业现金收入增加，企业价值上升。应收账款的功能指其在生产经营中的作用。主要有以下两个方面：

1. 增加销售

在激烈的市场竞争中，赊销作为企业促销的一种销售手段，通常情况下可有效地促进销售，增加销售。因为企业提供赊销不仅向顾客提供了商品，也在一定时间内向顾客提供了购买该商品的资金，顾客将从赊销中得到好处。

2. 减少存货

企业持有一定数量的存货就会产生相应的仓储费用、管理费用等，而赊销则可避免这些成本的发生。所以，无论是季节性生产企业还是非季节性生产企业，当产成品存货较多时，一般会采用优惠的信用条件进行赊销来减少存货，从而提高企业收益。

10.3.2 应收账款的持有成本

应收账款能促进销售的同时，同样要付出一定的代价，这个代价就是应收账款的成本。应收账款的成本，包括机会成本、管理成本和坏账成本。

1. 机会成本

应收账款相当于企业提供给客户的商业信用，会占用企业一定量的资金，如果企业不把这部分资金投放于应收账款，便可以用于投资并从中获得收益。这种因将资金投放于应收账款而丧失的投资收益，称为应收账款的机会成本。应收账款机会成本的大小通常与企业维持赊销业务所需要资金数额的高低以及资本成本的大小有关。应收账款机会成本可用公式表示：

应收账款机会成本＝应收账款占用资金×机会成本率

(1)应收账款平均余额＝(年应收账款/360)×应收账款周转期

＝平均每日赊销额×应收账款周转期

(2)应收账款占用资金＝应收账款平均余额×变化成本率

综上，应收账款机会成本可按以下公式计算：

应收账款机会成本＝平均每日应收账款×应收账款周转期×变动成本率×机会成本率

【例10－5】 假设甲公司年度赊销额为360 000元，应收账款平均收账期为30天，变动成本率为60%，资本成本为10%，则应收账款机会成本可计算如下：

应收账款平均余额＝(360 000/360)×30＝30 000(元)

应收账款占用的资金＝30 000×60%＝18 000(元)

应收账款机会成本＝18 000×10%＝1 800(元)

2. 管理成本

应收账款的管理成本是指对应收账款进行日常管理时所发生的费用。主要包括：调查顾客信用状况的费用、收集各种信息的费用、账簿的记录费用、收账费用、数据处理成本、相关管理人员成本等。通常情况下，赊销额越大，应收账款越多，管理成本就越高。

3. 坏账成本

坏账成本，即因应收账款无法收回而使企业遭受的损失。企业发生坏账成本是不可避免的，坏账成本通常与应收账款的数额呈同方向变动，即应收账款越高，坏账成本越大。坏账成本可用公式表示如下：

应收账款的坏账成本＝赊销额×坏账损失率

10.3.3 应收账款管理的目标

企业在采取赊销方式促进销售、增加收益的同时，会因持有应收账款而付出一定的代价。

这就需要在应收账款信用政策所增加的收益和这种政策的成本之间做出权衡。因此，应收账款管理的目标为在扩大销售的基础上，降低应收账款的成本，使扩大销售所增加的收益大于所增加的成本费用。

10.3.4　应收账款信用政策的决策

应收账款的作用主要是扩大销售和减少存货，在应收账款的管理中，应收账款所发挥的作用大小取决于企业信用政策的好坏。企业的信用政策是指企业要求客户遵守或允许客户利用的信用筹资制度，主要包括信用标准、信用条件和收账政策三部分内容。

1. 信用标准

信用标准，是指顾客有资格享用企业提供的商业信用须具备的基本条件。如果顾客达不到信用标准，便不能享受企业的信用或只能享受较低的信用优惠。如果企业的信用标准过于严格，那么大部分客户便不能享用企业提供的信用政策，这样尽管有利于降低违约风险及信用成本，但不利于企业市场竞争能力的提高和销售收入的扩大。相反，如果企业制定较低的信用标准，虽然有利于企业扩大销售，提高产品市场竞争力和占有率，但是有可能最终导致信用成本增加。显然，制定合理的信用标准对企业的应收账款的管理至关重要。

2. 信用条件

信用条件是指企业接受客户信用订单时，要求客户支付货款的基本条件，主要包括信用期间、折扣期限和现金折扣三个要素。信用条件的表现形式如 2/10、n/30，表示客户如果在发票开出后 10 天内付款，就可以享受 2%的现金折扣；如果放弃现金折扣，在发票开出后 30 天内则须付清全部款项。这里，30 天为信用期限，10 天为折扣期限，2%为现金折扣率。

(1)信用期间。信用期间是企业允许顾客从购货到付款之间的时间段，一般可简称为信用期。信用期的决策，主要是分析改变信用期对企业收入和成本的影响。一般来说，延长信用期，会使销售增加，从而对企业产生有利影响；同时，应收账款的收账费用和坏账成本会相应增加，又会对企业产生不利影响。因此，信用期间的决策是延长信用期所带来的收益大于其所增加的成本费用，才表明延长信用期是可行的；反之，则不可行。

【例 10－6】　甲公司现采用 30 天按发票金额付款的信用政策，现拟将信用期放宽至 60 天，仍按发票金额全额付款。假设风险投资的最低报酬率为 10%，其他有关数据如表 10－4 所示。

表 10－4　　**不同信用期期间的相关指标测算表**　　单位：元

项　目	信用期(30 天)	信用期(60 天)
销售量(件)	200 000	240 000
销售额(单价 2 元)	400 000	480 000
销售成本		
变动成本(每件 1.5 元)	300 000	360 000
固定成本	60 000	60 000
毛利	40 000	60 000
可能发生的收账费用	4 000	5 000
可能发生的坏账损失	6 000	7 000

在分析时，先计算新信用期所增加的收益，然后计算增加的信用成本，最后根据两者比较的结果做出判断。

①收益的增加：

收益的增加额＝(240 000－200 000)×(2－1.5)＝20 000(元)

②成本的增加：

机会成本的增加额＝(480 000/360)×60×(1.5/2)×10%－(400 000/360)×60×(1.5/2)×10%
＝1 000(元)

收账费用的增加额＝5 000－4 000＝1 000(元)

坏账损失的增加额＝7 000－6 000＝1 000(元)

③改变信用期增加的税前损益＝20 000－(1 000＋1 000＋1 000)＝17 000(元)

由于收益的增加大于成本的增加额，故应采用新的信用期60天。

【例10－7】 沿用【例10－6】中的资料，现假定信用期由30天改为60天，由于销售量的增加，平均存货水平需从10 000件增加到20 000件，每件存货成本按变动成本1.5元计算，其他情况不变。由于增添了新的存货增加因素，需在原来分析应收账款机会成本的基础上，再考虑存货增加而多占用资金所带来的机会成本。

存货增加的机会成本＝(20 000－10 000)×1.5×10%＝1 500(元)

改变信用期增加的税前收益＝20 000－(3 500＋1 000＋1 000＋1 500)＝13 000(元)

由于在新的信用条件下，改变信用期增加的税前收益仍然可以获得较多的税前收益，所以尽管会增加平均存货，仍然应该采用新的信用期60天。

(2)折扣条件。折扣条件包括现金折扣和折扣期两个方面。企业向客户提供现金折扣，对企业的影响包括：①现金折扣成本的增加，即由于给予折扣而减少的现金收入；②收益增加，现金折扣可以使平均收账期缩短，减少应收账款的信用成本，同时现金折扣可以起到扩大销售的作用，增加毛利。折扣条件的决策，应考虑提供现金折扣后所增加的收益是否大于现金折扣的成本。

【例10－8】 沿用【例10－6】中的资料，假定甲公司在延长信用期的同时，为了吸引顾客尽早付款，提出了(1/30，*n*/60)的现金折扣条件，预计有一半的顾客(按60天信用期所能实现的赊销额计算)将享受现金折扣优惠。

①收益的增加额＝(240 000－200 000)×(2－1.5)＝20 000(元)

②成本的增加：

机会成本的增加额＝(480 000×50%/360)×60×(1.5/2)×10%＋(480 000×50%/360)×30×(1.5/2)×10%－(400 000/360)×60×(1.5/2)×10%
＝2 000(元)

收账费用的增加额＝5 000－4 000＝1 000(元)

坏账损失的增加额＝7 000－6 000＝1 000(元)

现金折扣成本的增加额＝480 000×1%×50%－400 000×0×0＝2 400(元)

③改变信用期增加的税前损益＝20 000－(2 000＋1 000＋1 000＋2 400)＝13 600(元)

由于提供现金折扣仍然可以获得税前收益，因此应采用新的信用条件。

3. 收账政策

收账政策是指企业应对客户违反信用条件所采取的收账策略与措施。如果企业采取较积极的收账政策，可能会减少应收账款投资，减少坏账损失，但会因此而增加收账费用。如果采用较消极的收账政策，则可能会增加应收账款投资，增加坏账损失，但会减少收账费用。收账政策的决策是企业需要在二者之间做出适当的权衡。一般来说，可以参照评价信用标准的方法来评价收账政策。

信用标准是客户获得企业商业信用所应具备的最低条件，通常以预期的坏账损失率表示。客户预期的坏账损失率越高，其符合企业信用标准的差距就越大。影响企业信用标准的因素主要包括：

①竞争对手的情况。竞争对手越多、竞争程度越激烈，为了争取客户以扩大销售，企业可能会制定出相应较低的信用标准；反之，则会制定较高的信用标准。

②企业承担风险的能力。企业承担风险的能力是指企业规避风险、降低风险、转嫁风险、分担风险和承担风险的应对策略。企业承担风险的能力越强，信用标准制定的条件可相应低一些；反之，信用标准制定的条件可能会随其承担风险能力降低而提高。

③客户的资信程度。客户的资信程度是指客户的资金和信誉对支付赊销款的保证程度。通常可以用信用的"5C"系统来进行评估。所谓的信用"5C"系统，是评估客户信用品质的五个方面，即：品质(character)、能力(capacity)、资本(capital)、抵押(collateral)和条件(condition)。

第一，品质：品质是指个人申请人或企业申请人管理者的诚实和正直表现。品质反映了个人或企业在过去的还款中所体现的还款意图和愿望，这是5C中最主要的因素。通常要根据过去的记录结合现状调查来进行分析，包括企业经营者的年龄、文化、技术结构、遵纪守法情况，开拓进取及领导能力，有无获得荣誉奖励或纪律处分，团结协作精神及组织管理能力。

第二，能力：能力是指经营能力，通常通过分析申请者的生产经营能力及获利情况，管理制度是否健全，管理手段是否先进，产品生产销售是否正常，在市场上有无竞争力，经营规模和经营实力是否逐年增长等来评估。

第三，资本：资本是指如果企业或个人当前的现金流不足以还债，他们在短期和长期内可供使用的财务资源。企业资本雄厚，说明企业具有强大的物质基础和抗风险能力。因此，信用分析必须调查了解企业资本规模和负债比率，反映企业资产或资本对于负债的保障程度。

第四，抵押：抵押是指当企业或个人不能满足还款条款时，可以用作债务担保的资产或其他担保物。信用分析必须分析担保抵押手续是否齐备，抵押品的估值和出售有无问题，担保人的信誉是否可靠等。

第五，条件：条件是指影响申请者还款能力和还款意愿的经济环境。经济环境对企业发展前途具有一定影响，也是影响企业信用的一项重要的外部因素。信用分析必须对企业的经济环境，包括企业发展前景、行业发展趋势、市场需求变化等进行分析，预测其对企业经营效益的影响。

10.3.5 应收账款的监控

企业的应收账款应占总资产中的合理比例以及应收账款内部需保持合理的结构，因此，企业对应收账款的监控显得十分必要。对于已经发生的应收账款，企业应进一步强化日常管理工作，采取有力的措施进行分析、控制，及时发现问题，提前采取对策，避免发生坏账损失。一般情况下，可采用以下方法对企业的应收账款进行监控：

1. 平均收账期法(应收账款周转期法)

平均收账期(应收账款周转期)是衡量应收账款管理状况的一种方法。应收账款周转期将企业当前的应收账款周转期与规定的信用期限、历史趋势以及行业正常水平进行比较，可以反映企业整体的收款效率。

【例 10—9】 甲公司 20×8 年一季度应收账款平均余额为285 000元，信用条件为(n/60)，一季度内 3 个月的赊销情况为：一月份应收账款为 90 000 元；二月份应收账款为 105 000 元；三月份应收账款为 115 000 元。

平均日销售额＝(90 000＋105 000＋115 000)/90＝3 444.44(元)

应收账款周转期＝285 000/3 444.44＝82.74(天)

平均逾期＝82.74－60＝22.74(天)

一般而言，账款的逾期时间较短，收回的可能性越大，即发生坏账损失的程度相对较小；反之，收账的难度及发生坏账损失的可能性也就越大。因此，对不同拖欠时间的账款及不同信用品质的客户，企业应采取不同的收账方法，制定出经济可行的收账政策、收账方案；对可能发生的坏账损失，需提前有所准备，充分估计这一因素对企业收益的影响。对尚未过期的应收账款，也不能放松管理与监督，以防发生新的拖欠。

2. 账龄分析法

账龄分析法是衡量应收账款管理状况的另一种方法，是通过编制账龄分析表，将应收账款划分为未到信用期的应收账款和以 30 天为间隔的逾期应收账款进行排序，进而揭示应收账款的账龄结构。所谓应收账款的账龄结构，是指各账龄应收账款的余额占应收账款总额的比重。企业既可以按照应收账款总额进行账龄分析，也可以分顾客进行账龄分析。账龄分析法可以确定逾期应收账款，随着逾期时间的增加，应收账款收回的可能性变小。

【例 10—10】 已知甲公司的账龄分析表如表 10—5 所示。

表 10—5 **账龄分析表**

应收账款账龄(天)	应收账款余额(元)	占应收账款总额的比重(%)
0～30	1 000 000	62
31～60	300 000	19
61～90	200 000	12
91 以上	120 000	7
应收账款余额总计	1 620 000	100

账龄分析表比计算应收账款周转期更能揭示应收账款的变化趋势，因为账龄分析表给出了应收账款分布的模式，而不仅仅是一个平均数。应收账款周转期有可能与信用期限相一致，但是有一些账户可能拖欠很严重。因此，应收账款周转期不能明确地表现出账款拖欠情况。当各个月之间的销售额变化很大时，账龄分析表和应收账款周转天数都可能发出类似的错误信号。

10.3.6 应收账款的日常管理

在信用制度不尽完善的环境中，赊销给企业带来了较大的管理成本和坏账风险，应收账款的管理难度相应增大，因此在确定合理的信用政策之后，还要做好应收账款的日常管理工作，包括对客户的信用调查和分析评价、应收账款的催收工作等，以服务于企业的生存、发展及盈利。

1. 调查客户信用

客户信用调查是指收集和整理有关客户信用状况的资料的工作。信用调查是企业应收账款日常管理的基础,是正确评价客户信用的前提条件,是指调查人员通过与被调查单位进行直接接触,通过当面采访、询问、观看等方式获取信用资料的一种方法。

2. 评估客户信用

收集信用资料后,需要对信用资料进行分析与评价。企业通常采用“5C”系统来评价,并对客户信用进行等级划分。在信用等级方面,目前主要有两种:一种是三类九等,即将企业的信用状况分为 AAA、AA、A、BBB、BB、B、CCC、CC、C 九级,其中 AAA 为信用最优等级,C 为信用最低等级。

3. 收账的日常管理

应收账款发生后,企业应采取各种措施,尽量争取按期收回款项,否则会因拖欠时间过长而发生坏账,使企业蒙受损失。因此,企业必须在对收账的收益与成本进行比较分析的基础上,制定切实可行的收账政策。通常企业可以采取寄发账单、电话催收、派人上门催收、法律诉讼等方式进行催收应收账款,然而催收账款要发生费用,某些催款方式的费用还会很高。一般说来,收账的花费越大,收账措施越有力,可收回的账款应越多,坏账损失也就越小。

4. 建立应收账款坏账准备制度

无论企业采取何种严格的信用政策,只要有商业信用行为的存在,坏账损失必然是在所难免的,所以企业应建立完备的坏账准备金制度,这既是应收账款管理的重要内容之一,也是保障企业能稳定发展的重要手段。

5. 建立应收账款的信用保险

企业的坏账是必然要发生的,但由于受到法律和制度的影响,其所能提取的坏账准备金是非常有限的,不可能弥补重大的坏账损失,为了避免企业可能遭受的意外伤害,导致其无法正常经营,企业也可以对客户的付款信用进行投保,这种方法在西方企业常被采用。一般信用保险主要是非正常损失险,既可以一家企业单保,也可以多家企业联保。

10.4 存货管理

存货是企业一项重要的流动资产,在流行资产中所占的比重较大,是指企业在日常活动中持有以备出售的产成品或商品、处在生产过程中的在产品、在生产过程或提供劳务过程中耗用的材料和物料等。存货管理水平的高低直接影响着企业的生产经营能否顺利进行,并最终影响企业的收益、风险等状况。因此,存货管理是财务管理的一项重要内容。

10.4.1 存货的意义

如果工业企业能在生产投料时随时购入所需的原材料,或者商业企业能在销售时随时购入该项商品,就不需存货。但实际上,企业总有储存存货的需要,企业持有存货的意义主要包括:

1. 防止停工待料

适量的原材料存货和在制品、半成品存货是企业生产正常进行的前提和保障。供货方的生产和销售往往会因某些原因而暂停或推迟,从而影响企业材料的及时采购、入库和投产。与此同时,有适量的半成品储备,能使各生产环节的生产调度更加合理,各生产工序步调更为协调、紧密,不至于因等待半成品而影响生产。可见,适量的存货能有效防止停工待料事件的发生,维持生产的连续性。

2. 扩大销售

一定数量的存货储备有利于扩大企业的销售以及适应市场变化的能力。当企业市场需求量增加时,若产品储备不足就有可能失去销售良机。同时,由于顾客为节约采购成本和其他费用,也可能形成批量采购,因此,企业保持一定数量的存货有利于市场销售。

3. 降低存货成本

零星采购物资的价格往往较高,企业采取批量集中进货,可获得较多的商业折扣。一般情况下,当企业进行采购时,进货总成本与采购物资的单价和采购次数有密切关系。而许多供应商为鼓励客户多购买其产品,往往在客户采购量达到一定数量时,给予价格折扣,所以企业通过大批量集中进货,既可以享受价格折扣,降低购置成本,也因减少订货次数,降低了订货成本,使总的进货成本降低。

4. 维持均衡生产

有些企业产品属于季节性产品或者需求波动较大的产品,若根据需求状况组织生产,则可能有时生产能力得不到充分利用,有时又超负荷生产,造成产品成本的上升。为了降低生产成本,实现均衡生产,就要储备一定的产成品存货,并应相应地保持一定的存货。

10.4.2 存货管理的目标

企业持有充足的存货,有利于生产过程的顺利进行,节约采购费用与生产时间而且能够迅速地满足客户各种订货的需要,从而为企业的生产与销售提供较大的机动性,避免因存货不足带来的机会损失。然而,存货的增加必然会导致存货成本的增加,从而影响企业的盈利能力。因此,存货管理的目标,就是在保证生产或销售经营需要的前提下,最大限度地降低存货成本。

10.4.3 存货的持有成本

企业取得存货的方式主要包括外购和自制两个方面,这里主要讨论外购存货的决策。在实务中,与存货有关的成本有很多类别,但是与存货决策相关的成本主要包括以下三类:

1. 取得成本

取得成本,又称进货成本,是指为取得某种存货而支出的成本,主要由订货成本和购置成本构成。

(1)订货成本。订货成本,也称进货费用,指企业为组织进货而发生的费用,如办公费、差旅费、邮资、电报电话费、运输费等支出。订货成本按其与订货次数的关系可分为固定性订货成本和变动性订货成本两类。其中,固定性订货成本与订货次数无关,是指在一定时期内(通常指一年),其总额固定不变的成本,如常设采购机构的基本开支、折旧费等。变动性订货成本则与订货次数成正比,是指在一定时期,其总额随订货数量的增加而增加的成本,如差旅费、邮资、电报电话费等。订货成本可用公式表示为:

$$\text{订货成本}=F_1+(D/Q)\times K$$

其中,F_1 表示固定性订货成本;D 表示存货的全年需要量;Q 表示单次订货批量;K 表示单位变动性订货成本。

(2)购置成本。购置成本也称采购成本,是指为购买存货本身所支出的成本,即存货本身的价值,数量上等于采购单价与数量的乘积。在一定时期进货总量既定、物价水平不变的条件下，如果没有采购数量折扣，则购置成本固定不变，与每次订货量无关，属于决策无关成本；如果存在采购数量折扣，则每次订货量越大，一定时期购置成本越低；每次订货量越小，一定时期购置成本越高，此时的购置成本属于决策相关成本。购置成本可用公式表示为：

$$\text{购置成本} = DU$$

其中，U 表示存货的采购单价。

综上，存货取得成本的公式可表示为：

$$\text{取得成本 } TC_a = F_1 + (D/Q) \times K + DU$$

2. 储存成本

储存成本指为储存存货而发生的成本。按照与储存数额的关系，储存成本可以分为固定性储存成本和变动性储存成本两类。其中，固定性储存成本与存货储存数额的多少无关，如仓库折扣、仓库职工的固定月工资等，该类成本与订货批量无关，属于决策的无关成本。而变动性储存成本与订货批量成正比，如存货占用资金的机会成本、存货的破损和变质损失、存货的保险费用等。属于决策的相关成本，储存成本（TC_c）可用公式表示为：

$$TC_c = F_2 + (Q/2) \times K_c$$

其中，F_2 表示固定性储存成本；K_c 表示单位变动性储存成本。

3. 缺货成本

缺货成本是指由于存货供应中断而给企业造成的损失，包括材料供应中断造成的停工损失、产成品库存缺货造成的拖欠发货损失和丧失销售机会的损失。TC_s 缺货成本是否作为决策的相关成本，要视企业是否允许出现存货短缺而定。若允许缺货，则缺货成本即属于决策相关成本；反之，若企业不允许发生缺货情形，此时缺货成本为零。

用 TC 表示储备存货的总成本，则存货总成本可用公式表示如下：

$$TC = F_1 + (D/Q) \times K + DU + F_2 + (Q/2) \times K_c + TC_s$$

10.4.4　存货的经济订货量

经济订货量是指在保证企业正常的生产经营需要的前提下，能够使一定时期存货相关成本最低的订货量。

1. 经济订货模型

在存货管理中，我们用经济订货模型来确定企业的经济订货量，即最佳存货订货量。

(1)经济订货模型的假设条件。经济订货模型的建立需要一系列假设条件，这些假设条件包括：

①企业能够及时补充存货，需要订货时便可立即取得存货，即瞬时供货。

②能集中一次性到货，而不是陆续入库，存货的耗用或销售比较均衡。

③不允许缺货，即无缺货成本。

④存货需求量固定不变，并且能预测。

⑤存货单价固定不变，且不存在数量折扣。

⑥企业现金充足，不会因现金短缺而影响进货。

⑦所需存货市场供应充足，不受其他货物影响。

在以上假设前提的基础上，存货的相关总成本可以进一步简化为：

$$TC = F_1 + (D/Q) \times K + DU + F_2 + (Q/2) \times K_c$$

(2)经济订货量的计算。在以上假设前提下，与订货批量相关的存货成本只包括变动性订货成本和变动性储存成本。随订货批量的变化，变动性订货成本与变动性储存成本呈相反方向变化，订货批量增加，变动性订货成本减少而储存成本增加；反之，订货批量减少，变动性订货成本增加而变动性储存成本减少。经济订货量的确定如图 10－8 所示。

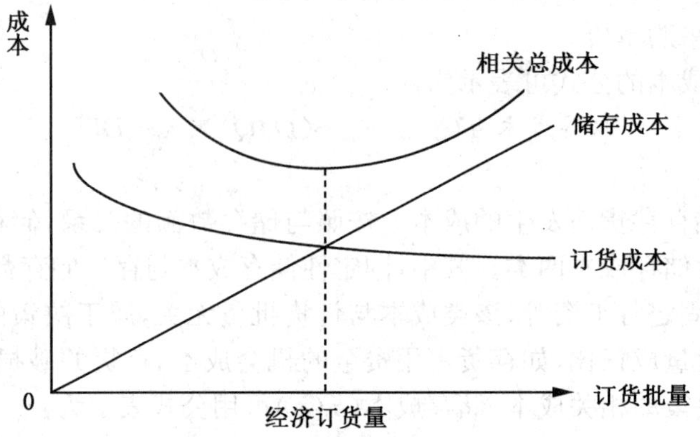

图 10－8　存货成本与经济订货量

与经济订货量决策相关的存货成本可用下列公式表示：

$$TC=\frac{D}{Q}K+\frac{Q}{2}K_C$$

对上式求其一阶导数，并令一阶导数等于零，可求出经济订货量(Q^*)的公式如下：

$$Q^*=\sqrt{2DK/K_C}$$

经济订货量下的存货相关成本公式：

$$TC=\sqrt{2DKK_C}$$

【例 10－11】 甲公司每年耗用某种存货3 600千克，每千克单位成本为 10 元，单位存储成本为 2 元，单次订货成本 25 元。则：

$Q^*=\sqrt{2\times3\ 600\times25/2}=300$(千克)

2. 经济订货模型的扩展

经济订货批量的基本模型是在前述各假设条件下建立的，然而能够满足这些假设条件的情况并不常见。为使模型更接近于实际情况，放宽基本模型的假设条件，以提高其适用性。

(1)再订货点。一般情况下，企业的存货不能做到随用随时补充，因此需要在全部库存量耗用完之前，提前订货。再订货点是指在提前订货的情况下，为确保存货用完时订货刚好到达，企业再次发出订货单时应保持的存货库存量，用 R 来表示。再订货点在数量上等于交货时间(指从发出订单至到货验收入库为止所需的时间)和每日平均需用量的乘积：

$$R=L\times d$$

其中，L 表示平均交货期，d 表示平均每日存货需要量。

【例 10－12】 依【例 10－11】，每日存货需要量 3 600÷360＝10 千克，如果交货时间为 10 天，那么：

$R=10\times10=100$(千克)

即企业在尚存 100 千克存货时，就应该再次提出订货，等到下批订货到达时(再次发出订货单 10 天后)，原有库存刚好用完。

(2)实行数量折扣的经济订货量。为了鼓励客户购买更多的商品，企业通常会给予客户数量折扣。此时存货的购置成本与进货数量有关，采购数量越多，所获得的价格优惠越大。这时的存货购置成本便属于决策的相关成本。存在数量折扣时的存货相关总成本可按下式计算：

存货相关总成本＝订货成本＋购置成本＋储存成本

即

$$TC=(D/Q)K+DU+(Q/2)K_C$$

【例 10－13】 甲公司某种存货年需要量 900 千克，每次订货成本 300 元，单位商品的年储存成本 6 元。卖方的数量折扣如下：客户每批购买量在 200 千克以下(含 200 千克)的，按照销售价格 10 元计算；每批购买量在 200～400 千克之间，价格优惠 5%；每批购买量在 400 千克以上(含 400 千克)的，价格优惠 10%。试问甲公司的经济订货量。

①首先，计算基本模型下的经济订货量。

$Q^*=\sqrt{2\times900\times300/6}=300$(千克)

②其次，计算每个数量折扣范围内最佳订货量的相关成本，从中选择相关成本最低的订货量。

$TC(200)=900\times10+(200/2)\times6+(900/200)\times300=10\ 950$(元)

$TC(300)=900\times10\times(1-5\%)+(300/2)\times6+(900/300)\times300=10\ 350$(元)

$TC(400)=900\times10\times(1-10\%)+(400/2)\times6+(900/400)\times300=9\ 975$(元)

通过比较不同数量折扣范围内的最佳订货量的相关成本，当每次订货 400 千克时，相关总成本最低，因此，经济订货量为 400 千克。

(3)存货陆续供应。存货基本模型是假设存货一次全部入库，实际上，存货的入库不一定会全部入库，也有可能是陆续入库。尤其是产成品入库和半成品转移，基本上都是陆续供应和陆续耗用的。在这种情况下经济订货量的确定，便需要对基本模型做一些修正。

设每批订货量为 Q，每日送货量为 P，故该批货物全部送达所需日数为 Q/P，称之为送货期。每日耗用量为 d，故送货期内的全部耗用量为 $(Q/P)\times d$。由于货物边送边用，因此，送货期内的平均库存量应为 $1/2[Q-(Q/P)\times d]$，在存货陆续供应时，与订货批量有关的总成本为：$TC(Q)=(D/Q)K+1/2[Q-(Q/P)\times d]\times K_C$，此时的存货经济量可用公式表示如下：

$$Q^*=\sqrt{(2DK/K_C)\times P/(P-d)}$$

经济订货量 Q^* 对应的相关总成本为：

$$TC(Q)=\sqrt{2DKK_C\times(1-d/P)}$$

【例 10－14】 甲公司某种存货年需用量(D)为 3 600 千克，每日送货量(P)为 30 千克，每日耗用量(d)为 10 千克，单件(U)为 10 元，一次订货成本(生产准备成本)(K)为 25 元，单位存储变动成本(K_C)为 2 元。则经济订货量及相关总成本为：

$Q^*=\sqrt{(2\times3\ 600\times25/2)\times30/(30-10)}=367$(千克)

$TC(Q)=\sqrt{(2\times25\times3\ 600\times2)\times(1-10/30)}=490$(元)

3. 保险储备

(1)保险储备的含义。以上讨论是假定存货的供需稳定，即每日需求量不变，交货时间也固定不变。实际上，每日需求量可能变化，交货时间也可能变化。按照某一订货批量(如经济订货批量)和再订货点发出订单后，如果需求增大或送货延迟，就会发生缺货或供货中断。为防止由此造成的损失，企业应设置一定的保险储备。在交货期内，如果对存货的需求量增加，或者交货时间因各种原因延长，企业就可能会出现缺货。保险储备的存在不会影响经济订货批量的计算，但会影响再订货点的确定。为防止存货的中断，此时的再订货点应为交货期内的预计需求与保险储备之和，即：

再订货点＝预计交货期内的需求＋保险储备

【例 10－15】 甲公司某种存货的年需用量(D)为3 600件，经济订货量为 300 件，平均每次交货时间(L)为 10 天。为防止需求变化引起缺货损失，设保险储备量(B)为 100 件，再订货点 R 由此而相应提高为：

再订货点 R ＝交货时间×平均日需求＋保险储备

＝10×(3 600/360)＋100＝200(件)

(2)保险储备的决策。设置保险储备量是为防止需求变化所引起的缺货损失，然而，设置过多的保险储备量，会发生较多的储存成本；设置过少的保险储备量，可能会使企业发生缺货成本。因此，最佳的保险储备量应该是保险储备量的储存成本与缺货成本之和最低。

【例 10－16】 甲公司某存货的年需要量 D＝3 600 件，单位储存变动成本 K_c＝2 元，单位缺货成本 K_c＝5 元，交货时间 L＝10 天；经济订货量 Q＝300 件。交货期内的存货需要量及其概率分布如表 10－6 所示。

表 10－6　　交货期内的存货需要量及其概率分布

需要量(10×d)	50	60	70	80	90	100	110
概率(P)	0.01	0.04	0.20	0.50	0.20	0.04	0.01

(1)交货期内的存货平均需求量＝50×0.01＋60×0.04＋70×0.20＋80×0.50＋90×0.20＋100×0.04＋110×0.01

＝80(件)

(2)计算不同保险储备量下的相关总成本：

①设保险储备量(B)为 0 件，则再订货点为 80，此时的：

缺货数量＝(90－80)×0.20＋(100－80)×0.04＋(110－80)×0.01＝3.1(件)

相关总成本＝3.1×5×(3 600/300)＋0×2＝186(元)

②设保险储备量(B)为 10 件，则再订货点为 90，此时的：

缺货数量＝(100－90)×0.04＋(110－90)×0.01＝0.6(件)

相关总成本＝0.6×5×(3 600/300)＋10×2＝56(元)

③设保险储备量(B)为 20 件，则再订货点为 100，此时的：

缺货数量＝(110－100)×0.01＝0.1(件)

相关总成本＝0.1×5×(3 600/300)＋20×2＝46(元)

③设保险储备量(B)为 30 件，则再订货点为 110，此时的：

缺货数量＝(110－110)×0.01＝0(件)

相关总成本＝0×5×(3 600/300)＋30×2＝60(元)

通过比较不同保险储备量下的相关总成本，总成本为 46 元时最低，20 件为最佳保险储备量。

10.4.5 存货的日常管理与控制

1. 存货的日常管理

(1)建立存货采购业务的预算管理。企业应当建立并完善采购业务的预算管理制度,对于预算以外的采购项目,应当明确审批权限,由审批人根据其职责和权限以及企业的实际需要进行审批。

(2)采购的控制与审批管理。企业的采购与验收的管理制度中,应对采购方式的确定、供应商的选择以及验收程序等做出明确规定,确保采购过程的透明化。同时,企业也应当建立退货管理制度,对退货条件、退货手续等做出明确规定,及时回收退货货款。

(3)存货的储存管理。企业应根据存货管理制度,对企业的存货进行定期与不定期的盘点,若盘点结果与账面记录不符,应及时查明原因,及时处理。

(4)通过预算管理,确定合理的存货规模。

2. 存货的控制

存货管理不仅需要各种模型帮助确定适当的存货水平,还需要建立相应的存货控制系统。传统的存货控制系统有定量控制系统和定时控制系统两种。定量控制系统是指当存货下降到一定水平时即发出订货单,订货数量是固定的和事先决定的。

(1)ABC 控制系统

企业存货品种繁多,尤其是大中型企业的存货往往多达上万种甚至几十万种。实际上,不同的存货对企业财务目标的实现具有不同的作用。有的存货尽管品种数量很少,但金额巨大,如果管理不善,将给企业造成极大的损失。相反,有的存货虽然品种数量繁多,但金额微小,即使管理当中出现一些问题,也不至于对企业产生较大的影响。因此,无论是从能力还是经济角度,企业都不可能也没有必要对所有存货不分巨细地严加管理。ABC 控制系统就是按照一定的标准,将企业的存货划分为 A、B、C 三类,分别实行分品种重点管理、分类别一般控制和按总额灵活掌握的存货管理方法。ABC 控制系统依据其重要程度、价值大小或者资金占用等标准分为三大类:A 类高价值存货,品种数量约占整个存货的 10%~15%,但价值约占全部存货的 50%~70%;B 类中等价值存货,品种数量约占全部存货的 20%~25%,价值约占全部存货的 15%~20%;C 类低价值存货,品种数量多,约占整个存货的 60%~70%,价值约占全部存货的 10%~35%。针对不同类别的存货分别采用不同的管理方法,A 类存货应作为管理的重点,实行重点控制、严格管理;而对 B 类和 C 类存货的重视程度则可依次降低,采取一般管理。

(2)适时制库存控制系统

适时制库存控制系统又称零库存管理、看板管理系统。它最早是由丰田公司提出并将其应用于实践,是指制造企业事先与供应商和客户协调好:只有当制造企业在生产过程中需要原料或零件时,供应商才会将原料或零件送来;每当产品生产出来就被客户拉走。这样,制造企业的存货持有水平就可以大大下降,企业的物资供应、生产和销售形成连续的同步运动过程。显然,适时制库存控制系统需要的是稳定而标准的生产程序以及诚信的供应商,否则,任何一环出现差错都将导致整个生产线的停止。目前,已有越来越多的企业利用适时制库存控制系统减少甚至消除对存货的需求,即实行零库存管理,比如沃尔玛、丰田、海尔等。适时制库存控制系统进一步的发展被应用于企业整个生产管理的过程中——集开发、生产、库存和分销于一体,大大提高了企业运营管理效率。

延伸阅读材料

戴尔公司的"零库存"

戴尔公司的成功主要来自零库存。然而,零库存并不意味着没有库存。像戴尔这样的组装企业,没有库存意味着无法生存。只不过戴尔的库存很低,周转很快,并且善于开发与供应商的战略伙伴关系,所以其低库存被视为零库存。戴尔目前的库存量相当于4天的出货量,而IBM为20天,惠普为28天。显然,低库存使戴尔手头拥有大量现金,从而获得了巨大的竞争优势。戴尔的成功说明,追求零库存能够降低企业的存货成本,提高企业的竞争优势。而与供应商建立一种良性的供应关系,是实现零库存的重要前提。

下面我们通过了解戴尔公司的经营特点,对其零库存的成功经验进行剖析。

1. 根据订单生产

在戴尔公司,它所生产的每一个产品都是有订单的,它通过成熟的网络,每20秒就整合一个订单。所有客户要通过订单提前确定,随后由戴尔的生产线装配。

按订单生产不仅可以减少经营者资金占用的风险,还可以预防巨大的降价风险。按订单生产的精髓在于速度,优势体现在库存成本低,甚至是无库存。特别是在计算机行业,产品更新迅速、价格波动频繁,这使戴尔的按订单生产,而不是按销售预测数字生产的优势体现得淋漓尽致。

2. 高效的库存作业

2000年,戴尔公司总裁迈克尔决定在奥斯汀附近新建一个装配工厂,他要求新工厂的目标是人均产量翻一番。至于如何做到这一点,迈克尔没有任何提示,他只是告诉手下:"我不想再看到这么多的零部件和电脑成品堆在工厂里,占用场地和人力。"2003年,戴尔的愿望完全实现:新工厂的占地面积比原来小了一半,产量却猛增了3倍多,平均每天可组装2.5万台电脑。戴尔公司的作业效率是如何提高的呢?究其原因,主要有以下几点:

(1)只做最直接的工序,没有多余的动作。

(2)新装配件的自动化程度更高。虽然工人装配电脑的程序和过去大致一样,但他们经手接触电脑的次数只有13次,几乎比对手少了一半。

(3)客户发出指令后不到1分钟,装配厂的电脑控制中心就会收到订货信息,然后向配件供应商预定有关零部件,并在收到零部件后直接指示工人投入生产。

(4)省去了批发、零售等环节的开销,每台电脑的成本因此下降50美元左右。

(5)过去,戴尔公司的电脑成品是先运到一个转运中心,然后再分给不同工种来进行作业。而现在,其成品直接从装配线装上货车,仅此一项就砍掉了25万平方英尺的大仓库,还大大节约了交货时间。

3. 通畅的信息

戴尔公司非常重视与客户、供应商及其他合作伙伴之间的信息沟通。一方面,戴尔在美国的总公司可以超越地域的局限,通过网络与设在世界各地的工厂进行及时沟通,了解客户订单的情况。通过强化信息优势,戴尔整合了供应商库存协作关系,并在实践中成功地磨合出了供应商的送货能力。流畅的信息促进了戴尔公司与供应商培植紧密的协作关系,保证为客户提供精确的库存。在供应链管理中,戴尔作为链主,其主要的分工是凝聚订单;供应商则及时供货,提供与电脑相关的配件。另一方面,利用互联网,戴尔可以面对个性化的客户,并提供符合其需要的个性化服务,如提供针对财务部门的应用服务、针对销售部门的应用服务等,这样使戴尔能够成功地凝聚有特殊需求的客户群体。正因为戴尔与客户之间没有中间环节,可以很好地了解客户的需要,生产的产品第二天就可以发货,几天之内就到客户的手中。客户有什么问题,马上能够反馈到戴尔,以便迅速加以改进。流畅的信息使得戴尔能够对客户需求和市场趋势做出正确反应和预测。可见,戴尔能够做到业界最低的库存,最重要的是源于真实的客户信息。

4. 效率第一的装配线

走进美国戴尔的装配工厂,人们可以看到楼梯旁挂着一排排专利证书,它们似乎在告诉每一位参观者:以直销起家的戴尔并不仅仅只是一个把别人生产的零部件拼装在一起的装配商。仔细看看那些证书就会发现，这些发明创造的重点不在于新产品的开发，而是加工装配技术的革新，比如流程的提速、包装机的自动控制等。它们体现的是戴尔模式的精髓：效率第一。因此，如果你猜测戴尔的工厂现在是满负荷运转的话，那你是对的。罗林斯说："我们要求生产人员将产量提高两倍，他们做到了。"戴尔补充说："我们需要产能。这里的工厂是一周7天连轴转。"戴尔工厂的作业效率是很高的，从进料到产品下线，其包装全都在一个足球场大的车间里进行。戴尔的产品经过测试后，可以打包装箱，直接运往客户手中。一台PC机从原料进厂到打包离厂只要五六个小时的时间。

5. 供应商就近布局

戴尔的零库存是建立在对供应商库存的使用或者借用的基础上。为了方便给戴尔送货，供应商在戴尔工厂附近租赁仓库来储存配件，以保证及时完成送货。戴尔通过对供应商库存的充分利用来降低自己的库存，并把主要精力放在订单上。而戴尔公司的成品管理则完全采取订单式，用户下单，戴尔组装送货。由于戴尔采取了以信息技术为基础的订单制度，在库存管理方面基本上实现了完全的零库存。戴尔的生产威力还不止于此。该公司还敦促其供应商——从驱动器生产商到英特尔——尽可能地使自己的库存接近戴尔生产的水平。能够与这些供应商分担(也就是转嫁给供应商)的成本，尽量让它们来分担。

6. 与供应商分享利益

戴尔零库存目标的实现主要依赖于戴尔的强势品牌、供应商的配合以及合理的利润分配机制的整合等。戴尔为了与供应商建立良好的战略合作伙伴关系，在多方面照顾供应商的利益，支持供应商的发展。首先，在利润上，戴尔除了要补偿供应商的全部物流成本(包括运输、仓储、包装等费用)，还要让其享受供货总额3%～5%的利润，这样供应商才能有发展机会。其次，在业务运作上，为避免因零库存导致采购成本上升，戴尔向供应商承诺长期合作，即一年内保证预定的采购额。一旦采购预测失误，戴尔就把消化不了的采购额转嫁到别的工厂，以尽可能减轻供应商的压力，保证其利益。

同步测试

一、单项选择题

1. 持有过量现金可能导致的不利后果是(　　)。

A. 财务风险加大　　B. 收益水平下降
C. 偿债能力下降　　D. 资产流动性下降

2. 在营运资金管理中，企业将"从收到尚未付款的材料开始，到以现金支付该货款之间所用的时间"称为(　　)。

A. 现金周转期　　B. 应付账款周转期
C. 存货周转期　　D. 应收账款周转期

3. 在其他条件相同的情况下，下列各项中，可以加速现金周转的是(　　)。

A. 减少存货量　　B. 减少应付账款
C. 放宽赊销信用期　　D. 利用供货商提供的现金折扣

4. 某企业以长期融资方式满足非流动资产、永久性流动资产和部分波动性流动资产的需要，短期融资仅满足剩余的波动性流动资产的需要，该企业所采用的流动资产融资战略是(　　)。

A. 激进融资战略　　B. 保守融资战略
C. 折中融资战略　　D. 期限匹配融资战略

5. 某公司在融资时，对全部固定资产和部分永久性流动资产采用长期融资方式。据此判断，该公司采取的融资战略是(　　)。

A. 激进融资战略　　B. 保守融资战略
C. 折中融资战略　　D. 期限匹配融资战略

二、判断题

1. 在随机模型下，当现金余额在最高控制线和最低控制线之间波动时，表明企业现金持有量处于合理区域，无须调整。 ( )

2. 根据期限匹配融资战略，固定资产比重较大的上市公司主要应通过自发负债、长期负债和发行股票筹集资金。 ( )

3. 存货管理的目标是在保证生产和销售需要的前提下，最大限度地降低存货成本。 ( )

三、计算分析题

假设某公司根据现金流动性要求和有关补偿性余额的协议，该公司的最低现金余额为 10 000 元，有价证券年利率为 10%，每次证券转换的交易成本为 200 元，公司每日现金波动的情况如表 10—7 所示：

表 10—7

概　率	现金余额(元)
0.2	10 000
0.5	40 000
0.3	100 000

一年按 360 天计，公司利用随机模型进行现金持有量的管理。

要求：

(1)计算最优现金返回线和现金存量的上限。(结果取整数)

(2)若此时现金余额为 25 万元，应如何调整现金？

(3)若此时现金余额为 28 万元，应如何调整现金？

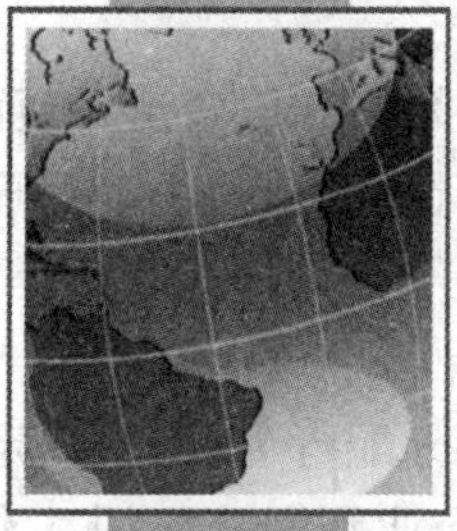

第十一章 利润分配决策

学习目标

1. 了解股利分配的内容、利润分配的原则、利润分配的程序以及股利支付的类别和股利支付的程序。

2. 理解影响股利分配的因素。

3. 理解股利理论和股利政策的原理，并能根据企业的具体情况选择适用的股利理论和股利政策。

4. 掌握股票股利、股票回购以及股票分割对企业财务管理的影响，并能应用于实践。

案例 11－1

恩华药业的股利分配

2013 年 5 月 28 日，江苏恩华药业股份有限公司（股票简称：恩华药业）董事会发布了 2012 年度权益分派实施公告，内容如下：

江苏恩华药业股份有限公司 2012 年度权益分派方案已获 2013 年 5 月 22 日召开的 2012 年年度股东大会审议通过。利润分配方案为：

(1)以公司现有总股本 234 000 000 股为基数，向全体股东每 10 股送红股 2.5 股，派现金股利 0.80 元(含税；扣税后，QFII、RQFII 以及持有股改限售股、新股限售股的个人和证券投资基金每 10 股派 0.47 元；持有非股改、非新股限售股及无限售流通股的个人和证券投资基金股息红利税实行差别化税率征收，先按每 10 股派 0.635 元，权益登记日后根据投资者减持股票情况，再按实际持股期限补缴税款；对于 QFII、RQFII 外的其他非居民企业，本公司未代扣代缴所得税，由纳税人在所得发生地缴纳)。同时，以资本公积金向全体股东每 10 股转增 1.5 股。

(2)分红前本公司总股本为 234 000 000 股，分红后总股本增至 327 600 000 股。

(3)权益分派股权登记日为 2013 年 6 月 4 日，除权除息日为 2013 年 6 月 5 日。

(4)分派对象：截至 2013 年 6 月 4 日下午深圳证券交易所收市后，在中国证券登记结算有限责任公司深圳分公司登记在册的本公司全体股东。

(5)本次所送转股于 2013 年 6 月 5 日直接记入股东证券账户，现金股利将于 2013 年 6 月 5 日通过股东托管证券公司直接划入其资金账户。

企业派发股票股利和现金股利对股东和企业的影响是什么呢？本章的内容会告诉你答案。

11.1 利润分配概述

利润分配又称为收益分配、盈余分配，是企业按照国家有关法律、法规以及企业章程的规定，将实现的利润在国家、企业与股东之间进行分配的一种财务活动。

11.1.1 利润分配的原则

利润分配是企业财务管理中十分重要的一项工作，它不仅影响企业的筹资和投资决策，而且涉及国家、企业、投资者、职工等多方面的利益关系，为了合理组织企业财务活动和正确处理财务关系，企业在进行利润分配时应遵循一定的原则。

1. 依法分配的原则

企业有权自主分配净利润的前提是必须依法进行，为规范企业的利润分配行为，国家制定和颁布了若干法律、法规，如公司法、企业财务通则等。这些法律、法规对企业利润分配的基本要求、一般程序和重大比例等做了较为明确的规定，其目的是为了保障企业利润分配的有序进行，维护企业、所有者、债权人以及职工的合法权益。企业在利润分配的过程中需遵循依法分配的原则。

2. 分配与积累并重原则

企业进行利润分配，应正确处理长远与近期利益的辩证关系，将二者有机结合起来，坚持分配与积累并重。企业除按规定提取法定盈余公积以外，可适当留存一部分利润作为积累。这部分留存收益虽暂时未予分配，但仍归企业全体股东所有。通过处理利润分配和积累的关系，留存一部分利润以供企业未来分配之需，还可以达到以丰补歉、平抑利润分配数额波动幅度、稳定投资报酬率的效果。

3. 投资与收益对等原则

企业分配利润应当体现“谁投资谁受益”的对等原则，正确处理投资者利益关系，从根本上实现利润分配中的公开、公平、公正，保护投资者的利益，提高投资者的积极性。

11.1.2 利润分配的程序

利润分配既是对股东投资回报的一种形式，也是企业内部筹资的一种方式，利润的分配需按照我国《公司法》的有关规定按下列顺序进行：

1. 弥补以前年度亏损

按照现行税法的规定，企业如若发生年度亏损，可以用下一年度的税前利润（利润总额）进行弥补，下一年度的税前利润不足弥补的，可以在连续的 5 个年度内进行弥补，但最长不得超过 5 年。5 年内仍然未完全弥补的，可以用税后利润进行弥补。

2. 计提法定盈余公积金

提取公积金的基数，不一定是可供分配的利润，也不一定是本年的税后利润。只有不存在年初累计亏损时，才能按本年税后利润计算应提取数。法定盈余公积金的提取比例为当年税后利润的 10%，当以前年度累积的法定盈余公积金达到企业注册资本的 50%时，可以不再提取。

3. 计提任意盈余公积金

经股东会（股东大会）决议，企业还可以从税后利润中提取任意盈余公积金，以满足企业未来发展的需要。

4. 向股东（投资者）支付股利（分配利润）

公司按照上述程序弥补亏损和提取盈余公积金后的所余利润，可以向股东分配股利（利润），其中，有限责任公司按照股东实缴的出资比例分取红利（全体股东约定不按出资比例分红的除外)，股份有限公司按照股东持有的股份比例分配股利(公司章程规定不按持股比例分配的除外)。需要说明的是，当公司已发行优先股时，应当在计提法定盈余公积金之后，计提任意盈余公积金之前，向优先股股东支付优先股股利。同时，公司弥补以前年度亏损和提取公积金后，当年没有可供分配的利润时，一般不得向股东分配股利。

利润分配必须严格按照上述顺序依次进行，另外，公司持有的本公司股份不得分配利润。

11.1.3　股利支付的类别

股利是股份有限公司将税后利润向股东进行分配的形式。按具体向股东支付股利的方式，股利可分为现金股利、财产股利、负债股利和股票股利。

1. 现金股利

现金股利是股份公司在派发股利时，以现金的形式支付股利的一种分配形式。这种形式能满足大多数投资者希望得到一定数额现金收益的要求，它是股利支付的主要方式，也是股份公司最常用的股利支付方式。

我国的股份公司一般半年或者一年支付一次现金股利，支付现金股利会减少公司的留存收益，因此，支付现金股利不会增加股东的财富总额。然而，不同的股东对现金股利的偏好也不尽相同，有些股东偏好发放现金股利，而有些股东则不愿意公司发放过多的现金股利。现金股利的发放对股票价格会产生直接的影响，在除息日之后，一般来说股票价格会下降。

2. 股票股利

股票股利是股份公司在派发股利时，以股票的形式支付股利的一种分配形式。发放股票股利不会影响公司所有者权益的总额，但会使公司所有者权益的内部结构发生变化。

3. 财产股利

财产股利是股份公司以现金以外的财产作为股利，分配给股东的一种股利支付形式。常见的有实物股利和证券股利两种形式。实物股利，是指公司以实物形态的资产，作为股利支付给股东；证券股利主要是以公司所拥有的有价证券，如债券、股票，作为股利支付给股东。

4. 负债股利

负债股利是股份公司在派发股利时，以公司的应付票据、公司债券股票等负债的形式支付股利的一种分配形式。公司采用负债股利的支付形式，股东既是股权投资者，又是债权人。因此，这种股利支付形式通常是公司在已宣告发放股利而又缺少现金的情况下采用的一种权宜之计，目的是为了维护公司的信誉和股利政策的连续性。

股份有限公司派发股利的形式一般有现金股利、股票股利、财产股利和负债股利等。实际上，财产股利和负债股利也是现金股利的替代。在我国，目前只能采用现金股利和股票股利两种形式。这两种股利方式目前在我国公司实务中很少使用，但并非法律所禁止。

11.1.4　股利支付的程序

我国的股份公司通常是半年或一年派发一次股利，由于股票能够自由流通，股东及其持有的股票数量也会经常发生变化，股利支付的日期必须明确，以确保股东应享有的权益。股份公司支付股利，一般先由董事会提出股利分配的预案，再提交至股东大会决议通过后方能进行分配，具体分配程序主要有：

1. 股利宣告日

股利宣告日即公司董事会将股利支付情况予以公告的日期。公告中将宣布每股支付的股利、股权登记期限、股利支付日期等事项。

2. 股权登记日

股权登记日是有权领取本期股利的股东有资格登记的截止日期。只有在股权登记日前在公司股东名册上登记的股东,才有资格分配本次股利。

3. 除息日

除息日也称除权日,即除去股利的日期,也就是该日交易的股票已被除息处理,不再享有分配股利的权利。一般来说,股权登记日的下一个交易日为除息日。

4. 股利支付日

股利支付日即向股东发放股利的日期。

【例 11-1】 假定甲公司 2017 年 11 月 30 日对外发布公告:"本公司董事会于 2017 年 11 月 30 日的会议上决定,本年度发放每股 2 元的现金股利,本公司将于 2018 年 3 月 5 日将上述股利支付给已在 2017 年 12 月 31 日登记为本公司股东的全体投资者。"

本例中,2017 年 11 月 30 日为股利宣告日;2017 年 12 月 31 日为股权登记日;2018 年 1 月 1 日为除息日;2018 年 3 月 5 日为股利支付日。

11.2 股利分配理论与股利政策

股利分配作为财务管理的一部分,要符合企业价值最大化目标的要求。股利往往可以向市场传递一些信息,股利发放的多寡、是否稳定、是否增长等,往往是大多数投资者推测公司经营状况、发展前景优劣的依据。股利理论是制定股利政策的依据,而股利政策的最终目标是使公司价值最大化。因此,股利政策关系到公司在市场上、在投资者中间的形象,成功的股利政策有利于提高公司的市场价值。

11.2.1 股利分配理论

企业的股利分配方案既取决于企业的股利政策,又取决于决策者对股利分配的理解与认识,即股利分配理论。股利分配理论是指人们对股利分配的客观规律的科学认识与总结,其核心问题是股利政策与公司价值的关系问题。在市场经济条件下,股利分配要符合财务管理目标。在股利分配对公司价值的影响问题上,存在着不同的观点,并形成了不同的股利理论。其中,主要包括股利无关论、股利相关论两大类。

1. 股利无关论

这一理论的提出者是美国学者莫迪利安尼(Modigliani)和米勒(Miller),因此该理论又称为 MM 理论。股利无关论认为,在一定的假设条件限制下,股利政策不会对公司的价值或股票的价格产生任何影响,投资者不关心公司股利的分配。公司市场价值的高低,是由公司所选择的投资决策的获利能力和风险组合所决定的,而与公司的利润分配政策无关。其假定条件有:第一,市场具有强式效率,没有交易成本,没有任何一个股东的实力足以影响股票价格;第二,不存在任何公司或个人所得税;第三,不存在任何筹资费用;第四,公司的投资决策与股利决策彼此独立,即投资决策不受股利分配的影响;第五,股东对股利收入和资本增值之间并无偏好。

由于公司对股东的分红只能采取派现或股票回购等方式,因此,在完全有效的资本市场上,股利政策的改变就仅仅意味着股东的收益在现金股利与资本利得之间分配上的变化。如果投资者按理性行事的话，这种改变不会影响公司的市场价值以及股东的财富。

2. 股利相关论

股利相关论与股利无关论不同。该理论认为，公司的股利政策会影响股票价格和公司价值。比较有代表性的主要观点包括以下几种：

(1)"在手之鸟"理论。该理论认为，用留存收益再投资给投资者带来的收益具有较大的不确定性，并且投资的风险随着时间的推移会进一步加大。因此，风险回避者更加偏好于确定的股利收益，而不愿将留存收益在公司内部去承担未来的投资风险。该理论认为公司的股利政策与公司的股票价格是密切相关的，即当公司支付较高的股利时，公司的股票价格会随之上升，公司价值将得到提高；反之，公司价值将会下降。

(2)信号传递理论。该理论认为，股利无关论的一些假设是不存在的。这是因为在信息不对称的情况下，公司可以通过股利政策向市场传递有关公司未来获利能力的信息，从而会影响公司的股价。一般来讲，预期未来获利能力强的公司，往往愿意通过相对较高的股利支付水平把自己同预期获利能力差的公司区别开来，以吸引更多的投资者。对于市场上的投资者来讲，股利政策的差异或许是反映公司预期获利能力的有价值的信号。如果公司连续保持较为稳定的股利支付水平，那么，投资者就可能对公司未来的盈利能力与现金流量抱有乐观的预期。

(3)所得税差异理论。所得税差异理论认为，由于普遍存在的税率以及纳税时间的差异，资本利得收益比股利收益更有助于实现收益最大化目标，公司应当采用低股利政策。一般来说，对资本利得收益征收的税率低于对股利收益征收的税率，即使两者没有税率上的差异，由于投资者对资本利得收益的纳税时间选择更具有弹性，投资者仍可以享受延迟纳税带来的收益差异。因此，投资人更偏好资本利得而不是现金股利。即使股利与资本利得按相同的税率征税，由于资本利得税可以推迟至股票实际出售时缴纳，这就降低了税赋的现值，使资本利得的有效税率更低。因此，投资者倾向于企业少发股利，以期望通过减少应税收入的实际税率和推迟税收支付从而使税后收益更高。

(4)代理理论。代理理论认为，股利政策有助于减缓管理者与股东之间的代理冲突，即股利政策是协调股东与管理者之间代理关系的一种约束机制。该理论认为，股利的支付能够有效地降低代理成本。首先，股利的支付减少了管理者对自由现金流量的支配权，这在一定程度上可以抑制公司管理者的过度投资等行为，保护了外部投资者的利益；其次，发放较多的现金股利，从而减少企业内部的融资数额，公司便会进入资本市场寻求外部融资，进而使得公司将接受资本市场上更多的、更严格的监督，这样便通过资本市场的监督减少了代理成本。因此，高水平的股利政策降低了企业的代理成本，但同时增加了外部融资成本，理想的股利政策应当使两种成本之和最小。

11.2.2 股利政策

股利政策的不同对公司的影响是双重的，根据普通股股利固定增长模型的原理($P=D_1/K-g$)可知，公司增加股利支付的数额会使 D_1 上升，从而提高股票价格；同时，股利增加会导致再投资的留存收益减少，股利未来的增长率便相应降低，从而又会抑制股票价格。因此，对于股份公司来说，制定一个正确的、合理的股利政策非常关键。企业的股利政策在不违反国家有关法律、法规的前提下，根据本企业具体情况制定。股利政策既要保持相对稳定，又要符合公司财务目标和发展目标。在实际工作中，通常有以下几种股利政策可供选择：

1. 剩余股利政策

剩余股利政策是指公司在有良好的投资机会时，根据目标资本结构，测算出投资所需的权益资本额，先从盈余中留用，然后将剩余的盈余作为股利来分配，即净利润首先满足公司的权益资金需求，如果还有剩余，就派发股利；如果没有，则不派发股利。剩余股利政策的理论依据是股利无关理论。根据股利无关理论，在完全理想的资本市场中，公司的股利政策与普通股每股市价无关，故而股利政策只需随着公司投资、融资方案的制定而自然确定。因此，采用剩余股利政策时，公司要遵循如下四个步骤：

(1)设定目标资本结构，在此资本结构下，公司的平均资本成本将达最低水平；

(2)根据公司的目标资本结构预计资金需求中所需增加的权益资本数额；

(3)最大限度地使用留存收益来满足资金需求中所需增加的权益资本数额；

(4)留存收益在满足公司权益资本增加需求后，若还有剩余，再用来发放股利。

【例 11－2】 甲公司 20×7 年净利润为 800 万元，20×8 年的投资计划需要资金1 200万元，公司的目标资本结构为权益资本占 60%，债务资本占 40%。20×8 年年初公司讨论决定股利分配的数额。

按照目标资本结构和剩余股利政策的要求，公司投资方案所需的权益资本数额为：

1 200×60%＝720(万元)

公司当年全部可用于分派的盈利为 800 万元，除了满足上述投资方案所需的权益资本数额外，还有剩余可用于发放股利。20×7 年，公司可以发放的股利总额为：

800－720＝80(万元)

假设该公司当年流通在外的普通股为 1 000 万股，那么，每股股利为：

80÷1 000＝0.08(元/股)

即在剩余股利政策下，甲公司当年可支付 80 万元的现金股利总额，每股股利为 0.08 元。

剩余股利政策的优点是：留存收益优先满足再投资的需要，有助于降低再投资的资金成本，保持最佳的资本结构，实现企业价值的长期最大化。采用剩余股利政策的根本理由在于，能保持理想的资本结构，使综合资本成本最低。另外，在公司有着良好的投资机会时，采用剩余股利政策可节省筹资成本，因为与外部筹资相比，将公司的盈余直接投资，可节省时间，减少筹资费用。同时，剩余股利政策的主要缺点是，股利支付的多少取决于公司的盈利情况和公司再投资计划，某种程度上造成了股利支付的不确定性。在盈利水平不变的前提下，股利发放额与投资机会的多寡呈反方向变动；而在投资机会维持不变的情况下，股利发放额将与公司盈利呈同方向波动。股利支付的不确定性不利于树立企业良好的形象。因此，剩余股利政策一般适用于公司初创阶段。

2. 固定或稳定增长的股利政策

与剩余股利政策不利于树立企业良好的形象不同，固定或稳定增长的股利政策是公司将每年派发的股利额固定在某一特定水平或是在此基础上维持某一固定比率逐年稳定增长。公司只有在确信未来盈余不会发生逆转时才会宣布实施固定或稳定增长的股利政策。在这一政策下，应首先确定股利分配额，而且该分配额一般不随资金需求的波动而波动。

固定或稳定增长股利政策的优点包括：①固定的股利向市场传递着公司正常发展的信息，有利于树立公司的良好形象，增强投资者对公司的信心，稳定股票的价格。②固定的股利额有助于投资者安排股利收入和支出，有利于吸引那些打算进行长期投资并对股利有很高依赖性的股东。③固定或稳定增长的股利政策可能会不符合剩余股利理论，但考虑到股票市场会受多种因素影响(包括股东的心理状态和其他要求),为了将股利或股利增长率维持在稳定的水平上,即使推迟某些投资方案或暂时偏离目标资本结构,也可能比降低股利或股利增长率更为有利。

固定或稳定增长股利政策的缺点有:股利支付的数额与企业的盈利大小相脱节,即不论公司盈利多少,均要支付固定的或按固定比率增长的股利,这可能会导致企业资金紧缺,加大公司的财务负担。尤其当公司的净利润下降或现金紧张时,公司为了保证股利的照常支付,容易导致资金短缺,财务状况恶化,可能会给公司股票价格带来负面影响。因此,采用固定或稳定增长的股利政策,要求公司对未来的盈利和支付能力能做出准确的判断。一般来说,公司确定的固定股利额不宜太高,以免陷入无力支付的被动局面。因此,这种股利政策一般适合于经营比较稳定的企业采用。

3. 固定股利支付率政策

固定股利支付率政策是指公司将每年净利润的某一固定百分比作为股利分派给股东。这一百分比通常称为股利支付率,股利支付率一经确定,一般不得随意变更。在这一股利政策下,各年股利额随公司经营的好坏而上下波动,获得较多盈余的年份股利额高,获得盈余少的年份股利额低。固定股利支付率越高,公司留存的净利润越少。

固定股利支付率政策的优点有:①采用固定股利支付率政策,股利与公司盈余紧密地配合,充分体现了“多盈多分、少盈少分、不盈不分”的股利分配原则。②由于公司的获利能力在年度间是经常变动的,因此,每年的股利也应当随着公司收益的变动而变动。

股东股利支付率政策的缺点:由于大多数公司每年的收益很难保持稳定不变,导致年度间的股利额波动较大,股利支付率政策下,股利支付的不稳定会给投资者传递公司经营不稳定的信息,容易使股票价格产生较大波动,从而影响投资者对公司成长的信心,不利于树立良好的企业形象,也不利于实现企业价值最大化的目标。同时,合适的固定股利支付率的确定难度比较大。因此,固定股利支付率政策比较适用于那些处于稳定发展且财务状况也较稳定的公司。

4. 低正常股利加额外股利政策

低正常股利加额外股利政策,是指公司事先设定一个较低的正常股利额,每年除了按正常股利额向股东发放股利外,还在公司盈利较多、资金较为充裕的年份为股东发放额外的现金股利,但是,额外股利并不固定化。可以用以下公式表示:

$$Y=a+bx$$

其中:Y 为每股股利;x 为每股收益;a 为低正常股利;b 为额外股利支付比率。

低正常股利加额外股利政策的优点:这种股利政策使公司具有较大的灵活性。公司可根据每年的具体情况,选择不同的股利发放水平,以稳定和提高股价,进而实现公司价值的最大化。这种股利政策可使那些依靠股利度日的股东每年至少可以得到虽然较低,但比较稳定的股利收入,从而吸引住这部分股东。

低正常股利加额外股利的缺点:股利派发仍然缺乏稳定性,额外股利随盈利的变化而变化。容易给投资者造成收益不稳定的感觉。同时,如果公司较长时期一直发放额外股利,股东就会误认为这是“正常股利”,一旦取消,极易造成公司财务状况逆转的负面影响,股价下跌在所难免。因此,低正常股利加额外股利政策比较适用于那些盈利随着经济周期而波动较大或者盈利与现金流量很不稳定的公司。

11.2.3 影响股利分配的因素

公司的股利分配涉及企业相关各方的切身利益，因此，股份公司在制定股利分配的实践中，应当考虑各种相关因素的影响，主要包括法律、企业、股东及其他因素。

1. 法律因素

法律对股利政策的规定较为复杂，不同国家和地区之间存在着较大差别。为了保护债权人和股东的利益，法律法规就公司的股利分配做出如下规定：

(1)资本保全约束。资本保全是财务管理的一项重要原则。它要求公司不能用资本(包括实收资本或股本和资本公积)发放股利，而只能来源于公司当前的利润或留存收益。其目的是为了防止公司任意减少资本结构中所有者权益(股东权益)的比例，以维护债权人利益。

(2)资本积累约束。它要求公司在分配股利时，必须按一定的比例和基数提取公积金。另外，它要求公司在具体的分配政策上，贯彻"无利不分"的原则，即当公司出现年度亏损时，一般不进行股利分配。

(3)偿债能力约束。这是规定公司进行分配股利时，必须保持一定的偿债能力。偿债能力是指企业按时足额偿付各种到期债务的能力，这就要求公司考虑现金股利分配对偿债能力的影响，确定在分配后仍能保持较强的偿债能力，以维持公司的信誉和借贷能力，从而保证公司的正常资金周转。因此，在现金流量严重短缺的情况下，企业不得偏向股东发放现金股利。

(4)超额积累利润约束。对于股份公司而言，由于投资者接受股利缴纳的所得税要高于进行股票交易的资本利得所缴纳的税金，因此许多公司可以通过积累利润使股价上涨的方式来帮助股东避税。由于资本利得与股利收入的税率不一致，如果公司为了股东避税而使得盈余的保留大大超过了公司目前及未来的投资需要时，将被加征额外的税款。

2. 企业因素

从企业管理角度来看，影响股利分配的因素主要包括：

(1)现金流量。由于会计规范的要求和核算方法的选择，公司盈余与现金流量并非完全同步，净收入的增加不一定意味着可供分配的现金流量的增加。公司在进行利润分配时，要保证正常的经营活动对现金的需求，以维持资金的正常周转，使生产经营得以有序进行。

(2)投资机会。如果公司的投资机会多，对资金的需求量大，往往会采用低股利支付率政策，从而把大部分利润留存下来进行投资，相反，如果公司的投资机会少，对资金的需求量小，那么它可能倾向于采用较高的股利支付水平的分配政策。

(3)筹资因素。外部筹资能力强的公司对留存收益(内部筹资)依赖性较弱，因而会采用较为宽松的股利政策；相反，外部筹资能力较弱的公司往往会倾向于更多地使用留存收益而采用较紧的股利政策。另外，留存收益是公司内部筹资的一种重要方式，它同发行新股或发行债券相比，没有筹资费用，同时留存收益筹资增加了公司股权资本的比重，降低了财务风险，便于以低成本取得债务资本。

(4)盈余的稳定性。公司是否能获得长期稳定的盈余，是其股利决策的重要基础。一般来讲，公司的盈余越稳定，其股利支付水平也就越高。对于盈利不稳定的公司，可以采用低股利政策。

(5)资本成本。与发行新股相比，留存收益不需花费筹资费用，是一种比较经济的筹资方式。所以，从资本成本大小的角度考虑，如果公司有筹集股权资本的需要，应当采取低现金股利政策。

3. 股东因素

公司的股利分配须经股东大会决议通过才能实施，一般来说，股东出于自身考虑，对公司的股利分配也会产生一些影响。

(1)公司控制权。现有股东往往将股利政策作为维持其控制地位的工具。公司股利支付率高，必然导致保留盈余减少，这又意味着将来发行新股的可能性加大，新股东的加入必然稀释现有股东的控制权。因此，这些公司有控制权的股东往往限制股利的支付，而愿意较多地保留盈余，以防止控制权的分散。

(2)避税。政府对企业利润征收所得税以后，还要对自然人股东征收个人所得税，股利收入的税率要高于资本利得的税率。一些高股利收入的股东出于避税的考虑，往往倾向于较低的股利支付水平，而较多地保留盈余，以便从股价上涨中获利。

(3)稳定收入。如果股东依赖现金股利维持生活，他们往往要求公司能够支付稳定的股利，而反对留存过多的利润。还有一些股东认为通过增加留存收益引起股价上涨而获得的资本利得是有风险的，而目前的股利是确定的，即便是现在较少的股利，也强于未来的资本利得，因此他们往往也要求较多的股利支付。

4. 其他因素

(1)债务约束。一般来说，股利支付水平越高，留存收益越少，公司的破产风险加大，就越有可能损害债权人的利益。因此，债权人为保护其合法权益，防止企业股东以发放股利为名减少企业资本，增大债权人的风险，在企业举债时，债权人通常在债务合同中对债务人的股利支付做出某种程度的限制。

(2)通货膨胀。通货膨胀会带来货币购买力水平下降，导致固定资产重置资金不足，此时，企业往往不得不考虑留用一定的利润，以便弥补由于购买力下降而造成的固定资产重置资金缺口。因此，在通货膨胀时期，企业一般会采取偏紧的利润分配政策。

11.3 股票回购、股票股利与股票分割

11.3.1 股票回购

1. 股票回购的含义

我国《公司法》规定，公司不得随意收购本公司的股份，只有在以下情形下才允许以公司的名义收购本公司股票：①减少公司注册资本；②与持有本公司股份的其他公司合并；③将股份奖励给本公司职工；④股东因对股东大会做出的公司合并、分立决议持异议，要求公司收购其股份。股票回购是指以上市公司的名义出资将其发行在外的普通股股票以一定价格购买回来予以注销或作为库存股的一种资本运作方式。由于股票回购减少了流通在外的股份，在利润总额不变的情况下每股收益必然增加，从而会使每股股价上升，股东能因此获得资本利得，这相当于公司支付给股东现金股利。

2. 股票回购的方式

股票回购包括公开市场回购、要约回购及协议回购三种方式。

(1)公开市场回购。公开市场回购，是指公司在股票的公开交易市场上以等同于任何潜在投资者的地位，按照公司股票当前市场价格回购股票。这是股票回购的主要方式，但这种收购行为受到种种限制。比如在美国，证券交易委员会规定从公开市场上买进已发行股票

不能用私下谈判的方式进行；回购时不能发行新股，因为回购股票伴随着股价上涨，此时发行新股有可能损害投资者利益；购回的股票不能超过公司发行股票总额的一定比例，因为过多回购，公司会过多支付现金，将现金以资本利得转移给股东，有可能影响债权人的利益，等等。

(2)要约回购。要约回购，是指公司在特定期间向市场发出的以高于股票当前市场价格的某一价格，回购既定数量股票的要约。这种方式赋予所有股东向公司出售其所持股票的均等机会。与公开市场回购相比，要约回购通常被市场认为是更积极的信号，原因在于要约价格存在高出股票当前价格的溢价。但是，溢价的存在也使得回购要约的执行成本较高。另外，具体的回购工作一般要委托有关金融机构进行，并向其支付必要的费用。

(3)协议回购。协议回购，是指公司以协议价格直接向一个或几个主要股东回购股票。协议价格一般低于当前的股票市场价格，但是有时公司也会以超常溢价向其认为有潜在威胁的非控股股东回购股票，显然，这种过高的回购股票将损害继续持有股票的股东的利益。公司有可能为此而涉及法律诉讼。协议回购方式在企业兼并与反兼并的斗争中经常使用。

3. 股票回购的影响

对股东来说，股东在回购过程中处于主动地位，拥有出售或不出售的选择权，当部分股东满意回购价格时他们会放弃股权获得资本利得收益，与现金股利相比，往往可使股东减少税负。而剩余股票也会因股数减少而股价上涨，同样可获得资本收益，并且股东可以推迟纳税。

【例 11—3】 甲公司现有发行在外的普通股 10 万股，每股股价 10 元，股票市场总价值为 100 万元，公司现按每股 10 元的股价回购 1 万股股票。

表 11—1　关于现金股利与股票回购的资产负债表　单位：元

资产		负债和所有者权益	
初始资产负债表：			
现金	150 000	负债	200 000
其他资产	850 000	所有者权益	800 000
企业价值	1 000 000	企业价值	1 000 000
流通在外的股数＝100 000(股) 每股股价＝1 000 000/100 000＝10(元)			
股票回购：			
现金	50 000	负债	200 000
其他资产	850 000	所有者权益	700 000
企业价值	900 000	企业价值	900 000
流通在外的股数＝90 000(股)			

每股股价＝900 000/90 000＝10(元)

通过上例，不难发现，回购股票对公司的影响主要包括：

(1)股票回购是现金股利的一种替代形式。现金股利的分配会对公司产生派现压力，而股票回购则不会。当公司有富余资金时，通过购回股东所持股票将现金分配给股东，这样，股东就可以根据自己的需要选择继续持有股票或出售获得现金。

(2)股票回购有助于公司避开竞争对手企图收购的威胁。控股股东为了保证其控制权不被改变，往往采取直接或间接的方式回购股票，从而巩固既有的控制权。另外，股票回购使流通在外的股份数变少，股价上升，从而可以有效地防止敌意收购。

(3)股票回购会改变公司的资本结构。股票回购会降低公司股权资本的比重，相应地提升债务资本的比重。因此，股票回购会提高公司的财务杠杆水平进而改变公司的资本结构。公司认为权益资本在资本结构中所占比例较大时，为了调整资本结构而进行股票回购，可以在一定程度上降低整体资本成本。

(4)传递公司信息。由于信息不对称和预期差异，证券市场上的公司股票价格可能被低估，而过低的股价将会对公司产生负面影响。因此，如果公司认为公司的股价被低估时可以进行股票回购，以向市场和投资者传递公司真实的投资价值，稳定或提高公司的股价。

11.3.2　股票股利

1. 股票股利的含义

股票股利，是公司以增发股票的方式所支付的股利，我国实务中通常也称其为“红股”。发放股票股利对公司来说，并没有现金流出企业，也不会导致公司的财产减少，而只是将公司的未分配利润转化为股本和资本公积。因此，股票股利的实质是将公司的税后利润或部分留存收益转化为资本金。股票股利不直接增加股东财富，不会导致公司资产的减少或负债的增加，也不增加公司的价值，但会引起所有者权益各项的结构发生变化。

【例 11—4】 甲公司在发放股票股利前，所有者权益情况如表 11—2 所示。

表 11—2　　**甲公司发放股票股利前所有者权益情况**　　单位：万元

项　目	金　额
股本(面额 1 元，已发行 5 000 万股)	5 000
资本公积	20 000
盈余公积	5 000
未分配利润	20 000
所有者权益合计	50 000

假定该公司宣布发放 10%的股票股利，即规定现有股东每持 10 股可得 1 股新发放股票。该股票当时市价 10 元，如果按市价发放股票股利，需从“未分配利润”项目或转出的资金为：

10×5 000×10%＝5 000(万元)

如果按面值发放股票股利，需从“未分配利润”项目或转出的资金为：

1×5 000×10%＝500(万元)

发放股票股利后公司所有者权益各项目如表 11—3 所示。

表 11—3　　甲公司发放股票股利后所有者权益情况　　单位:万元

项　目	按市价发行	按面值发行
股本(面额1元,已发行5 500万股)	5 500	5 500
资本公积	24 500	20 000
盈余公积	5 000	5 000
未分配利润	15 000	19 500
所有者权益合计	50 000	50 000

发放股票股利后,如果盈利总额和市盈率不变,会由于普通股股数增加而引起每股收益和每股市价的下降;但由于股东所持股份的比例不变,每位股东所持股票的市场价值总额仍保持不变。

2. 股票股利的优缺点

尽管股票股利不直接增加股东的财富,也不增加公司的价值,但对股东和公司都有特殊的意义。

(1)股票股利的优点。对于企业而言,发放股票股利的优点包括:①发放股票股利不需要向股东支付现金,这使公司留存了大量现金,便于进行投资,有利于公司长期发展。②在盈余和现金股利不变的情况下,发放股票股利可以降低公司股票的市场价格,既有利于促进股票的交易和流通,又有利于吸引更多的投资者成为公司股东,进而使股权更为分散。③发放股票股利往往会向社会传递公司将会继续发展的信息,从而提高投资者对公司的信心,在一定程度上稳定股票价格。对于股东而言,发放股票股利的优点包括:①有时公司发放股票股利后其股价并不成比例下降,一般在发放少量股票股利(如2%～3%)后,大体不会引起股价的立即变化。因为市场和投资者普遍认为,发放股票股利往往预示着公司会有较大的发展和成长,这样的信息传递会稳定股价或使股价下降比例减小甚至不降反升,股东便可以获得股票价值相对上升的好处。②由于股利收入和资本利得税率的差异,如果股东需要现金,还可以将分得的股票股利出售,有些国家税法规定出售股票所需缴纳的资本利得税率比收到现金股利所需缴纳的所得税税率低,这使得股东可以从中获得纳税上的好处。

(2)股票股利的缺点。分配股票股利尽管有许多相对的优势,但也存在一些缺点,主要包括:①由于发放股票股利的手续和程序相对复杂,因而其费用比发放现金股利的费用大,会增加公司的财务负担。②发放股票股利尽管能够减少企业当前的现金支付,但可能加重企业日后的财务负担。因为随着股票股利的发放,企业的股本总额不断扩大,在这种情况下,企业的收益水平若没有相对提高,将会导致每股盈余下降,这无疑会损害企业的市场形象,引发股价下跌。另外,随着股本规模的扩大,当企业在某一时间需要分配现金股利时,其现金支付压力将会随之加大,甚至可能导致企业陷入财务困境。

11.3.3　股票分割

1. 股票分割的含义

股票分割与股票股利非常相似,股票分割又称拆股,即将一股股票拆分成多股股票的行为。股票分割会使股票数量增加,引起每股收益下降、每股市价下降,股票分割与股票股利两者的异同可以概括如下:二者的共同之处在于,都是在不增加股东权益的情况下增加了股份的数量，股票分割不影响资产、负债和股东权益总额；股东所持股份比例不变，股东所持股票所代表的净资产不变。区别在于，股票股利虽不会引起股东权益总额的改变，但股东权益的内部结构会发生变化；而实行股票分割不改变股东权益结构，但是会使股票面值下降。

【例 11—5】 甲公司某年年末资产负债表股东权益如表 11—4 所示，假设股票市价为 10 元，该公司宣布发放 10%的股票股利，即现有股东每持有 10 股即可获赠 1 股普通股。同时假设该公司按照 1∶2 的比例进行股票分割，则公司在发放股票股利和股票分割后的股东权益情况如表 11—5、表 11—6 所示。

表 11—4　**发放股票股利和股票分割前股东权益情况**　单位：万元

项　目	金　额
股本（面额 4 元，已发行 5 000 万股）	20 000
资本公积	50 000
盈余公积	15 000
未分配利润	15 000
股东权益合计	100 000

表 11—5　**发放股票股利后股东权益情况**　单位：万元

项　目	金　额
股本（面额 4 元，已发行 5 500 万股）	22 000
资本公积	53 000
盈余公积	15 000
未分配利润	10 000
股东权益合计	100 000

表 11—6　**股票分割后股东权益情况**　单位：万元

项　目	金　额
股本（面额 2 元，已发行 10 000 万股）	20 000
资本公积	50 000
盈余公积	15 000
未分配利润	15 000
股东权益合计	100 000

2. 股票分割的作用

股票分割的作用主要包括以下几点：

(1)股票分割可以促进股票的流通和交易。股票分割会使每股市价降低，买卖该股票所需资金量减少从而可以促进股票的流通和交易。与此同时，流通性的提高和股东数量的增加，会在一定程度上加大对公司股票恶意收购的难度。此外，降低股票价格还可以为公司发行新股做准备，在新股发行之前，利用股票分割降低股票价格，可以促进新股的发行。

(2)股票分割能够有助于提高投资者对公司股票的信心。股票分割往往是成长中公司的行为,所以宣布股票分割后容易给人一种“公司正处于发展之中”的印象,这种有利信息是一种向市场和投资者传递“公司发展前景良好”的信号。

当然,尽管股票分割与发放股票股利都能达到降低公司股价的目的,但一般来说只有在公司股价暴涨且预期难以下降时,才采用股票分割的办法降低股价;而在公司股价上涨幅度不大时,往往通过发放股票股利,将股价维持在理想的范围之内。

3. 反分割

与股票分割相反的一种行为是股票合并,也称反分割。当公司认为其股票价格过低,不利于其在市场上的声誉和未来的再筹资时,为提高股票的价格,会采取反分割措施。反分割又称为股票合并或逆向分割,是指将多股面额较低的股票合并为一股面额较高的股票的行为。反分割显然会降低股票的流通性,提高公司股票投资的门槛,它向市场传递的信息通常是不利的。

延伸阅读材料

全球股利政策概览

各国或地区金融市场的发展水平不同,以及所处法系也有所不同,造成了全球各地的股利政策有较大的差别。拉菲尔·拉·玻儿塔等发现(见表 11—7),世界各地股利支付比率最低的是菲律宾,为 10.7%;股利支付比率最高的是中国台湾,达到了 68.89%。加拿大、意大利和美国的股利支付率维持在 20%左右,而日本与东南亚的一些国家和地区的股利支付率基本在 50%以上。

之所以产生如此大的股利支付差异,既有全球各地股利和资本利得征税方法的不同,也与各地对投资者保护强弱不同有关。比如,大多数发达国家的税则都比美国更鼓励个人投资和储蓄,和很多其他欧洲国家一样,意大利就不征资本利得税,而包括日本、加拿大在内的大部分发达国家,只有当资本利得超过一定数额后,才起征资本利得税。另外,在对投资者保护较强的国家,如源于英美等普通法系的国家,金融市场相对发达,股利支付率通常也较高。在这样的国家,由于公司需要资金来支持公司的未来发展,而投资者也愿意为了追求更大的未来收益放弃当前的股利,所以成长机会比较多的公司支付的股利比率可能较低,而在对投资者保护措施不足的国家,投资者对管理层能否为公司价值最大化而进行收益分配信心不足,因而更偏好股利收入。

表 11—7　部分国家和地区股利支付比率

股利支付率较低的国家和地区(前五名)		股利支付率较高的国家和地区(前五名)	
菲律宾	10.47%	中国台湾	68.89%
丹麦	17.27%	日本	52.88%
加拿大	19.78%	泰国	52.56%
意大利	21.83%	印度	49.34%
美国	22.11%	墨西哥	46.44%

资料来源:Rafael La Porta,Florencil Lopez-de-Lilanes,Anderi Shleifer and Robert W. Vishney,“Agency Problems and Dividend Policies Around the World”,*The Journal of Finance*,2000.

同步测试

一、单项选择题

1. 在确定企业的收益分配政策时，应当考虑相关因素的影响，其中“资本保全约束”属于(　　)。

A. 股东因素　　B. 公司因素　　C. 法律因素　　D. 债务契约因素

2. 企业的收益分配有狭义和广义之分，下列各项中，属于狭义收益分配的是(　　)。

A. 企业收入的分配　　B. 企业净利润的分配

C. 企业产品成本的分配　　D. 企业职工薪酬的分配

3. 如果上市公司以其应付票据作为股利支付给股东，则这种股利的方式称为(　　)。

A. 现金股利　　B. 股票股利　　C. 财产股利　　D. 负债股利

4. 某公司近年来经营业务不断拓展，目前处于成长阶段，预计现有的生产经营能力能够满足未来 10 年稳定增长的需要，公司希望其股利与公司盈余紧密配合。基于以上条件，最为适宜该公司的股利政策是(　　)。

A. 剩余股利政策　　B. 固定股利政策

C. 固定股利支付率政策　　D. 低正常股利加额外股利政策

二、多项选择题

1. 下列各项中，属于上市公司股票回购动机的有(　　)。

A. 替代现金股利　　B. 提高每股收益

C. 规避经营风险　　D. 稳定公司股价

2. 下列关于股利分配政策的表述中，正确的是(　　)。

A. 公司盈余的稳定程度与股利支付水平负相关

B. 偿债能力弱的公司一般不应采用高现金股利政策

C. 基于控制权的考虑，股东会倾向于较高的股利支付水平

D. 债权人不会影响公司的股利分配政策

3. 处于初创阶段的公司，一般不宜采用的股利分配政策有(　　)。

A. 固定股利政策　　B. 剩余股利政策

C. 固定股利支付率政策　　D. 稳定增长股利政策

三、计算分析题

甲公司全年实现净利润 1 000 万元，当前股票市价为 10 元/股，年末分配股利前的所有者权益账户余额如表 11－8 所示：

表 11－8

项　目	金　额(万元)
股本(面值 2 元)	2 000
资本公积	4 000
盈余公积	1 500
未分配利润	2 500
合　计	10 000

要求计算：

(1)若公司决定发放10%的股票股利，股票股利按当前市价计算，并按发放股票股利后的股数支付现金股利，每股0.2元，发放股利后该公司权益结构有何变化？若市价不变，此时市净率为多少？

(2)若公司决定按1∶2的比例分割股票，并按分割后的股数支付现金股利，每股0.2元，该公司权益结构有何变化？

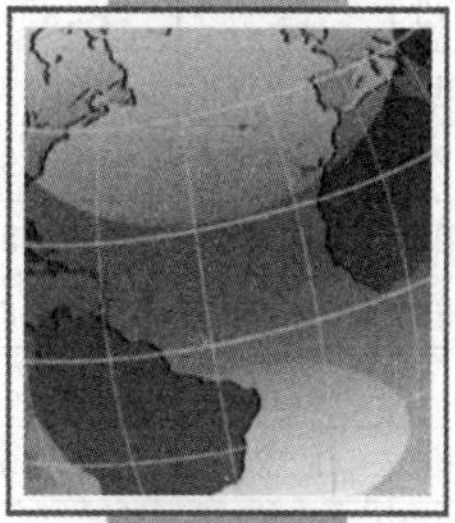

附　录

附表一　　　　　　　　　　　　　　**复利终值系数表**

期数	1%	2%	3%	4%	5%	6%	7%	8%	9%	10%
1	1.010 0	1.020 0	1.030 0	1.040 0	1.050 0	1.060 0	1.070 0	1.080 0	1.090 0	1.100 0
2	1.020 1	1.040 4	1.060 9	1.081 6	1.102 5	1.123 6	1.144 9	1.166 4	1.188 1	1.210 0
3	1.030 3	1.061 2	1.092 7	1.124 9	1.157 6	1.191 0	1.255 0	1.259 7	1.295 0	1.331 0
4	1.040 6	1.082 4	1.125 5	1.169 9	1.215 5	1.262 5	1.310 8	1.360 5	1.411 6	1.464 1
5	1.051 0	1.104 1	1.159 3	1.216 7	1.276 3	1.338 2	1.402 6	1.469 3	1.538 6	1.610 5
6	1.061 5	1.126 2	1.194 1	1.265 3	1.340 1	1.418 5	1.500 7	1.580 9	1.677 1	1.771 6
7	1.072 1	1.148 7	1.229 9	1.315 9	1.401 7	1.503 6	1.605 8	1.773 8	1.828 0	1.948 7
8	1.082 9	1.171 7	1.266 8	1.368 6	1.477 5	1.593 8	1.718 2	1.850 9	1.992 6	2.143 6
9	1.093 7	1.195 1	1.304 8	1.423 3	1.551 3	1.689 5	1.838 5	1.999 0	2.171 9	2.357 9
10	1.104 6	1.219 0	1.343 9	1.480 2	1.628 9	1.790 8	1.967 2	2.158 9	2.367 4	2.593 7
11	1.115 7	1.243 4	1.382 4	1.539 5	1.710 3	1.898 3	2.104 9	2.331 6	2.580 4	2.853 1
12	1.126 8	1.268 2	1.425 8	1.601 0	1.795 9	2.012 2	2.252 2	2.518 2	2.812 7	3.138 4
13	1.138 1	1.293 6	1.468 5	1.665 1	1.885 6	2.132 9	2.409 8	2.719 6	3.065 8	3.452 3
14	1.145 9	1.319 5	1.512 6	1.731 7	1.979 9	2.260 9	2.578 5	2.937 2	3.341 7	3.797 5
15	1.161 0	1.345 9	1.558 0	1.800 9	2.078 9	2.396 6	2.759 0	3.172 2	3.642 5	4.177 2
16	1.172 6	1.372 8	1.604 7	1.873 0	2.182 9	2.540 4	2.952 2	3.425 9	3.970 3	4.595 0
17	1.184 3	1.400 2	1.652 8	1.947 9	2.292 0	2.692 8	3.158 8	3.700 0	4.327 6	5.054 5
18	1.196 1	1.428 2	1.702 4	2.025 8	2.406 6	2.854 3	3.379 9	3.996 0	4.717 1	5.559 9
19	1.208 1	1.456 8	1.753 5	2.106 8	2.527 0	3.025 6	3.616 5	4.315 7	5.141 7	6.115 9
20	1.220 2	1.485 9	1.806 1	2.191 1	2.653 3	3.207 1	3.869 7	4.661 0	5.604 4	6.727 5
21	1.232 4	1.515 7	1.860 3	2.278 8	2.786 0	3.399 6	4.140 6	5.033 8	6.108 8	7.400 2
22	1.244 7	1.546 0	1.916 1	2.369 9	2.925 3	3.603 5	4.430 4	5.436 5	6.658 6	8.140 3
23	1.257 2	1.576 9	1.973 6	2.464 7	3.071 5	3.819 7	4.740 5	5.871 5	7.257 9	8.254 3
24	1.269 7	1.608 4	2.032 8	2.563 3	3.225 1	4.048 9	5.072 4	6.341 2	7.911 1	9.849 7
25	1.282 4	1.640 6	2.093 8	2.665 8	3.386 4	4.291 9	5.427 4	6.848 5	8.623 1	10.835
26	1.295 3	1.673 4	2.156 6	2.772 5	3.555 7	4.549 4	5.807 6	7.396 4	9.399 2	11.918
27	1.308 2	1.706 9	2.221 3	2.883 4	3.733 5	4.882 3	6.213 9	7.988 1	10.245	13.110
28	1.321 3	1.741 0	2.287 9	2.998 7	3.920 1	5.111 7	6.648 8	8.627 1	11.167	14.421

续表

期数	1%	2%	3%	4%	5%	6%	7%	8%	9%	10%
29	1.334 5	1.775 8	2.356 6	3.118 7	4.116 1	5.418 4	7.114 3	9.317 3	12.172	15.863
30	1.347 8	1.811 4	2.427 3	3.243 4	4.321 9	5.743 5	7.612 3	10.063	13.268	17.449
40	1.488 9	2.208 0	3.262 0	4.801 0	7.040 0	10.286	14.794	21.725	31.408	45.259
50	1.644 6	2.691 6	4.383 9	7.106 7	11.467	18.420	29.457	46.902	74.358	117.39
60	1.816 7	3.281 0	5.891 6	10.520	18.679	32.988	57.946	101.26	176.03	304.48

期数	12%	14%	15%	16%	18%	20%	24%	28%	32%	36%
1	1.120 0	1.140 0	1.150 0	1.160 0	1.180 0	1.200 0	1.240 0	1.280 0	1.320 0	1.360 0
2	1.254 4	1.299 6	1.322 5	1.345 6	1.392 4	1.440 0	1.537 6	1.638 4	1.742 4	1.849 6
3	1.404 9	1.481 5	1.520 9	1.560 9	1.643 0	1.728 0	1.906 6	2.087 2	2.300 0	2.515 5
4	1.573 5	1.689 0	1.749 0	1.810 6	1.938 8	2.073 6	2.364 2	2.684 4	3.036 0	3.421 0
5	1.762 3	1.925 4	2.011 4	2.100 3	2.287 8	2.488 3	2.931 6	3.436 0	4.007 5	4.652 6
6	1.973 8	2.195 0	2.313 1	2.436 4	2.699 6	2.986 0	3.635 2	4.398 0	5.289 9	6.327 5
7	2.210 7	2.502 3	2.660 0	2.826 2	3.185 5	3.583 2	4.507 7	5.629 5	6.982 6	8.605 4
8	2.476 0	2.852 6	3.059 0	3.278 4	3.758 9	4.299 8	5.589 5	7.250 8	9.217 0	11.703
9	2.773 1	3.251 9	3.517 9	3.803 0	4.435 5	5.159 8	6.931 0	9.223 4	12.166	15.917
10	3.105 8	3.707 2	4.045 6	4.411 4	5.233 8	6.191 7	8.594 4	11.806	16.060	21.647
11	3.478 5	4.226 2	4.652 4	5.117 3	6.175 9	7.430 1	10.657	15.112	21.119	29.439
12	3.896 0	4.817 9	5.350 3	5.936 0	7.287 6	8.916 1	13.215	19.343	27.983	40.037
13	4.363 5	5.492 4	6.152 8	6.885 8	8.599 4	10.699	16.386	24.759	36.937	54.451
14	4.887 1	6.261 3	7.075 7	7.987 5	10.147	12.839	20.319	31.691	48.757	74.053
15	5.473 6	7.137 9	8.137 1	9.265 5	11.974	15.407	25.196	40.565	64.395	100.71
16	6.130 4	8.137 2	9.357 6	10.748	14.129	18.448	31.243	51.923	84.954	136.97
17	6.866 0	9.276 5	10.761	12.468	16.672	22.186	38.741	66.461	112.14	186.28
18	7.690 0	10.575	12.375	14.463	19.673	26.623	48.039	86.071	178.02	253.34
19	8.612 8	12.056	14.232	16.777	23.214	31.948	59.568	108.89	195.39	344.54
20	9.646 3	13.743	16.367	19.461	27.393	38.338	73.864	139.38	257.92	468.57
21	10.804	15.668	18.822	22.574	32.324	46.005	91.592	178.41	340.45	637.26
22	12.100	17.861	21.645	26.186	38.142	55.06	113.57	228.36	449.39	866.67
23	13.552	20.362	24.891	30.376	45.008	66.247	140.83	292.30	593.20	1 178.7
24	15.179	23.212	28.625	35.236	53.109	79.497	174.63	374.14	783.02	1 603.0
25	17.000	26.462	32.919	40.874	62.669	95.396	216.54	478.90	1 033.6	2 180.1
26	19.040	30.167	37.857	47.414	73.949	114.48	268.51	613.00	1 364.3	2 964.9
27	21.325	34.390	43.535	55.000	87.260	137.37	332.95	784.64	1 800.9	4 032.3
28	23.884	39.04	50.006	63.800	102.97	164.84	412.86	1 004.3	2 377.2	5 483.9
29	26.750	44.693	57.575	74.009	121.50	197.81	511.95	1 285.6	3 137.9	7 458.1
30	29.960	50.950	66.212	85.850	143.37	237.38	634.82	1 645.5	4 142.1	10 143
40	93.051	188.83	267.86	378.7	750.38	1 469.8	5 455.9	19 427	66 521	*
50	289.00	700.23	1 083.7	1 670.7	3 927.4	9 100.4	46 890	*	*	*
60	897.60	2 595.9	4 384.0	7 370.2	20 555	56 348	*	*	*	*

注：* 为大于 99999 的数值。

附表二 复利现值系数表

期数	1%	2%	3%	4%	5%	6%	7%	8%	9%	10%
1	0.990 1	0.980 4	0.970 9	0.961 5	0.952 4	0.943 4	0.934 6	0.925 9	0.917 4	0.909 1
2	0.980 3	0.971 2	0.942 6	0.924 6	0.907 0	0.890 0	0.874 3	0.857 3	0.841 7	0.826 4
3	0.970 6	0.942 3	0.915 1	0.889 0	0.863 8	0.839 6	0.816 3	0.793 8	0.772 2	0.751 3
4	0.961 0	0.923 8	0.888 5	0.854 8	0.822 7	0.792 1	0.762 9	0.735 0	0.708 4	0.683 0
5	0.951 5	0.905 7	0.862 6	0.821 9	0.783 5	0.747 3	0.713 0	0.680 6	0.649 9	0.620 9
6	0.942 0	0.888 0	0.837 5	0.790 3	0.746 2	0.705 0	0.666 3	0.630 2	0.596 3	0.564 5
7	0.932 7	0.860 6	0.813 1	0.759 9	0.710 7	0.665 1	0.622 7	0.583 5	0.547 0	0.513 2
8	0.923 5	0.853 5	0.787 4	0.730 7	0.676 8	0.627 4	0.582 0	0.540 3	0.501 9	0.466 5
9	0.914 3	0.836 8	0.766 4	0.702 6	0.644 6	0.591 9	0.543 9	0.500 2	0.460 4	0.424 1
10	0.905 3	0.820 3	0.744 1	0.675 6	0.613 9	0.558 4	0.508 3	0.463 2	0.422 4	0.385 5
11	0.896 3	0.804 3	0.722 4	0.649 6	0.584 7	0.526 8	0.475 1	0.428 9	0.387 5	0.350 5
12	0.887 4	0.788 5	0.701 4	0.624 6	0.556 8	0.497 0	0.444 0	0.397 1	0.355 5	0.318 6
13	0.878 7	0.773 0	0.681 0	0.600 6	0.530 3	0.468 8	0.415 0	0.367 7	0.326 2	0.289 7
14	0.870 0	0.757 9	0.661 1	0.577 5	0.505 1	0.442 3	0.387 8	0.340 5	0.299 2	0.263 3
15	0.861 3	0.743 0	0.641 9	0.555 3	0.481 0	0.417 3	0.362 4	0.315 2	0.274 5	0.239 4
16	0.852 8	0.728 4	0.623 2	0.533 9	0.458 1	0.393 6	0.338 7	0.291 9	0.251 9	0.217 6
17	0.844 4	0.714 2	0.605 0	0.513 4	0.436 3	0.371 4	0.316 6	0.270 3	0.231 1	0.197 8
18	0.836 0	0.700 2	0.587 4	0.493 6	0.415 5	0.350 3	0.295 9	0.250 2	0.212 0	0.179 9
19	0.827 7	0.686 4	0.570 3	0.474 6	0.395 7	0.330 5	0.276 5	0.231 7	0.194 5	0.163 5
20	0.819 5	0.673 0	0.553 7	0.456 4	0.376 9	0.311 8	0.258 4	0.214 5	0.178 4	0.148 6
21	0.811 4	0.659 8	0.537 5	0.438 8	0.358 9	0.294 2	0.241 5	0.198 7	0.163 7	0.135 1
22	0.803 4	0.646 8	0.521 9	0.422 0	0.341 8	0.277 5	0.225 7	0.183 9	0.150 2	0.122 8
23	0.795 4	0.634 2	0.506 7	0.405 7	0.325 6	0.261 8	0.210 9	0.170 3	0.137 8	0.111 7
24	0.787 6	0.621 7	0.491 9	0.390 1	0.310 1	0.247 0	0.197 1	0.157 7	0.126 4	0.101 5
25	0.779 8	0.609 5	0.477 6	0.375 1	0.295 3	0.233 0	0.184 2	0.146 0	0.116 0	0.092 3
26	0.772 0	0.597 6	0.463 7	0.360 4	0.281 2	0.219 8	0.172 2	0.135 2	0.106 4	0.083 9
27	0.764 4	0.585 9	0.450 2	0.346 8	0.267 8	0.207 4	0.160 9	0.125 2	0.097 6	0.076 3
28	0.756 8	0.574 4	0.437 1	0.333 5	0.255 1	0.195 6	0.150 4	0.115 9	0.089 5	0.069 3
29	0.749 3	0.563 1	0.424 3	0.320 7	0.242 9	0.184 6	0.140 6	0.107 3	0.082 2	0.063 0
30	0.741 9	0.552 1	0.412 0	0.308 3	0.231 4	0.174 1	0.131 4	0.099 4	0.075 4	0.057 3
35	0.705 9	0.500 0	0.355 4	0.253 4	0.181 3	0.130 1	0.093 7	0.067 6	0.049 0	0.035 6
40	0.671 7	0.452 9	0.306 6	0.208 3	0.142 0	0.097 2	0.066 8	0.046 0	0.031 8	0.022 1
45	0.639 1	0.410 2	0.264 4	0.171 2	0.111 3	0.072 7	0.047 6	0.031 3	0.020 7	0.013 7
50	0.608 0	0.371 5	0.228 1	0.140 7	0.087 2	0.054 3	0.033 9	0.021 3	0.013 4	0.008 5
55	0.578 5	0.336 5	0.196 8	0.115 7	0.068 3	0.040 6	0.024 2	0.014 5	0.008 7	0.005 3

续表

期数	12%	14%	15%	16%	18%	20%	24%	28%	32%	36%
1	0.892 9	0.877 2	0.869 6	0.862 1	0.847 5	0.833 3	0.806 5	0.781 3	0.757 6	0.735 3
2	0.797 2	0.769 5	0.756 1	0.743 2	0.718 2	0.694 4	0.650 4	0.610 4	0.573 9	0.540 7
3	0.711 8	0.675 0	0.657 5	0.640 7	0.608 6	0.578 7	0.524 5	0.476 8	0.434 8	0.397 5
4	0.635 5	0.592 1	0.571 8	0.552 3	0.515 8	0.482 3	0.423 0	0.372 5	0.329 4	0.292 3
5	0.567 4	0.519 4	0.497 2	0.476 2	0.437 1	0.401 9	0.341 1	0.291 0	0.249 5	0.214 9
6	0.506 6	0.455 6	0.432 3	0.410 4	0.370 4	0.334 9	0.275 1	0.227 4	0.189 0	0.158 0
7	0.452 3	0.399 6	0.375 9	0.353 8	0.313 9	0.279 1	0.221 8	0.177 6	0.143 2	0.116 2
8	0.403 9	0.350 6	0.326 9	0.305 0	0.266 0	0.232 6	0.178 9	0.138 8	0.108 5	0.085 4
9	0.360 6	0.307 5	0.284 3	0.263 0	0.225 5	0.193 8	0.144 3	0.108 4	0.082 2	0.062 8
10	0.322 0	0.269 7	0.247 2	0.226 7	0.191 1	0.161 5	0.116 4	0.084 7	0.062 3	0.046 2
11	0.287 5	0.236 6	0.214 9	0.195 4	0.161 9	0.134 6	0.093 8	0.066 2	0.047 2	0.034 0
12	0.256 7	0.207 6	0.186 9	0.168 5	0.137 3	0.112 2	0.075 7	0.051 7	0.035 7	0.025 0
13	0.229 2	0.182 1	0.162 5	0.145 2	0.116 3	0.093 5	0.061 0	0.040 4	0.027 1	0.018 4
14	0.204 6	0.159 7	0.141 3	0.125 2	0.098 5	0.077 9	0.049 2	0.031 6	0.020 5	0.013 5
15	0.182 7	0.140 1	0.122 9	0.107 9	0.083 5	0.064 9	0.039 7	0.024 7	0.015 5	0.009 9
16	0.163 1	0.122 9	0.106 9	0.098 0	0.070 9	0.054 1	0.032 0	0.019 3	0.011 8	0.007 3
17	0.145 6	0.107 8	0.092 9	0.080 2	0.060 0	0.045 1	0.025 9	0.015 0	0.008 9	0.005 4
18	0.130 0	0.094 6	0.080 8	0.069 1	0.050 8	0.037 6	0.020 8	0.011 8	0.006 8	0.003 9
19	0.116 1	0.082 9	0.070 3	0.059 6	0.043 1	0.031 3	0.016 8	0.009 2	0.005 1	0.002 9
20	0.103 7	0.072 8	0.061 1	0.051 4	0.036 5	0.026 1	0.013 5	0.007 2	0.003 9	0.002 1
21	0.092 6	0.063 8	0.053 1	0.044 3	0.030 9	0.021 7	0.010 9	0.005 6	0.002 9	0.001 6
22	0.082 6	0.056 0	0.046 2	0.038 2	0.026 2	0.018 1	0.008 8	0.004 4	0.002 2	0.001 2
23	0.073 8	0.049 1	0.040 2	0.032 9	0.022 2	0.015 1	0.007 1	0.003 4	0.001 7	0.000 8
24	0.065 9	0.043 1	0.034 9	0.028 4	0.018 8	0.012 6	0.005 7	0.002 7	0.001 3	0.000 6
25	0.058 8	0.037 8	0.030 4	0.024 5	0.016 0	0.010 5	0.004 6	0.002 1	0.001 0	0.000 5
26	0.052 5	0.033 1	0.026 4	0.021 1	0.013 5	0.008 7	0.003 7	0.001 6	0.000 7	0.000 3
27	0.046 9	0.029 1	0.023 0	0.018 2	0.011 5	0.007 3	0.003 0	0.001 3	0.000 6	0.000 2
28	0.041 9	0.025 5	0.020 0	0.015 7	0.009 7	0.006 1	0.002 4	0.001 0	0.000 4	0.000 2
29	0.037 4	0.022 4	0.017 4	0.013 5	0.008 2	0.005 1	0.002 0	0.000 8	0.000 3	0.000 1
30	0.033 4	0.019 6	0.015 1	0.011 6	0.007 0	0.004 2	0.001 6	0.000 6	0.000 2	0.000 1
35	0.018 9	0.010 2	0.007 5	0.005 5	0.003 0	0.001 7	0.000 5	0.000 2	0.000 1	*
40	0.010 7	0.005 3	0.003 7	0.002 6	0.001 3	0.000 7	0.000 2	0.000 1	*	*
45	0.006 1	0.002 7	0.001 9	0.001 3	0.000 6	0.000 3	0.000 1	*	*	*
50	0.003 5	0.001 4	0.000 9	0.000 6	0.000 3	0.000 1	*	*	*	*
55	0.002 0	0.000 7	0.000 5	0.000 3	0.000 1	*	*	*	*	*

注：* 为小于0.000 1的数值。

附表三 年金终值系数表

期数	1%	2%	3%	4%	5%	6%	7%	8%	9%	10%
1	1.000 0	1.000 0	1.000 0	1.000 0	1.000 0	1.000 0	1.000 0	1.000 0	1.000 0	1.000 0
2	2.010 0	2.020 0	2.030 0	2.040 0	2.050 0	2.060 0	2.070 0	2.080 0	2.090 0	2.100 0
3	3.030 1	3.060 4	3.090 9	3.121 6	3.152 5	3.183 6	3.214 9	3.246 4	3.278 1	3.310 0
4	4.060 4	4.121 6	4.183 6	4.246 5	4.310 1	4.374 6	4.439 9	4.506 1	4.573 1	4.641 0
5	5.101 0	5.204 0	5.309 1	5.416 3	5.525 6	5.637 1	5.750 7	5.866 6	5.984 7	6.105 1
6	6.152 0	6.308 1	6.486 4	6.633 0	6.801 9	6.975 3	7.153 3	7.335 9	7.523 3	7.715 6
7	7.213 5	7.434 3	7.662 5	7.898 3	8.142 0	8.393 8	8.654 0	8.922 8	9.200 4	9.487 2
8	8.285 7	8.583 0	8.892 3	9.214 2	9.549 1	9.897 5	10.260	10.637	11.028	11.436
9	9.368 5	9.754 6	10.159	10.583	11.027	11.491	11.978	12.488	13.021	13.579
10	10.462	10.950	11.464	12.006	12.578	13.181	13.816	14.487	15.193	15.937
11	11.567	12.169	12.808	13.486	14.207	14.972	15.784	16.645	17.560	18.531
12	12.683	13.412	14.192	15.026	15.917	16.870	17.888	18.977	20.141	21.384
13	13.809	14.680	15.618	16.627	17.713	18.882	20.141	21.495	22.953	24.523
14	14.947	15.974	17.086	18.292	19.599	21.015	22.550	24.214	26.019	27.975
15	16.097	17.293	18.599	20.024	21.579	23.276	25.129	27.152	29.361	31.772
16	17.258	18.639	20.157	21.825	23.657	25.673	27.888	30.324	33.003	35.950
17	18.430	20.012	21.762	23.698	25.840	28.213	30.840	33.750	36.974	40.545
18	19.615	21.412	23.414	25.645	28.132	30.906	33.999	37.450	41.301	45.599
19	20.811	22.841	25.117	27.671	30.539	33.760	37.379	41.446	46.018	51.159
20	22.019	24.297	26.870	29.778	33.066	36.786	40.955	45.752	51.160	57.275
21	23.239	25.783	28.676	31.969	35.719	39.993	44.865	50.423	56.765	64.002
22	24.472	27.299	30.537	34.249	38.505	43.392	49.006	55.457	62.873	71.403
23	25.716	28.845	32.453	36.618	41.430	46.996	53.436	60.883	69.532	79.543
24	26.973	30.422	34.426	39.083	44.502	50.816	58.177	66.765	76.790	88.497
25	28.243	32.030	36.459	41.646	47.727	54.863	63.294	73.106	84.701	98.347
26	29.526	33.671	38.553	44.312	51.113	59.156	68.676	79.954	93.324	109.18
27	30.821	35.344	40.710	47.084	54.669	63.706	74.484	87.351	102.72	121.10
28	32.129	37.051	42.931	49.968	58.403	68.528	80.698	95.339	112.97	134.21
29	33.450	38.792	45.219	52.966	62.323	73.640	87.347	103.97	124.14	148.63
30	34.785	40.568	47.575	56.085	66.439	79.058	94.461	113.28	136.31	164.49
40	48.886	60.402	75.401	95.026	120.80	154.76	199.64	259.06	337.88	442.59
50	64.463	84.579	112.80	152.67	209.35	290.34	406.53	573.77	815.08	1 163.9
60	81.670	114.05	163.05	237.99	353.58	533.13	813.52	1 253.2	1 944.8	3 034.8

续表

期数	12%	14%	15%	16%	18%	20%	24%	28%	32%	36%
1	1.000 0	1.000 0	1.000 0	1.000 0	1.000 0	1.000 0	1.000 0	1.000 0	1.000 0	1.000 0
2	2.120 0	2.140 0	2.150 0	2.160 0	2.180 0	2.200 0	2.240 0	2.280 0	2.320 0	2.360 0
3	3.374 4	3.439 6	3.472 5	3.505 6	3.572 4	3.640 0	3.777 6	3.918 4	3.062 4	3.209 6
4	4.779 3	4.921 1	4.993 4	5.066 5	5.215 4	5.368 0	5.684 2	6.015 6	6.362 4	6.725 1
5	6.352 8	6.610 1	6.742 4	6.877 1	7.154 2	7.441 6	8.048 4	8.699 9	9.398 3	10.146
6	8.115 2	8.535 5	8.753 7	8.977 5	9.442 0	9.929 9	10.980	12.136	13.406	14.799
7	10.089	10.730	11.067	11.414	12.142	12.916	14.615	16.534	18.696	21.126
8	12.300	13.233	13.727	14.240	15.327	16.499	19.123	22.163	25.678	39.732
9	14.776	16.085	16.786	17.519	19.086	20.799	24.712	29.369	34.895	41.435
10	17.549	19.337	20.304	21.321	23.521	25.959	31.643	38.593	47.062	57.352
11	20.655	23.045	24.349	25.733	28.755	32.150	40.238	50.398	63.122	78.988
12	24.133	27.271	29.002	30.850	34.931	39.581	50.895	65.510	84.320	108.44
13	28.029	32.089	34.352	36.786	42.219	48.497	64.110	84.853	112.30	148.47
14	32.393	37.581	40.505	43.672	50.818	59.196	80.496	109.61	149.24	202.93
15	37.280	43.842	47.580	51.660	60.965	72.035	100.82	141.30	198.00	276.98
16	42.753	50.980	55.717	60.925	72.939	87.442	126.01	181.87	262.36	377.69
17	48.884	59.118	65.075	71.673	87.068	105.93	157.25	233.79	347.31	514.66
18	55.750	69.394	75.836	84.141	103.74	128.12	195.99	300.25	459.45	770.94
19	63.440	78.969	88.212	98.603	123.41	154.74	244.03	385.32	607.47	954.28
20	72.052	91.025	102.44	115.38	146.63	186.69	303.60	494.21	802.86	1 298.8
21	81.699	104.77	118.81	134.84	174.02	225.03	377.46	633.59	1 060.8	1 767.4
22	92.503	120.44	137.63	157.41	206.34	271.03	496.06	812.00	1 401.2	2 404.7
23	104.60	138.30	159.28	183.60	244.49	326.24	582.63	1 040.4	1 850.6	3 271.3
24	118.16	185.66	184.17	213.98	289.49	392.48	723.46	1 332.7	2 443.8	4 450.0
25	133.33	181.87	212.79	249.21	342.60	471.98	898.09	1 706.8	3 226.8	6 053.0
26	150.33	208.33	245.71	290.09	405.27	567.38	114.6	2 185.7	4 260.4	8 233.1
27	169.37	238.50	283.57	337.50	479.22	681.85	1 383.1	2 798.7	5 624.8	11 198.0
28	190.70	272.89	327.10	392.50	566.48	819.22	1 716.1	3 583.3	7 425.7	15 230.3
29	214.58	312.09	377.17	456.30	669.45	984.07	2 129.0	4 587.7	9 802.9	20 714.3
30	241.33	356.79	434.75	530.31	790.95	1 181.9	2 640.9	5 873.2	12 941	28 172.3
40	767.09	1 342.0	1 779.1	2 360.8	4 163.2	7 343.2	27 290	69 377	*	*
50	2 400.0	4 994.5	7 217.7	10 436	21 813	45 497	*	*	*	*
60	7 471.6	18 535	29 220	46 058	*	*	*	*	*	*

附表四

年金现值系数表

期数	1%	2%	3%	4%	5%	6%	7%	8%	9%
1	0.990 1	0.980 4	0.970 9	0.961 5	0.952 4	0.943 4	0.934 6	0.925 9	0.917 4
2	1.970 4	1.941 6	1.913 5	1.886 1	1.859 4	1.833 4	1.808 0	1.783 3	1.759 1
3	2.941 0	2.883 9	2.828 6	2.775 1	2.723 2	2.673 0	2.624 3	2.577 1	2.531 3
4	3.902 0	3.880 7	3.717 1	3.629 9	3.546 0	3.465 1	3.387 2	3.312 1	3.239 7
5	4.853 4	4.713 5	4.579 7	4.451 8	4.329 5	4.212 4	4.100 2	3.992 7	3.889 7
6	5.795 5	5.417 2	5.417 2	5.242 1	5.075 7	4.917 3	4.766 5	4.622 9	4.485 9
7	6.728 2	6.230 3	6.230 3	6.002 1	5.786 4	5.582 4	5.389 3	5.206 4	5.033 0
8	7.651 7	7.019 7	7.019 7	6.732 7	6.463 2	6.209 8	5.971 3	5.746 6	5.534 8
9	8.566 0	7.786 1	7.786 1	7.435 3	7.107 8	6.801 7	6.515 2	6.246 9	5.995 2
10	9.471 3	8.530 2	8.530 2	8.110 9	7.721 7	7.360 1	7.023 6	6.710 1	6.417 0
11	10.367 6	9.252 6	9.252 6	8.760 5	8.306 4	7.886 9	7.498 7	7.139 0	6.805 2
12	11.255 1	9.954 0	9.954 0	9.385 1	8.863 3	8.383 8	7.942 7	7.536 1	7.160 7
13	12.133 7	10.635 0	10.635 0	9.985 6	9.393 6	8.852 7	8.357 7	7.903 8	7.486 9
14	13.003 7	11.296 1	11.296 1	10.563 1	9.898 6	9.295 0	8.745 5	8.244 2	7.786 2
15	13.865 1	11.937 9	11.937 9	11.118 4	10.379 7	9.712 2	9.107 9	8.559 5	8.060 7
16	14.717 9	12.561 1	12.561 1	11.652 3	10.837 8	10.105 9	9.446 6	8.851 4	8.312 6
17	15.562 3	13.166 1	13.166 1	12.165 7	11.274 1	10.477 3	9.763 2	9.121 6	8.543 6
18	16.398 3	13.753 5	13.753 5	12.689 6	11.689 6	10.827 6	10.059 1	9.371 9	8.755 6
19	17.226 0	14.323 8	14.323 8	13.133 9	12.085 3	11.158 1	10.335 6	9.603 6	8.960 1
20	18.045 6	14.877 5	14.877 5	13.590 3	12.462 2	11.469 9	10.594 0	9.818 1	9.128 5
21	18.857 0	15.415 0	15.415 0	14.029 2	12.821 2	11.764 1	10.835 5	10.061 8	9.292 2
22	19.660 4	15.936 9	15.936 9	14.451 1	13.488 6	12.303 4	11.061 2	10.200 7	9.442 6
23	20.455 8	16.443 6	16.443 6	14.856 8	13.488 6	12.303 4	11.272 2	10.371 1	9.580 2
24	21.243 4	16.935 5	16.935 5	15.247 0	13.798 6	12.550 4	11.469 3	10.528 8	9.706 6
25	22.023 2	17.413 1	17.413 1	15.622 1	14.093 9	12.783 4	11.653 6	10.674 8	9.822 6
26	22.795 2	17.876 8	17.876 8	15.982 8	14.375 2	13.003 2	11.825 8	10.810 0	9.929 0
27	23.559 6	18.327 0	18.327 0	16.329 6	14.643 0	13.210 5	11.986 7	10.935 2	10.026 6
28	24.316 4	18.764 1	18.764 1	16.663 1	14.898 1	13.406 2	12.137 1	11.051 1	10.116 1
29	25.065 8	19.188 5	19.188 5	16.983 7	15.141 1	13.590 7	12.277 7	11.158 4	10.198 3
30	25.807 7	19.600 4	19.600 4	17.292 0	15.372 5	13.764 8	12.409 0	11.257 8	10.273 7
35	29.408 6	21.487 2	21.487 2	18.664 6	16.374 2	14.498 2	12.947 7	11.654 6	10.566 8
40	32.834 7	23.114 8	23.114 8	19.792 8	17.159 1	15.046 3	13.331 7	11.924 6	10.757 4
45	36.094 5	24.518 7	24.518 7	20.720 0	17.774 1	15.455 8	13.605 5	12.108 4	10.881 2
50	39.196 1	25.729 8	25.729 8	21.482 2	18.255 9	15.761 9	13.800 7	12.233 5	10.961 7
55	42.147 2	26.774 4	26.774 4	22.108 6	18.633 5	15.990 5	13.939 9	12.318 6	11.014 0

续表

期数	10%	12%	14%	15%	16%	18%	20%	24%	28%	32%
1	0.909 1	0.892 9	0.877 2	0.869 6	0.862 1	0.847 5	0.833 3	0.806 5	0.781 3	0.757 6
2	1.735 5	1.690 1	1.646 7	1.625 7	1.605 2	1.565 6	1.527 8	1.456 8	1.391 6	1.331 5
3	2.486 9	2.401 8	2.321 6	2.283 2	2.245 9	2.174 3	2.106 5	1.981 3	1.868 4	1.766 3
4	3.169 9	3.037 3	2.913 7	2.855 0	2.798 2	2.690 1	2.588 7	2.404 3	2.241 0	2.095 7
5	3.790 8	3.604 8	3.433 1	3.352 2	3.274 3	3.127 2	2.990 6	2.745 4	2.532 0	2.345 2
6	4.355 3	4.111 4	3.888 7	3.784 5	3.684 7	3.497 6	3.325 5	3.020 5	2.759 4	2.534 2
7	4.868 4	4.563 8	4.288 2	4.160 4	4.038 6	3.811 5	3.604 6	3.242 3	2.937 0	2.677 5
8	5.334 9	4.967 6	4.638 9	4.487 3	4.343 6	4.077 6	3.837 2	3.421 2	3.075 8	2.786 0
9	5.759 0	5.328 2	4.946 4	4.771 6	4.606 5	4.303 0	4.031 0	3.565 5	3.184 2	2.868 1
10	6.144 6	5.650 2	5.216 1	5.018 8	4.833 2	4.494 1	4.192 5	3.681 9	3.268 9	2.930 4
11	6.495 1	5.937 7	5.452 7	5.233 7	5.028 4	4.656 0	4.327 1	3.775 7	3.335 1	2.977 6
12	6.813 7	6.194 4	5.660 3	5.420 6	5.197 1	4.793 2	4.439 2	3.851 4	3.386 8	3.013 3
13	7.103 4	6.423 5	5.842 4	5.583 1	5.342 3	4.909 5	4.532 7	3.912 4	3.427 2	3.040 4
14	7.366 7	6.628 2	6.002 1	5.724 5	5.467 5	5.008 1	4.610 6	3.961 6	3.458 7	3.060 9
15	7.606 1	6.810 9	6.142 2	5.847 4	5.575 5	5.091 6	4.675 5	4.001 3	3.483 4	3.076 4
16	7.823 7	6.974 0	6.265 1	5.954 2	5.668 5	5.162 4	4.729 6	4.033 3	3.502 6	3.088 2
17	8.021 6	7.119 6	6.372 9	6.047 2	5.748 7	5.222 3	4.774 6	4.059 1	3.517 7	3.097 1
18	8.201 4	7.249 7	6.467 4	6.128 0	5.817 8	5.273 2	4.812 2	4.079 9	3.529 4	3.103 9
19	8.364 9	7.365 8	6.550 4	6.198 2	5.877 5	5.361 2	4.843 5	4.096 7	3.538 6	3.109 0
20	8.513 6	7.469 4	6.623 1	6.259 3	5.928 8	5.352 7	4.869 6	4.110 3	3.545 8	3.112 9
21	8.648 7	7.562 0	6.687 0	6.312 5	5.973 1	5.383 7	4.891 3	4.121 2	3.551 4	3.115 8
22	8.771 5	7.644 6	6.742 9	6.358 7	6.011 3	5.409 9	4.909 4	4.130 0	3.555 8	3.118 0
23	8.883 2	7.718 4	6.792 1	6.398 8	6.044 2	5.432 1	4.924 5	4.137 1	3.559 2	3.119 7
24	8.984 7	7.784 3	6.835 1	6.433 8	6.072 6	5.450 9	4.937 1	4.142 8	3.561 9	3.121 0
25	9.077 0	7.843 1	6.872 9	6.464 1	6.097 1	5.466 9	4.947 6	4.147 4	3.564 0	3.122 0
26	9.160 9	7.895 7	6.906 1	6.490 6	6.118 2	5.480 4	4.956 3	4.151 1	3.565 6	3.122 7
27	9.237 2	7.942 6	6.835 2	6.513 5	6.136 4	5.491 9	4.963 6	4.154 2	3.566 9	3.123 3
28	9.306 6	7.984 4	6.960 7	6.533 5	6.152 0	5.501 6	4.969 7	4.156 6	3,567 9	3.123 7
29	9.369 6	8.021 8	6.983 0	6.550 9	6.165 6	5.509 8	4.974 7	4.158 5	3.568 7	3.124 0
30	9.426 9	8.055 2	7.002 7	6.566 0	6.177 2	5.516 8	4.978 9	4.160 1	3.569 3	3.124 2
35	9.644 2	8.175 5	7.070 0	6.616 6	6.215 3	5.538 6	4.991 5	4.164 4	3.570 8	3.124 8
40	9.779 1	8.243 8	7.105 0	6.641 8	6.233 5	5.548 2	4.165 9	4.165 9	3.571 2	3.125 0
45	9.862 8	8.282 5	7.123 2	6.654 3	6.242 1	5.552 3	4.998 6	4.166 4	3.571 4	3.125 0
50	9.914 8	8.304 5	7.132 7	6.660 5	6.246 3	5.554 1	4.999 5	4.166 6	3.571 4	3.125 0
55	9.947 1	8.317 0	7.137 6	6.663 6	6.248 2	5.554 9	4.999 8	4.166 6	3.571 4	3.125 0